知识产权法中公共领域案例研究丛书

国家社科基金重大项目（17ZDA139）阶段性成果

著作权法中公共领域案例解析

主　编　冯晓青
副主编　周贺微

人民法院出版社

图书在版编目（CIP）数据

著作权法中公共领域案例解析 / 冯晓青主编；周贺微副主编. -- 北京：人民法院出版社，2025. 1.
（知识产权法中公共领域案例研究丛书）. -- ISBN 978-7-5109-4337-9

Ⅰ. D923.415

中国国家版本馆CIP数据核字第2024KQ1060号

著作权法中公共领域案例解析

冯晓青　主　编
周贺微　副主编

策划编辑	李安尼
责任编辑	赵芳慧
封面设计	东合社
出版发行	人民法院出版社
地　　址	北京市东城区东交民巷27号（100745）
电　　话	（010）67550628（责任编辑）
	67550558（发行部查询）　65223677（读者服务部）
客服QQ	2092078039
网　　址	http://www.courtbook.com.cn
E-mail	courtpress@sohu.com
印　　刷	天津嘉恒印务有限公司
经　　销	新华书店
开　　本	787毫米×1092毫米　1/16
字　　数	444千字
印　　张	24
版　　次	2025年1月第1版　2025年1月第1次印刷
书　　号	ISBN 978-7-5109-4337-9
定　　价	85.00元

版权所有　侵权必究

作者简介

冯晓青，本书主编，北京大学法学博士、中国人民大学法学博士后，现任中国政法大学二级教授、博士生导师，兼任国家知识产权专家咨询委员会委员、中国法学会知识产权法学研究会副会长、中国知识产权研究会副理事长，最高人民法院案例指导工作专家委员会委员、最高人民法院知识产权司法保护研究中心研究员、最高人民法院知识产权案例指导研究（北京）基地专家咨询委员会委员、上海法院特聘教授、上海知识产权法院特邀咨询专家、世界知识产权组织（WIPO）仲裁与调解中心专家和调解员、中国国际经济贸易仲裁委员会网上争议解决中心专家等。主持三项国家社科基金项目（其中重大项目两项），在《法学研究》《中国法学》等CSSCI刊物发表论文百余篇，出版个人专著十余部，主编著作与教材三十余部，获得省部级二等奖五项。以专家、律师、仲裁员等身份参与处理了数百起重大、疑难、复杂、前沿知识产权相关案件，部分案件入选最高人民法院公布的十大案例、五十个重点案例或高级人民法院公布的十大案例等。入选国家"万人计划"哲学社会科学领军人才、国家百千万人才工程国家级人选暨"有突出贡献中青年专家"、中宣部文化名家暨"四个一批"人才、享受国务院政府特殊津贴专家、首批全国知识产权领军人才、首批国家知识产权专家库专家等。主办新浪微博和微信公众号"冯晓青知识产权"。

周贺微,本书副主编,中国政法大学法学博士,北京工业大学经济与管理学院法律系副教授、硕士生导师,主要研究方向为知识产权法、科技法。出版《科技成果转化激励:理论、法规政策与进路》《知识产权法政治学研究》《著作权法激励理论研究》等个人专著三部,合著《知识产权法:案例·规则·法理》《知识产权法学》。在《现代法学》《知识产权》《华中科技大学学报(社会科学版)》《学海》《新闻界》《编辑之友》以及 Baku State University Law Review 等国内外刊物上发表论文 20 余篇。主持中国科协科技智库青年人才计划项目、北京市教委哲学社科一般项目、校人文社科基金支持项目等科研项目多项,参与多项国家社科基金重大项目、一般项目等重要项目研究。兼任北京市科技法学研究会理事、北京数字经济与数字治理法治研究会理事、北京知识产权研究会版权专委会委员。

序言

当前,知识产权日益成为国家发展的战略性资源和国际竞争力的核心要素,知识产权保护也日益重要。2019年11月,中共中央办公厅和国务院办公厅印发《关于强化知识产权保护的意见》。①2021年9月,中共中央、国务院印发《知识产权强国建设纲要(2021—2035年)》,旨在建设"中国特色、世界水平"的知识产权强国。在我国知识产权保护体系中,知识产权司法保护处于主导地位,知识产权行政保护构成有力支撑。就知识产权司法保护而言,其本质是通过人民法院审理各类知识产权案件,保护和鼓励创新,公平公正地维护知识产权人和相关当事人的合法权益,维护社会关系的稳定和社会和谐,服务我国经济社会发展。知识产权司法保护是我国知识产权法治建设的重中之重。这是因为,我国知识产权法治建设是以建立知识产权法律制度、充分有效保护知识产权为前提和基础的。知识产权保护是我国知识产权法治建设的灵魂和生命力所在。②

我国知识产权司法保护以知识产权案件审判为中心。在知识产权案件审判中,无疑需要充分、有效地保护知识产权人的知识产权,特别是有效打击形形色色的知识产权侵权行为,从而构建良好的创新生态。知识产权作为一种无形财产权,其实质上就是对某种知识产品确立了知识产权人的专有权,从而排除他人对该知识产品的享有和利用。对于专有权确立的权利范围内的知识产品,未经知识产权人许可或没有法律特别规定,任何人都不能自由、无偿使

---

① 该意见提出了"严保护""大保护""快保护""同保护"的措施。参见冯晓青:《知识产权保护论》,中国政法大学出版社2022年版。

② 冯晓青:《知识产权司法保护论》,中国政法大学出版社2024年版,第260页。

用。但是，知识产权司法保护并不意味着对知识产权的过度保护，其在充分、有效地保护知识产权的同时，需要维护知识产权法律制度所追求的公共利益，并实现两者的平衡。在知识产权司法保护中，必须引入公共领域保留原则。

实际上，知识产权法中存在不受知识产权保护的公共领域。公共领域与专有领域一样，都是现代知识产权法律制度中不可或缺的内容，二者的共存已为世界各国知识产权立法和司法实践所认可。所谓公共领域，是指不受知识产权保护的知识产品以及受知识产权保护的知识产品中可以被社会公众自由利用的部分。公共领域对知识产权这一专有权构成限制和制衡，以防止知识产权的不当扩张影响社会公共利益，进而为科技文化进步和经济社会发展的真正实现提供保障。[①] 公共领域对明确知识产权保护边界、合理划分权利人和社会公众利用知识产权的范围，从而协调不同主体的利益关系具有重要作用。[②] 从公共领域的角度认识知识产权法的理念和精神，是从更高的角度理解知识产权的制度价值和知识产权这一专有权的更深一层内涵所必需的。[③]

公共领域也可以被理解为知识产权法中不受知识产权保护、他人可以自由利用的公共知识财富。就如同每个人可以自由呼吸空气一样，在知识产权法中公共领域具有公共性，任何人都可以自由使用。[④] 基于公共领域概念和原理对于实现知识产权立法宗旨和知识产权法律制度运行的重要价值和意义，国外学者在20世纪80年代初就从知识产权法理论、立法和司法保护角度对其进行了研究。例如，大卫·兰格（David Lange）早在20世纪80年代初就探讨了这一问题的重要性，指出法院有责任在知识产权案件的判决中明确公共领域保留原则。[⑤] 又如，阿努帕姆·钱德特（Anupam Chandert）等指出，21世纪初美国杜克大学和斯坦福大学先后就公共领域问题展开了研究，认为应当保护公共领域，以实现获取自由与表达自由并维持创新。[⑥] 詹姆斯·博伊尔（James Boyle）则指出，保护公共领域是知识产权法的基本目标之一。[⑦]

关于知识产权法中公共领域问题，我国相关研究始于21世纪初。[⑧] 此后，

---

① 冯晓青主编：《知识产权法》（第4版），中国政法大学出版社2024年版，第17页。
② 冯晓青主编：《知识产权法前沿问题研究》，中国政法大学出版社2023年版，第50~52页。
③ 冯晓青：《知识产权法利益平衡理论》，中国政法大学出版社2006年版，第722页。
④ 冯晓青：《知识产权司法保护论》，中国政法大学出版社2024年版，第142页。
⑤ David Lange, Recognizing the Public Domain, 44 LAW & CONTEMP. PROBS. 147（Autumn 1981）.
⑥ Anupam Chandert, Madhavi Sundert, The Romance of the Public Domian, 92 Cal. L. Rev. 1331（2004）.
⑦ James Boyle, The Second Enclosure Movement and the Construction of the Public Domain, 66 LAW & CONTEMP. Probs. 33（2003）.
⑧ 参见冯晓青：《知识产权法的公共领域理论》，载《知识产权》2007年第3期。

随着对这一问题认识的不断深入，知识产权法中公共领域保留原则在立法与司法中的适用也逐渐受到重视。有观点认为，将公共领域制度化从而合理地界定专有领域与公共领域的界限是必要的。① 还有观点认为，公共领域保留也是司法实践中有效保护知识产权的重要方面。②

如前所述，知识产权司法保护引入公共领域保留原则具有必要性。从国外知识产权司法实践看，欧美国家知识产权案件审判早已引入公共领域这一概念，并根据公共领域保留原则，合理划分知识产权保护的边界。国外知识产权司法实践经验表明，在知识产权案件审判中引入公共领域保留原则，有利于明确知识产权人专有权的范围和社会公众分享不受保护的公共资源的边界，从而实现两者的利益平衡。

随着我国知识产权法理论研究水平的提升和知识产权审判经验的积累，近些年来，我国知识产权司法政策和司法解释开始重视在加强知识产权司法保护的同时，确保公共领域不受侵蚀，维护社会公众利益，促进创新资源的利用。以司法政策而论，最高人民法院在2009年发布的《关于当前经济形势下知识产权审判服务大局若干问题的意见》（法发〔2009〕23号）中指出，要"正确解释发明和实用新型专利的权利要求，准确界定专利权保护范围，既不能简单地将专利权保护范围限于权利要求严格的字面含义，也不能将权利要求作为一种可以随意发挥的技术指导，应当从上述两种极端解释的中间立场出发，使权利要求的解释既能够为专利权人提供公平的保护，又能确保给予公众以合理的法律稳定性"。根据相关司法政策精神，我国各级法院在审理专利纠纷案件时，一方面强调加强对专利权的保护以更好地鼓励和保护创新；另一方面则通过适用现有技术（设计）抗辩原则③、捐献原则④、禁止多余指定原则⑤等确保社会公众对专利权保护范围的明确预期，增强法律适用的可操作性。

毫无疑问，我国知识产权司法保护实践中关于公共领域保留原则的适用，也为相关理论研究提供了宝贵的实践素材。深入研究相关典型案例，挖掘知识

---

① 张艳梅：《论知识产权法的公共领域：利益冲突之镜像》，载《社会科学战线》2013年第8期。另参见杨利华：《公共领域视野下著作权法价值构造研究》，载《法学评论》2021年第4期；易继明、韩萍：《著作权法公共领域的司法适用》，载《陕西师范大学学报（哲学社会科学版）》2022年第5期。

② 冯晓青、周贺微：《公共领域视野下知识产权制度之正当性》，载《现代法学》2019年第3期。

③ 参见湖北省高级人民法院（2010）鄂民三终字第15号民事判决书、广东省高级人民法院（2015）粤高法民三终字第517号民事判决书。

④ 参见最高人民法院（2013）民提字第225号民事判决书。

⑤ 参见广东省高级人民法院（2017）粤民终604号民事判决书。

产权司法保护背后维护公共领域保留原则的内涵,能够进一步为我国知识产权案件的审判和知识产权司法保护水平的提升提供指导和借鉴。恰逢主编主持的国家社会科学基金重大项目"创新驱动发展战略下知识产权公共领域问题研究"(17ZDA139)中涉及的一个重要内容即为公共领域视野下知识产权审判实务方面的研究。在该项目的研究过程中,我们从案例研究角度对知识产权法中公共领域问题进行了深入探讨。本套丛书是该项目阶段性研究成果之一。

本套丛书分为五册,涉及著作权法中公共领域案例解析、商标法中公共领域案例解析、技术类型知识产权保护与反不正当竞争法中公共领域案例解析,以及著作权法中公共领域判解与学理研究、商标法中公共领域判解与学理研究。每册大致分为以下几方面内容:本案要旨、案件信息、原被告主张及理由、法院查明的事实、法院判决理由与裁判结果、案例解析(或判解与学理研究)。与知识产权案例研究同类著作相比,本套丛书具有以下鲜明特色:

第一,理论品位较高。知识产权案例研究并不限于对案件本身的是非曲直进行评价,而是侧重于"跳出"个案,挖掘案件背后的裁判法理和理论启发意义,以及正确理解和适用法律规定。基于此,本套丛书每个案例的研究都有专门的"本案要旨"和"案例解析"(或"判解与学理研究")部分。其中,前者旨在揭示案件的裁判法理,后者旨在深入研究法律适用的条件和个案涉及的知识产权相关概念、原理和理论,篇幅约5000字,便于读者结合案例融会贯通,真正掌握案件背后的知识产权法原理和理论。本套丛书作者均具有知识产权法学专业硕士以上学历背景和相关的知识产权法理论或实务工作经验,无疑也为丛书的理论品位提供了重要保障。

第二,内容全面、案例具有典型性。收入本套丛书的案例覆盖了诸多知识产权领域,包括著作权、专利权、商标权、地理标志、商号、域名、植物新品种、集成电路布图设计、商业秘密保护和其他反不正当竞争问题等。在同类案例选择上,则注重权威机构公布的公报案例、指导案例、十大案例和其他典型知识产权案例,便于读者吸取知识产权审判实务的精华。

第三,实践指导性强。本套丛书具有理论与实践高度结合的特点,在深度剖析和解构案件背后的法律适用与知识产权法理论的同时,提炼和归纳裁判文书中具有启发意义的主张和观点,具有很强的实践指导性。以下不妨选取部分案件法院的主张与见解,以见一斑。

以著作权案件为例,有的法院认为:在判断是否构成实质性相似时应充分考虑其公共属性；① 有的法院认为：要正确划分著作权范围与公共领域的界限，实现作品保护范围与其独创性相协调，在进行侵权比对时应将源自公有领域而不属于著作权保护范围的部分排除；② 有的法院认为：针对利用公有领域素材形成作品的保护范围界定，应当充分考虑到其作品本身包含的公有领域因素，既应当注意保护作者对作品的创新，又应当注意保护其他创作者对公有领域素材的合理使用，防止部分创作者通过对其作品的保护垄断公有领域素材的使用权利，限制全社会对公有领域素材的合理使用和创作；③ 有的法院认为：在对涉及卡通形象的美术作品进行著作权侵权判定时，要剔除公有领域其他卡通形象的惯常设计特征。④

以商标案件为例，有的法院认为：有功能性的形状可以通过获得实用新型专利权的保护来获取鼓励技术创新的"对价"，但是在专利权到期之后就必须允许公众自由地使用，如果再允许将该功能性形状注册为商标，则将阻碍公众自由利用该技术，故将功能性形状注册为商标为其所垄断的需求不得对抗促进技术发展的公共政策需求；⑤ 有的法院认为：非物质文化遗产的传承与发展，并不当然排斥知识产权保护方式，维持诉争商标的注册实质上也促进了传统文化的传承与发展。⑥

再以专利和其他案件为例，有的法院认为：多数情况下一种外观设计专利因保护期届满或者其他原因导致专利权终止会使其进入公有领域，任何人都可以自由利用，但一种客体可能同时属于多种知识产权的保护对象，其中一种权利的终止并不当然导致其他权利也失去效力；⑦ 有的法院认为：针对集成电路布图设计反向工程抗辩中的非直接接触要求，实现相同或相似功能的芯片必然在电路原理上存在相似性，而电路原理不属于可赋予专有权的部分，故法律并不禁止对他人芯片的布图设计进行摄片进而分析其电路原理的这种反向工程的行为。⑧

第四，富有可读性。作者对本套丛书收录的每个案件的裁判文书的实质内容进行了提炼与归纳，使读者能够在较短时间内了解案件的基本信息和裁判

---

① 北京知识产权法院（2018）京73民终90号民事判决书。
② 最高人民法院（2019）最高法民申6322号民事裁定书。
③ 福建省高级人民法院（2022）闽民终879号民事判决书。
④ 上海市高级人民法院（2013）沪高民三（知）终字第81号民事判决书。
⑤ 北京市高级人民法院（2015）高行（知）终字第4355号行政判决书。
⑥ 最高人民法院（2018）最高法行再63号行政判决书。
⑦ 最高人民法院（2010）民提字第16号民事判决书。
⑧ 上海市高级人民法院（2014）沪高民三（知）终字第12号民事判决书。

观点与理由。加之丛书研讨的案件类型多、注重理论与实践高度结合，这使其富有可读性。相信读者在阅读和研究本套丛书后，能够在相当程度上提高自身知识产权法理论与实务水平。

在本套丛书出版过程中，人民法院出版社给予了大力支持，编辑老师们在编校方面也付出了很大辛劳。中国政法大学知识产权法学专业的部分硕士生和博士生也参与了丛书清样的校对工作。在此一并表示衷心的感谢！

最后，需要指出的是，学无止境，尽管本书主编、副主编和全体作者为本套丛书撰写与出版付出了很大努力，但仍然难以避免书中存在错漏之处，敬请读者批评指正。

冯晓青

2025 年 1 月

目录

著作权侵权比对中的公共领域保留规则 / 1
　　——广东某食品公司诉福建某食品公司等著作权权属、侵权纠纷案 / 冯晓青

利用公有领域素材形成作品的保护范围界定 / 12
　　——江西省某电子商务有限公司与厦门某科技有限公司著作权权属、
　　侵权纠纷案 / 周贺微

文字作品中公共领域范畴的界定 / 24
　　——孙某等与沈阳某甲文化发展有限公司等侵犯著作权纠纷案 / 沈韵

网络环境下文字作品的著作权认定问题研究 / 35
　　——淡某诉北京市某书店等著作权权属、侵权纠纷案 / 张潇

美术作品的独创性认定 / 46
　　——季某诉天津市某文化传播有限公司著作权侵权纠纷案 / 李念祖

公共领域视角下美术作品的独创性认定启示 / 55
　　——洪某诉黄某侵害作品发行权纠纷案 / 丁子哲

对公有领域素材处理与加工的美术作品的独创性判断 / 65
　　——杭州某甲贸易有限公司诉武汉市某乙科技有限公司等著作权权属、
　　侵权纠纷案 / 张诗雨

卡通形象作为美术作品受著作权保护之认定研究 / 76
　　——株式会社某甲诉广东某乙食品有限公司、某丙（上海）食品有限责任公司等侵犯著作权纠纷案 / 张文芊

美术作品的实质性相似判断 / 87
　　——肖某等诉浙江某网络有限公司等著作权侵权纠纷案 / 郭畅、李念祖

实用艺术品的著作权保护 / 100
　　——乐某公司诉广东某玩具实业有限公司等侵害著作权纠纷案 / 苏琳

实用艺术作品独创性审查及其认定 / 111
　　——陈某等与义乌市某工艺品有限公司侵害作品复制权纠纷案 / 杨博雅

音乐喷泉的可版权性研究 / 118
　　——北京某技术有限公司、杭州某风景名胜区湖滨管理处与北京某科技有限公司侵害著作权纠纷案 / 王楷文

客观事实汇编作品的独创性认定 / 135
　　——朱某与白某、某美术出版社有限公司著作权权属、侵权纠纷案 / 沈韵

古籍点校作品的独创性认定 / 146
　　——李某诉葛某侵害著作权纠纷案 / 袁瑞婷

公共领域视角下古籍点校作品的著作权侵权判定 / 156
　　——某文学出版社有限公司诉某教育出版社有限公司侵犯著作权纠纷案 / 丁子哲

模型作品的认定标准 / 166
　　——北京某甲科技有限公司与深圳市某乙精品制造有限公司侵害著作权纠纷案 / 苏琳

人物名称的著作权保护 / 178
　　——温某与北京某科技有限公司侵害作品改编权纠纷案 / 王楷文

动画角色形象的著作权规制分析 / 188
　　——厦门某影视动漫有限公司等诉美国某企业公司等著作权侵权、不正当竞争纠纷案 / 张诗雨

电子导航地图的著作权保护 / 200
　　——深圳市某乙科技有限公司等与北京某甲科技有限公司等侵犯著作权纠纷案 / 高荣鑫

图解电影著作权侵权判定及合理使用 / 213
　　——某甲网络技术（北京）有限公司诉深圳市某乙科技有限公司侵害作品信息网络传播权纠纷案 / 裴可心

微信文章合理使用的标准及文章独创性认定 / 225
　　——中山市某甲网络科技有限公司与中山市某乙科技有限公司侵害著作权纠纷案 / 裴可心

完善合理使用制度标准的路径探析 / 238
　　——东阳市某甲影视文化有限公司诉北京某乙科技有限公司侵害作品信息网络传播权纠纷案 / 杨宇珺

产品设计图的独创性标准 / 248
　　——福建某龙汽车公司诉陈某著作权权属、侵权纠纷案 / 杜宇男

游戏直播中的著作权问题研究 / 258
　　——上海某宇文化传媒有限公司诉广州某鱼网络科技有限公司著作权侵权及不正当竞争纠纷案 / 高荣鑫

新闻作品的侵权认定 / 270
　　——某报社与佛山市顺德区某文化广告传媒有限公司、广州市越秀区某互联网服务中心侵害作品信息网络传播权纠纷案 / 李念祖

通用数表的判别认定 / 280
　　——陈某与某县某印务有限公司著作权侵权纠纷案 / 李辛

计算机字库、字库单字的独创性认定及与公知领域字体的区分 / 290
　　——北京某信息技术有限公司与中国某日化有限公司、福建某日化有限公司、某超市有限公司侵害著作权纠纷案 / 裴可心

文字作品中故事情节等思想与表达划分 / 303
　　——上海华某文化艺术有限公司诉上海某剧院等侵害作品改编权纠纷案 / 沈韵

广告词的思想与表达划分 / 315
　　——北京某医药经营有限公司与北京某药业有限公司侵犯著作权纠纷案 / 徐文韬

演绎作品与原作品作者之间的利益平衡 / 325
　　——杭州某文化发展有限公司与某动画有限公司著作权侵权纠纷案 / 张文芊

以史实为基础的合作作品的侵权认定 / 335
　　——林某某、姚某等著作权权属、侵权纠纷案 / 杨博雅

民间文学艺术与其衍生作品的著作权地位研究 / 344
　　——黄某某与南宁市某剧院侵害著作权纠纷案 / 张潇

著作权侵权判定中的实质性相似判定标准 / 352
　　——霍某诉杭州某科技有限公司著作权纠纷案 / 杨宇珺

思想与表达二分法在判断实质性相似中的作用及其缺陷 / 360
　　——张某诉北京某公司等侵犯著作权纠纷案 / 袁瑞婷

著作权侵权比对中的公共领域保留规则

——广东某食品公司诉福建某食品公司等著作权权属、侵权纠纷案

/ 冯晓青

➡ 本案要旨

著作权侵权比对应当贯彻公共领域保留原则。著作权保护范围的确定，要正确划分著作权保护范围与公共领域之间的界限，实现作品保护范围与独创性相协调。如果作品的独创性较低，其保护范围相对有限，在进行著作权侵权比对时，应当将源自公共领域、不属于著作权保护范围的部分排除。当作品中使用了较多并非源自私人的创作要素，如接近于实物的竖立状的手指饼干、背景色等，这些元素在著作权侵权比对过程中必先予以排除，以防止公共领域保留的元素被不当纳入私权控制的范畴。在排除了公共领域元素后，再将涉案作品与被诉侵权产品比较，即可认定二者在整体上是否构成实质性相似。

➡ 案件信息

申请人（一审原告、二审被上诉人）：广东某食品公司
被申请人（一审被告、二审上诉人）：福建某食品公司
被申请人（一审被告）：某糖果批发商行
案号：江苏省常州市中级人民法院（2017）苏04民初157号、江苏省高级人民法院（2018）苏民终926号、最高人民法院（2019）最高法民申6322号

➡ 原被告主张及理由

原告广东某食品公司诉称：其系国内最早生产棒饼饼干的企业，棒饼饼干是广东某食品公司的主打产品。2015年3月1日，广东某食品公司创作完成"包装袋（牛奶味棒饼饼干）"美术作品（著作权登记号：国作登字-2016-F-00268×××）作为牛奶棒饼干外包装袋，并将其投入生产。该

饼干自上市以来，由于包装精美、味道良好，深受广大消费者喜爱，畅销国内外。但近期，广东某食品公司发现福建某食品公司、某糖果批发商行也生产、销售同类产品，并未经广东某食品公司同意而擅自使用与广东某食品公司作品实质性相似的外包装袋，造成相关公众对产品来源产生混淆。福建某食品公司、某糖果批发商行的上述行为，侵害了广东某食品公司作品的复制、发行权，并造成了广东某食品公司巨大的经济损失。故提起诉讼，请求法院判令福建某食品公司、某糖果批发商行停止侵权、消除影响、赔偿损失。

  被告福建某食品公司辩称：第一，其产品使用的外包装所涉美术作品是由案外人姜某独立创作完成，创作完成时间为2015年2月12日，早于广东某食品公司作品的完成时间，不存在抄袭广东某食品公司作品的可能性。第二，姜某将该美术作品的著作权转让给了另一案外人某登公司，某登公司许可其在产品上使用该美术作品。因此，其使用该美术作品经过了权利人的合法授权。第三，案涉被控侵权美术作品与广东某食品公司的美术作品二者整体视觉效果差异明显，并不构成实质性相似。同时，广东某食品公司也没有举证证明其作品发表于被诉侵权产品销售之前。第四，对于诉讼请求中要求公开声明道歉的诉讼请求，一般只适用于自然人因人格权遭受侵害时请求赔偿的场合，而本案涉及的是著作财产权，不适用于赔礼道歉。综上所述，其并没有侵犯广东某食品公司的著作权，请求法院驳回广东某食品公司的诉讼请求。

  某糖果批发商行一审未答辩。

➲ 一审法院查明的事实

  1. 广东某食品公司涉案作品的登记和使用情况。广东某食品公司系作品"包装袋（牛奶味棒饼干）"著作权人，该作品于2016年4月19日登记，该作品登记证记载：作品类别为美术作品。创作完成时间：2015年3月1日。首次发表时间：2015年4月1日。

  2. 被控侵权产品情况。2017年10月19日，广东某食品公司申请江苏省常州市公证处对某糖果批发商行销售被控侵权产品的行为进行公证。公证处还拍摄了照片14张。广东某食品公司认为，对照被控侵权产品包装与广东某食品公司的作品，两个作品都是采用奶黄色背景底色，白色的字体，蓝色的彩带缠绕着饼干，竖立状的黄色手指饼干等元素。整体的外观、视觉效果完全一致。福建某食品公司认为，无论是作品整体效果，还是细化到具体的图案、文字和排版，广东某食品公司的作品与福建某食品公司使用的作品图案完全不同，并不构成实质性相似。广东某食品公司和福建某食品公司产品的商标不一样,福建某食品公司产品的外包装上均印有产品名称、生产厂家、委托生产方这些信息,这与广东某食品公司的商品明显不同,也能起到区分商品来源的作用。

3. 被控侵权产品所使用图案著作权登记及授权福建某食品公司使用的情况。2017年8月15日,姜某以作者和著作权人身份向国家版权局登记美术作品"某登食品手指饼干"。该登记证载明:作品创作完成时间为2015年2月12日。首次发表时间为2015年6月15日。2017年3月10日,姜某以"某登食品手指饼干"美术作品作者的身份与案外人某登公司签订了一份著作权转让合同,约定姜某将原创美术作品"某登食品手指饼干"的著作权转让给某登公司。同年4月12日,某登公司与福建某食品公司签订了一份著作权许可使用合同,约定:某登公司非专有许可福建某食品公司生产使用上述美术作品。同日,双方还签订了一份"OEM合作协议书",约定双方合作生产和销售"某仔良品"牌系列饼干,具体由福建某食品公司负责研发、生产合作产品,由某登公司负责销售,协议有效期为3年。

4. 福建某食品公司注册资本为668万元。经营范围:饼干、糕点(烧烤类糕点)、糖果制品生产。某糖果批发商行为个人经营的个体工商户。

➔ 一审法院判决理由与裁判结果

1. 福建某食品公司、某糖果批发商行生产和销售被控侵权产品的行为是否侵害了广东某食品公司的著作权。首先,福建某食品公司、某糖果批发商行生产和销售的"牛奶味手指饼干"外包装上图案与广东某食品公司享有著作权的美术作品"包装袋(牛奶味棒饼干)"外观构成实质性相似。将被控侵权产品图案与广东某食品公司"包装袋(牛奶味棒饼干)"美术作品相比:(1)整体上,两件作品都采用了奶黄色背景底色,白色的字体,蓝色的彩带缠绕着饼干,竖立状的黄色手指饼干等元素。同时作品图案整体结构一致,因此整体的表达方式一致,作品外观、视觉效果一致。(2)作品的局部。两图案正面的左上角都是采用蓝色的飘扬彩带。图案中间部分的文字,广东某食品公司作品上印有PRETZEL英文字母,白色文字,蓝色阴影,英文下边有一个图形背景上印有日文。而被控侵权产品包装印有BISCUIT英文,也是采用白色的文字,蓝色的阴影。在其下边同样也是运用一个图形作为背景,上面印有日文。因此,表达方式一样,仅是英文和日文字母不同。图案表达手指饼干的主要部分,广东某食品公司的作品是采用束状手指饼干被蓝色飘扬彩带缠绕,彩带上印有白色日文字体。被控侵权产品包装同样也是束状手指饼干被蓝色飘扬的彩带缠绕,彩带上也同样印有白色的日文字体,不同之处仅在于束状手指饼干疏密和日文字体不同。另外,蓝色飘扬的彩带长度和缠绕方式有所不同,但这些不同之处均不影响作品的整体视觉效果。因此,福建某食品公司、某糖果批发商行生产、销售的被控侵权产品包装与广东某食品公司享有著作权的美术作品"包装袋(牛奶味棒饼干)"图案构成实质性相似。

其次,被控侵权产品所使用图案虽然也经过作品登记,但该登记的时间晚于广东某食品公司的登记时间,更晚于广东某食品公司的首次使用时间。因此,该作品登记证书不足以证明被控侵权产品包装图案系姜某创作于广东某食品公司作品创作之前。福建某食品公司虽然与某登公司签订有使用被控侵权产品包装图案作品的许可使用合同,但其明知该图案可能侵害广东某食品公司的涉案作品著作权,故其主观上存在过错。因此,福建某食品公司生产被控侵权产品的行为属于未经广东某食品公司许可复制其涉案作品的侵权行为。此外,某糖果批发商行未经广东某食品公司许可销售涉案被控侵权产品,属于未经著作权人许可发行著作权人作品的行为。

2. 福建某食品公司、某糖果批发商行应承担的民事责任。首先,根据我国《著作权法》的规定,未经著作权人许可,复制、发行著作权人作品的,应承担停止侵害、消除影响、赔礼道歉、赔偿损失的民事责任。因此,结合广东某食品公司的诉讼请求,福建某食品公司应承担立即停止生产、销售被控侵权产品、销毁侵权复制品、赔偿损失的民事责任。某糖果批发商行应承担立即停止销售被控侵权产品、销毁侵权复制品、赔偿损失的民事责任。其次,关于赔偿额,因广东某食品公司未能证明因福建某食品公司和某糖果批发商行的侵权行为造成其经济损失的具体金额,也未能证明福建某食品公司和某糖果批发商行因侵权所获利润的具体金额。故应根据广东某食品公司作品的类型、知名度、福建某食品公司及某糖果批发商行侵权行为的性质、持续时间、造成的后果以及维权合理费用等情节综合认定赔偿额。一审法院综合认定福建某食品公司与某糖果批发商行负连带责任赔偿10 000元(含合理费用),福建某食品公司单独赔偿65 000元(含合理费用)。

综上,一审法院判决:一、某糖果批发商行立即停止销售侵犯广东某食品公司"牛奶味棒饼干"著作权的饼干食品,并销毁所有侵权产品包装;二、福建某食品公司立即停止生产侵犯广东某食品公司"牛奶味棒饼干"著作权的饼干食品,并销毁所有侵权产品包装;三、福建某食品公司于判决发生法律效力之日起十日内向广东某食品公司赔偿经济损失人民币75 000元(含维权合理费用），某糖果批发商行在10 000元内承担连带赔偿责任。

◎ 上诉主张及理由

福建某食品公司上诉称：（1）广东某食品公司的涉案作品为实用美术作品，使用的基本是在先的公知元素，不具有艺术美感，不应当受到著作权法的保护，一审法院将丝带、手指饼干等属于公开现有的元素纳入著作权的保护范围错误。（2）本案中，广东某食品公司以著作权为权利基础进行主张，而非以外观设计专利权作为权利基础，在此前提下，一审法院过多考虑包装的功能性要素而非作品的独创性与艺术美感错误。（3）被控侵权作品与涉案著作权相比，不相近似，一审法院并未从线条、构图等表达方式、表达手法、作品的文字内容等各方面进行对比错误。（4）福建某食品公司只是OEM的加工商，其经授权后使用该包装，已尽到注意义务，没有侵权故意，且广东某食品公司也没有证明福建某食品公司有接触或抄袭作品的可能，故其不应承担赔偿责任。（5）一审判决确定的赔偿额不当。

广东某食品公司辩称：一审判决认定事实清楚，适用法律正确，请求驳回上诉，维持原判。理由：（1）其已提交充分的证据证明其享有合法有效的著作权，福建某食品公司生产和销售的牛奶手指饼干外包装图案与其享有著作权的美术作品包装袋构成实质性相似，二者无论从整体到局部还是采用色彩图案，甚至连文字都极为相似。（2）一审法院依据侵权行为的性质等因素确定判赔额合理合法。

◎ 二审法院查明的事实

福建某食品公司二审提交了以下新证据：

证据1：申请日为2007年3月12日、申请号为200730000××58.X的外观设计专利权，用以证明广东某食品公司在本案中所主张的作品没有独创性，不应受著作权法保护；

证据2：《产品外包装相似性调查问卷及结果》、问卷星官网网页截图，用以证明福建某食品公司的产品包装与广东某食品公司的产品包装既不相同也不构成实质性相似。

广东某食品公司认可证据1的真实性与合法性，但认为与本案无关，不能证明其所享有的著作权不受法律保护；不认可证据2的真实性、合法性与关联性，该调查问卷是福建某食品公司单方制作，不具有客观性，无法核实参与调查问卷的人员身份，且接受调查问卷的人数及回收有效问卷数量太少，问卷设计的问题是套用原有的问题模板，并没有针对本案进行专门的问题设置，不具有科学性，问题具有一定的引导性，参与调查问卷的人员也没有到庭接受法庭的质询，故该调查问卷不能作为本案审判依据。

二审法院对福建某食品公司提供的证据的质证意见为：确认证据1的真实性、合法性与关联性，关于其证明力大小，将在判决理由部分予以详述；确认证据2的形式真实性，但接受该调查问卷的人数有限，且绝大多数为学生，未能体现接受调查人员职业的广泛性，故二审法院难以采信该调查结论并作为裁判依据。

⊃ 二审法院判决理由与裁判结果

1. 对涉案作品的保护范围予以明确。根据《著作权法》（2010年修正）的规定，作品是指文学、艺术和科学领域内具有独创性并能以某种有形形式复制的智力成果。根据上述规定，著作权法所保护的作品必须满足两个条件，即作品必须是作者自己创作的成果，具有独创性以及必须能以有形形式加以复制，能够被人们所感知。依据我国《著作权法》（2010年修正）第47条、第48条等规定判断被控侵权行为是否侵犯涉案作品著作权时，应当首先对涉案作品的保护范围予以明确，排除非作者独创的部分或公有领域的素材信息，并在此基础上对被告的行为作出侵权与否的判断。本案中，广东某食品公司是涉案"包装袋（牛奶味棒饼干）"美术作品的著作权人，作品登记证书记载该作品的创作完成时间为2015年3月1日，登记日期为2016年4月19日。该作品采用奶黄色背景作为底色，包含接近于实物的竖立状的黄色手指饼干、飘带等元素，上部印有较大字体的"PRETZEL"英文，下部在飘带上印有日文。而福建某食品公司二审提供的"包装盒（百力滋白脱味）"外观设计专利图片中亦采用奶黄色背景作为底色，包含接近于实物的竖立状的手指饼干元素，且该图片中部印有较大字体的"PRETZ"英文，"PRETZ"英文上方印有日文。由于广东某食品公司享有著作权的涉案作品含有与在先专利相近似的元素，如接近于实物的竖立状的手指饼干、背景色等，故二审法院首先需要对涉案作品的保护范围予以一定程度的限制，排除上述已进入公有领域的创作素材。

2. 排除公共领域范围后，比对涉案作品与被控侵权产品。涉案作品印有较大字体的"PRETZEL"，在上部和下部各有一飘带，而被控侵权产品包装上印有较大字体的"BISCUIT"，下部的飘带缠绕在类似于卡通形式的手指饼干间，在排除了公有领域元素之后，两者整体上具有较大差异，故二审法院认定被控侵权产品包装与涉案作品不构成实质性相似，福建某食品公司生产被控侵权产品的行为不属于《著作权法》（2010年修正）第48条第1项所规定的"未经著作权人许可，复制、发行、表演、放映、广播、汇编、通过信息网络向公众传播其作品的"侵权行为。

由于二审法院已认定福建某食品公司未侵犯广东某食品公司的著作权，故对于福建某食品公司提出的一审赔偿额过高及一审法院程序违法等上诉主张不再评价。二审法院强调，尽管二审认为福建某食品公司未侵犯广东某食品公司的著作权，但为防止消费者混淆，倡导企业诚信经营，营造公平竞争的市场经营秩序，二审法院提示福建某食品公司在实际使用其产品包装时，应当注意厘清其与案外人外观设计专利权等相关知识产权之间的界限，不得在相同或类似商品上使用相似的设计，以防止侵犯他人的知识产权，避免引发相应的知识产权纠纷。

综上，二审法院判决撤销一审判决，驳回广东某食品公司的诉讼请求。

再审主张及理由

广东某食品公司再审称：（1）被诉侵权外包装图案与涉案作品构成实质性相似，二审判决认定二者不相似属于事实认定错误。二审判决认为涉案美术作品使用了在先外观设计相近似的元素，进而在进行相似性比对时排除了有关元素，上述认定存在错误。（2）即便认为饼干图案和奶白色底应当排除，被诉侵权的外包装图案与涉案美术作品也构成实质性相似。综上，请求再审法院撤销二审判决，维持一审判决。

再审法院查明的事实

再审无新证据。

再审法院裁判理由与裁判结果

《著作权法实施条例》（2013年修订）第2条规定："著作权法所称作品，是指文学、艺术和科学领域内具有独创性并能以某种有形形式复制的智力成果。"根据上述规定，独创性是构成作品的必要条件。著作权保护范围的确定，要正确划分著作权范围与公共领域的界限，实现作品保护范围与其独创性相协调。

本案中，涉案作品中使用了较多并非源自广东某食品公司的创作要素，如接近于实物的竖立状的手指饼干、背景色等。涉案作品的独创性较低,其保护范围相对有限,在进行侵权比对时,应当将源自公有领域,不属于著作权保护范围的部分排除。将涉案作品与被诉侵权产品比较,二审法院认定两者整体上不构成实质性相似,并无不当。广东某食品公司的相关再审申请理由不能成立,再审法院不予支持。

综上,再审法院驳回广东某食品公司的再审申请。

案例解析

在著作权司法实践中,经常存在公共领域和私人权利之间的交叉地带,如何合理界分二者之间的界限,在强化私权保护的同时,为社会公众提供合理的、可预期的公共领域空间,是理论界和实务界需要深入研究的重要问题。不少案件亦体现出了司法界的努力,本案即如此。著作权侵权比对,体现了公共领域与私人权利之间的界分,通过元素划分的手段,准确把握了公共领域既有的元素并对其不予保护,仅对具有独创性的部分进行保护,进而明确了著作权侵权比对中的公共领域保留的司法规则。本案经历了中级人民法院、高级人民法院、最高人民法院的审理,条分缕析地分析了关于侵权比对中的公共领域保留规则。以下将以本案作为基础,对我国著作权侵权比对中的公共领域保留予以探讨。

一、著作权法中的公共领域保留原则

知识产权制度的发展,即专有权与公共领域动态平衡、动态调整的历史。[①] 一方面,法律旨在赋予权利人以合适的财产权以垄断或排他,进而为知识产权人提供激励,以不断促进知识生产、创造、生成;但是,只考虑激励效应,势必会使得权利荆棘丛生的情况发生,并且与知识的传播效率和传播价值相背离。知识产权客体是知识,知识本身具有传播价值和传播效率,产权无疑限制了知识的传播效率,并以知识产权人的控制和限制作为激励的手段。这一限制必须考虑到对公共领域的影响。另一方面,法律应当设定充足的公共领域空间,以合理调适产权人激励与公共领域保留的空间。保留充足的公共领域空间,亦是促进知识传播、共享,充分发挥知识的传播效应和价值所必需的。故法律设定了一系列著作权的限制制度,进而以制度保障确保公共领域和私权行使的空间始终处于动态平衡的过程。这一平衡的目标,则是实现帕累托最优。

[①] 参见冯晓青:《知识产权法中专有权与公共领域的平衡机制研究》,载《政法论丛》2019年第3期。

任何一个不符合帕累托效率的状态，都是值得讨论和改进的。改进的驱动力往往是不平衡者从产业利益的角度推动立法者变革，进而促进知识产权法制度的再平衡与协调。

著作权法领域更为深入地体现了公共领域与专有权利的动态平衡。专有权的扩张似乎成为历史的主流。著作权人天然具有扩张其权利的游说倾向，被保护权利的持续扩张，所带来的代价是公共领域的持续限缩。著作权扩张表现为客体不断增加、保护范围不断增加、使用方式不断增加、保护期限不断延长。①随着商品经济、知识经济的发展，产权人以保护产业利益、产权利益为出发点，亦推动立法者、司法者接纳其产权范围边界不断扩张的倾向。但是，著作权权能之扩张并非没有代价：

第一个代价是公共领域的边界缩小。私有产权的扩张，意味着公共领域边界的缩小。随着产权人所控制的权能范围扩张、产权保护期延长，公共领域所能够实质利用的空间也在随之减少，社会可利用的公共领域空间也在日益缩小。

第二个代价是知识传播速率的递减。根据阿罗信息理论，如果在信息作为商品且没有产权控制的情况下，信息的传播速率会一直保持高位，信息的传播成本较低，使得知识的传播效率实现最大化。②当产权的限制不断增强时，信息的传播成本也会递增，进而使知识的传播速率递减。知识的传播速率递减，与知识共享、知识分享的社会效益存在内在的冲突。知识只有通过传播，让更多人知晓、使用、享受，才能真正实现社会效益的最大化。换言之，知识的经济效益和社会效益是并存的。如果只注重知识的经济效益，允许产权人的垄断以抬高知识价格、降低知识传播速率，就势必以知识传播的社会效益作为相应的代价。因此，合理平衡著作权领域的私权与公共领域，是确保知识的社会效益和经济效益并重、传播效率和交易效率并重的必由之路。

二、著作权侵权认定中的公共领域保留

著作权侵权认定充分反映了著作权激励、接近与限制之间的平衡。公共领域的保留体现在侵权认定中公共领域元素的保留、思想与表达二分法的运用，确保公共领域的元素、思想不被纳入私权所控制的范畴。

著作权侵权认定中的公共领域保留具有以下必要性：

---

① 参见冯晓青：《著作权扩张及其缘由透视》，载《政法论坛》2006年第6期。
② See Kenneth J. Arrow, Economic Welfare and the Allocation of Resources for Invention, in the Rate and Direction of Inventive Activity: Economic and Social Factors 609, 614.

一是防止私权行使的过分扩张。著作权侵权认定，是私权行使的重要方面，即通过认定被诉侵权行为是否落入涉案著作权的保护范围，从而确认产权人能否控制该行为。著作权侵权认定标准越宽松，著作权扩张的趋势就越明显，将导致后续作者挖掘在先作品的能力受到显著限制。这并不有利于在后作者充分利用在先作品创作，进而损害了社会文化传播的效益。

二是确保在后作者自由利用的空间。著作权侵权认定需要排除不受保护的公共领域部分，包括公共领域中的常见元素、思想等内容，这些并非属于私权保护的空间，而应当归属于不受私权控制的公共领域。强化著作权侵权认定的公共领域保留，是确保在后作者自由利用空间的关键一步。

三是有利于社会整体经济效益。著作权侵权认定的标准涉及两个方面的经济效益问题：（1）激励层面。严格著作权侵权认定，无疑有利于产权激励，为作者提供更大的经济效益激励。（2）再创作成本层面。著作权侵权标准过于宽松，导致著作权扩张趋势过宽，将使得在后作者创作成本、交易成本显著增加，后续作者创作作品替代原作的能力也越来越弱，亦不利于知识信息的流动与扩散。①

三、著作权侵权公共领域保留的实践阐释

公共领域与私人权利的边界、思想与表达的边界是实践确定的难点，需要通过司法实践、典型个案的彰显，以更加清晰明确其中模糊的边界。本案为其提供了一个较好的范例。

一是正视作品以独创性为限的保护边界。二审法院指出，作品必须是作者自己创作的成果，具有独创性以及必须能以有形形式加以复制②，能够被人们所感知。基于此，在依据我国著作权法规定判断被控侵权行为是否侵犯涉案作品著作权时，应当首先对涉案作品的保护范围予以明确，排除非作者独创的部分或公有领域的素材信息，并在此基础上对被告的行为作出侵权与否的判断。亦即包含独创性表达的作品，并非作品的全部均为独创性表达，也并非意味着作品的全部均应受到著作权法的严格产权保护。

二是产权保护必须明确其范围边界。对作品的保护，应当严格剔除不受著作权法保护的部分，而应留存那些尚在私权控制边界范围内的部分，以在侵权认定中强化权利边界，明确私权行使和公共领域的界限范围。例如，本案中，涉案作品中使用了较多并非源自广东某食品公司的创作要素，如接近于实

---

① 参见冯晓青：《著作权扩张及其缘由透视》，载《政法论坛》2006 年第 6 期。
② 现行《著作权法》第 3 条已将"以一定形式复制"修改为"以一定形式表现"。

物的竖立状的手指饼干、背景色等。这些背景色以及接近于实物的形状，并非属于具有独创性的部分，而应当视为不被保护的公共领域元素。在侵权认定中，二审法院认为，在比对涉案作品与福建某食品公司生产的被控侵权产品包装时，应当排除"接近于实物的竖立状的手指饼干、背景色等公共领域元素"。涉案作品印有较大字体的"PRETZEL"，在上部和下部各有一飘带，而被控侵权产品包装上印有较大字体的"BISCUIT"，下部的飘带缠绕在类似于卡通形式的手指饼干间，在排除了公有领域元素之后，两者整体上具有较大差异。反观一审判决和二审判决的差异，可以发现一审法院未排除掉公共领域元素即作出侵权认定，二审法院先排除掉公共领域元素再进行侵权认定，这是导致一、二审法院侵权认定差异的根源。

三是合理平衡激励创作与保留公共领域。著作权法为侵权认定中平衡创作者、传播者等社会公共利益提供了较多法律工具，如独创性、思想与表达二分法、场景原则等，具有相适应的弹性。合理运用具有弹性的法律概念，是平衡各方利益、合理界分公共领域与私权行使边界的有效工具。本案主要运用了两个法律概念以实现公共领域与私权行使的边界划分。（1）独创性，严格界定受著作权保护的独创性表达，进而确定著作权的保护范围。作品的保护强度与边界，与独创性密切相关。不具备独创性的部分不受保护，独创性越强，意味着其保护强度越高。本案中的"接近于实物的竖立状的手指饼干、背景色等元素"并非独创性表达，不应受著作权法保护。（2）公共领域保留原则。本案二审、再审都直接运用公共领域保留原则阐释侵权比对的基本方法，反映出司法巧妙运用利益平衡的基本理念，强化公共领域保留的趋势。相较于著作权扩张而言，公共领域保留本身缺乏驱动力，司法实践的认识与推动，是合理平衡二者界限的重要方面，本案则作出了良好示范。

四、结论

著作权侵权认定，需先划定权利保护范围，再将被诉侵权作品与保护范围予以比对，从而判断被诉侵权作品是否纳入著作权所控制的范围之内。在著作权侵权比对过程中，权利保护范围的界定是公共领域保留原则可发挥实际作用的场域。本案是一个典型案例，以公共领域保留原则为指引，将不具备独创性的部分、公共领域的元素部分不列入保护范围，从而保留了公共领域空间。换言之，如果忽略这一步，则容易使公共领域的部分被纳入私权控制的范畴，导致社会公众可自由利用的空间缩小。二审、再审判决显然强化了公共领域保留的原则，为著作权侵权认定提供了范例。

利用公有领域素材形成作品的保护范围界定

——江西省某电子商务有限公司与厦门某科技有限公司著作权权属、侵权纠纷案

/周贺微

◯ 本案要旨

作品的创作是在前人基础上进行的，有些创作则大量借用了公有领域素材。近些年来，表情包有关的著作权纠纷较为频发，其中就有表情包的设计系对公有领域素材的借用。在对表情包进行著作权保护时，需要界定具体独创性部分何在，避免将被诉侵权作品简单与原告作品进行比对而忽略对公有领域素材的剔除。如果表情包仅是对公有领域素材的简单拼凑，不符合著作权法对作品独创性的要求，表情包就不构成受著作权法保护的作品，进而无法认定被诉侵权人有侵权行为，因为对公有领域的素材任何人均可以使用，任何一方无权排除他人的使用。

◯ 案件信息

上诉人（一审被告）：厦门某科技有限公司
被上诉人（一审原告）：江西省某电子商务有限公司
案号：福建省厦门市中级人民法院（2021）闽02民初1318号、福建省高级人民法院（2022）闽民终879号

◯ 上诉主张及理由

上诉人厦门某科技有限公司（以下简称某科技公司）请求：（1）请求判决撤销福建省厦门市中级人民法院（2021）闽02民初1318号民事判决第一、二项，改判驳回江西省某电子商务有限公司（以下简称某电子商务公司）原审全部诉讼请求；（2）本案的诉讼费用由被上诉人承担。理由主要包括：（1）案

涉汤圆酱表情包与在先创作并公开发表的阿鲁表情包相同或实质近似，某电子商务公司案涉汤圆酱作品缺乏原创性，不构成著作权法意义上的作品，不应予以保护。（2）上诉人脸红小馒头表情包与案涉汤圆酱表情包相比，具有自身独特的表达，二者未构成实质性近似。（3）即便认定案涉"脸红小馒头"表情包的原创性不足，其借鉴的也是某电子商务公司案涉作品创作完成前早已公知的公共素材，而非涉案"汤圆酱"表情包，故不构成对某电子商务公司著作权的侵害。（4）关于赔偿责任。某科技公司不构成侵权，故不应承担赔偿损失等侵权责任。退一步而言，假定构成侵权，表情包的创作投入和创作难度不大，案涉作品的独创性标准亦不高，这正是案涉作品得以受到保护的根本前提。一审判决上诉人应赔偿50万元明显畸高，依法应予以纠正。

被上诉人某电子商务公司辩称：一审法院事实认定清楚，法律适用正确。请求驳回上诉，维持原判。主要理由：（1）案涉"汤圆酱"系列美术形象具有独创性，构成著作权法意义上的美术作品。（2）脸红小馒头表情包与汤圆酱表情包构成实质相似，侵犯了答辩人汤圆酱系列作品的著作权权益。（3）上诉人故意侵犯某电子商务公司著作权，侵权作品传播范围广泛，获利巨大，情节严重，产生的损失较大，主张200万元的赔偿款合情合理。

➲ 法院查明的事实

一、邓某、某电子商务公司享有"汤圆酱"美术作品著作权的事实

2016年12月16日，重庆市版权局出具登记号为渝作登字-2016-F-00178927号作品登记证书，载明：作品《汤圆酱》为美术作品，作者为邓某，著作权人为邓某，创作完成日期为2009年5月17日，首次发表/出版/制作日期为2011年1月20日。

2018年6月15日，国家版权局出具登记号为国作登字-2018-F-00563160号作品登记证书，载明：作品《汤圆酱》为美术作品，作者为邓某，著作权人为邓某，创作完成时间为2011年1月20日，首次发表时间为2011年5月18日。

2018年10月11日，国家版权局出具登记号为国作登字-2018-F-00630211号作品登记证书，载明：作品《汤圆酱家族酱酱》为美术作品，作者为邓某，著作权人为邓某，创作完成时间为2011年1月20日，首次发表时间为2011年5月18日。

2018年10月22日，国家版权局出具登记号为国作登字-2018-F-

00649898 号作品登记证书，载明：作品《汤圆酱家族》为美术作品，作者为邓某，著作权人为邓某，创作完成时间为 2011 年 1 月 20 日，首次发表时间为 2011 年 5 月 18 日。

2018 年 12 月 25 日，国家版权局出具登记号为国作登字–2018-F-00692070 号作品登记证书，载明：作品《汤圆酱么么哒》为美术作品，作者为邓某，著作权人为邓某，创作完成时间为 2011 年 3 月 20 日，首次发表时间为 2011 年 6 月 21 日。

某电子商务公司成立于 2016 年 9 月 14 日，法定代表人为邓某，经营范围包括动漫设计；图文设计、制作等。

邓某、某电子商务公司于 2019 年 12 月 16 日出具《关于汤圆酱作品的声明与授权》《关于汤圆酱作品的说明》，声明：邓某为汤圆酱系列美术作品著作权人，同时是某电子商务公司的主要投资人，其授权某电子商务公司使用汤圆酱系列作品，授权公司在该作品的基础上再次创作，并进行相关的商业化推广运作，如汤圆酱作品遭遇侵权由某电子商务公司以自己的名义提起诉讼并承担由此产生的所有费用；邓某 2009 年创作汤圆酱（原名猥琐萌）6 个卡通形象，并于 2016 年 11 月 16 日进行了版权登记，汤圆酱家族系列卡通形象及小视频的著作权人除登记在邓某名下的作品之外，其余作品的著作权人均为某电子商务公司，登记在邓某名下的作品也完全将著作权授权给公司使用。

2016 年 12 月 28 日，某电子商务公司在其官方微博上发表一组"汤圆酱"美术作品。2017 年 9 月 4 日，"汤圆酱猥琐萌"作品在微信表情开放平台上架。2017 年 9 月 25 日，"老大汤圆酱"作品在微信表情开放平台上架。2017 年 10 月 1 日，"汤圆酱国庆假期篇"作品在微信表情开放平台上架。2017 年 10 月 2 日，"汤圆酱第二季"作品在微信表情开放平台上架。2017 年 11 月 1 日，"汤圆酱要饭"作品在微信表情开放平台上架。2018 年 1 月 29 日，"汤圆酱第三季"作品在微信表情开放平台上架。2018 年 2 月 12 日，"汤圆酱情侣刺激篇"作品在微信表情开放平台上架。2018 年 2 月 14 日，"汤圆酱新年专辑"作品在微信表情开放平台上架。2018 年 3 月 22 日，"汤圆酱排球记"作品在微信表情开放平台上架。2018 年 3 月 26 日，"汤圆酱使坏篇"作品在微信表情开放平台上架。2018 年 4 月 16 日，"汤圆酱乐队团"作品在微信表情开放平台上架。2018 年 6 月 18 日，"汤圆酱第四季"作品在微信表情开放平台上架。2018 年 8 月 28 日，"汤圆酱吃货篇"作品在微信表情开放平台上架。2018 年 10 月 8 日，"汤圆酱调侃篇"作品在微信表情开放平台上架。2018 年 12 月 3 日，"汤圆酱第五季"作品在微信表情开放平台上架。2019 年 4 月

25日至5月13日，某电子商务公司先后上传"汤圆酱第一季""汤圆酱第二季""汤圆酱第三季""汤圆酱第四季""汤圆酱第五季"至QQ表情平台。

二、某科技公司及被诉侵权行为的情况

某科技公司成立于2016年7月29日，经营范围包括软件开发，信息技术咨询服务，动画、漫画设计、制作等。

2018年9月25日，国家版权局出具登记号为国作登字-2018-F-00623971号作品登记证书，载明：作品《脸红小馒头》为美术作品，作者为某科技公司，著作权人为某科技公司，创作完成时间为2018年6月19日，首次发表时间为2018年7月8日。

（2018）赣浔匡证内字第2129号、（2018）赣浔匡证内字第2130号、（2018）赣浔匡证内字第2131号、（2018）赣浔匡证内字第2132号公证书载明，2018年10月31日，某电子商务公司向江西省九江市匡庐公证处申请对"脸红小馒头"表情系列在微信平台上的现状进行证据保全、在QQ平台上的现状进行证据保全、对用户名为"表情说说"的微博账号在微博平台上以图片及视频形式发布表情的现状进行证据保全、对用户名为"表情说说"的抖音账号在抖音平台上发布各种表情抖音作品的现状进行证据保全。

某科技公司还将带有"脸红小馒头"的图案上传至OPPO、VIVO、华为手机主题商店供用户下载使用。

"汤圆酱"与"脸红小馒头""阿鲁"的表达方式根据某电子商务公司提交的"汤圆酱"作品登记证书的记载及某电子商务公司上传至微信表情开放平台的"汤圆酱"微信表情包形象，"汤圆酱"卡通形象整体上具有如下共同特征：以黑白色为主色调，用简明的线条勾勒出拟人化的卡通人物，较为夸张而不成比例的光头大脑袋、大眼睛、大瞳孔和小躯干，眼睛呈略扁平的椭圆形并目视前方，眉眼、嘴鼻合一，脸颊有腮红，头部与躯干直接相连，并通过改变眼睛和嘴型、增加上肢、添加文字说明或其他设计元素等方式来表达卡通人物不同的心情和情感。

根据某科技公司提交的"脸红小馒头"作品登记证书的记载及某电子商务公司提交的"脸红小馒头"系列形象上传至QQ表情平台的时间戳证据，"脸红小馒头"卡通形象具有如下共同特征：以黑白色为主色调，用简明的线条勾勒出拟人化的卡通人物，较为夸张而不成比例的光头大脑袋、大眼睛、大瞳孔和小躯干，眼睛呈圆形并目视左上方，眉眼、嘴鼻合一，脸颊有腮红，头部与躯干直接相连，通过改变眼睛和嘴型、增加上肢、添加文字说明或其他设计元素等方式来表达卡通人物不同的心情和情感。

根据某科技公司提交的网页截图，"阿鲁"卡通形象具有如下共同特征：以黑白色为主色调，用简明的线条勾勒出拟人化的卡通人物，较为夸张而不成比例的光头大脑袋、大眼睛、小瞳孔，眼睛呈略扁平的椭圆形并目视前方，无眉毛和躯干部分，嘴鼻合一，并通过改变眼睛和嘴型、增加上肢、添加其他设计元素等方式来表达不同的心情和情感。

⇒ 二审法院判决理由与裁判结果

根据上诉人的上诉主张以及被上诉人的答辩意见，本案二审的争议焦点包括：（1）《汤圆酱》系列作品是否享有著作权；（2）某科技公司是否构成著作权侵权或不正当竞争。

一、《汤圆酱》系列作品是否享有著作权

某电子商务公司案涉作品最早登记时间系重庆市版权局于2016年12月16日出具登记号为渝作登字–2016-F-00178927号作品登记证书，载明：作品《汤圆酱》为美术作品，作者为邓某，著作权人为邓某，创作完成日期为2009年5月17日，首次发表/出版/制作日期为2011年1月20日。虽然，该登记证书中记载的创作时间是2011年1月20日，某电子商务公司也主张"汤圆酱"系列作品最早来源于2009年创作的"猥琐萌"表情包，但某电子商务公司并无确实的证据证明"猥琐萌"表情包系邓某所创作。从在案证据看，其最早上传"汤圆酱"作品到相关平台的时间是2016年12月左右，与其作品著作权登记的时间吻合。

某电子商务公司主张的案涉作品《汤圆酱》与某科技公司提交的"阿鲁"卡通形象均采用简笔画表情包手法，二者虽均采用光头大脑袋、嘴鼻合一、改变眼睛和嘴型、增加上肢、添加其他设计元素等方式来表达不同的心情和情感，但《汤圆酱》相比于"阿鲁"卡通形象具有以下自己的特征：大眼睛、眼睛呈略扁平的椭圆形并目视前方，大瞳孔、小躯干、脸颊有腮红等，且二者传递的情感元素和创作风格不同。

综上，虽然《汤圆酱》表情包中的部分表情由于表情包设计自身的局限性与"阿鲁"表情包中部分表情十分近似，但从整体上看，该系列作品体现了某电子商务公司对公有领域元素内容的取舍、选择和安排，融入了作者个性化的构思和意志，属于具有独创性的表达，构成著作权法所保护的作品。某科技公司主张案涉"汤圆酱"作品独创性低，不属于著作权法保护的作品，事实依

据不足，本院不予采纳。

二、某科技公司是否构成著作权侵权或不正当竞争

"汤圆酱"表情在创作过程中包含对公有领域既有表达方式、素材的利用，甚至包含了对已有作品的再创作，基于其作品本身种类的特殊性，虽然其是基于对公有领域既有表达方式、素材内容基础上的再加工、再创作，在符合著作权法相关规定的情况下，可赋予其著作权，但在比对同类型作品是否近似时，应当充分考虑到其作品本身包含的公有领域因素。即对此类作品进行著作权保护时，既应当注意保护作品作者对作品的创新，又应当注意保护其他创作者对公有领域素材的合理使用，防止部分创作者通过对其作品的保护垄断了公有领域素材的使用权利，排斥、遏制其他创作者对公有领域素材的合理使用、开发，从而限制全社会对公有领域素材的合理使用和创作。

某电子商务公司将其作品的独创性特征归纳为"无毛发圆头、大眼眶、大眼珠、较宽的眼距、贴近眼底较小的腮红、较小且较为贴近两眼的嘴"，明显扩大了对自身作品的保护范围。首先，从此类作品（简笔画表情包）的共同特征来看，无毛发圆头，大眼眶、口鼻一体，腮红均属于常见的表达元素，比如，"乖巧宝宝""阿鲁表情包"中部分表情采用腮红、大眼眶、大眼珠等元素。基于表情包实际使用过程中的特点，某电子商务公司主张的"较宽的眼距、贴近眼底较小的腮红、较小且较为贴近两眼的嘴"等细节性特征，一般消费者或使用者施以一般的注意力，亦难以察觉其作品与其他表情包作品存在上述差异。其次，某电子商务公司"汤圆酱"作品本身并非都具有上述特征。如有些表情中就不包含腮红、有些表情中眼眶就比较窄小，眼珠也很小。在某电子商务公司主张的作品特征或独创性特征不能成立的情况下，其主张某科技公司的表情包侵犯了其作品著作权就失去了比对基础。

退一步而言，即便其主张的上述作品主要特征能够成立，将其作品"汤圆酱"与被诉的某科技公司"脸红小馒头"系列形象相对比，二者在整体风格与细节上存在以下不同：（1）脸型不同，《脸红小馒头》的脸型比《汤圆酱》脸型更圆。（2）眼睛不同，《汤圆酱》眼睛形状大多为椭圆形，眼睛中间为黑色眼珠，两侧为眼白，或眼睛为黑色圆点；《脸红小馒头》的眼睛形状大多为正圆形，眼睛大多为朝向左前方，眼睛左侧为黑色眼珠，右侧为半圆形眼白，黑白分明。（3）头部与躯干部的比例不同，《汤圆酱》有较为明显的躯干部分；《脸红小馒头》的躯干部分通常较短。（4）动作不同，《汤圆酱》大多为头部加躯干部分，较少有手部动作；《脸红小馒头》大多有指着方向的手部动作。

（5）表达或传递出的情感元素不同。某电子商务公司《汤圆酱》系列卡通形象表情包整体风格偏向"贱萌""猥琐萌"；某科技公司《脸红小馒头》系列卡通形象表情包整体风格偏向"可爱萌""呆萌"，两者在整体传达的情感元素上是有明显区别的，受众不容易造成混淆。

因此，某科技公司的《脸红小馒头》系列形象与某电子商务公司的《汤圆酱》系列美术作品相比，二者所表现出的差异之处恰好是二者各自独创性的核心部分，一般社会公众能够较为清楚地区分上述差异，故二者不构成实质相似。某电子商务公司关于某科技公司《脸红小馒头》系列卡通形象侵犯其著作权的主张依据不足，本院不予采纳。

鉴于前述分析，某科技公司案涉作品不构成对某电子商务公司涉案作品著作权的侵权，原审认定某科技公司构成著作权侵权存在不当，本院予以纠正。基于本案并无证据证明某科技公司存在抄袭某电子商务公司作品或攀附某电子商务公司商誉的行为，某电子商务公司主张某科技公司构成不正当竞争亦缺乏事实依据，本院亦不予支持。

二审法院判决：一、撤销福建省厦门市中级人民法院（2021）闽02民初1318号民事判决；二、驳回某电子商务公司全部诉讼请求。一审案件受理费22 800元，二审案件受理费8800元，均由某电子商务公司负担。

案例解析

一、本案裁判价值及影响

表情包具有"副文字"之称，是随着近年来即时通讯和社交媒体的扩大化、日常化而产生的一个产业。表情包的使用丰富了人们交流的方式，受到人们广泛的欢迎，人们会依据自身偏好去选择相应的表情包。表情包提供主体通过表情包IP获取相应利益，由此要寻求著作权法的保护。表情包的著作权保护首先是依托于作品概念展开的，这就意味着一方面其可以根据《著作权法》的规定依托著作权获得相应的收益，另一方面其可以依托著作权进行独占，对侵犯著作权的行为寻求法律救济。该案通过对双方争议点的审理，认为表情包的独创性保护边界在于独创性部分，而针对独创性部分进行比较则发现原被告双方存在差异，两者相似之处多为公共领域素材的适用。本案的裁决在表情包著作权保护方面具有典型意义，法院的相关判决逻辑为表情包的保护提供了分析道路，为其他表情包创作以及保护边界提供了指引，具有相应的典型意义。基于本案件产生的影响力及其法律问题的典型意义，本案被选入2022年福建法院知识产权司法保护十大案例、2022年中国法院50件典型知识产权案例。

二、著作权侵权判定前提：作品具有独创性

著作权法保护作品的重要逻辑在于，通过著作权保护使得在一定期限内著作权人能够对作品享有独占空间，从市场上获得利益，激励作者持续创作，这被称为著作权法的激励机制。

作品独创性的边界是著作权保护边界的基础。作品的独创性要求，既要求作品有"创"的部分，又要求作品创作是独立进行的。于"创"而言，实践中存在作品独创性的"创"是有、无还是高、低的争议，这种争议的分歧也源于对独创性功能理解的偏差。① 作品独创性能够展现出个性、创作空间等内在逻辑，其解释路径是开放的。② 对于一般作品而言，独创性的要求将作者贡献的成分与公共领域知识、他人作品相区分开来，即作品的著作权范围限定于作者贡献的部分。实践中，很多创作都是站在前人肩膀上完成的，著作权法实践中一方面通过"思想、表达二分法"强调对公共领域的保留，另一方面还通过对作品独创性部分的确认对公共领域予以保留，即作者仅能够通过著作权保护其自己创作的部分，而无法将公共领域的表达垄断。换言之，作品中融有公共领域内容并不意味着完全排除其受到著作权法的保护，只需要在具体保护中锚定作品独创性的部分予以保护即可。

一般而言，表情包被作为美术作品来看待，表情包美术作品亦可以依据我国作品自愿登记原则进行作品登记。在我国作品登记制度之下，登记作品并不能完全排除公共领域的内容被登记进作品，即一个作品获得了登记并不一定意味着其享有完整的著作权。因为根据我国《作品自愿登记试行办法》第1条③ 的规定，作品登记仅为解决著作权纠纷提供初步证据。《最高人民法院关于审理著作权民事纠纷案件适用法律若干问题的解释》（以下简称《审理著作权民事案件适用法律解释》）④ 也对著作权登记证书的证据作用进行了强调，其第7条第1款规定："当事人提供的涉及著作权的底稿、原件、合法出版物、著作权登记证书、认证机构出具的证明、取得权利的合同等，可以作为证据。"在著作权纠纷解决实践中，提供作品登记证书并不能直接完全证明作品的构

---

① 付继存：《作品独创性功能的反思与重塑——基于著作权法结构与价值目标的双重视角》，载《湖南大学学报（社会科学版）》2022年第5期。

② 王国柱：《著作权法中作品独创性的审美逻辑》，载《法学研究》2023年第3期。

③ 该条规定："为维护作者或其他著作权人和作品使用者的合法权益，有助于解决因著作权归属造成的著作权纠纷，并为解决著作权纠纷提供初步证据，特制定本办法。"

④ 法释〔2002〕31号，该司法解释在2020年已被修正。

成,也无法直接完全证明著作权。

本案中,原告某电子商务公司称其表情包《汤圆酱》最初创作来源于2009年创作的"猥琐萌"表情包,但是其无法提供足够的证据证明"猥琐萌"表情包系邓某所创作。而作品《汤圆酱》作为美术作品的登记则为作品的著作权保护提供了初步证据,即案涉作品最早登记时间系重庆市版权局于2016年12月16日出具登记号为渝作登字-2016-F-00178927号作品登记证书,载明:作品《汤圆酱》为美术作品,作者为邓某,著作权人为邓某,创作完成日期为2009年5月17日,首次发表/出版/制作日期为2011年1月20日。其最早上传"汤圆酱"作品到相关平台的时间是2016年12月左右,与其作品著作权登记的时间吻合,因此这里的著作权登记为著作权纠纷的解决提供初步证据的作用就体现出来了。然而,登记并不意味着一定构成著作权法上的作品。

本案中原告某电子商务公司主张的案涉作品《汤圆酱》与某科技公司提交的"阿鲁"卡通形象二者均有借助于公共领域的表达,即两者均对公有领域内容进行了取舍、选择和安排——选择光头大脑袋、嘴鼻合一、改变眼睛和嘴型、增加上肢、添加其他设计元素等。换言之,二者之所以形成各自的表情包,重点就在于对公共领域内容的择取安排形成新的表达,由此表现出各自有差异的表达。因此,二者各自作品形成的具有独创性的部分为其新的表达部分,这也正是二者有差异的地方,即各自受到著作权法保护的部分。某电子商务公司的《汤圆酱》作品具有的典型表达为大眼睛、眼睛呈略扁平的椭圆形且目视前方,大瞳孔、小躯干、脸颊有腮红等,具有相应的独创性,体现了作者的思想,形成了独特的表达风格。因此,对于其独创性的表达应当予以著作权法的保护。

三、著作权保护的边界:排除公共领域内容

著作权侵权纠纷案处理中,要注意比对的对象。首先,应当判断原被告双方涉案作品的独创性部分,界定其作品受保护的范围,此时就需要将公共领域的内容剔除出受保护的范围。其次,要将原告作品与被告作品进行比对,此处尤其要注意比对的是二者享有著作权的独创性部分,不应当将公共领域的内容混入比对的对象。最后,要注意整体观察中公共表达带来的影响,并着重关注作品独创性部分的比对。在这一系列关注点的背后蕴含着对公共领域的谨慎处理,维护人类共同的知识结晶,促进人类合理共享公共领域的秩序构建。

本案中,原告与被告的作品都是在现有公共领域表达方式基础上展开的创作,这时就需要对公共领域的表达与原被告的表达作出区分,并进而比对原

被告各自的独创性部分。通过比对发现，某电子商务公司声称其作品独创性体现为"无毛发圆头、大眼眶、大眼珠、较宽的眼距、贴近眼底较小的腮红、较小且较为贴近两眼的嘴"，在这里就有很多公共领域已经存在的、大众普遍适用的表达。比如无毛发圆头，大眼眶、口鼻一体，腮红均属于常见的表达元素，无论是现有的表情包还是其他功能的美术作品，都有这样表达的习惯，因此这并不构成其独创性的部分。而且，通过观察某电子商务公司的涉案表情包，发现以上所谓的独创性并不是表情包"汤圆酱"每一个图片都表达出来的特点，甚至有些与之形成相反的差异。在原告主张被告著作权侵权的情况下，"如何展开比对"以及"比对基础是什么"就陷入了困局，因为原告的独创性具体体现为何难以界定，失去了比对基础。

如果将原告作品"汤圆酱"与被诉的某科技公司"脸红小馒头"系列形象相对比，二者在整体风格体现出一定的差异性，即某电子商务公司《汤圆酱》系列卡通形象表情包整体风格偏向"贱萌""猥琐萌"，而被告某科技公司《脸红小馒头》系列卡通形象表情包整体风格偏向"可爱萌""呆萌"，两者在整体表达上存在区别，对于使用者而言能够体会到二者的差异，并作出相应的区分。即使不考虑公共领域的范围，经过比较"汤圆酱"与"脸红小馒头"系列表情包，发现二者在原告所声称的独创性上也存在区别。然而，这些区别体现了抛开公共领域表达后，二者所作出的选取、调整、安排，这些区别各自形成了自身作品所声称的独创性部分，具体体现为脸型、眼睛、头部与躯干部的比例及动作等方面的不同。

因此，本案中，基于相应的比对，原告主张的被告侵犯其著作权的主张并不成立。

在保留公共领域的前提下对著作权侵权进行认定的逻辑，是解决著作权侵权纠纷的常用做法。在"火柴棍小人诉黑棍小人著作权侵权纠纷案"[①]中，法院就在侵权判定中对公共表达进行了剖析。原告朱某主张的是静态的"火柴棍小人"的著作权，实际上已经包含了公共表达，因此不能将之完全予以著作权保护。在比对原被告作品的独创性部分时，需要将公共表达剔除出去："黑棍小人"和"火柴棍小人"形象有相同之处，但相同部分主要存在于公有领域，不应得到著作权法保护。朱某创作的"火柴棍小人"形象特征为：头部为黑色圆球体，没有面孔；身体的躯干、四肢和足部均由黑色线条构成；小人的头和身体呈相连状。某公司广告中使用的"黑棍小人"形象特征为：头部为黑

---

① 北京市高级人民法院（2005）高民终字第538号民事判决书。

色圆球体,没有面孔;身体的躯干、四肢和足部均由黑色线条构成;小人的头和身体呈分离状;小人的四肢呈拉长状。被告表明其涉案广告形象"黑棍小人"与原告主张权利的"火柴棍小人"都是从通用的"线条小人"演化而来的。此种简单的图形不具有著作权法要求的独创性,故不应受著作权法保护。[①] 二者各自在公共领域表达基础上形成的各具特色的形象,关键在于各自的区别,而这些又是二者差异所在。因此,本案被告对原告的著作权侵权也不成立。

四、尊重公共领域保留,树立诚信的作品创新与著作权保护秩序

人类进步建立在世世代代的持续创新贡献之上。知识产权制度在激励人类创新方面旨在促进人类创新的持续增加,而知识产权制度同时也带来对创新的合法垄断。在著作权法领域体现为著作权人享有一定期限内的排他权。然而,对于公共领域内的作品或者公共领域内的知识,每个人都有平等的使用权利,且基于知识产权客体的无形性特征,一个人的使用并不排除其他人的使用。在作品的创作中,有些作者选择以公共领域内的作品或者知识为基础,进行再创作,这是对公共领域的合理使用。在这种情况下,如果二次创作的作品主体对自己的作品寻求著作权保护,这种著作权保护就不能延及公共领域。

对公共领域的尊重是诚信原则的具体体现。在知识产权领域,诚信已是一个认可度比较高的原则,维护知识产权需要以诚信为前提,避免混淆公共领域与具有独创性的作品。通过著作权司法保护中体现出的裁判规则,可以看出我国对知识产权的保护水平的提升,与此同时对公共领域保护也有较为深刻的认识,尊重公共领域、提倡对公共领域的保留,是诸多著作权纠纷案件凝聚成的共识。在此,著作权人维权时需要更加清楚辨识自身作品的独创性所在,并诚信界定己方作品对公共领域的使用或借鉴程度,将公共领域内容剔除出维权对象范围。对于著作权侵权纠纷案件中的被告而言同样如此,不应因为著作权纠纷中作为被告而产生畏难心理,而应当通过行业创作知识,厘清原告独创性部分、被诉侵权作品独创性部分,对公共领域的内容作参考,通过综合衡量判断自身是否侵权,并对原告权利的边界作出初步的衡量。有时不同的法院判决可能会有不同的侧重点,而有些认识可能也会出现分歧,因此通过司法程序谋求正义,是每一个创作者为创作活动寻求法律救济的正当手段,而公共领域与著作权的边界也在这些程序中愈发清晰。

知识产权侵权纠纷案件中,一般原告还可能提起不正当竞争的诉求,本案

[①] 参见孟祥娟:《卡通角色的可版权性及独创性判断——评"火柴棍小人"著作权侵权案》,载《电子知识产权》2008年第1期。

中某电子商务公司就明确主张某科技公司构成《反不正当竞争法》第6条第1项规定的擅自使用与某电子商务公司有一定影响的商品装潢相近似的标识的侵权行为。但是,不正当竞争的判断也应当以存在一定的权利基础为前提,在本案中这一前提遭受否定,且基于二者涉案作品的差异性,不正当竞争的诉求被否决。

公共领域保留能够促进知识的创造、传播与学习,促进创新驱动发展有益循环,① 这与著作权法的立法目的殊途同归。在本案中的表情包场合,公共领域的保留也具有宝贵的价值。表情包是通过形象、生动、美观的静态或者动态图像形成的用于表达思想情感的载体,在网络社交环境下具有替代或者超越文字表达的魅力,给人们的日常生活带来诸多好处。创作出表情包的作者,在一定程度上形成了自身的表达风格,通过或简或繁的图像为人们提供了具有独创性的作品,与此同时也为后续创作提供了可借鉴的蓝本。因此,表情包作品的相似性认定就显得尤为重要,如果判断失误,则容易造成对原创作者利益的损害,特别是对同一竞争市场而言更可能形成替代性效果。然而,如果原被告双方表情包均是在公共领域素材基础上形成的创作,对公共领域部分就应予以剔除,仅对原告作品中的独创性部分进行保护,因为公共领域对任何人都是开放的。

五、结论

公共领域保留,是界定作品独创性和明确著作权保护边界应当重视的重要原则。本案二审判决对法律适用问题进行了深度剖析,敏锐地提出公共领域的保留问题,为著作权法保护提供了新的思路,明确了公共领域保护的宝贵价值,为著作权侵权纠纷的解决提供了新的蓝本。同时,本案也取得了良好的社会效果,为当事人定分止争明确了彼此保护范围的依据。

---

① 冯晓青、周贺微:《公共领域视野下知识产权制度之正当性》,载《现代法学》2019年第3期。

文字作品中公共领域范畴的界定

——孙某等与沈阳某甲文化发展有限公司等侵犯著作权纠纷案

/沈韵

➡ 本案要旨

在后作品如果仅在主题题材、抽象的故事情节等方面与在先作品相同或者相似,由于上述内容属于不受著作权保护的思想范畴,任何人进行创作活动时都可以自由使用,就不能认定在后作品构成对在先作品的抄袭,也不能认定构成著作权侵权。有限表达、惯用手法等作为公共领域资源,同样可以为任何人创作之用。在对具体故事情节进行著作权侵权比对时,如果特定情节不是独创性表达,而是基于同一史实出现的相同场景,基于类似题材出现的有限表达,或者基于公有领域形成的常见情节,则相同或者相似不足以认定抄袭。同一题材下的不同表达方式分别受著作权保护,只要具体情节表达方式不相同或不相似,在后作品就不构成著作权侵权意义上的实质性相似。

➡ 案件信息

上诉人(一审原告):孙某、杜某

被上诉人(一审被告):沈阳某甲文化发展有限公司、北京某乙传媒有限公司、某丙电视台、辽宁某电视台、黑龙江某电视台、杜某某、郭某、刘某

第三人:辽宁某艺术团有限公司、某文化传媒发展有限公司

案号:北京市海淀区人民法院(2009)海民初字第28734号、北京市第一中级人民法院(2011)一中民终字第4413号

➡ 原被告主张及理由

原告孙某、杜某主张:原告孙某独立创作完成的小说《血祭·四百五十碗酒》(以下简称《血》)于1998年3月发表于《雪花》杂志。继而原告以该

作品为基础，独立创作完成了46集电视连续剧剧本《白雪·红血》（以下简称《白》），并于2006年8月在黑龙江省版权局进行了著作权登记，该剧本于2006年9月在"白鹿书院"网站公开发表。随后原告以《白》剧为基础，又创作完成了20集电视连续剧《红雪地》（以下简称《红》），并于2007年6月在黑龙江省版权局进行了著作权登记。原告在2009年年初发现，2009年1月22日某丙电视台首播的《关东大先生》（以下简称《关》）一剧，剧情与自己所著的小说《血》及剧本《白》和《红》雷同。原告将该剧与自己的作品作比对后发现，该剧之社会背景、故事主线、故事情节、人物、主要场景等，均与原告作品中的描述及刻画基本一致，只在个别地方进行了简单改变。而原告在该剧拍摄前及拍摄后均对自己作品被使用这一情况一无所知。被告的行为已经构成对原告作品的剽窃，侵害了原告的著作权。

被告沈阳某甲文化发展有限公司（以下简称沈阳某甲公司）、第三人辽宁某艺术团有限公司（以下简称辽宁某艺术团）、某文化传媒发展有限公司共同辩称：根据我们与北京某乙传媒有限公司（以下简称某乙传媒公司）签订的合同，剧本的创作由某乙传媒公司完成，由此产生的法律责任由某乙传媒公司承担。我们只负责电视剧的拍摄，剧本是某乙传媒公司和编剧提供的。我们主观上没有侵权的故意，客观上没有实施侵权行为，不构成侵权，请求驳回原告的诉讼请求。

被告某乙传媒公司辩称：涉案剧本于2005年年底签订创作合同，2007年上半年完成初稿，2008年上半年定稿，是本某传媒和杜某某协议由杜某某创作完成并统筹涉案电视剧的剧本。《关》是我公司委托他人独立完成的作品，不存在抄袭的行为，请求驳回原告的诉讼请求。

被告某丙电视台辩称：我台播放的涉案电视剧是从某文化传媒发展有限公司购买的，并签订了协议，播放的时候履行了审查义务。我台没有主观过错，请求法院驳回原告的诉讼请求。

被告辽宁某电视台辩称：我台与某乙传媒公司签订了购买协议书，某乙传媒公司对涉案电视剧拥有版权，我台没有构成侵权，请求法院驳回原告的诉讼请求。

被告黑龙江某电视台辩称：我台没有出版发行的行为，涉案电视剧是从某乙传媒公司购买的，我台没有参与创作。我台与某乙传媒公司签订的《电视剧播映权转让合同书》约定了由某乙传媒公司承担著作权诉讼的法律责任。我台尽了审查义务，不应承担侵权责任，请求法院驳回原告的诉讼请求。

被告杜某某辩称：2007年5月，我应郑某某工作室之邀，创作涉案电视剧的后 15 集。2008 年 7 月，我受赵某某之邀对原剧本修改。根据我与某文化传媒发展有限公司签订的剧本统筹协议，我按照甲方的要求对剧本进行统筹修改，完成了剧本的统筹工作。按照协议，我只享有署名权。我是独立创作，没有接触过原告，也没有看过原告的作品，不存在剽窃抄袭的行为，请求法院驳回原告的全部诉讼请求。

被告刘某、郭某共同辩称：涉案作品与原告创作的作品不存在相同的内容，不构成侵权。涉案电视剧的剧本并非我们创作，不应追究我们的侵权责任。剧本大纲和故事人物在 2005 年至 2006 年形成的，而原告的作品发表时间在 2006 年 9 月、11 月，且发表的途径是通过不知名的网站，影响范围有限。我们没有接触原告的剧本，没有侵权，请求法院驳回原告的诉讼请求。

一审法院查明的事实

原告指控《关》剧与《血》文、《白》剧、《红》剧在故事主线、基本框架、故事背景、人物关系、情节发展等方面相同或相似，并提供了其自行归纳的《关》剧分集梗概、故事大纲和对比表，被告杜某某提交了剧本、对比表和自百度网站下载的《关》剧分集大纲，被告某乙传媒公司也提交了《关》剧剧本和分集梗概。庭审过程中，各被告及第三人对原告小说《血》文、《白》剧、《红》剧著作权权属不持异议，本院予以确认。但原被告对于对方提交的《关》剧分集梗概、故事大纲、剧本互不认可，故应以《关》剧电视剧作为根本比对材料。虽然双方都提交了对比表，但考虑到双方的诉讼地位，本院根据民事诉讼处分原则，采用原告提交的对比表作为审查基础，并确定本案审查范围以原告提交的对比表为限。

一审法院判决理由与裁判结果

应对双方作品进行同异性分析，结合作品反映的史实、题材和类似作品的创作特点和规律，判断被控作品的表达有无独创性。鉴于原告对比表列举的对比点数量较大，且双方同意以原告举出的典型对比点作为对比例证，故本院将以原告举出的典型对比点（对比表具体内容略）为例，审查判断《关》剧被控内容有无独创性。对于对比表中的其他对比点，本院不再逐一详细分析。

一、《白》剧和《关》剧框架对比表之 1.3.6

本院认为，藏宝、夺宝、护宝、藏宝图、秘诀、日本人利用女性、被利用人发现真相转变立场等是此类文学作品中的常见情节。基于类似题材展开创作，不同作者的创作成果极有可能在上述基本情节设置上出现相似，这种相似系同一题材的有限表达所致，不能以此认定侵权。原告如欲主张被告构成抄袭，则应在上述基本情节设置相同之外，证明上述基本情节的深化、细化、个性化表达等方面存在不合理的相似。进一步比较上述情节的细化设计，双方作品对于上述情节的细节表达均存在明显差异。因此，原告指控被告这一部分内容构成侵权，依据不足。

二、《白》剧和《关》剧故事主线对比之1

本院认为，日本侵华自东北开始，双方作品均与此有关，其故事发生的时间、地点存在相同或近似，纯属正常。夺宝、护宝、假图等情节也在类似作品中司空见惯，原告以此主张故事主线抄袭，理由不足。关于藏宝图的组件设计，双方在具体设计和细节上确实存在不少相似之处，但也存在较多不同之处。综合考虑类似作品对藏宝图设计的创作规律和有限表达，本院认为双方在这一情节细化中出现的相似点仍属正常合理范围，尚不足以认定被告构成抄袭。

三、《白》剧和《关》剧剧情分集对比之25

剧中主要人物被抓、被刑讯、被定死罪，女性角色组织力量武装救人，关键时刻被军阀所救，双方在这一情节设置上确属相同。但是，美女救英雄、军阀冲法场均属此类文学作品中的常见情节。虽然双方作品都设计为军阀救人，但考虑到故事发生的时间、地点、史实和类似作品的创作规律，本院认为此种相似仍属正常。关于被救者叫冤、打耳光、关入大牢等情节：一是军阀打人习气系公知事实，类似情节在文学作品中并不少见；二是双方具体情节设计不同：在《白》剧中，师长对抓人者打耳光，并将其关入大牢，而在《关》剧中，段督军打耳光并非发生在冲法场解救赵某安、哈某某之时，而是在此之前、段督军在另一场景中解救韩某玉时，韩某玉称被杜某海打，段督军打了杜某海耳光，并将赵某安关入大牢，而与《白》剧中将打人者关入大牢不同。因此，此种相似也不能认定为抄袭。

四、《红》剧和《关》剧人物对话对比之9、《白》剧和《关》剧人物对话之17

人物对话出现不合理的相似，是此类案件认定侵权成立的重要根据。原告列举的上述对话，虽然主题都是杀人灭口和要求引渡，但二者在具体表达形式上存在很大差别,不能仅以相同对话主题认定对话内容构成抄袭。

《审理著作权民事案件适用法律解释》第15条规定,由不同作者就同一题材创作的作品,作品的表达系独立完成并且有创作性的,应当认定作者各自享有独立著作权。由此可见,著作权法禁止后来作者抄袭他人在先创作的作品,但允许不同作者就同一题材再次进行独立创作。抄袭和独创的认定标准,在于双方作品是否存在不合理的相似。考虑到文学作品创作的特点和规律,基于同一史实出现的相同场景,基于类似题材出现的有限表达,基于公有领域形成的常见情节,不能作为认定抄袭的标准。双方作品虽然存在不少相似之处,但这些相似点或因深化、细化、个性化程度不足,因而不能成为认定抄袭的标准;或因在深化、细化、个性化过程中出现较大区别,因而使被控作品产生了独创性。分析原告列举的典型例证及其他对比点,双方作品之间不存在无正当理由的、超出巧合可能的、不合理的相似。著作权法应当为文学创作保留合理的法律空间。诸如此类的合理相似如被认定为侵权,将严重影响文学创作活动的正常开展。

一审判决:驳回原告孙某、杜某的全部诉讼请求。

上诉主张及理由

孙某、杜某上诉称:一审判决认定我方作品与被诉方作品是基于同一题材独立创作的两个作品,从而否定被诉方作品侵权事实是完全错误的。一审判决不顾比对中存在大量的实质性相似的事实,对微小的不同或相似仅认为是表达有限所致,由此认定抄袭事实不成立,这是我方难以接受的。我方认可思路、题材不受著作权法保护,两剧均涉及清末民初来自不同社会阶层的人,围绕清王朝留下的"宝藏"展开争夺的故事,在这一层面上的相似不构成侵权。但两剧中的角色、故事情节以及冲突变化的展开均高度相似,应当认定为抄袭。

被上诉人沈阳某甲公司、某乙传媒公司、某丙电视台、辽宁某电视台、黑龙江某电视台、杜某某、郭某、刘某均未提交书面答辩。

二审法院查明的事实

2009年6月30日,伊春市版权局出具《关于孙某申请维护著作权案的请示》,在该份请示中,伊春市版权局称孙某向该局投诉某文化传媒发展有限公司、辽宁某电视台、某乙传媒公司制作播放的《关》剧剽窃其小说《血》文、《白》剧、《红》剧,请求确认被申请人侵权、停止侵权并赔偿损失300万元。

该局认为：孙某诉求基本属实，申请请求合法，《关》剧无论是故事线索、副线索，还是人物性格、多个场景均涉嫌剽窃、抄袭，请黑龙江省版权局并通过省局向国家版权局汇报，给予支持、办理，以维护作者著作权益。2009年9月18日，伊春市版权局出具《关于我市作者孙某诉求著作权维权案工作的请示》，内容与6月30日请示基本相同，并附有《一剧涉嫌侵权的主要内容》作为附件。

二审法院判决理由与裁判结果

根据当事人双方所述作品比对情况，双方作品均描写的是东北地区发生的寻找宝藏的故事，清朝时期隐藏了一笔巨大的宝藏，隐藏之地无人知晓，要找宝藏需先将分藏于不同人物手中的三件物件即指定藏宝地址的密件找齐并结合在一起，方能得知宝藏下落。故事围绕各方势力争夺宝藏，寻找密件而展开。但两剧在具体详尽的故事情节扩展方面，在剧情结构安排、人物角色、身份状况、相互关系的选择与设置、人物对白、情景状态、悬念设计与布局等剧情独创部分均未构成实质性近似，孙某等上诉提出，找亲人等剧情均与其作品内容相同，但亲人被敌人蒙蔽利用、敌我不分，真相大白后被敌人伤害，属于这类电视剧作品惯常运用的设置手法，在此二者剧情的衔接与排布设置并不相同，不构成实质性雷同。一审法院在核实了孙某等剧情比对情况下，认定《关》剧与孙某等作品虽题材同类，但剧情未构成对孙某等作品的抄袭，所作判定并无不当。

二审判决：驳回上诉，维持原判。

案例解析

本案涉及历史题材类文字作品著作权侵权纠纷。历史题材类文字作品的特殊性在于，其往往既包含应当受到著作权法保护的作者的独创性表达，又包含大量属于公共领域的创作素材，公共领域保留原则在著作权纠纷中的重要性不言自明。司法实践中，公共领域范畴的界定也是审理著作权侵权纠纷案件的前提与核心。本案作为历史题材类文字作品著作权侵权纠纷的典型案例，对历史题材类文字作品中公共领域范畴进行了一定程度的探讨。

一、著作权法中的公共领域保留原则

公共领域保留原则来源于美国著作权保护中的"3P"原则。"3P"原则包括促进知识传播原则、保护创作者原则以及公共领域原则。具体而言，公共领域特指不受著作权保护、不能被任何人排他性独占的知识领域。①我国法律条文中虽然未直接出现公共领域等相关概念,但在理论研究与司法实践中,公共领域概念作为著作权保护领域的"对立面",依然在整个知识产权体系中承担着非常重要的角色。一方面,公共领域作为著作权法中一项非常重要的利益平衡手段,能够防止著作权私权范围的不当扩张,避免"圈地运动"悲剧;同时,维护公共领域可以为知识创作活动提供足够的保障与动力,真正实现著作权制度激励新作品创作与传播等立法宗旨。另一方面,著作权内容实质性相似的比对对象应当只限于作品中受著作权法保护的部分,因此,法院必须在进行实质性相似比对前,将作品中保留在公共领域的素材提前予以排除。

在历史题材类文字作品中保留公共领域的正当性在于:第一,著作权制度的激励宗旨不仅包括对特定创作对象的激励,还必须考虑到更长远的后续创作行为,历史题材类文字作品中主题题材等思想范畴内容应当继续保留在公共领域,以防止在先创作者不当垄断有关主题题材,不合理提高后续创作者利用公共领域素材的创作成本;第二,历史题材类文字作品中史实、客观事实作为客观进程,不能被人的意志所改变,无法体现任何人的创造性智力劳动的投入;②第三,鉴于常见情节及惯常表达具有表达上的唯一性,不同创作者在针对同一题材进行创作时不可避免地会发生重复,公共领域保留原则保证了这部分素材可以供社会上任何公众自由使用与利用,从而激励更多后续创作者站在前人肩膀上,创作出更多更好的全新作品。本案中,审理法院在侵权对比时综合考虑了主题、历史事件、常见情节、惯常表达等重要的公共领域素材,体现了法院对公共领域的重视程度。

二、文字作品的主题题材

根据思想与表达二分法原则,主题题材因为具有高度抽象性与思想性,应当属于思想范畴,相关内容落入可供全体社会成员自由使用的公共领域。《审理著作权民事案件适用法律解释》第15条规定,由不同作者就同一题材创作的作品,作品的表达系独立完成并且有创作性的,应当认定作者各自享有独立著作权。由此可见,著作权法允许不同作者就同一题材再次进行独立创作,只要在具体表达上不构成对在先作品的抄袭,不同作品都可以正当地分别受到

---

① 杨利华、沈韵:《公共领域保留视野下历史题材文字作品著作权保护研究》,载《邵阳学院学报(社会科学版)》2020年第4期。
② 杨利华、沈韵:《公共领域保留视野下历史题材文字作品著作权保护研究》,载《邵阳学院学报(社会科学版)》2020年第4期。

著作权法的保护。结合本案，一审、二审法院均认可两部涉案作品涉及相同题材，但是基于类似题材展开创作并不意味着一定构成著作权侵权。人物对话出现不合理的相似，是此类案件认定侵权成立的重要根据。只要两部作品中人物对话内容的具体文字表达存在差异，就一定不构成侵权。法院对比了原告、被告作品中的对话，虽然主题都是杀人灭口和要求引渡，但二者在具体表达形式上存在很大差别，不能仅以体现相同对话主题为由认定对话内容构成抄袭。

另外，将两部涉案作品认定为同题材同类型作品，也有利于下一步分析常见情节、故事主线因在同一题材下相似而不构成著作权侵权。例如，本案一审法院认为："基于类似题材展开创作，不同作者的创作成果极有可能在上述基本情节设置上出现相似，这种相似系同一题材的有限表达所致，不能以此认定侵权。"除了以本案为代表的历史题材类文字作品，如果针对同为反腐题材的两部长篇小说，尽管两部文字作品均采取了主线检察线、副线政治线的双线线索设置，但这是反腐题材小说常用的结构模式，并非某一部作品或某一个创作者的独创性表达内容，也不属于著作权保护的射程范围。①

三、文字作品中的历史事实

历史题材类文字作品不可避免地涉及真人真事等历史事实。对于这部分创作素材的著作权属性，司法实践已初步形成共识——作品中引用历史事实的内容依然保留在公共领域，不属于著作权私权领域。例如，本案中，一审法院就认为，双方作品均与自东北开始的日本侵华历史事件有关，其故事发生的时间、地点存在相同或近似，纯属正常。

在与本案基本案情相似的案件中，法院也特别强调了历史真人真事属于公共领域，以同一历史真人真事为基础展开的文学创作不构成对在先作品作者改编权的侵犯。例如，如果以张学良这一历史人物为原型展开的历史题材小说创作，由于张学良与其父亲张作霖、原配妻子于凤至、师长郭松龄等人员的关系是真实历史，历史人物的性格已被历史限定，对人物的塑造完全是基于历史的独立创作。相关历史人物和事件都是历史上客观存在的，不属于原告的创作成果，因此不属于著作权保护的范围，不受著作权法保护。拒绝对作品中历史事实内容给予著作权保护是为了保障任何人能够以自己的方式表达、塑造、展

---

① 李某与北京出版集团有限责任公司等著作权权属、侵权纠纷案，北京知识产权法院（2019）京73民终225号民事判决书。

现历史人物和历史事件的权利。①

　　历史事实内容的公共领域保留原则，可以通过洛克的财产权劳动理论进行解释。根据洛克的财产权劳动理论，只有当创作者在公知信息中投入创造性智力劳动，作品中相关部分才能脱离公有状态，获得著作权制度的排他性保护。但是，洛克的财产权劳动理论也包含了一个重要前提，即作者将相关内容归为私有时，必须保证留下"足够且良好"的部分。历史题材类文字作品中历史事实内容作为社会公共资料，属于上述"足够且良好"的部分，应当允许任何人在自己创作时自由使用或利用。

四、文字作品中的常见情节

　　在文学作品中，根据历史事实本身或读者对特定画面的期待，在描述特定故事时，不同创作者不可避免地将在一些基本情节设置上出现重复或相似，创作者在这点上并没有太多的选择空间。根据著作权思想与表达混同原则，上述必备的创作素材并不会受到著作权法保护，而是依然保留于公共领域。各地各级法院在情节分析时也都会区分常见的基本情节与体现作者独创性的情节。例如，本案中，法院认为，美女救英雄、藏宝、日本人利用女性、被利用人发现真相转变立场等是文学作品中的常见情节。考虑到故事发生的时间、地点、史实和类似作品的创作规律，基于类似题材展开创作，不同作者的创作成果极有可能在上述基本情节设置上出现相似。这种相似系同一题材的有限表达所致，实属正常，不能以此认定侵权。原告如欲主张被告构成抄袭，则应在上述基本情节设置相同之外，证明上述基本情节的深化、细化、个性化表达等方面存在不合理的相似，进一步比较上述情节的细化设计，证明双方作品对于上述情节的细节表达存在明显差异。

　　同样，在另外一个案件中，法院也认可了这种常见情节的相同或相似，不能作为认定抄袭的标准。两部作品虽然出现了公主和亲的情节，并且都描述了女主等人对和亲政策的不满，但是公主和亲为汉朝的政策，属于公有领域信息，女主等人对于和亲政策不满的想法也属于思想领域，不为表达。同时，两作品中所出现的马回长安的情节、不打不相识情节以及女主结拜情节均系小说中常见情节与素材。② 因此，常见情节落入公共领域范畴，不应当被任何创作

---

　　① 黄某明与辽宁广播电视音像出版社等著作权权属、侵权纠纷案，北京知识产权法院（2018）京73民终90号民事判决书。
　　② 马某凌、某数字传媒有限公司著作权权属、侵权纠纷案，浙江省杭州市中级人民法院（2019）浙01民终6305号民事判决书。

者通过著作权保护手段予以私人垄断。任何人都无权禁止他人在其创作中自由使用。

五、文字作品中的惯常表达

与常见情节相似的是，惯常表达也应当属于公共领域范畴。历史题材类文字作品的惯常表达主要涉及标准场景。根据场景原则，在相同历史创作题材下，作者为表现特定主题而不得不采用的某些人物、布局、场景等，这种必备创作要素不受著作权保护。[①] 结合本案，藏宝图就是作者为了表现这一主题而不得不采用的特定道具设定。关于藏宝图的组件设计，虽然双方在具体设计和细节上确实存在不少相似之处，但是综合考虑类似作品对藏宝图设计的创作规律和有限表达，法院认为双方在这一情节细化中出现的相似点仍属正常合理范围，尚不足以认定被告构成抄袭。藏宝图作为寻宝情节中不可或缺的创作要素，作者在这种情节推动方式上没有太多自由选择的余地，如果不加以使用将无法创作出符合寻宝情节的历史作品，因此相关藏宝图的设计构成标准场景，属于不受著作权保护的公共领域范畴。

另外一个较为典型的标准场景是历史题材类文字作品中的马车。如果涉案作品情节中都提及乘坐马车的细节，但马车仅是构成此情节内容的素材之一，也是对当时真实时代的客观描述，属于对公有领域素材的选取。[②] 马车作为古代最主要的交通工具，作者在创作过程中难以避免对这一创作要素的使用，如果赋予最先创作者对马车素材使用的排他性权利，这种个人垄断将导致公共资源的匮乏，对其他创作者的后续创作行为造成严重阻碍。

除了标准场景之外，文学创作往往离不开对前人智慧的学习和借鉴，不同作品中出现相同的成语典故、常见修辞手法、语法句式及日常一般用语等内容并不鲜见，这些内容往往也属于公共领域范畴，不应被一个作者所垄断。[③]

六、结论

著作权法应当为文学创作保留合理的法律空间。如果在后作品仅在主题题材、历史事实、常见情节、惯常表达等方面存在相似就被认定为侵权，将严重影响文学创作活动的正常开展。在主题题材方面，虽然著作权法禁止后来作

[①] 杨利华、沈韵：《公共领域保留视野下历史题材文字作品著作权保护研究》，载《邵阳学院学报（社会科学版）》2020年第4期。

[②] 王某放等诉胡某新等侵犯著作权纠纷案，北京市第一中级人民法院（2009）一中民初字第1936号民事判决书。

[③] 温某安与周某等著作权权属、侵权纠纷案，北京市朝阳区人民法院（2017）京0105民初62752号民事判决书。

者抄袭他人在先创作的作品，但无权阻止不同作者就同一题材再次进行独立创作。在历史事实方面，历史事实是既已发生的客观事实，并非由作者凭借自己的创造性智力劳动所产生的。在常见情节方面，作者不可避免地将在一些基本情节设置上出现重复或相似，甚至在这点上并没有太多的选择空间，不能据此认定抄袭。在惯常表达方面，出于塑造特定类型文字作品的需要，有关必备创作要素也不会进入著作权保护领域。

依据"抽象—过滤—比较法"，法院在对两部作品进行实质性相似判断时，应当首先将思想范畴及公共领域素材予以排除。本案在框架、故事主线、剧情分集、人物对话对比时都主动阐明了公共领域范畴，及时将公共领域素材予以排除，防止对公共领域素材的不当保护，不合理地扩张私权保护范围。从著作权法中公共领域的层面看，本案具有较强的参考价值，相关审理思路可为其他法院提供一定的启发。

网络环境下文字作品的著作权认定问题研究

——淡某诉北京市某书店等著作权权属、侵权纠纷案

/ 张潇

➲ 本案要旨

随着互联网技术愈发发达，更多的文字作品创作者选择通过互联网发表、传播自己的作品。相比于传统的纸质版作品，网络环境下作品在著作权认定与侵权认定方面均存在独特之处，如网络环境下文字作品的独创性标准、网络环境下如何确认作者身份等问题。但与传统纸质作品相同的是，具有独创性的网络作品也是创作者智力成果的反映，作者对其网络作品依法享有著作权。在无相反的证据证明特殊情况存在的情况下，认定署名者为作者，内容为作者原创。

➲ 案件信息

原告：淡某

被告：北京市某书店、珠海某出版社有限公司

案号：北京市东城区人民法院（2011）东民初字第 05321 号

➲ 原被告主张及理由

原告淡某诉称：原告于 2007 年 5 月创作了诗作《班扎古鲁白玛的沉默》（又名《见与不见》，以下简称涉案作品），并于同年 5 月 15 日首发于自己的博客。2011 年 3 月，原告发现珠海某出版社有限公司（以下简称珠海某出版社）未经许可出版了包括该作品的图书《那一天那一月那一年》（以下简称涉案图书），且将涉案作品当作仓央嘉措的作品。原告从某书店购得涉案图书。现原告以被告珠海某出版社侵犯其署名权、复制权和发行权，被告北京市某书店（以下简称某书店）侵犯其发行权为由，诉请判令：（1）二被告停止侵权；

(2)被告珠海某出版社在《中国新闻出版报》上发表致歉声明;(3)被告珠海某出版社赔偿原告经济损失及诉讼合理支出5000元。

被告某书店辩称:书店对涉案图书有合法进货渠道,且尽到了合理的审查义务,不应承担侵权责任。

被告珠海某出版社辩称:原告对涉案作品享有著作权的证据不足,理由是:(1)原告公证的博客网页中虽有涉案作品,但未署名,且该博客未明显说明或者声明博客内容为原创或禁止转载,不能证明原告对涉案作品享有著作权,也无法证明被告存在侵权行为;(2)2011年3月14日《肇庆都市报》对原告所作的访谈,内容为原告个人观点,且访谈时间在涉案图书出版近半年之后,不能证明原告对涉案作品享有著作权;(3)正式出版物《读者》(2008年10月第20期)刊登过涉案作品并署名"仓央嘉措";(4)涉案图书系以探讨和解读仓央嘉措及其现象为目的引用涉案作品,该引用含标点共113字,占全书比重0.007%,不应视为侵权行为;(5)原告主张5000元赔偿数额无法律依据。综上,不同意原告的诉讼请求。

法院查明的事实

原告署名为"Just Dorophy"的博客2007年5月15日的日志"疑似风月中集"中,有标题为《班扎古鲁白玛的沉默》一文(涉案作品),该文连同标题共18行,分为5小节。

2008年10月,《读者》第20期第7页刊登作品《见与不见》(以下简称《见》文),署名为仓央嘉措。

2008年10月7日,原告向《读者》邮箱发送邮件一封,告知对方2008年第20期《读者》所载《见》文署名错误,原告是涉案作品作者,作品来自原告的博客。

2009年3月13日,原告注册所有人为淡某的个人网站,博客网页特别声明:"凡未经特别说明的文字皆为原创,版权所有:Doropy=Doropy101=扎西拉姆·多多=淡某。"

2010年8月,被告珠海某出版社出版了涉案图书《那一天那一月那一年》,该书副标题为"'六世达赖喇嘛'——仓央嘉措的情与诗",作者子非。其中第33页印有《见》文,除标题及倒数第三行"让我住进你的心里"与涉案作品倒数第三行"让我住进你的心间"有所不同外,其余内容相同。

2011年5月,中信出版社出版了图书《当你途经我的盛放》,作者扎西拉姆·多多。书中收录有涉案作品，内容与前述博客"Just Dorophy"中的涉案作品一致。

《见》与涉案作品相比，二者有两处不同：一是标题不同；二是《见》文倒数第三行"让我住进你的心里"与涉案作品倒数第三行"让我住进你的心间"有一字之差但字义相近，其余内容及分节均一致。

⊃ 法院判决理由与裁判结果

法院认为：本案诉争的焦点在于涉案作品是否为原告创作，即原告对涉案作品是否享有著作权，被告珠海某出版社出版、发行含有涉案作品的图书、被告某书店销售该图书是否合法。

一、关于原告对涉案作品是否享有著作权的问题

由于本案所涉创作载体为博客，因此需要确定载有涉案作品的博客是否为原告所有，原告的笔名是否为扎西拉姆·多多，涉案作品是否为原告创作等相关问题。

首先，原告的笔名是否为扎西拉姆·多多。涉案博客名称为 Just Dorophy，内有"扎西拉姆·多多的个人资料、Just Dorophy、照片、日志、列表、更多"等栏目，与原告实名注册的"DOROPHY 的博客"在名称上具有相似性，且该实名博客特别声明"Doropy=Doropy101=扎西拉姆·多多=淡某"，可初步证明原告淡某是扎西拉姆·多多；原告所有的新浪邮箱名称为 dorophy101，与上述声明一致，印证了"Doropy101"与"扎西拉姆·多多""淡某"是同一人；原告发往《读者》的邮件署名为扎西拉姆·多多，证明扎西拉姆·多多这一名称的使用者为本案原告；原告本人对扎西拉姆·多多这一笔名的解释具有合理性，且有中信出版社出版的《当你途经我的盛放》一书作者署名及作者简介相互印证。

综上，原告能够合理解释其笔名的来源和寓意，且通过邮件署名、网站声明、出版物等公开的方式予以使用，无人提出相反主张，二被告亦未对此提出异议，故本院对原告笔名为扎西拉姆·多多予以确认。

其次，涉案博客是否为原告所有。从本案已经查明的事实来看，涉案博客照片的添加者为"扎西拉姆·多多"，鉴于博客内容的上传者或添加者通常是博主，故可初步判断涉案博客的博主是扎西拉姆·多多；加之前文已确认扎西拉姆·多多为原告笔名的事实，故涉案博客与原告具有关联性；此外，原告向《读者》提供的其博客作品查阅网址即为涉案博客网址，可印证涉案博客即原告博客。综上，本院对涉案博客为原告所有的事实予以确认。

最后，涉案作品是否为原告创作。涉案博客显示，2007年5月15日"疑似风月中集"标题下，题为《班扎古鲁白玛的沉默》的涉案作品与《见》文内容相同。鉴于该证据为博客网页，而博客作为电子证据具有易于修改且不留痕迹的特点，故仅有该证据不足以证明涉案作品为原告创作。原告提交涉案博客公证书，仅完成了初步的证明责任，原告还应对其博客发表涉案作品时的具体内容进一步举证。

本案中，原告补充提交了其发件箱中留存的证据，证明其于2008年10月7日曾向《读者》邮箱发过邮件，告知对方2008年第20期《见》文署名错误，原告是涉案作品作者，并提供两个载有其作品的博客网址链接。该证据能够证明以下事实：一是涉案博客网址与邮件提供的原告博客网址一致，涉案博客是原告的博客；二是该邮件是原告针对《见》文的内容而非标题提出的异议，故可佐证涉案博客的内容与《见》文具有一致性，否则发邮件的必要性就不存在。鉴于已发送邮件具有不易更改的稳定性，本院对该证据的真实性予以确认。

综上，与传统创作载体相比，博客是借助专用技术和工具、在网络上进行作品创作与传播的形式，具有独创性的博客作品是创作者智力成果的反映，作者对其博客作品依法享有著作权。涉案博客已证明为原告所有，原告以其博客和邮件相互印证，可以证明涉案作品的创作时间和内容。目前没有证据证明涉案博客或者涉案作品曾被修改，亦无相反证据证明涉案作品系他人创作且完成时间早于原告博客上传涉案作品的时间，故应对涉案博客内容的真实性予以确认。涉案博客作为原告所选择的创作载体，记载了原告创作涉案作品的时间和内容，原告对其创作的涉案作品依法享有著作权。

二、关于二被告是否侵犯原告著作权的问题

被告珠海某出版社未经原告许可，未给原告署名，在涉案图书中使用了原告享有著作权的涉案作品，侵犯了原告的署名权、复制权和发行权，应当承担相应的侵权责任。被告某书店销售涉案图书，虽有合法进货渠道，但应承担停止销售的法律责任。

关于被告珠海某出版社的侵权责任一节，由于目前研究仓央嘉措及其作品的出版物较多，争论较大，又有《读者》等刊物将涉案作品署名为仓央嘉措在先，故涉案图书将《见》文作为仓央嘉措的作品具有客观原因，该认知错误非被告自身所能避免。另外，涉案图书整体表达系以介绍、学习、欣赏仓央嘉措作品为目的，用类似读后感的方式，引入大量篇幅描述仓央嘉措的人生和情感经历，对涉案作品的引用比例极小，且在介绍涉案作品时，专门写有"也有人说，此诗仅前两句为仓央嘉措所作，后一些则是后人在传唱中逐步增补，已经不是作者的手笔了"等内容，该表述证明被告珠海某出版社在出版涉案图书时，在文字表述上尽到了相应的注意义务，故可认定被告珠海某出版社使用涉案作品，主观上没有侵权故意，客观上尽到了合理的注意和审查义务，仅需承担停止侵权的法律责任。原告要求被告珠海某出版社赔礼道歉、赔偿损失及合理支出的诉讼请求，本院不予支持。

综上判决：一、被告珠海某出版社停止出版、发行含有《见》文内容的图书《那一天那一月那一年》；二、被告某书店停止销售含有《见》文内容的图书《那一天那一月那一年》；三、驳回原告淡某的其他诉讼请求。

⊃ 案例解析

一、作品与网络环境下的文字作品

依据《著作权法》（2020年修正）第3条第1款的规定，作品是指文学、艺术和科学领域内具有独创性并能以一定形式表现的智力成果。① 著作权法意义上的作品通常包括以下几个特点：第一，属于文学、艺术、科学这三个领域之内，但并非该三个领域内的成果一定构成作品；第二，是具有独创性的智力成果，虽然各国对独创性标准规定并不统一，甚至对不同类型的作品要求的独创性也并不一致，但均要求具有独创性，不具有独创性则不构成作品；第三，能以一定形式表现，其与固定在有形载体上仍有一定区别，不应同一而论。

根据《著作权法实施条例》（2013年修订）第4条第1项的规定，文字作品是指小说、诗词、散文、论文等以文字形式表现的作品。本案所涉及的作品形式为诗歌，属于文字作品的一种，同样应当满足上述三个特点，即属于文学、艺术、科学三个领域之内，具有独创性，能以一定形式表现。但其与传统诗歌类作品不同的一点为，其以网络环境为媒介进行发表与传播。

随着互联网技术的发展，更多的文字作品创作者选择通过互联网发表、传播自己的作品，表达不再局限于文字与纸张，这些作品即本文所指的网络环

---

① 《著作权法实施条例》（2013年修订）第2条指出，著作权法所称作品，是指文学、艺术和科学领域内具有独创性并能以某种有形形式复制的智力成果。

境下的文字作品（以下使用"网络文字作品"予以指代）。此处的网络文字作品并非与《著作权法实施条例》（2013年修订）第4条中所列项相并列的独立作品类型，而是其第1项文字作品中的一种形式。相比于传统的纸质版作品，网络文字作品具有一些独特之处：第一，其具有数字化特点。传统作品的固定载体一般是有形的，如纸张、磁盘、胶片等，但在网络空间，作品以数字形式存在，可以在任何时间、任何地域的计算机终端被浏览。[①] 第二，技术性。将文字组成的信息输入计算机系统并转换成由0和1组成的二进制数字编码，并在需要时把这些数字化的信息还原，且网络环境下还可以在此基础上对作品作进一步加工、存储和传输或加密，这是传统纸质版载体所难以做到的。第三，易被侵权的风险性。正是由于上述两个特点的存在，网络文字作品相较于传统载体作品更易被侵权。由于数字化的特点，在未加密的情况下，任何用户均可以在任何时间、任何地点获得网络文字作品，这使侵权更容易发生。虽然技术性的特点使其可以进行加密等操作，但作品的发表往往是为了传播，而加密与传播相悖，往往只能作为一项事后补救措施发挥作用。此外，对于具有保护需求的普通用户来说，加密功能往往只是对其他普通用户加密，而对于运营商或有一定网络技术的人来说，该加密技术的效果较弱。

二、网络环境下文字作品的独创性标准

如前所述，独创性是构成著作权法意义上作品的要件，不具有独创性的成果不能被称为著作权法上的作品。根据思想与表达二分法，独创性指的并非思想的独创性，而是表达的独创性。目前各国对独创性标准规定不一，甚至对不同类型的作品要求的独创性也并不一致，但大致分为版权体系与作者权体系。版权体系相对来说对独创性要求较低，如以美国为代表的采取"额头流汗"标准的国家，只要进行了艰苦的劳动则认为其成果具有独创性。但随着各国发现该标准不利于激励作者创作，该标准逐渐被舍弃。作者权体系相对来说对独创性的要求较高，一般要求作品体现作者的思想感情且达到一定的创作高度。我国司法实践中通常要求作品体现作者的思想感情，且达到最低限度的创作高度。

目前针对网络文字作品与传统纸质载体作品在独创性上是否应当有不同的标准这一问题，学界有不同的观点，其中焦点问题为网络作品文字长度对独创性标准的影响以及数据库与独创性的关系。

---

① 胡鸿高、赵丽梅：《网络法概论》，法律出版社2003年版，第246页。

网络环境下文字作品的著作权认定问题研究

在网络环境下，不乏限制文字长度的平台，如微博要求字数在140字以内。不少学者认为，出于公共利益考量，对于文字长度较短的成果应以更高的独创性标准进行要求。笔者认为，我国《著作权法》及《著作权法实施条例》并未对文字长度进行要求，文字长度与独创性并无直接关联，无论其文字长度如何，只要表达出作者的思想感情与个性，达到最低限度的创作标准，则应当认为其具有独创性，构成著作权法意义上的作品。在青岛市中级人民法院审理的纪某传与某图书出版公司北京公司、某图书出版有限公司侵害著作权纠纷案之中①，原告纪某传之女纪某冰及纪某冰之子于1993年8月在美国洛杉矶被害，原告为其女儿纪某冰致以悼词，后作者吴某以该案为题材，撰写了《纪某冰命案二十年》一书，将原告为其女儿纪某冰所致悼词使用在《纪某冰命案二十年》一书中并进行发行。法院认为，原告为其女纪某冰及纪某冰之子撰写的悼词虽字数不多，但已经构成完整的文字作品，原告对该悼词享有独立完整的著作权。《纪某冰命案二十年》一书作者吴某为了突出故事情节，增强作品的感染力，未经许可全文引用了原告作品，侵犯了原告作品的著作权。通过上述案例，可以看出司法的态度为：即使文字长度较短，只要具有独创性的就仍然属于著作权法中的文字作品，均应受法律保护。因此，网络环境下的文字作品作为文字作品的一种，也不例外。

随着数据库的兴起，越来越多的文章使用了数据库自动生成的分析报告作为文章的部分内容甚至主要内容，分析此类文章是否满足独创性标准的第一要务则是分析该自动生成的分析报告是否构成作品。在北京某律师事务所诉北京某网讯科技有限公司侵害署名权、保护作品完整权、信息网络传播权纠纷案②中，涉案文章中采用了涉案数据库自动生成的分析报告。该案的审理法院认为，从分析报告生成过程来看，选定相应关键词，使用"可视化"功能自动生成的分析报告，其内容涉及对电影娱乐行业的司法分析，符合文字作品的形式要求，涉及的内容体现出针对相关数据的选择、判断、分析，具有一定的独创性。但是，法院认为，具备独创性并非构成文字作品的充分条件，根据现行法律规定，文字作品应由自然人创作完成。分析报告系威科先行法律信息库利用输入的关键词与算法、规则和模板结合形成的，某种意义上讲可认定威科先行法律信息库"创作"了该分析报告。由于分析报告不是自然人创作的，因此，即使威科先行法律信息库"创作"的分析报告具有独创性，该分析报告仍

---

① 山东省青岛市中级人民法院（2014）青民辖终字第137号民事裁定书。
② 北京互联网法院（2018）京0491民初239号民事判决书。

不是著作权法意义上的作品,依然不能认定威科先行法律信息库是作者并享有著作权法规定的相关权利。因此,在网络环境下,数据库自动生成的分析报告虽满足独创性要求,但并不构成著作权法意义上的作品,这也不意味着其进入公有领域,可以被公众自由使用。分析报告的产生既凝结了软件研发者(所有者)的投入,又凝结了软件使用者的投入,具备传播价值。①

本案中,北京市东城区人民法院认为,与传统创作载体相比,博客是借助专用技术和工具、在网络上进行作品创作与传播的形式,具有独创性的博客作品是创作者智力成果的反映,作者对其博客作品依法享有著作权。网络环境下文字作品的独创性标准并不能脱离传统载体的作品的标准要求,就目前而言,二者在实体上相差不大,但在证明与证据提供上相较于传统作品可能存在一定的困难。

三、网络环境下作者身份确认

在网络环境下确认作者身份,通常包括以下几个步骤:第一,确认署名问题。若作者使用本名作为署名,则应核对;若作者使用笔名作为署名,则需证明该笔名确为当事人使用;若作者未署名或匿名,则只能通过其他方式验证作者与作品间的关系。第二,确认发表作品的平台属于当事人或发表作品的账号属于当事人。若该平台不具有需要账号登录的系统,则只需证明该平台属于当事人;若该平台存在账号登录这一系统,则应证明发表作品的账号确为当事人所使用;若当事人使用他人的平台或账号发表作品,则需要通过其他方式验证作者与作品间的关系。第三,确认发表作品时确为当事人本人操作或为当事人意愿操作,应证明发表作品时为账号所有人进行操作,而非他人操作,即第三点中所描述的他人"使用他人(账号所有人)的平台或账号发表作品",这种情况下应认为作者为发表作品的该他人(非账号所有人)。第四,确认发表作品时的作品状态与现在有无变更,这一点通常在发生抄袭等侵权行为时得以使用,若证明该作品于涉抄袭作品发表前已存在,则一定程度上可以证明抄袭行为的存在。

本案中,涉案作品是通过博客进行发表的,并在邮件往来中有所记录。北京市东城区人民法院认为,涉案博客已证明为原告所有,原告以其博客和邮件相互印证,可以证明涉案作品的创作时间和内容。目前没有证据证明涉案博客或者涉案作品曾被修改,亦无相反证据证明涉案作品系他人创作且完成时间

---

① 参见北京知识产权法院(2019)京 73 民终 2030 号民事判决书。

早于原告博客上传涉案作品的时间,故应对涉案博客内容的真实性予以确认。涉案博客作为原告所选择的创作载体,记载了原告创作涉案作品的时间和内容,原告对其创作的涉案作品依法享有著作权。

四、网络作品的司法规范:典型案例的视角

网络环境下的文字作品面临诸多传统载体文字作品不易涉及的问题,如独创性标准与作者身份认定问题。司法实践中也对此类问题作出了一定的回应,在北京互联网法院发布的涉网络知识产权保护典型案例之一的刘某某诉北京某科技发展有限公司侵害文字作品署名权纠纷案中,北京互联网法院认定具有独创性的百科词条属于作品;在陈某某诉成都某社著作权纠纷案中,北京市海淀区人民法院认为,在个人主页上发表的,并以个人主页注册人的名称署名的作品,推定为个人主页注册人的作品,其对作品享有著作权。

(一)刘某某诉北京某科技发展有限公司侵害文字作品署名权纠纷案①

原告在参考 9 篇外国文献的基础上,在百度百科发表了"仓鼠亚科"词条的更新版本,署名贡献者为原告。该词条分别从形态特征、栖息环境、生活习性等方面对仓鼠进行了描述。涉案版本相较之前其他网友发表的 5 个历史版本,篇幅大幅提升,体系更加丰富、细致,内容更加详实、具体。贡献者"藤蔓"在被告北京某科技发展有限公司所经营的网络百科上发表了"仓鼠"词条,其内容与原告发表的词条内容高度一致。原告向被告申诉,要求将词条贡献者改为原告。协商未果后,原告将被告诉至法院,请求判令被告更改词条署名为原告。被告收到应诉通知后删除了该词条。

法院认为:第一,关于涉案"仓鼠亚科"百科词条是否属于作品。无论是创造词条,还是修改词条,只有具有独创性的外在表达,才能称为作品。百科词条的编写在体例上往往呈现固定的模板化,如果贡献者仅仅把各种素材进行了搬运和罗列,未进行创作性活动,则该百科词条不具备独创性,不属于作品。结合本案来看,"仓鼠亚科"词条包括文字、图片等元素,对于生物学领域的仓鼠进行了形态特征、栖息环境、生活习性、分布范围(世界、中国)、繁殖方式、下属物种、种群现状、保护级别、人工饲养(条件、禁忌)等方面的描述。刘某某在查阅了若干生物数据库和外国文献关于仓鼠的资料后,在自己理解的基础上进行了编写,词条文字部分的个性化表达传递了一定的思想和信息,能够体现刘某某一定的智力创造,具有一定的独创性,构成文字作品。

---

① 北京知识产权法院(2019)京 73 民终 3557 号民事判决书。

第二，关于作者身份认定问题。由于百科词条具有其自身特点，词条的版本随时变化，后来的贡献者可以在前一版本的基础上进行编辑、修改、删除或者再创作，因此在判断某一词条作品的著作权归属时，应充分考察该词条的历史版本，考量该词条中是否存在其他贡献者的创作成果，然后进行综合判断。该案中，在刘某某发表涉案词条之前还存在 5 个贡献者的历史版本。经过比对发现，刘某某的版本并非在上述 5 个历史版本的基础上进行的加工，而是重新创作所形成的作品。比如篇幅大幅度提升，在体系编排上进行了更丰富、细致的分类，在内容上进行了更加详实、具体的描述。涉案词条标注的贡献者是刘某某，因此，在被告没有相反证据提交的情况下，法院认定刘某某系该词条的作者，享有著作权。①

(二) 陈某某诉成都某社著作权纠纷案②

原告以笔名"无方"撰写的《戏说 MAYA》一文上载到个人主页"3D 芝麻街"上，并注明"版权所有请勿转载"。被告成都某社在主办的报纸上刊登《戏说 MAYA》一文。文章署名为"无方"，该报在刊登此文的同时加注了编者按，称"本文的出处也如同文中的 3D 发源一样不详，不过有一位铁杆读者、3D 迷兼网虫极力推荐"。此后，被告在其作者信息库中保留了"无方"的栏目，栏目内容中仅注明作者署名为"无方"，并在稿费统计表中注明稿酬尚未支付。

法院认为：第一，本案所涉《戏说 MAYA》一文，系对三维动画技术的一种文学化的描述，具有独创性，能够以数字化形式被固定在计算机硬盘上、通过 WWW 服务器上载到国际互联网上并保持稳定状况，可为社会公众借助联网主机所接触、复制，故该文章是一种智力劳动成果，应视为受著作权法保护的作品。第二，个人主页"3D 芝麻街"的版主与该主页上《戏说 MAYA》一文作者的署名均为"无方"。虽然当前个人主页的设立与使用并无明确的法律规定，但在一般情况下个人主页密码的修改、内容的添加和删改工作只能由个人主页的注册人完成。在无相反证据证明存在特殊情况时，故原告陈某某应为"无方"，《戏说 MAYA》一文的著作权归其所有。③

由以上两个典型案例可以看出，对于网络环境下的作品，其独创性标准并不会与其文字长度呈现直接的对应关系，只要其个性化表达传递一定的思想和信息，体现一定的智力创造，具有一定的独创性，便构成文字作品。对于作

---

① 参见北京知识产权法院（2019）京 73 民终 3557 号民事判决书。
② 北京市海淀区人民法院（1999）海知初字第 18 号民事判决书。
③ 参见《最高人民法院公报》1999 年第 5 期。

者身份认定问题，一般也不会脱离本文总结的几个环节，在无相反的证据证明特殊情况存在的情况下，认定署名者为作者。

五、结论

网络环境下文字作品的独创性标准与作者身份认定是本案的核心问题。随着网络技术的发展及人们生活方式的"网络化"，更多的文字作品创作者选择通过互联网发表、传播自己的作品。相较于传统的纸质版作品，网络环境下作品在著作权认定与侵犯认定方面存在一些不同。但是需要明确的是，网络环境下认定作品仍然不能脱离独创性。在无相反证据证明的情况下，认定署名者为作者，内容为作者原创。

美术作品的独创性认定

——季某诉天津市某文化传播有限公司著作权侵权纠纷案

/ 李念祖

⊃ 本案要旨

对于特定艺术形式的作品而言，在其创作过程中往往存在使用特定元素表达相应内涵的现象，因为这部分的表达方式有限，故其属于公有领域的素材，著作权人无法就该部分素材的相似成功主张著作权侵权。在判断这类艺术作品之间是否构成实质性相似时，需要重点比较其具有独创性的部分，即作者付出劳动后创作出的智力成果。若这部分存在差异，那么即使它们在使用公共领域的素材上构成相似，也不构成著作权侵权。本案中，京剧脸谱艺术中特定人物脸谱的谱式、色彩和图案表达方式有限，这部分素材属于公有领域，考量其是否具有独创性的重点是脸谱的线条、笔锋、构成图案的分布位置和比例等。被告与原告的作品在此部分不同，故其并非与原告作品构成实质性相似，不构成对原告的著作权侵权。

⊃ 案件信息

原告：季某
被告：天津市某文化传播有限公司
案号：天津市第一中级人民法院（2012）一中民五初字第0033号

⊃ 原被告主张及理由

原告季某诉称：汪某是我国著名的戏曲表演家，也是戏曲脸谱研究这个艺术领域的开拓者之一，被称为"京剧脸谱大师"。汪某从戏曲表演角度把握了脸谱化妆艺术的本质和内涵，又上升到脸谱绘画领域。他通过琢磨演员化妆处理，领悟人物的精神面貌和表达人物性格的方法，根据不同剧情和对人物理解创作不同的脸谱作品，许多人物不同演员不同勾法，同一人物不同剧目不同勾法，同一人物主角和配角不同勾法，创作的人物形象逼真，色彩绚丽，线条表现独成风格，甚至绘制顺序也有自己的独创性，他的脸谱以"以形传神"著称，因此他创作的脸谱具有开创性和独特性。他在脸谱研究领域所取得的成就是世人所瞩目的，一生创作作品无数，部分脸谱作品收录于《中国戏曲脸谱艺术》一书。

原告季某是汪某的唯一合法继承人，根据《著作权法》《继承法》的相关规定，依法继承汪某的相关作品的相关权益，并有权保护汪某依法享有的作品署名权、修改权。

被告的脸谱镇尺商品未经许可使用了汪某创作的曹洪、孔宣、窦尔敦形象 3 幅脸谱作品，以上使用均未署名，未支付费用，并对作品进行了修改，严重侵犯了权利人依法享有的署名权、修改权、复制权、发行权、信息网络传播权、获得报酬权等多项著作权权益。

经调查得知，侵权商品上的戏剧脸谱的经典艺术形象，深受国内外消费者喜爱，订购、销售量很大，销售价格昂贵，被告获利巨大。

被告的行为严重侵犯了原告的多项合法权益，且侵权获利巨大，侵权影响范围广泛，负面影响极大，侵权后果严重。原告为维护其合法权益，请求法院依法判令：（1）被告停止侵权，在《中国青年报》显著位置刊登公开致歉声明，并消除影响；（2）被告赔偿原告经济损失及维权合理支出人民币 4 万元；（3）被告承担本案所有诉讼费用。

被告天津市某文化传播有限公司（以下简称某文化传播公司）辩称：脸谱是中国传统文化固有的艺术形式，不能固定为哪一个人所有。现在市场中的脸谱都是不一样的，原告不能证明某文化传播公司生产过该产品且获利巨大。不同意原告的诉讼请求。

法院查明的事实

1993 年 5 月江西美术出版社出版了《中国戏曲脸谱艺术》（张庚主编），版次为：1993 年 5 月第 1 版第 1 次印刷。书中第 158 页索引中"451 曹洪《长坂坡》（汪某绘）-100 页"和第 160 页索引中"688 窦尔敦（汪某绘）-142 页"以及第 160 页索引中"689 孔宣（汪某绘）-142 页"三幅作品标明为汪某所创作。另，原告提供（2010 年）东公景山所户字 1461 号《证明信》、（2010 年）东公景山所户字 1462 号《证明信》、（2010）石公广所户字 218 号《证明信》、北京京能热电股份有限公司出具的《证明》、汪某履历表、(2010)石公广所户字217号《证明信》、(2010)京方正内民证字第04330号公证书、北京市独生子女证,用以证明原告季某为汪某的唯一合法继承人。

另查,原告季某从案外人北京华夏九鼎商贸有限公司购买的一套水晶金石镇尺系列(脸谱),由北京华夏九鼎商贸有限公司于2011年10月9日向原告出具收据和发票各一张。

再查,被告某文化传播公司是主要从事黄金矿石工艺礼品的生产、研发和市场推广的企业。原告季某提供了由北京市长安公证处于2012年2月20日出具的公证书,公证事项为证据保全。用以证明被告某文化传播公司在其网站上销售刻画了人物曹洪、孔宣、窦尔敦脸谱的镇尺。原告季某认为被告某文化传播公司侵犯了其著作权,故提起诉讼。

庭审中,原告称北京华夏九鼎商贸有限公司是从招远丛鑫金石有限公司购买的脸谱镇尺。

上述事实有图书复印件、镇尺购买发票及收据、证明信、公证书及庭审笔录等证据在卷佐证。

法院判决理由与裁判结果

法院经过审理认为,京剧脸谱艺术是随着中国戏曲艺术的不断发展而逐步形成的艺术形式。它用各种颜色在演员面部进行夸张的勾画,通过不同的颜色、图案等反映人物的性格、身份、地位等。京剧表演中各种人物的脸谱都有自己特定的谱式、色彩和图案,这些特定的谱式、色彩和图案对于某一个具体的京剧人物脸谱而言是唯一的。汪某绘制的涉案三个京剧脸谱,是利用京剧脸谱艺术这一民间艺术进行的再创作,体现了汪某的智力创作。对于本案中涉及的公有领域素材,任何人在进行创作时都可以利用。同时,在先创作的人不得阻止他人利用相同素材创作作品。在判断是否侵犯在先作品的著作权时,要将二者使用的公有领域创作素材予以排除,仅对被控侵权作品是否使用了独创性表达予以对比。本案中,原告季某所主张的其所继承的汪某三幅涉案京剧脸谱作品所使用的谱式、色彩和图案对于所指向的每个具体京剧人物脸谱而言具有表达方式上的唯一性,上述公有领域的创作素材不是作者的独创,原告季某无权就此主张著作权,也无权禁止他人利用同样的素材进行创作。虽然谱式、色彩和图案属于公有领域创作素材,但是,不同的勾画者在勾脸时所表现出的线条、笔锋、构成图案的分布位置和比例等又是不同的,这种不同的勾法就是艺术创作。因此，在判断是否构成侵权时，上述部分是比较权利人的作品与被控侵权作品的重点。本院根据原告季某提供的汪某创作的涉案京剧脸谱与其提供的从北京华夏九鼎商贸有限公司购买的自称是被告某文化传播公司生产的一套水晶金石镇尺系列上的京剧脸谱图在上述部分存在的差异，认为二者的表达形式不相同也不近似。

另外，原告季某提供的涉案描绘有京剧脸谱的镇尺实物，是原告从案外人北京华夏九鼎商贸有限公司处购买所得，而并非从被告某文化传播公司处购买。原告主张从北京华夏九鼎商贸有限公司购买的涉案实物来自招远丛鑫金石有限公司，而招远丛鑫金石有限公司和被告某文化传播公司为同一个公司，但其并未提供相关证据予以证实，所以本院对于原告的主张不予采信。

因此，原告季某主张被告某文化传播公司侵犯其著作权，请求判令被告停止侵权、赔礼道歉并赔偿经济损失依据不足，本院不予支持。

综上，法院判决：驳回原告季某的诉讼请求。案件受理费 800 元，由原告季某负担。

➲ 案例解析

本案涉及中国传统艺术作品——京剧脸谱的著作权侵权认定问题。判断是否构成著作权侵权，首先需要判断原告主张权利的客体是否构成著作权法上的作品。如果不属于作品，则不存在后续的侵权行为；如果构成作品，则需要判断被诉侵权作品是否与在先作品构成实质性相似。本案中，法院将原告主张权利的作品区分为公共领域的素材和具有独创性的部分，对二者分别进行分析，裁判思路明晰。以下将结合案件，围绕作品的独创性对民间文学艺术作品、公共领域、著作权侵权认定进行分析和探讨。

一、京剧脸谱艺术与民间文学艺术作品

（一）民间文学艺术作品的含义

1982 年，联合国教科文组织及世界知识产权组织制定了《保护民间文学表达形式、防止不正当利用及其他侵害行为的国内法示范法条》（以下简称《示范法条》）。《示范法条》第 2 条阐释了民间文学艺术作品的概念，即"民间文学表达形式，是指由传统艺术遗产的特有因素构成的，由某国的某居民团体（或反映该团体的传统艺术发展的个人）所发展和保持的产品"。通过这些定义可以看出，民间文学艺术作品是一种世代相传、长期演变、没有特定作者、反映某一社会群体文学艺术特性的作品。[①]

我国具有悠久的历史、众多的民族、辽阔的地域,民间文学艺术资源最为丰富,也最应当提供对于民间文学艺术的保护。[②] 早在1991年《著作权法》就规定了要保护民间文学艺术,根据其第6条规定,民间文学艺术作品的著作权保护办法由国务院另行规定,该条款被保留至今。按照《国务院2014年立法工作计划》,国家版权局于当年起草了《民间文学艺术作品著作权保护条例(征求意见稿)》。该条例第2条[③]对民间文学艺术作品的定义作出了概括加列举式的规定,京剧脸谱艺术或可归属于该条第4项,即"民间绘画、图案、雕塑、造型、建筑等以平面或者立体形式表达的作品"。民间文学艺术作品的权利主体是特定的民族、族群或者社群,使用民间文学艺术作品应当取得著作权人的许可并支付合理报酬,或者向国务院著作权行政管理部门指定的专门机构取得许可并支付合理报酬。

(二)京剧脸谱艺术的性质认定

与民间文学艺术作品不同,公共领域的素材不属于著作权法意义上的作品。任何人都可以自由使用公共领域的素材,无须获得许可或者支付报酬。由此可见,民间文学艺术作品与公共领域的素材在性质、使用和保护方面均不同。然而,本案中,法院首先称京剧脸谱艺术为"民间艺术",而后又因京剧脸谱作品所使用的谱式、色彩和图案对于所指向的每个具体京剧人物脸谱而言具有表达方式上的唯一性,将其认定为"公有领域的创作素材"。

鉴于本案并非基于民间文学艺术作品的权利人向三幅京剧脸谱的作者主张权利,故将京剧脸谱艺术视为公有领域的创作素材较为合理。当然,本案的争议焦点是原告主张权利的作品的独创性问题,故其是利用了民间艺术作品还是公共领域的素材均不影响其再创作的事实。需要注意的是,京剧脸谱艺术与京剧脸谱作品互有联系而又相互区别,京剧脸谱艺术的表达方式不是唯一的,而京剧脸谱作品是特定作者利用京剧脸谱艺术这一民间艺术进行的再创作,体现了作者的智力创作。不同作者根据其不同的创作意图,选择不同的表现方式

---

① 李炜:《政治文明与扩大公民政治参与》,载《华章》2010年第33期。
② 李明德、许超:《著作权法》(第2版),法律出版社2009年版,第47页。
③ 该条例第2条规定:"本条例所称民间文学艺术作品,是指由特定的民族、族群或者社群内不特定成员集体创作和世代传承,并体现其传统观念和文化价值的文学艺术的表达。民间文学艺术作品包括但不限于以下类型:(一)民间故事、传说、诗歌、歌谣、谚语等以言语或者文字形式表达的作品;(二)民间歌曲、器乐等以音乐形式表达的作品;(三)民间舞蹈、歌舞、戏曲、曲艺等以动作、姿势、表情等形式表达的作品;(四)民间绘画、图案、雕塑、造型、建筑等以平面或者立体形式表达的作品。"

美术作品的独创性认定

创作形成不同的脸谱作品，这些作品具有独创性，作者对此应当享有著作权。

二、作品的独创性

（一）独创性的内涵

独创性是创作行为在作品中的反映，指作品是作者独立构思或者选择、取舍、安排、设计的结果，既不是依照已有的形式复制而来，也不是依照既定的程序、程式、手法推理和运算而来，更不是抄袭、剽窃而来。① 具体到美术作品这一作品类型，著作权法的保护重点在于其外部表现形式，即美学价值，而不是为了排斥对相同或近似题材的创作。② 因此，在著作权侵权案件中，尤其是涉案作品并非完全或部分相同，而是具有表达上的相似时，法院一般会根据作品类型的不同适用不同的独创性标准。

作品的独创性对其获得著作权法保护的正当性具有重要意义。独创性将同质表达排除在著作权法保护范围之外，有利于激励创作，丰富个性化表达。此外，独创性要求还可以维护基本表达要素的公共性，避免吞噬公共领域。

（二）独创性的认定

独创性可以分为"独立性"和"创作性"两方面进行分别认定。独立性是指"独立"创作，强调非抄袭或剽窃；创作性是指具有一定的创作高度。

从道德伦理的立场来看，对独创性的内涵难以达成统一的认识。英美法中，独创性的认定标准也是变化的，Feist案标志着美国法院认定独创性的标准从额头流汗原则转向最低限度的创造性原则。这种转变体现出了该案维护正当竞争的经济目标，而非从创作的本质出发解释创作，是一种结果回溯论证的方法。从功利主义的角度来看，独创性取决于一国法律的规定，即满足著作权法上作品的要求就具有独创性。无论从道德伦理的立场还是功利主义的角度，独创性的内涵都不是天然存在、一成不变的，而是随时代发展和利益平衡的考量而不断变化的。

（三）独创性与新颖性

独创性并不要求作品是绝对"新颖"的，即使利用了他人的在先作品或者公共领域的素材，只要属于独立完成且有创作性的部分，符合著作权法保护的作品特征的，应当认定作者对其独创性部分享有著作权。③ 本案中，三幅

---

① 杨利华、冯晓青：《学术不端与知识产权——以学术剽窃及其治理为视角》，载《重庆大学学报（社会科学版）》2010年第6期。

② 杨明：《文字作品v.美术作品——对几个基本理论问题的反思》，载《中外法学》2009年第2期。

③ 李涛：《非物质文化遗产知识产权保护新论》，载《文化遗产》2018年第5期。

京剧脸谱的作者汪某根据不同剧情和对人物理解，对不同的演员、剧目、角色分别采用不同勾法，创作出的脸谱具有个人风格，故构成著作权法意义上的作品。不过，汪某及其继承人仅对脸谱作品中具有独创性的部分享有著作权，对于其利用的公共领域的素材，无权通过主张著作权来禁止他人使用。

从公共利益的角度来说，对京剧脸谱作品进行保护有利于激励本领域内的创作，发扬中华传统文化。如前所述，京剧脸谱作品不同于京剧脸谱艺术，京剧脸谱艺术领域内的素材属于公共领域，而作者对其创作的脸谱作品应当享有著作权。京剧艺术家可以自由利用公共素材作为基础，在不改变京剧表演中特定的谱式、色彩和图案与某一个具体的京剧人物脸谱之间的唯一性的前提下，结合个人的理解进行创作。正因如此，对脸谱作品确认著作权并加以保护不但不会限制京剧脸谱艺术的继承和发展，反而有利于鼓励京剧艺术家的艺术创作，有利于京剧脸谱艺术的繁荣发展，有利于类似的传统文化遗产的保护。[①]

三、著作权侵权的认定

侵犯著作权，一般是从侵权人的角度来说的，即侵权人未经著作权人的许可而以复制、发行、展览、表演、通过信息网络传播等方式使用了有关作品。在具体的司法实践中，当审判者确定侵权与否的时候，是从作品的角度来分析的，即两部作品之间是否存在表达上的相同或实质性相似。[②]

（一）著作权侵权的情形

依据两部作品之间的相似性，著作权侵权的情形可以分为完全或部分相同和完全或部分相似。存在完全相同或部分相同的情形下，一般只需要将两部作品进行简单地对比，认定著作权侵权的难度一般较低。不过，仍需注意相同部分是否为作者的独创性部分，构成著作权侵权的前提是存在合法的在先权利。如在本案中，汪某的三幅京剧脸谱虽然取材于公共领域，但有自己的独创性部分，属于受著作权法保护的作品；如果相同的部分并非作者独创，则作者无权禁止他人使用。即使被告在特定京剧人物脸谱上使用了与原告作品相同的谱式、色彩和图案，也不构成著作权侵权。

在两部作品不是完全相同或部分相同，只是在表达上具有实质性相似时，是否构成著作权侵权需要个案判断。即使被控侵权的作品与原告主张权利的作品具有某些部分的相似，也不一定构成著作权侵权，如合理使用等情形。在判

[①] 参见上海市第一中级人民法院（2003）沪一中民五（知）终字第5号民事判决书。
[②] 李明德、许超：《著作权法》（第2版），法律出版社2009年版，第210页。

断是否构成"实质性相似"时,原告作品的原创程度也会有一定影响,如果其是原创性较高的文学艺术作品,被告作品构成侵权的可能性就较大;反之,则较小。①

(二)"接触+实质性相似"标准

在两部作品之间存在相似内容时,需要判断是否构成抄袭。我国司法实践中判断是否构成抄袭的一般标准是"接触+实质性相似",该标准是对美国"两步法"的简化。美国的两步法是指"复制+非法挪用",其中,复制的内涵包括接触和相似性,接触是指被告有机会看到、了解到或感受到原告享有版权的作品,如原告作品的广泛传播或者公众有机会通过书店、图书馆、广播电视等方式接触作品。需要注意的是,在"接触"的条件下,被控侵权作品不需要和所有作品进行对比,只需要与有可能接触的作品进行比较;相似性是指被告的作品与原告的作品具有某种程度的相似,允许综合比较两部作品的相似之处和不相似之处,以及分别比较受保护的表达和不受保护的思想观念或事实。②

非法挪用具体则指实质性相似,即被控侵权作品与权利人主张权利的作品中权利人付出创作性劳动部分的表达相似。③既指权利人整部作品与被诉侵权作品整体对比上构成相似,也包括只是两部作品中部分相似,甚至只是很小部分相似,只要该相似部分已构成独创性表达。④不同的作品类型有不同的独创性认定标准,在判断是否构成实质性相似时也有所区别,例如,对于文字作品而言,往往采用抽象测试法,即通过抽象—过滤—对比的步骤,即可相对直观而明确地得知两部作品之间是否构成抄袭;而艺术作品之间的实质性相似判断则采用整体观念及感观法,即依据一般观察者或作品所针对的观众的整体感觉进行判断。

(三)实质性相似的判断

"接触+实质性相似"标准中的"接触"主要由当事人举证证明,相比之下,法官审查的重点在于是否构成"实质性相似"。

根据《审理著作权民事案件适用法律解释》(2020年修正)第15条规定,由不同作者就同一题材创作的作品,作品的表达系独立完成且具有创作性的,

---

① 刘远山、余秀宝:《著作权侵权损害赔偿要论》,载《行政与法》2011年第5期。
② 吴爱智:《知识产权侵权及其损害赔偿问题研究》,武汉理工大学2004年硕士学位论文。
③ 侯笑宇:《史料汇编类作品著作权归属之辨——以〈过云楼梦〉著作权纠纷为研究对象》,载《出版参考》2023年10月5日。
④ 陈锦川:《何为"实质性相似"?》,载《中国版权》2018年第5期。

应当认定作者各自享有独立的著作权。判断作品是否构成实质性相似，需要过滤作品中不受保护的部分，在本案中即公有领域的创作素材。本案中，法院认定汪某的京剧脸谱作品所使用的谱式、色彩和图案因其对于所指向的每个具体京剧人物脸谱而言具有表达方式上的唯一性，属于公有领域的创作素材，故原告无权就此主张著作权，也无权禁止他人利用同样的素材进行创作。

排除所使用的公有领域创作素材之后，汪某的作品的独创性部分才是用以对比的对象。虽然特定京剧人物脸谱的谱式、色彩和图案具有表达唯一性，但不同的勾画者在勾脸时所表现出的线条、笔锋、构成图案的分布位置和比例等又是不同的，这种不同的勾法属于艺术创作。[①] 因此，在判断是否构成侵权时，线条、笔锋、构成图案的分布位置和比例等是比较权利人的作品与被控侵权作品的重点。原告提供的汪某创作的涉案京剧脸谱与其提供的被告生产的一套水晶金石镇尺系列上的京剧脸谱图在上述部分存在差异，因此，法院认为二者的表达形式不相同也不相似。

四、结论

作品的独创性并不要求其具有绝对新颖性，即允许作者在利用公共领域的素材或者他人作品的基础之上，运用自己的智慧和理解进行独立创作，由此形成的智力成果属于著作权法意义上的作品，受著作权法保护。但是，作者仅对该作品的独创性表达部分享有著作权，而对于公有领域的创作素材，无权主张著作权，也无权禁止他人利用同样的素材进行创作。本案中审理法院将京剧脸谱作品抽象、剥离为谱式、色彩和图案以及线条、笔锋、构成图案的分布位置和比例等两个部分，并分别将其认定为公有领域的创作素材和作者的独创性表达，认为前者的相同或相似不构成著作权侵权，仅需对后者进行对比。此种抽象、剥离的方法使判决条理清晰，理由充分，对类似案件的实质性相似认定具有参考意义。

---

① 参见《版权周刊》第 48 期，http://www.docin.com，最后访问时间：2025 年 1 月 20 日。

公共领域视角下美术作品的独创性认定启示
——洪某诉黄某侵害作品发行权纠纷案

/丁子哲

⇨ 本案要旨

独创性是作品应当具备的条件,对于涉及传统要素的美术成果,如果是纯粹对现有图案或现有作品的复制,则不满足独创性要求,不属于智力创作,不构成美术作品,但如果其在传统要素基础上进行了个性化的设计、选择、安排、取舍,形成有审美意义的一定差异性表达,满足独创性要件的,应作为美术作品予以保护。对于"接触+实质性相似"判定要件中"接触"的认定问题,"接触"是指被诉侵权商品的制作者接触享有著作权的作品的可能性,对于制作者是否接触过该作品的认定,在享有著作权的作品已公开发表的情况下,制作者不能证明其有合法授权或独立创作,则推定其曾接触过享有著作权的作品。

⇨ 案件信息

上诉人(一审被告):洪某
被上诉人(一审原告):黄某
案号:广东省中山市第一人民法院(2019)粤2071民初3004号、广东省中山市中级人民法院(2019)粤20民终5159号

⇨ 原被告主张及理由

原告黄某诉称:被告洪某未经许可销售了侵犯原告享有著作权的作品"皆大欢喜系列(3)"的著作权。

被告洪某辩称:其并未侵犯原告的著作权,其销售被诉侵权产品具有合法来源,不应当承担赔偿责任。

⊃ 一审法院查明的事实

黄某是福建省高级工艺美术师，其作品具有一定的知名度。黄某完成雕刻作品"皆大欢喜系列（1）~（12）"后，于2007年7月23日向福建省版权局申请版权登记。该美术作品为一尊站立的木质弥勒佛像，其光头大肚，左耳垂于左肩上，右耳轮廓不明显，其双手举高至右耳处交叠呈作揖状，侧面朝左下方憨笑，双手交叠处停留着一只张开翅膀的蝙蝠。经公证购买的被告的涉案产品为其中一尊弥勒佛像，其面部笑容可掬，双手在右耳处成拱手状，拱手处有一只张开翅膀的蝙蝠，与涉案作品的照片对比，二者的整体神态、姿势相像，只是在佛像眼部神情、耳部轮廓等部分细节上有轻微差异。

⊃ 一审法院判决理由与裁判结果

一审法院经审理认为，依据《著作权法》（2010年修正）第3条第4项、《著作权法实施条例》（2013年修订）第4条第8项之规定，作品是指文学、艺术和科学领域内具有独创性并能以某种有形形式复制的智力成果，包括美术作品、图形作品等；美术作品是指绘画、书法、雕塑等以线条、色彩或者其他方式构成的有审美意义的平面或者立体的造型艺术作品。涉案作品"皆大欢喜系列（3）"是否构成美术作品，不能仅考虑工艺品的某一组成部分是否属于公知元素，而是要综合分析工艺品的各个组成部分，须从整体上判断该工艺品是否具有独创性及是否有独特的审美意义。虽然黄某创作的"皆大欢喜系列（3）"的主体形象弥勒佛是取材于公共领域的元素，但是黄某在光头大肚、宽袍长袖、笑口常开的传统弥勒佛的基础上搭配了自己的设计元素，从而使其创作有别于传统弥勒佛形象，是对公有领域素材的重新创作，具有独创性和独有的审美意义，故此作品属于我国著作权法所保护的美术作品范畴。

由于黄某在2005年完成了涉案作品，有关作品的复制件在市场上进行了销售，被控侵权产品的生产者完全有可能接触到该作品。经比对黄某在洪鑫轩工艺品店处购买的被控侵权产品与"皆大欢喜系列（3）"作品，被控侵权产品的整体表情、神态、姿势、使用元素等方面与黄某享有著作权的"皆大欢喜系列（3）"美术作品基本一致，只是在佛像眼部神情、耳部轮廓等部分细节上有轻微差异。因此，被控侵权产品虽进行了局部少量改动，但只是在原作表达基础上的非实质性改动，未脱离原作的基本表达，被控侵权产品外观与"皆大欢喜系列（3）"作品构成实质性相似。因此，可以推定被控侵权产品的生产者对黄某的在先作品进行了复制，构成了对黄某涉案作品著作权的侵犯。

一审法院判决：被告洪某于本判决发生法律效力之日起立即停止销售侵犯原告黄某享有著作权的作品"皆大欢喜系列（3）"的产品；被告洪某于本判决发生法律效力之日起七日内向原告黄某赔偿经济损失5000元（含制止侵权的合理费用）；驳回原告黄某的其他诉讼请求。

⇨ 上诉主张及理由

被告洪某不服原审判决，提起上诉，要求撤销一审判决，改判驳回黄某的全部诉讼请求。理由：一是洪某购买并出售的多个木雕商品，是采纳了民间百姓喜闻乐见寄托民间吉祥如意、快乐祥和等情感表达方式等公有领域元素的一种文学艺术品。一审判决在黄某不能提供其所谓原创"作品"实物及未提供该创作已投入智力劳动的工作底稿等认定著作权必要证据的前提下，直接认定黄某之"作品"具有独创性和独有的审美意义，认定黄某依法享有涉案作品的著作权，该认定明显错误。二是一审判决认定洪某销售的涉案商品与黄某创作之"作品"构成"实质性相似"，且满足"接触"要件，构成对黄某涉案"作品"著作权的侵犯，缺乏事实依据及法律依据，黄某自始至终不能向法庭提供其创作的作品实物，不能让法庭将其"作品"与涉案商品雕件进行实质性相似对比，判断二者是否具有实质性相似之处。三是关于一审判决对于"赔偿经济损失"数额的认定存在问题。四是涉案商品具有合法来源，洪某已尽到合理审慎的义务，主观上不存在过错。五是一审法院作为裁判依据的公证文书不合法。六是洪鑫轩工艺品店已于2018年9月28日注销，洪某已经不能销售侵权产品，一审判决洪某停止侵权没有事实及法律依据。综上所述，一审判决认定事实不清，适用法律不当，请求二审法院撤销一审判决，驳回黄某的诉讼请求。

⇨ 二审法院查明的事实

二审法院查明的事实同一审法院。

⇨ 二审法院判决理由与裁判结果

争议焦点一：关于公证程序是否合法的问题。涉案公证物的取证行为在公证员的监督下进行，公证机关就此出具了相应的公证文书，所购产品亦由公证机构封存。依据《民事诉讼法》的规定，经过法定程序公证证明的法律事实和文书，人民法院应当作为认定事实的根据，但有相反证据足以推翻公证证明的除外。洪某认为黄某向福建省刺桐公证处申请公证，属公证机构异地执业，该公证应认定为无效，但《公证法》第25条第1款规定："自然人、法人或者其他组织申请办理公证，可以向住所地、经常居住地、行为地或者事实发生地的公证机构提出。"黄某住所地为福建省，其向福建省刺桐公证处申请公证并没有违反相关法律规定，不属异地执业。其他瑕疵不足以推翻公证书的整体证明力，故对洪某的该上诉理由不予采纳。

　　争议焦点二：关于黄某的涉案雕像是否属于具有独创性的美术作品问题。洪某上诉主张涉案弥勒佛属于公有领域元素的文学艺术品，因而不具有独创性。对此，二审法院认为，独创性是作品应当具备的条件，对于涉及传统要素的美术成果，如果是纯粹对现有图案或现有作品的复制，则不满足独创性要求，不属于智力创作，不构成美术作品，但如果其在传统要素基础上进行了个性化的设计、选择、安排、取舍，形成有审美意义的一定差异性表达，满足独创性要件的，应作为美术作品予以保护。具体到本案，弥勒佛是佛教文化中的传统形象之一，黄某运用自己的雕刻技巧结合对传统佛像艺术的理解，以美术作品的形式对传统的弥勒佛形象进行了个性化的设计、选择、安排、取舍等创作，黄某创作的涉案佛像无论从其形态、表情、雕刻细节，还是佛像的含义表达方面都体现了作者的创造性劳动，并不是对传统佛像形象的简单复制，从而使其创作有别于传统弥勒佛形象，是对公有元素的重新创作，具有独创性和独有的审美意义。结合黄某提供的、并经过公证的获奖证书、荣誉证书、作品登记证、著作权登记证书等一系列证据，可相互印证并足以证实黄某的涉案佛像知名度较高，并具有一定的市场商业价值，故"皆大欢喜系列（3）"系列作品属于我国著作权法所保护的美术作品范畴，黄某对涉案佛像美术作品享有著作权，应当受到著作权法保护。

　　争议焦点三：关于洪某的行为是否构成侵权的问题。洪某销售的被诉侵权商品是否侵权，应从"接触+实质性相似"的思路加以判断：第一，洪某上诉主张黄某未提供其享有著作权的雕像实物或者工作底稿，无法进行实质性相似的比对。经审查，黄某虽然未提供"皆大欢喜系列（3）"主体形象弥勒佛实物以及工作底稿，但通过黄某提供的涉案作品登记证书所附的彩色主视图与立体图，已足以体现涉案佛像作品的主要特征，与涉案被诉侵权商品进行比对，被诉侵权商品整体的表情、神态、姿势等方面，与涉案佛像作品基本一致，二者已经构成高度相似。因此，二审法院认定被诉侵权商品外观与涉案佛像作品在视觉上基本无差别，构成实质性相似。第二，洪某称其生活在广东省

公共领域视角下美术作品的独创性认定启示

中山市,在此次诉讼之前不认识黄某,故不存在接触。对此,二审法院认为,"接触"是指被诉侵权商品的制作者接触享有著作权的作品的可能性,对于制作者是否接触过享有著作权的作品的认定,在该作品已公开发表的情况下,制作者不能证明其有合法授权或独立创作,则推定其曾接触过享有著作权的作品。本案证据显示黄某在2007年完成了涉案作品,有关作品的复制件在市场上进行了销售,一审法院推定被诉侵权商品的制作者有可能接触到享有著作权的作品并无不当。洪某并非被诉侵权商品的制作者,其是否接触到享有著作权的作品并不影响被诉侵权商品的侵权认定。故一审法院认定洪某销售的被诉侵权商品侵害了黄某涉案作品的著作权正确,洪某的该上诉理由不成立,不予采纳。

争议焦点四:关于洪某的合法来源抗辩是否成立的问题。洪某上诉主张被诉侵权商品系从福建省仙游县晨艺精品木雕大批发工艺厂处采购,但仅提供了店名、地址与联系电话,没有提供福建省仙游县某批发工艺厂的工商登记资料,无法证明该厂是否真实存在,也没有提供采购单据、发票或者相关的销售证据,故无法形成完整的证据链,不足以证明被诉侵权商品系从福建省仙游县晨艺精品木雕大批发工艺厂处采购,故洪某的合法来源抗辩不能成立,二审法院不予支持。

争议焦点五:关于一审判赔金额是否恰当的问题。洪某未经黄某许可,擅自销售涉案雕像的侵权复制品,其行为已经侵害黄某对涉案佛像享有的发行权,依法应当向黄某承担停止侵权,赔偿损失的民事责任。就停止侵权责任而言,《最高人民法院关于适用〈中华人民共和国民事诉讼法〉的解释》(2015年)第59条第1款规定,"在诉讼中,个体工商户以营业执照上登记的经营者为当事人。有字号的,以营业执照上登记的字号为当事人,但应同时注明该字号经营者的基本信息",洪某作为洪鑫轩工艺品店的经营者,虽然洪某经营的洪鑫轩工艺品店已经于2018年9月28日经中山市工商局核准注销,但没有证据显示洪某已停止了侵权行为,故一审法院认定洪某应当承担停止侵权的责任正确,二审法院予以维持。就赔偿损失的责任而言,虽然黄某没有证据证实其因洪某的侵权行为而遭受的实际损失或者洪某的获利数额,但《著作权法》(2010年修正)第49条等相关规定已经授权人民法院在此情况下,可以酌情确定赔偿数额,一审法院根据上述法律规定,综合考虑本案中被侵权的作品知名度和艺术价值、权利人为本案所支付的维权的合理费用、侵权人的经营规模和销售侵权复制品的数量、侵权行为的性质和后果、侵权人的主观过错等因素,酌定洪某向黄某赔偿经济损失和维权合理费用共计5000元。虽然洪某上诉认为其销售侵权复制品数量少，获利微薄，特别是黄某一次同时起诉多个案件，每个案件均主张维权费用不合理，一审判决赔偿数额过高。但二审法院经审查认为，黄某作为省级工艺美术大师，其作品，包括涉案佛像在内具有较高的知名度和商业价值，至于维权费用，一审已经充分考虑黄某一次起诉6个案件，已经将维权费用在6个案件中作了合理分摊，因此，一审判决并无不当，应予维持。

二审判决认为上诉人提出的上诉理由缺乏法律依据，法院不予支持，一审判决认定事实清楚，适用法律正确，应予维持。

案例解析

一、"独创性"解构

本案争议的焦点在于美术作品的独创性认定。独创性是著作权法的基石，任何作品都有赖于独创性的成立才能得以存在，美术作品也并不例外。有关于独创性的理解问题，理论界和实务界讨论已久。独创性主要有三种判断标准：形式主义独创性、人格主义独创性以及从劳动、技能的角度判断独创性。

形式主义独创性，顾名思义，即是注重从作品的形式的角度去判断独创性是否存在，具体而言就是严格遵循思想与表达二分法的规则来判断。人格主义独创性是将作品与创作出该作品的作者紧密联结，从人格权的视角审视形式主义的独创性，认为作品的形式具有作者人格的烙印。从劳动、技能的角度判断独创性则是将作者创造出作品所付出的劳动看作是判断独创性非常重要的因素，即是从劳动、技能的视角来判断作品形式上是否具有可版权性。[①]

在美术作品领域中，上述独创性判断标准不大合适。有学者总结过，美术作品的独创性主要体现在以下四个方面：一是美术作品并不追求思想的独创性，而是追求通过美术作品描绘出来的独创性；二是美术作品的独创性更多强调的是作品并不是从其他作品那里抄袭、模仿或者复制而来的，且不是刻意地追求表达的独创性或者形式的新颖性；三是美术作品的独创性在于其为作者所独有的创造性，如果是来自行业内的固定或者传统表达，也即公共领域中的某些元素，这将不可避免地利用了他人的表达，很可能不具有独创性；四是从为作品所付出的劳动的角度来看，美术作品对于作者为独创性所付出的劳动的要

---

① 刘文献：《美术作品独创性理论重构：从形式主义到历史主义》，载《政治与法律》2019年第9期。

求较低,如果创造作品的作者所付出的劳动仅仅是对他人作品的模仿或者是对公共领域内已有素材的攫取,那么这种劳动是无价值的,即使存在一定的劳动与技能,也不能被授予独创性。①

由此可见,由于美术作品自身的特性,在判断其独创性以及两件美术作品间是否构成实质性相似时,不能简单地从外在表现形式考虑,还要更多地考虑创作过程,以及创作过程中使二者可能产生雷同的因素。司法实践中,法院也大多遵循了这一规则。如在"重庆大轰炸油画剽窃案"②中,法院认为,虽然被告存在接触原告作品的可能性,不排除其实施了借鉴原告作品创意的行为,但是由于两幅作品都是对重庆大轰炸场面的描述,所绘制的场面来自公共领域的素材,因此本案中取景不宜被认定为受到著作权法保护的具有独创性的表达形式,该案中对于两幅作品是否构成实质性相似的判断应当更多地集中在其各自具体的表现手法和对细节的处理上。由于该案中,原告与被告各自在具体的表现手法和对细节的处理上不相同也不相似,因此原告所诉的抄袭并不成立。

再如本案中,虽然弥勒佛形象可归属于公共领域的传统艺术元素,但是黄某运用自己的雕刻技巧和对于工艺品雕刻的理解,对于最终完成的雕刻作品形成了自己的独创性理解,并在传统要素的基础上进行了个性化的设计、选择、安排与取舍,形成了具有审美意义的一定个性化表达,是对公有元素的重新创作,具有独创性和独有的审美意义。所以该案中黄某所创作的"皆大欢喜"系列作品可以被认定为受著作权法保护的美术作品。可见,虽然美术作品对于独创性的认定还是更多地集中于该作品所最终呈现的具体样态能否体现著作权法所要求的独创性,然而美术作品的艺术价值的体现可能不仅限于此。

二、"思想与表达二分法"的具体含义

有学者曾论述,法不能无视第一性的社会现实,法的调整技术不能从根本上与社会现实形成冲突。③当前著作权法对于独创性的判断更加集中于作品形式上的独创性,而这可能与美术作品的艺术本质并不相符。如果著作权法背离了艺术的规律,这将不仅不能达到保护文学艺术发展的目的,反而还会破

---

① 刘文献:《美术作品独创性理论重构:从形式主义到历史主义》,载《政治与法律》2019年第9期。
② 重庆市第一中级人民法院(2004)渝一中民初字第459号民事判决书。
③ 李琛:《法的第二性原理与知识产权概念》,载《中国人民大学学报》2004年第1期。

坏艺术品正常的秩序。① 文学作品和美术作品的著作权保护在适用上存在很大的区别，归根结底还是独创性的判断问题。目前实践中主要适用的形式主义独创性，即是用众所周知的"思想与表达二分法"来进行判断的。"思想与表达二分法"顾名思义，即著作权法仅保护表达，而不延及思想。

如果将"思想"和"表达"以是否能被直接感知为标准作区分，"思想"就是属于未处于公开传播领域的内容，故不能受到保护。② 但这样"思想"就会成为更加虚无缥缈且难以界定的概念。如果将"思想"理解成为抽象化的概念和素材，此时等于对"思想"概念的外延进行了限缩。如果将"表达"看作是"思想"的外化，那么"思想"和"表达"其实就是一对紧密联结且相互对应的关系。在文学作品中，"思想与表达二分法"的合理区分显得尤为重要，若不加以区分——某一思想只存在一种表达方式，那么就会对这种表达方式造成垄断。但一旦将思想的范围外延拓宽，有可能不能达到更好地保护著作权人利益的目的。相反在美术作品中，"思想"和"表达"的区分似乎比文学作品要容易很多，"思想"对于美术作品的构思通常只存在于画家或艺术家自己的脑中，只有切实将这些构思落实在其艺术作品上，"思想"才能转化为切实的"表达"。以美术作品为例，这就可能造成的问题是，若前人在先创作了美术作品，在后创作的人接触后借鉴了前人的想法，创作了自己新的美术作品。此时不能认为在后创作人创作的美术作品就侵犯了前人的著作权，因为著作权法对于美术作品的保护并不是为了排斥后来者创作相同内容的美术作品。③ 美术作品与文字作品的著作权保护存在重大区别，美术作品的价值在于外部展现形式而并非内容，而文字作品的价值在于内化的内容。此时，美术作品的著作权，尤其是独创性应如何保护，值得探讨。对于美术作品，如果过度地强调作品所反映的个性，就可能导致在这类作品上设置相对较于其他作品畸高的独创性标准，使许多本应得到保护的作品得不到应有的保护，而如果过度放宽美术作品的独创性标准，则可能使一些复制作品和临摹作品也被纳入著作权法的保护范围。④

---

① 刘文献：《美术作品独创性理论重构：从形式主义到历史主义》，载《政治与法律》2019年第9期。

② 参见杨明：《文字作品 v. 美术作品——对几个基本理论问题的反思》，载《中外法学》2009年第2期。

③ 杨明：《文字作品 v. 美术作品——对几个基本理论问题的反思》，载《中外法学》2009年第2期。

④ 参见杨明：《文字作品 v. 美术作品——对几个基本理论问题的反思》，载《中外法学》2009年第2期。

有学者认为，关于美术作品的"独创性"判断，简言之可以被看作是对"行为人是否完成了一项能够被称为艺术创作活动"的判定[①]，在对艺术创作活动进行判定时，依据的并非某一个艺术创作的评判标准，而是在美学领域的大背景下，这是否可以算作是作者的辛勤劳动成果、是否属于作者个性化的表达。无论作者从公共领域获取了多少公共素材，其最终呈现的一定是具有作者自身鲜明特色且能够体现作者个性化表达的作品，如此一来，才具有著作权法意义上的独创性，才能被认为是著作权法意义的美术作品。我国法院坚持了此种判断方法，如费某某与谷某某著作权纠纷[②]一案中，原告认为被告作品临摹其原创作品，侵犯了其著作权。法院判决支持了这一诉请，认为被告作品无论是整体构图还是特定景物的具体表现形式都一致，故构成实质性相似。但也有学者认为，司法实践中对于美术作品仍采用这种独创性和创造性的认定方式并不符合美术作品本身的特性。美术作品追求的更多的是作者的真实性和艺术创作的过程性，作者并不能对最终产生的作品的形式产生垄断的权利。[③]临摹作品也具有著作权，尽管其可能与原作具有高度的相似性，但是在美术作品领域，临摹与模仿是非常常见的创作形式。因此，对于同一景色、同一肖像，如果只给予第一个创作画作的人以垄断权，那么将不利于美术领域的创新与发展。在美术作品领域，即使不同的作品存在高度相似的情形，也可以分别拥有各自的著作权。[④]由于人并非机器，只要是人非接触性临摹，就不能一味地否认临摹者的个性化表达，不能否认临摹作品的独创性。[⑤]

本案中，被告对于"接触+实质性相似"中的"接触"提出了抗辩，但法院认为，"接触"是指被诉侵权商品的制作者接触享有著作权的作品的可能性，对于制作者是否接触过享有著作权的作品的认定，在该作品已公开发表的情况下，制作者不能证明其有合法授权或独立创作，则推定其曾接触过享有著作权的作品。雕塑作品与平常学者论述中的绘画作品也存在一定的不同之处。黄某创作的涉案佛像，无论从其形态、表情、雕刻细节，还是佛像的含义表达方面，都体现了作者的创造性劳动，并不是对传统佛像形象的简单复制，从而

[①] 杨明：《文字作品v.美术作品——对几个基本理论问题的反思》，载《中外法学》2009年第2期。
[②] 详见北京市东城区人民法院（2015）东民（知）初字第12728号民事判决书。
[③] 刘文献：《美术作品独创性理论重构：从形式主义到历史主义》，载《政治与法律》2019年第9期。
[④] 刘文献：《美术作品独创性理论重构：从形式主义到历史主义》，载《政治与法律》2019年第9期。
[⑤] 郑成思：《临摹、独创性和版权保护》，载《法学研究》1996年第2期。

使其创作有别于传统弥勒佛形象，是对公有元素的重新创作，具有独创性和独有的审美意义。结合黄某提供的一系列证据，足以证实黄某的涉案佛像知名度较高，并具有一定的市场商业价值，此种情况下被告的行为是带有恶意的攀附，以此来谋取商业利益，并不符合前文所述有临摹者智慧和劳动的作品，自然也不能享有著作权，故被告的行为构成对原告作品著作权的侵犯。

三、结论

美术作品的独创性更趋向于从历史主义的角度来判断。历史主义独创性与形式主义独创性的区别在于，历史主义独创性的合法性基础在于创作的过程而不是形式的契合；在权利的内涵上，历史主义独创性主要体现在对原作的控制上，是一种与作者人身性紧密结合的价值判断，这不同于强调形式上的控制的形式主义独创性；在作者的重要性上，形式主义的独创性使作品独立于作者，[①]历史主义独创性更强调作者与作品之间的紧密联结，作品的真实性地位重大，很多美术作品的价值可能会因为其作者的不同而发生改变；在权利客体上，形式主义独创性体现为典型的知识产权客体的无形性特征，而历史主义独创性更多地表现在有形的载体之上，原作与复制品是两个完全不同的作品。

从上述分析可知，文字作品与美术作品的艺术本质和所保护的权益之间存在诸多不同之处，著作权法"仅保护表达而不延及思想"的原则与文字作品的定位相匹配，但却与美术作品的艺术追求不太相符。美术作品不应采用形式主义的独创性判断方式，而应当采用历史主义的独创性判断方式。美术作品独创性判断与传统著作权理论不一致的现象也反映了当前以形式主义独创性即"思想与表达二分法"为主流的潜在问题，关于复制、剽窃等侵犯著作权行为的判断在美术作品需要重新定位，美术作品独创性的认定可倾向于采取历史主义来进行认定，[②]才能更加契合美术作品的定位和艺术价值。

---

① 刘文献：《美术作品独创性理论重构：从形式主义到历史主义》，载《政治与法律》2019年第9期。

② 刘文献：《美术作品独创性理论重构：从形式主义到历史主义》，载《政治与法律》2019年第9期。

对公有领域素材处理与加工的美术作品的独创性判断

——杭州某甲贸易有限公司诉武汉市某乙科技有限公司等
著作权权属、侵权纠纷案

/张诗雨

◉ 本案要旨

著作权法保护的是有独创性的表达而不保护思想本身。将自然界已经存在的客观形象用于设计或工艺加工并不属于著作权法的保护范围,任何人不得垄断相应的设计思路和工艺方法。社会公众均可以在不抄袭他人独创性表达的基础上,采用同样的设计思路和工艺方法,设计并生产类似主题的产品,这种思路、方法以及主题属于思想范畴,不受著作权法保护。但是,如果创作者用特定的方式赋予其具有特定审美意义的、具有独创性的造型表达,则应当予以保护。对于美术作品而言,著作权法对其艺术性的要求不同于一般生活水平的艺术性,在独创性判断上具有特殊性。著作权法对美术作品独创性的认定,虽然不作艺术品质的要求,但在内容的复杂程度上应有一定的要求。

◉ 案件信息

原告:杭州某甲贸易有限公司
被告:武汉市某乙科技有限公司、武汉市某丙进出口有限公司
案号:杭州互联网法院(2018)浙0192民初6744号

◉ 原被告主张及理由

原告杭州某甲贸易有限公司(以下简称杭州某贸易公司)诉称:(1)武汉市某乙科技有限公司(以下简称武汉某科技公司)的行为侵犯了杭州某贸易

公司的著作权和名誉权。武汉某科技公司于2018年4月16日在其微信公众号Bornpretty上发布推文《2018年第一届某乙"匠·新杯"插画设计大赛》。在该推文第三部分"案例参考"的第六项"叠印"中，武汉某科技公司未经杭州某贸易公司许可，擅自使用了杭州某贸易公司的法人作品《某甲min美甲模板min093-115》中编号为×××的图片，即涉案被控侵权作品。涉案被控侵权作品由杭州某贸易公司于2018年1月15日创作完成，并于2018年1月31日获得著作权登记（登记号：浙作登字11-2018-L1833）。此后，杭州某贸易公司将该图片用于其产品之上向社会发行。杭州某贸易公司对该图片享有完整的著作权。未经杭州某贸易公司许可，任何人不得非法使用该图片。武汉某科技公司未经杭州某贸易公司许可，在其面对不特定公众的微信公众号推文中擅自使用该图片，侵犯了杭州某贸易公司享有著作权的美术作品的信息网络传播权。武汉某科技公司使用该图片时未标明该图片的作品名称和杭州某贸易公司，侵犯了杭州某贸易公司的署名权。武汉某科技公司还去掉了杭州某贸易公司在图案上打的水印，删除了杭州某贸易公司的权利管理电子信息，严重侵犯了杭州某贸易公司的著作权，对公司名誉也产生重要影响，侵犯了杭州某贸易公司的名誉权。（2）武汉某科技公司和武汉市某丙进出口有限公司（以下简称某丙进出口公司）之间事实上是一体，因此需要共同消除影响。被告两公司属于紧密的关联公司，为充分消除影响，保障杭州某贸易公司的合法著作权和名誉权，有必要在对外宣传窗口作出一定的澄清。

审理过程中，杭州某贸易公司补充意见称：（1）武汉某科技公司在发布的微信推文中使用了杭州某贸易公司的作品，还刻意去掉了带有杭州某贸易公司logo的水印，因此侵犯了杭州某贸易公司的信息网络传播权、署名权，并破坏了杭州某贸易公司作品的权利管理电子信息，构成对著作权的侵犯。（2）武汉某科技公司的行为属于出于营利目的的经营行为，不属于《著作权法》（2010年修正）第22条中合理使用条款规定的行为。退一步来说，即使属于合理使用，武汉某科技公司在推文中不但没有指明作者和作品名称，反而刻意去掉了杭州某贸易公司在图案中的水印，违反了合理使用的相关规定，构成侵权。（3）某乙公司品牌在美甲行业影响力较大，对商誉影响力也较大，故杭州某贸易公司除了要求二被告赔偿损失外，也要求二被告在微信公众号平台和微博号上发布消息进行澄清，以消除其侵权行为对杭州某贸易公司造成的不良影响。（4）武汉某科技公司的全资母公司的三名自然人股东，与某丙进出口公司的三名自然人股东完全相同，属于关联公司；某丙进出口公司在自己微博里多次提供武汉某科技公司的二维码；二被告使用商标均为"BORNPRETTY"，故应当承担共同侵权责任。

武汉某科技公司答辩称：(1)其构成合理使用，涉案推文参考案例部分引用了涉案图片，在图片前还有文字对叠印进行说明，提到叠印一般由完整图案线条+图案阴影+图案组成部分等几部分构成，可以作出有层次的不同颜色的组合印花图案，可知引用涉案图片的目的是帮助参加者进一步理解文字含义，说明什么是"叠印"、本次征文希望征集到什么样的作品、叠印作品应当具有什么样的特点，属于《著作权法》(2010年修正)第22条第1款第2项规定的为说明某一问题，在作品中适当引用他人已经发表的作品。(2)杭州某贸易公司主张武汉某科技公司推文中的作品与杭州某贸易公司著作权登记证书上的作品相同，而非相似，违反客观事实。(3)武汉某科技公司与某丙进出口公司为两个独立主体，没有发生人格混同，不承担共同侵权责任。(4)即使武汉某科技公司构成侵权，情节也较为轻微，没有给杭州某贸易公司造成损失，自身也未获利，因此赔偿数额应当较低。

某丙进出口公司提供书面答辩状称：(1)其未实施侵权行为，不应当因其他主体的行为承担责任。(2)杭州某贸易公司主张某丙进出口公司应当发布澄清公告的理由不能成立，这是严重损害公司利益的行为。(3)武汉某科技公司和某丙进出口公司不是一体的，不承担共同侵权责任。

➡ 法院查明的事实

2018年1月31日，杭州某贸易公司经浙江省版权局审核，根据《作品自愿登记试行办法》的规定，登记作品某甲min美甲模板min093-115，登记号：浙作登字11-2018-L-1833，作品类别：其他作品，创作完成日期：2018年1月15日，首次发表/出版/制作日期：未发表。

2018年4月20日，浙江省杭州市西湖公证处出具(2018)浙杭西证民字第2984号公证书载明：杭州某贸易公司委托代理人郑某某于2018年4月20日在公证人员监督下，使用公证处提供的vivo手机和无线网络进行了如下操作：(1)滑动屏幕解锁，对主页面进行截屏；(2)点击主页面"微信"App，点击"更多"，点击"切换账号"，点击"用微信号/QQ号/邮箱登录"，在账号栏输入"188××××8530"，在密码栏输入密码，点击"登录"；拖动方块完成微信安全验证，点击"开始验证"，输入验证码"81××31"，点击"提交"，点击"完成"；(3)点击微信登录后界面上方搜索图标，在搜索栏输入"bornpretty"，点击关注的公众号栏中名为"×××"公众号；(4)点击界面右上方头像图标;(5)点击账号主体栏"武汉市某乙科技有限公司";(6)点击返回到上一步界面,点击"查看历史消息";(7)点击上至下第2条历史消息显示:2018年第一届某乙"匠·新杯"插画设计大赛,2018年4月16日。

2018年4月16日,武汉某科技公司在其微信公众号×××上发布推文《2018年第一届某乙"匠·新杯"插画设计大赛》第三部分"案例参考"的第六项"叠印"中使用涉案被控侵权图片。

微博"×××-official"实名认证为"某丙进出口公司",3月23日发布微博内容:"小仙女们,BP官方公众号,每个月都有粉丝投稿的活动喽,只需要把你的作品发送给我们就可以啦!快来为自己喜欢的作品投上一票吧!"后附链接"第七期投稿作品精选",进入链接可以直接进入武汉某科技公司的微信公众号×××的涉案推文。

庭审中,杭州某贸易公司主张浙作登字11-2018-L-1833作品登记证书中KADSMIN114为美术作品,且不仅每个图案排列组合后整体为美术作品,其中每个图案都可以单独成为美术作品。武汉某科技公司确认在其微信公众号×××上发布的涉案推文中使用了上述涉案被控侵权图片,杭州某贸易公司认为作品登记证书中KADSMIN114图片与涉案推文中引用的图片构成实质性相似,而武汉某科技公司认为二者之间不构成实质性相似,表现在:一是图片数量不同,著作权登记证书样本中图案为24片,推文中为29片;二是是否附文字不同,著作权登记证书中含有文字,推文中不含有文字;三是颜色不同,著作权登记证书中为黑白两色,推文中上面五片为彩色;四是排列组合不同,著作权登记证书为4×6,规则组合,推文中为不规则组合;五是图片大小不同,著作权登记证书中图片占满整个A4纸页面,推文中没有;六是线条粗细不同,如著作权登记证书中第六排第二个图片与推文中对应的图片相比,推文中图片上方叶片中有个较浓偏圆的点,而在著作权登记证书中,该处则为长条形,且多分支。此外,武汉某科技公司不认为著作权登记证书上每片树叶、花瓣都可以构成一幅作品,因为单独树叶、花瓣都没有独创性,只是树叶、花瓣形状上涂上深浅不同的墨而已,都属于公知元素,排列上也无创造性。

➲ 法院判决理由与裁判结果

法院认为,本案的争议焦点是涉案被控侵权图片的仿真树叶、花瓣图案是否构成著作权法意义上受保护的美术作品。著作权法保护的是有独创性的表达,并不保护思想本身。本案中,将自然界存在的树叶、花瓣图案用于装饰

对公有领域素材处理与加工的美术作品的独创性判断

美甲的设计思路以及相应的工艺方法并非杭州某贸易公司所独创,设计思路及工艺方法本身并非著作权法的保护对象,杭州某贸易公司不能通过著作权垄断相应的设计思路和工艺方法,否则将违背著作权法的立法原意,阻碍文学、艺术、科学的进步和作品的多样性。他人可以采用同样的设计思路和工艺方法,设计并生产类似主题的产品,但不能抄袭他人具有独创性的表达。自然界中已经客观存在的树叶、花瓣图案不属于杭州某贸易公司独创,如仅对自然界存在的树叶、花瓣进行复制或通过简单或基本的加工、调整而形成仿真树叶、花瓣图案,表现形式与思想内容高度重合,仍属思想范畴,不受著作权法保护,但如果其用特定的方式赋予其具有特定审美意义的造型表达,则应当予以保护。

根据《著作权法实施条例》(2013年修订)第2条的规定,著作权法所称作品,是指文学、艺术和科学领域内具有独创性并能以某种有形形式复制的智力成果。独创性是作品取得著作权法保护的首要条件,是指作品由作者独立完成并表现作者独特的个性和思想,实践中在判断作品是否具有独创性以确定是否受著作权法保护时,需要考虑作品类别,作品类别不同将影响独创性判断。根据《著作权法实施条例》(2013年修订)第4条第8项的规定,美术作品,是指绘画、书法、雕塑等以线条、色彩或者其他方式构成的有审美意义的平面或者立体的造型艺术作品;最高人民法院(2012)民申字第1329号民事裁定书亦指出,"对于美术作品而言,其独创性要求体现作者在美学领域的独特创造力和观念",即对于美术作品而言,其应当具有审美意义或者说美学领域的表达形式,该种审美意义指的是作品艺术性表达的高低。艺术性表达主要是通过线条、色彩、光线效果、布局和对比度等展现艺术家审美意境所达到的程度,展示着创作者的思想情感表达,故对于美术作品,本身高于一般生活水平的艺术性从某种程度上体现了独创性的更高要求。法律对美术作品独创性的认定上,虽不作艺术品质要求,但在内容的复杂程度,如在线条、造型、颜色及其结合上应有一定的要求。因此,画面信息越少,认定独创性就要求作者在表现上的别具一格的程度越高,从而满足最低限度创造性的要求。

本案中,涉案被控侵权图片表现为仿真树叶、花瓣图案,其设计要点主要体现在树叶、花瓣的视觉观感上,通过对原始树叶、花瓣样式素材进行叠印、颜色深浅不同处理,包括对树叶、花瓣线条的增删、修补或填充,再进行图案阴影和叠印效果调整的系列操作,力图体现四重叠印树叶、花瓣的不同层次的艺术效果,但这种设计本身的特点在于重叠,通过对画面效果的四重叠使树叶、花瓣图案呈现不同效果,体现的仍是自然界原有树叶、花瓣的图案形态，本身的艺术表达过于简单，表现形式的独创性部分甚微，没有体现艺术家独特的观点与特殊的创造力，缺乏美术作品应具备的较高艺术审美感。因而，一审法院认为，仿真树叶、花瓣图案不构成著作权法意义上的美术作品，杭州某贸易公司主张武汉某科技公司、某丙进出口公司共同侵犯其涉案仿真树叶、花瓣图案著作权的诉讼请求，一审法院不予支持。同时，鉴于涉案仿真树叶、花瓣图案不构成著作权法意义上的美术作品，关于涉案被控侵权作品是否与涉案仿真树叶、花瓣图案构成实质性相似、武汉某科技公司、某丙进出口公司是否构成共同侵权等其他事实，一审法院不予评述。

法院认定，本案仿真树叶、花瓣图案不构成著作权法意义上的美术作品，武汉某科技公司、某丙进出口公司的行为并不构成侵权，因此判决驳回原告的全部诉讼请求。

案例解析

本案的关键在于判断涉案图案是否构成著作权法意义上的美术作品。涉案图案系对树叶、花瓣等客观存在的形象进行处理与加工而成，这种经过处理与加工的公有领域素材是否具有美术作品的独创性是该图案能否受到著作权法保护的关键。客观存在本身属于公有领域，但是经过创作人具有独创性的处理与加工，其仍然可以受到著作权法的保护。实践中，由于作品自身的特点，不同类别作品的独创性有着不同的判断标准，尤其是美术作品因其特有的"审美意义"而有着与其他作品不同的独创性判断标准。以下将结合案件，对以客观存在为基础处理与加工的美术作品的独创性判断进行讨论。

一、独创性的判断标准

《著作权法实施条例》(2013年修订)第2条规定："著作权法所称作品，是指文学、艺术和科学领域内具有独创性并能以某种有形形式复制的智力成果。"独创性是将受著作权法保护的作品与其他劳动成果相区别的关键。"独创性"的判断可以分解为对"独"与"创"分别判断。

（一）对"独"的判断

"独"是指"独立创作，源于本人"，即著作权法意义上的作品首先应是创作者通过自己的智力劳动独立完成的智力成果，而非抄袭他人已有作品或是简单地"复制粘贴"。像母亲孕育并生产出生命一样，作者创作作品应当是创作者汲取已有的创作素材，在自己的头脑里进行加工、创作，并最终以有形的形式将此种创作表达出来的过程。而抄袭他人已有作品或是将公有领域的素材

对公有领域素材处理与加工的美术作品的独创性判断

进行简单的"复制粘贴",这些表达并不是源于作者本人的,而只是搬运其他人或是公众的成果而形成的,其中搬运者并无著作权法意义上的智力劳动。

同时,值得注意的是,根据著作权法中思想与表达二分法原则,著作权法仅保护具有独创性的表达,而不保护思想。因此,"独创性"中的"独"仅系对表达的要求,它不要求作者的创作思想也是纯粹源于其本人。

(二)对"创"的判断

"创"是指一定高度的智力创造。劳动成果要具有一定程度的"智力创造性",即能够体现作者独特的智力判断与选择,展示作者的个性并达到一定创作高度要求。[①] 著作权法保护的是具有一定文学艺术价值的智力成果,若对所有人类独立完成的成果都给予著作权法的保护,那么著作权法便也失去了其"促进社会主义文化和科学事业的发展与繁荣"的本来目的。因此,受著作权法保护的作品需具有"最低限度的创造性",但一定是要体现作者个性化选择与编排的创造。同时,任何的创作都是"站在前人的肩膀"上完成的,人类创作的社会性与历史性决定了创作一定会利用到公共领域的素材或是他人的智力劳动成果,所以,著作权法上对"创"的要求不同于专利法对"创"的要求,前者旨在"促进社会主义文化和科学事业的发展与繁荣",其仅需体现作者富有个性化的选择和安排、具备"最低限度的创造性"即可;而后者还需具有新颖性,对科学技术等现有成果而言需具有一定的创造高度。

虽然著作权法不要求作品具有高度的智力创作程度以及高质量的文学艺术美感,但是如果创作者的劳动成果同公有领域的素材相比,只有微不足道的区别,那么其仍然难以将劳动成果从公有领域分离出来,变成受著作权法保护的内容;如果创作者的劳动成果同他人的作品相比,也同样只有微不足道的区别,那么在这样的劳动成果上也并不存在在后创作者的个性化表达,而只是在先作品的复制件而已。

二、美术作品独创性的判断标准

(一)美术作品独创性中的"艺术审美感"以及"审美意义"

首先,美术作品肯定要符合上述作品最基本的独创性。其次,美术作品还要满足其特有的"艺术审美感"。虽然著作权法对于作品创造性的程度没有很高的要求,但是基于不同类别的作品存在的目的不同,著作权法对不同类别作品的创造性要求也有着不同的标准。美术作品,作为一种具有审美意义的

---

① 王迁:《知识产权法教程》(第5版),中国人民大学出版社2016年版,第32页。

艺术品，著作权法对其创造性程度有着一定的要求。世界知识产权组织认为，"艺术作品是一种意图吸引感知者审美感官的创作成果"。[①] 我国《著作权法实施条例》（2013年修订）第4条第8项规定："美术作品，是指绘画、书法、雕塑等以线条、色彩或者其他方式构成的有审美意义的平面或者立体的造型艺术作品。"本案中，一审法院认为涉案仿真树叶、花瓣图案体现的是"自然界原有树叶、花瓣的图案形态，其本身的艺术表达过于简单，表现形式的独创性部分甚微，没有体现艺术家独特的观点与特殊的创造力，缺乏美术作品应具备的较高艺术审美感"。可见，具有"艺术审美感""审美意义"对于美术作品来说，是一个不可或缺的构成要件。

对于美术作品来说，"艺术审美感""审美意义"是指其中的表达应当是属于美学领域的表达，传递了一定的艺术性。对于美术作品而言，其独创性要求体现作者在美学领域的独特创造力和观念，最高人民法院在（2013）民申字第1262号民事裁定书中阐明：一份智力劳动"是否可以作为美术作品保护取决于作者在美学方面付出的智力劳动所体现的独特个性和创造力，那些不属于美学领域的智力劳动则与独创性无关"。因此，在美术作品中，创作技术的复杂性并不当然增加美术智力成果的独创性，只有美学领域的创造、具有艺术审美感的表达才可能是受著作权法保护的美术作品。但是，值得注意的是，作品的独创性与作品的艺术价值、学术价值或者社会价值无关。因为艺术价值、社会价值或者学术价值是对人们的创作成果进行价值判断的另外一个体系，与作品独创性的判断体系不在同一层面上。[②]

（二）美术作品中"艺术审美感""审美意义"所要求的独创性程度

首先，著作权法不能要求美术作品一定要具备某种较高程度的艺术价值或教育意义。美国著名的霍姆斯法官曾说过："由只受过法律训练的人来判断美术作品的价值是一件很危险的事情。一方面，有些天才画作一开始无法被公众欣赏；另一方面，有些被法官认为是缺乏艺术美感和教育价值的作品却能够被公众所接受。"[③] 且不说对美术作品艺术价值的判断因人而有较大差异，仅仅是由法官来决定艺术作品是否具有艺术价值本身就有争议，更何况具有不同艺术价值的美术作品皆有其受众人群与特定意义。"一个5岁的顽童，尽管他的表现手段极为初始、朴拙，但如果他能构思一种独特的画面设计来表现对生活

[①] 世界知识产权组织编：《著作权法与邻接权法律术语汇编》（中英法对照），刘波林译，北京大学出版社2007年版，第13页。

[②] 费安玲：《著作权法教程》，知识产权出版社2003年版，第46页。

[③] Bleistein v. Donaldson Lithographing Co., 188 U. S. 239, at 251 (1903).

对公有领域素材处理与加工的美术作品的独创性判断

的理解或对天真烂漫的理想追求,并用他生硬、朴拙的画笔表达出来,能使读者产生某种情感上的共鸣,该绘画就是一件有独创性的作品。"① 因此,我们不能够通过立法来限定美术作品艺术价值的高门槛,若只有具备较高程度艺术性才能作为美术作品受到著作权法的保护,那么势必会打击艺术性较低作品的创作者的创作热情,这与著作权法激励创作、促进文化事业繁荣发展的立法目的是背道而驰的。

其次,著作权法也不能对过于简单的绘画或是对自然界客观存在的简单再现等成果给予作品的保护。过于简单的线条、色彩等艺术元素或是对自然界客观存在的简单再现是属于公有领域的内容,一方面,过于简单的智力劳动难以形成具有区别性、独创性的成果;另一方面,基础艺术元素以及自然界客观存在等是公共素材,著作权法也不能允许私人对公共素材的不当占有。

因此,在对美术作品独创性的认定上,著作权法不能规定艺术品质的要求,但对其中作者在美学领域的个性化选择与表达、思想感情的传递以及内容的繁简有一定的要求,美术作品应具有最低限度的艺术性创造。

三、对基于客观存在而创作的美术成果独创性判断的难点——结合思想与表达二分法分析

著作权法对美术作品"审美意义"的要求并不是要使艺术与生活脱离,任何艺术家在创作时均需要从日常生活中获取创作灵感,这难免会使其在创作时以客观存在的事物为原型进行个性化的创作。但是,属于公有领域的客观事物和受著作权法保护的美术作品之间是有一定距离的,既不能让创作者不合理地占有公有领域的内容,也不能忽视作者个性化表达形成的艺术智力成果。本案中,构成涉案图片的大部分要素均属于来自公有领域的客观存在。因此,本案判断原告是否对其享有著作权的关键就在于,原告对那些来自公有领域的素材的处理与加工,哪些是属于不受著作权法保护的思想,哪些是属于美学领域的个性化创造。

首先,以客观存在为基础进行艺术处理、艺术加工属于思想范畴,法律并不赋予创作者垄断此种创作思想的权利。同时,若仅是对客观存在进行简单的复制或是对其进行微小且难以识别的、缺少个性化的改动,那么这仍然属于上述创作思想控制下的内容,尚未形成具体的、具有独创性的表达,无法受到著作权法的保护。此种"简单地复制或是微小且难以识别的、缺少个性化地

---

① 刘春田主编:《知识产权法》(第 2 版),高等教育出版社、北京大学出版社 2003 年版,第 45 页。

改动"一般是用美学领域最基础的线条、色彩搭配、创作手法以及最常见的组合方式完成的。例如,创作者用铅笔画出的花瓣大小一致的花朵,其对客观存在进行的改动过于微小和难以识别,并且其上也并没有创作者个性化的美学创造,因为这是美学领域里最基础、最常见的花朵形象。若创作者主张自己对此种美术成果享有著作权,则是对公有领域的不合理侵占。

其次,以客观存在为基础进行的创作并不会限制创作者的表达。艺术是丰富多样且极具想象力与创造力的,美术作品不会因为过于偏离其创作的本源而不具有独创性。相反,正是因为创作者在其创作本源之上形成了独特的个性化表达、偏离了客观存在最原始的样貌,而使客观存在脱离了日常生活进入到艺术美学领域供人欣赏。例如,梵高的绝世名画《向日葵》,他以"插在花瓶中的向日葵"为其创作依据,通过不同的画布材质、颜料材质、颜色搭配、线条走向、光影变化等艺术元素创作出了7幅形态各异、思想各异的绝世佳作。美术作品追求的不是对日常生活、历史进展的完美还原,而是通过艺术家的笔触以多种多样的艺术元素和非艺术元素传达思想情感、价值理念等艺术价值与教育意义。因此,作者使用不同的创作工具,以个性化的线条、色彩、光影效果等艺术元素的搭配与组合来展现其独特的审美意境与思想情感,便是美术作品中具有独创性的表达。这种具有创造力的设计使原本属于公有领域的客观存在衍生出了私人具有审美意义的智慧结晶,可以受到著作权法的保护。

对基于客观存在而创作的美术作品而言,客观存在本身、将其与特定艺术形式结合的设计思想以及在此设计思想上作出的最基础常见的艺术表现手法均属于思想范畴,不能受到著作权法的保护。而脱离了客观存在的原始样貌、在美学领域进行了独特表达的部分,若是具备了美学独创性,则可以构成受著作权法保护的美术作品。本案中,涉案艺术图案的设计要点在于通过叠印、颜色深浅的处理对树叶、花瓣这些客观存在原始样貌以及其叠印之后效果的反映。一方面,对树叶、花瓣这些客观存在原始样貌的反映属于思想范畴,不能受到著作权法的保护;另一方面,其具体的表达主要体现在对这些客观存在原始样貌的叠印,艺术表达过于简单,是一种最基础常见的表现手法,并且其中的独创性甚微,没有展现出创作者的个性化表达与独特的思想情感。因此,不具有著作权法意义上美术作品的独创性。

四、结论

尽管著作权法要求所有的作品均要具有独创性,但是对于不同类型的作品,其独创性的内涵与外延也不尽相同。对于美术作品而言,其独创性体现在

对公有领域素材处理与加工的美术作品的独创性判断

艺术家在美学领域独特的创造力与观念,并且此种独创性并不对美术作品的艺术品质进行较高的要求,它只要求该作品具有最低限度的艺术性创造。同时,以自然界客观存在的事物为基础进行艺术化的创造是创作者常用的设计思想,在此基础上用最基础常见的艺术手法,进行过于简单的改动无法满足著作权法对于美术作品独创性的要求。因此,对于这类艺术作品,法官应当结合其创作的艺术手法、表现的艺术价值与思想感情同该客观存在的原始样貌进行比对,判断作品中是否具有创作者个性化的表达与独特的创造,进而对此类作品的独创性给出一个公平合理的判断结果。当然,通过以上表述可以看出,无论是立法还是司法实践中,独创性的判断标准难以量化,只能通过"一定程度""基本的""美术作品要求的""美学领域"等具有模糊性的框架表达,让法官在司法实践中根据具体的案件情况进行判断。

卡通形象作为美术作品受著作权保护之认定研究

——株式会社某甲诉广东某乙食品有限公司、某丙（上海）食品有限责任公司等侵犯著作权纠纷案

/ 张文芊

⇨ 本案要旨

卡通形象可归类于享有著作权的美术作品。卡通形象符合独创性标准是其能受著作权法保护的先决条件。卡通形象不同于普通的美术作品，其不仅是通过线条、色彩表达的视觉形象，通常还拥有独特的行为举止及性格特征。老虎卡通形象如果具有固化的独创性特征，则该形象便能够成为著作权法意义上的作品，从而依法享有著作权。未经许可擅自将具有独创性的老虎卡通形象使用在生产、销售的产品及其包装、产品宣传册、公司网站上的行为侵犯了对该卡通形象享有的复制权、发行权、信息网络传播权等著作权。

⇨ 案件信息

申请人（一审被告、二审上诉人）：广东某乙食品有限公司

被申请人（一审原告、二审被上诉人）：株式会社某甲

一审被告：某丙（上海）食品有限责任公司、敖某

案号：上海市第一中级人民法院（2012）沪一中民五（知）初字第132号、上海市高级人民法院（2013）沪高民三（知）终字第81号、最高人民法院（2014）民申字第440号

⇨ 原被告主张及理由

原告株式会社某甲（以下简称某甲）诉称：原告自1988年开始"巧虎"卡通形象的创作，并将该形象用于幼儿用的图书等。20世纪90年代，"巧虎"卡通形象的动画、图书等幼儿用品先后进入中国台湾、中国香港、中国大

陆，在原告及其关联公司的大力推广下，该形象在相关消费者中已具有极高的知名度。2010年年初，原告经调查发现，被告广东某乙食品有限公司（以下简称某乙公司）未经许可擅自在其生产的食品、产品宣传册、公司网站使用原告的"巧虎"卡通形象，并将附有该卡通形象的产品销往全国各地。被告某乙公司的上述行为侵犯了原告对"巧虎"卡通形象享有的著作权，即复制权、发行权、信息网络传播权。被告某丙（上海）食品有限责任公司（以下简称某丙公司）作为某乙公司的上海销售代理商，将附有侵犯"巧虎"卡通形象著作权的巧克力杯销售给上海某经营部，并在自己的产品宣传册上使用附有侵犯"巧虎"卡通形象著作权的产品照片。被告某丙公司的上述行为侵犯了原告对"巧虎"卡通形象享有的著作权，即复制权、发行权。被告敖某在其经营的某经营部中销售侵犯"巧虎"卡通形象著作权的巧克力杯，亦侵犯了原告对"巧虎"卡通形象享有的发行权。原告认为，其享有著作权的"巧虎"卡通形象在中国境内享有很高的市场知名度，为相关公众所知悉，三被告的侵权行为已经造成相关消费者的混淆，被告某乙公司甚至还将侵权的"欢乐虎"卡通形象注册成商标，其主观恶意明显，侵犯了原告的著作权，应承担相应的民事责任。故诉至法院，请求判令：（1）被告某乙公司在其生产及销售产品上停止使用侵犯"巧虎"卡通形象著作权的图案；（2）被告某乙公司销毁所有带有侵犯"巧虎"卡通形象著作权的产品宣传册；（3）被告某乙公司删除其网站上所有侵犯"巧虎"卡通形象著作权的图案；（4）被告某丙公司停止在其宣传册上使用侵犯"巧虎"卡通形象著作权的图案，并停止销售侵犯"巧虎"卡通形象著作权的产品；（5）被告敖某停止销售带有侵犯"巧虎"卡通形象著作权的产品；（6）三被告连带赔偿原告经济损失人民币500万元、合理费用128 746元，合计5 128 746元；（7）被告某乙公司自判决生效之日起30日内在《法制日报》上公开赔礼道歉，消除影响。

　　被告某乙公司辩称：第一，原告没有充分的证据证明其享有"巧虎"卡通形象的著作权，且原告在本案中主张的"巧虎"卡通形象不具有稳定性。第二，某乙公司在生产、销售的巧克力杯等产品上使用的是"欢乐虎"卡通形象，与原告主张的"巧虎"卡通形象既不相同也不近似。某乙公司从事的是食品行业，而原告从事的是幼教行业，双方分属不同行业和国别，某乙公司不可能接触到原告的"巧虎"卡通形象，所以不存在抄袭的可能。某乙公司早在1997年已创作完成"欢乐虎"卡通图案并一直沿用至今，原告在中国市场上发行的"巧虎"卡通作品晚于某乙公司"欢乐虎"商标的申请注册时间。第三,"欢乐虎"卡通形象于 2004 年由某乙公司向中华人民共和国国家工商行政管理总局商标局申请商标注册,于 2010 年经审核后获准注册商标,虽然原告在商标异议程序中以"欢乐虎"商标侵犯原告的"巧虎"卡通形象的在先著作权为由提出异议,但该商标异议申请已经国家商标局驳回。原告在本案起诉时刻意隐瞒上述商标纠纷,导致国家商标局与法院同时审理同一事实和争议,违反"一案不得两诉"的原则。因此,某乙公司认为其在产品、宣传册及网站中使用"欢乐虎"卡通图案是合法的,请求法院驳回原告的全部诉讼请求。

被告某丙公司辩称:其同意被告某乙公司的前述辩称意见,另认为某丙公司作为某乙公司的上海销售代理商,仅实施了许诺销售被诉侵权产品的行为,并未侵犯原告的发行权。而且某丙公司销售的被诉侵权产品均来自某乙公司,在对外销售中使用的宣传册中带有"欢乐虎"卡通图案的产品也是某乙公司提供的,故不应承担赔偿责任。

被告敖某未到庭应诉答辩,亦未提供任何证据。

○ 一审法院查明的事实

1. 原告的企业及"巧虎"卡通形象创作、传播、权属流转概况。日本国公民长谷川雅之于 1987 年创作完成"巧虎"卡通形象的美术作品。1987 年 12 月 11 日,该美术作品的著作权由长谷川雅之转让给了福武书店,并于 1988 年 2 月 6 日在日本首次发表。1993 年 11 月 1 日,长谷川雅之对上述作品进行二次创作完成新的"巧虎"卡通形象作品,并于同年 12 月 13 日在日本国首次发表该卡通形象作品。某甲经长谷川雅之转让后取得新的"巧虎"卡通形象作品的著作权,包括与该卡通形象相关的著作权、商品化权利以及其他一切知识产权,并且长谷川雅之还将依据《日本商标法》第 27 条、第 28 条所规定的改编或者翻译等权利以及与二次创作作品相关的权利一并转让给某甲。某甲于 2005 年 5 月 30 日在国家版权局将该作品进行了著作权登记,并取得登记号为 2005-F-02797 的《著作权登记证书》。2012 年 2 月 6 日,原告将"巧虎"卡通图案向国家版权局进行著作权登记,并获得由该局颁发的登记号为 2012-F-053974《著作权登记证书》,该证书载明:原告提交的文件符合规定要求,对其于 1999 年 5 月创作完成,并于 1999 年 5 月 3 日在日本东京首次发表的美术作品《巧虎(SHIMAJIRO)》,原告以法人作品著作权人身份依法享有著作权。且自 1996 年至 2010 年,原告均在中国使用了"巧虎"卡通形象及进行了相关产品的宣传与推广。

2. 三名被告的企业情况及其各自使用"欢乐虎"图案的事实。在被告生产、销售的上述产品包装上印有手持不同食品的"欢乐虎"图案（右手握拳高举状、右手持球形棒棒糖高举状、右手持雪糕高举状、右手持三角形棒棒糖高举状、右手持杯形朱古力仔高举状、两手高举作V字状、右手持水杯高举状、右手持巧克力饼干）。某乙公司还将上述产品的图案以及"欢乐虎"图案印制在公司的产品宣传册上。某乙公司在其经营的网站上刊登上述产品的图案。某乙公司在产品、宣传册及网站上还注明有"某乙及图"注册商标。某乙公司于2004年11月15日向国家商标局申请将"欢乐虎"形象在国际分类号为30的商品上注册为商标，并于2007年4月14日被获准注册该"欢乐虎"图形商标，商标注册号为4363475。原告于2007年4月13日向国家商标局以"欢乐虎"图形商标侵犯原告的在先著作权为由提出商标异议，当时该案正在审理中。

被告某丙公司在上海对外批发销售包括被告某乙公司产品在内的各类食品。被告敖某于2007年11月14日在位于上海市漕宝路1300号的漕宝路食品批发市场内开设了某经营部（又名上海某食品商行），该经营部性质为个体工商户，从事食品销售。敖某在该经营部内销售由被告某乙公司生产的巧克力杯产品。被告某丙公司和原告在一审审理中确认，某经营部对外销售的被告某乙公司生产的巧克力杯产品是由某丙公司提供的货源。

3. "巧虎"卡通形象与"欢乐虎"图案的对比。原告在本案中主张"巧虎"卡通形象，是一只拟人化的小老虎形象。由于"巧虎"卡通形象在不同的作品中呈现，并不表现为单一静止的形式，故原告选取三张具有上述全部"巧虎"卡通形象特征的图案作为比对样本。在原告提供的样本中的"巧虎"形象身体略向前倾，身上还斜肩背着一个小书包。经一审庭审比对，被控的"欢乐虎"图案除了双手的姿态、腿部的动作、尾巴的位置、颜色的深浅等方面与原告提供比对的"巧虎"卡通形象样图有所区别外，该图案包含了"巧虎"卡通形象的全部主要特征，尤其是与原告提供的比对样图中"巧虎"所穿的衣服、斜肩所背的小书包也完全一致。

➲ 一审法院判决理由与裁判结果

根据查明的事实，结合双方当事人的诉辩意见，一审法院认为，本案的争议焦点在于：（1）原告是否对"巧虎"卡通形象享有著作权？（2）三名被告实施的行为是否侵犯了原告的著作权？（3）如果构成侵权，三名被告应当承担何种民事责任？

一审法院经审理认为，原告对"巧虎"卡通形象的美术作品享有著作权，该卡通形象在中国大陆，尤其在少年儿童中有一定的知名度。被告一的相关消费者亦主要为少年儿童，故其在产品市场营销时完全有机会接触到原告的"巧虎"卡通形象。被控的"欢乐虎"图案中包含了"巧虎"卡通形象的全部主要特征，构成实质相似。被告一在其产品、宣传册及网站上擅自使用"欢乐虎"图案的行为，被告二和被告三擅自销售含有"欢乐虎"图案的产品的行为，侵犯了原告的著作权。据此，一审法院判令三被告立即停止侵害，被告一某乙公司赔偿原告某甲经济损失人民币30万元、合理开支人民币8万元，并且在《法制日报》上刊登声明，消除影响。

上诉主张及理由

某乙公司上诉称：（1）一审判决认定某甲自创"巧虎"卡通形象并拥有"巧虎"卡通形象的著作权，系认定事实错误。（2）一审判决对某甲享有的"巧虎"卡通形象著作权范围的认定错误。卡通形象的基本识别特征应当是稳定且具有独创性的。但是，一审判决对"巧虎"卡通形象著作权的范围没有进行认定，而是将其笼统地归纳为"可爱的拟人化小老虎动物形象"，并将其特征无限放大到几乎所有的公有领域。一审判决确定的"巧虎"卡通形象的诸多特征不具有稳定性，且未剔除公有领域其他卡通形象的惯常设计特征。（3）一审判决认定"欢乐虎"图案与"巧虎"卡通形象构成实质性相似，系认定错误。（4）一审判决认定某乙公司接触了某甲的"巧虎"卡通形象，系认定事实错误。（5）某乙公司的涉案"欢乐虎"图形商标目前仍处于国家商评委的复审审理程序中，原审法院在国家商评委作出复审裁定前先行作出一审判决，直接干预商标评审委员会的行政审查，程序违法。

被上诉人某甲答辩称：（1）某甲是"巧虎"卡通形象美术作品的著作权人。（2）"巧虎"卡通形象长时间保持统一稳定的表现形式，具有较高的独创性，在相关公众中具有极高的识别度。（3）某乙公司使用的"欢乐虎"图案与某甲的"巧虎"卡通形象构成实质性相似，构成对"巧虎"卡通形象美术作品著作权的侵害。（4）某乙公司具有接触"巧虎"卡通形象及相关"巧虎"图片的可能。（5）"欢乐虎"图形商标的商标异议以及异议复审，与本案没有直接的关联性。综上所述，一审判决认定事实清楚，适用法律正确，应当予以维持。

原审被告某丙公司、敖某均未向二审法院提交答辩意见。

卡通形象作为美术作品受著作权保护之认定研究

● 二审法院判决理由与裁判结果

二审法院认为，被上诉人某甲系"巧虎"卡通形象美术作品的著作权人。由于日本与我国均系《保护文学和艺术作品伯尔尼公约》的成员国，按照该公约的国民待遇原则以及我国《著作权法》（2010年修正）第2条第2款的规定，某甲的上述"巧虎"卡通形象美术作品著作权应受我国法律保护。被控侵权的"欢乐虎"图案与"巧虎"卡通形象美术作品构成实质性相似，上诉人某乙公司未经许可擅自在其生产、销售的产品及其包装、产品宣传册、公司网站上使用"欢乐虎"图案的行为，侵犯了某甲对"巧虎"卡通形象美术作品享有的著作权，依法应当承担停止侵权、赔偿损失、消除影响的民事责任。原审被告某丙公司、原审被告敖某未经许可擅自销售含有"欢乐虎"图案的产品，上述行为亦侵犯了某甲对"巧虎"卡通形象美术作品享有的著作权，鉴于某丙公司与敖某销售的被控侵权产品均来自某乙公司，故可免除某丙公司、敖某赔偿损失的民事责任，但某丙公司、敖某仍应承担停止侵权的民事责任。综上所述，上诉人某乙公司的上诉请求与理由缺乏事实和法律依据，应予驳回。

● 再审主张及理由

再审申请人某乙公司因与被申请人某甲及一审被告某丙公司、敖某侵害作品复制权、发行权、信息网络传播权纠纷一案，不服二审法院判决，向最高人民法院申请再审。

● 再审法院判决理由与裁判结果

再审法院在审查过程中，某乙公司以其与某甲达成和解协议，并履行完毕为由向法院申请撤回再审申请。再审法院认为，某乙公司在本案审查期间提出撤回再审申请的请求，不违反法律规定，应予以准许。

● 案例解析

近年来，动漫产业市场前景良好，因此许多卡通形象被应用于商业领域中。但是，在"葫芦娃""黑猫警长""喜羊羊"等诸多知名卡通形象被商用的过程中，有一些无良商家未经权利人许可，便将他人享有著作权的这些卡通形象使用在自己的商品上，攀附意图明显。本案中"巧虎"卡通形象在中国境内享有很高的市场知名度，为相关公众所知悉，而被告未经原告日本企业的许可,便使用"巧虎"卡通形象,并将附有该卡通形象的产品销往全国各地。后"巧虎"的权利主体通过诉讼的方式维护了自己的合法权益。如何通过著作权法对卡通形象予以保护、其独创性如何认定等问题,以下予以探讨。

一、卡通形象受知识产权法保护

(一)卡通形象之著作权法保护

我国《著作权法》(2020年修正)第3条规定了八大类作品,还有作为兜底条款的"符合作品特征的其他智力成果"。著作权法意义上的作品是指文学、艺术和科学领域内具有独创性并能以一定形式表现的智力成果。卡通形象没有被《著作权法》单独列为一种作品,导致一些商家对自己使用他人享有的卡通形象抱有侥幸心理,认为并不会侵犯他人的著作权。正是因为卡通形象的定位不明确,所以才导致侵权现象时有发生。因此,明确卡通形象的法律属性,是对卡通形象进行保护的前提条件。

在域外,著作权法保护动漫卡通形象的著名案例是美国的迪士尼公司诉空中窃贼公司一案,该案件促使美国确定了动漫卡通的侵权标准:"无论情节是否相同,只要角色形象相似就构成侵权。"[①] 在我国,1996年上海市高级人民法院审理的"三毛"案,虽然最后法院认定被告是将"三毛"漫画形象作为商标和企业形象使用,严格地讲这不是著作权意义上的使用,即复制、发行著作权人的作品,[②] 但是也体现出我国司法实践中对动漫卡通形象给予著作权法上保护的决心。

我国理论和司法实践一般均认为卡通形象可归类于著作权作品中的美术作品,而且《著作权法实施条例》(2013年修订)第4条第8项规定:"美术作品,是指绘画、书法、雕塑等以线条、色彩或者其他方式构成的有审美意义的平面或者立体的造型艺术作品。"因此除了"独创性"这一要件之外,卡通形象要想作为美术作品获得著作权法保护还需要具有审美意义。但是何为具有"审美意义"是见仁见智的,也需要结合具体作品来予以具体分析,因而卡通形象能否作为美术作品受著作权法保护这一问题,关键仍然是判断其是否具有独创性。

(二)卡通形象之其他法律保护

除了通过著作权法进行保护,在商标法领域,权利主体也可以根据需要将卡通形象作为商标进行注册。商标法上认定卡通形象侵权,其依据在于侵权

---

① 李响:《美国版权法:原则、案例及材料》,中国政法大学出版社2004年版,第218页。
② 参见罗莹:《动漫卡通形象的知识产权法保护分析》,华南理工大学2011年硕士学位论文。

卡通形象作为美术作品受著作权保护之认定研究

人对该商标的滥用会导致消费者对相关商品的来源产生混淆，如使消费者误认为该商品由卡通形象商标权人生产或销售等。① 但通过商标法保护卡通形象有一定局限性，相比于著作权法中的"著作权自作品创作完成之日起产生"，稳定的商标权的取得较为复杂，如注册程序花费时间长，注册过程中仍有被侵权风险。此外，商标权的保护期限也不及著作权，若商标即将到期仍需继续使用，则须办理续展手续。另外，依据我国《商标法》相关规定，自然人、法人或者非法人组织只有在生产经营活动中对其商品或者服务需要取得商标专用权时，才能申请商标注册。这说明，有的创作者尽管有保护其卡通形象的意愿，但因其未从事生产经营活动，其在获得商标法的保护与救济上可能会产生瑕疵。

在专利法上，卡通形象若想获得外观设计专利保护，必须结合具体产品并构成工业应用上的新设计。② 知识产权保护"兜底"的《反不正当竞争法》也可以对卡通形象进行保护，但其主要是制止其他商家对该卡通形象实施足以引人误认为是他人商品或者与他人存在特定联系的混淆行为。此外，卡通形象还可以通过商品化权予以保护，尽管其已引起学界诸多讨论，但我国目前对此尚未立法。所谓商品化权是指角色商品化而带来的权利，其内容包括角色的创作者将角色投入商业使用而获利，并有权禁止他人未经授权进行商业使用的权利，即专有权和禁用权。③

综合分析，各种法律制度对卡通形象的保护都有其优劣。笔者认为，采取著作权法保护最为有利。首先，著作权的取得最为方便、快捷，且保护时间更长；其次，著作权内容不仅包括财产权利，还包括精神权利；最后，著作权人既可以是自然人，也可以是法人或者非法人组织，符合卡通形象保护实际需求。综合来看，著作权保护更全面。

二、卡通形象独创性的判断

确定卡通形象符合独创性标准是确定卡通形象能受著作权法保护的先决条件。卡通形象不同于普通的美术作品，因为卡通形象不仅是通过线条、色彩表达的视觉形象，通常还拥有独特的行为举止及性格特征等。卡通形象的服饰、发型、动作等表现经常随着场合不同而变化，尽管如此，卡通形象也能因

---

① 参见窦峰：《卡通动漫形象的著作权法律保护研究》，武汉理工大学 2017 年硕士学位论文。
② 参见窦峰：《卡通动漫形象的著作权法律保护研究》，武汉理工大学 2017 年硕士学位论文。
③ 祝建军：《角色商品化的著作权法保护——以"米老鼠"卡通形象著作权侵权纠纷案为例》，载《知识产权》2008 年第 2 期。

为其固化的独特性特征而被公众识别。目前，我国在卡通形象独创性这方面的规定比较模糊，如卡通形象独创性有无的限度何在，以及如果其他商家对权利人享有的卡通形象稍作改动但仍保留其主要的特征，使公众仍然能够识别出其是原形象的情形下，该商家是否侵犯该卡通形象的复制权等。①

本案的裁判理由能对上述问题作出回应。法院认定"巧虎"卡通形象可以受著作权法保护的思路与前文所述的方法基本一致，认定"巧虎"卡通形象具有独创性，而"欢乐虎"不具有独创性，从而对其著作权侵权予以认定。一审法院认为虽然"巧虎"卡通形象在书籍、杂志、动漫影视节目、商品中根据该些载体的形式、故事内容、情节、商品包装等需要而有所变化，如不同的脸部表情、身体姿态、手部动作、服装鞋帽等，但均表现出一只可爱的拟人化小老虎形象，亦均具有如前所述的主要特征，且该些主要特征使"巧虎"卡通形象区别于其他以老虎为原型的卡通形象而为相关公众所辨识，具有较高的创造性和识别性。也正是由于原告的"巧虎"卡通形象具有这些固化的独创性特征，才使该形象成了著作权法意义上的作品，从而依法享有著作权。

被控的"欢乐虎"图案中包含了"巧虎"卡通形象的全部主要特征，尤其是与原告提供的比对样本中"巧虎"所穿的衣服、斜肩所背的小书包也完全一致。虽然被控"欢乐虎"图案确有部分细节与"巧虎"卡通形象不尽相同，如双手的姿态、腿部的动作、尾巴的位置等，但该不同之处的改动并不能使"欢乐虎"图案有别于"巧虎"卡通形象而成为具有自身独创性的作品。故一审法院认定"巧虎"卡通形象与被控"欢乐虎"图案构成实质相似，被告某乙公司未经许可擅自将被控侵权的"欢乐虎"图案使用在生产、销售的产品及其包装、产品宣传册、公司网站上的行为侵犯了原告对"巧虎"卡通形象享有的复制权、发行权、信息网络传播权等著作权权利。

除了本案，天津市高级人民法院审理的深圳市某商贸有限公司与天津市宁河县某商贸有限公司侵犯著作权纠纷上诉案也有异曲同工之妙。法院认为涉案形象"熊大"是为动画片《熊出没》开发的角色形象。该角色形象的表达方式是以自然生态的狗熊为原型，通过独创性构思，以线条、色彩等方式对自然生态的狗熊的形象进行体态特征、头部特征、面部特征等拟人化处理，该作品系作者独立创作完成，且表达了作者对线条、色彩、手法和具体形象设计的独特的美学选择和判断，属于具有审美意义并且可以复制的平面造型艺术作品，

---

① 衣硕朋、王瑞：《动漫卡通形象的著作权保护》，载《人民司法·案例》2018年第20期。

应当认定为著作权法所称的美术作品。①

综上，司法实践中判断卡通形象独创性的主要考虑因素是作者对作品的线条、形状、明暗与色彩等要素的选择、编排、组合与表现。

三、卡通形象著作权侵权之认定

在卡通形象著作权侵权的判定中，先确认权利人的作品具有独创性后，接下来就要对两件作品是否构成实质性相似进行判断。

承前所述，对实质性相似的判断应当先确定两件作品在以上要素上的相同或相似之处，并剔除思想部分和公有领域的要素，再判断剩余部分是否实质性相似。在"小明同学"诉"小茗同学"一案中，二审法院认为在比较两卡通形象由线条、色彩等要素组成的造型表达上是否存在实质性相似时，如果二者体现的画面主要是卡通形象的头部，则应以普通观察者的角度对其头部造型表达进行整体认定和综合判断，而不能将各个组成要素简单割裂开来、分别独立进行比对。②

"接触+实质性相似"原则是我国司法实践中普遍遵循的著作权侵权认定标准。本案中，一审法院认为被控"欢乐虎"图案中包含了"巧虎"卡通形象的全部主要特征，尤其是与原告提供的比对样本中"巧虎"所穿的衣服、斜肩所背的小书包也完全一致。虽然被控"欢乐虎"图案确有部分细节与"巧虎"卡通形象不尽相同，如双手的姿态、腿部的动作、尾巴的位置等，但该不同之处的改动并不能使"欢乐虎"图案有别于"巧虎"卡通形象而成为具有自身独创性的作品。故认定"巧虎"卡通形象与被控"欢乐虎"图案构成实质相似。

除了从整体上进行认定及综合判断外，司法实践中也有案例从卡通形象的具体组成要素分析。例如，在"哆啦A梦"卡通形象权利人诉"叮咚小区"著作权侵权案中，法院对两件作品的对比主要集中在卡通形象的配色、躯干等部分③；在"喜羊羊"卡通形象权利人诉东莞市某珠宝集团有限公司侵权案中，法院对两件作品实质性相似的认定主要集中在身体的比例、头部的构造装饰、面部表情、圆点小眼睛、黑豆型鼻子、羊角等方面。④

在认定两件作品构成实质性相似后，如果在后创作的卡通形象的作者具有接触在先创作的卡通形象的可能性，则推定排除后创作的卡通形象为其作者

---

① 参见烟颐、晓敏、先海、玉萍：《2015年本市知识产权案呈现新特点》，载《天津日报》2016年4月21日。
② 参见北京知识产权法院（2016）京73民终1078号民事判决书。
③ 参见上海市浦东新区人民法院（2014）浦民三（知）初字第1097号民事判决书。
④ 参见山东省高级人民法院（2018）鲁民终990号民事判决书。

独立创作而成，构成现行《著作权法》第52条第5项所规定的剽窃行为。[①]

本案中，被告某乙公司系位于中国广东地区的企业，其产品的相关消费者主要为少年儿童，因此其对动漫影视节目以及卡通形象等的关注度要高于其他企业。在1996年"巧虎"卡通形象进入中国大陆到2004年某乙公司申请将"欢乐虎"注册为商标的该段时间内，某乙公司完全有机会接触到"巧虎"卡通形象。基于此，二审法院对上诉人某乙公司否认接触了被上诉人某甲的"巧虎"卡通形象这一上诉理由不予认定。

当然在判断卡通形象是否构成侵权时，还应注意著作权法中"合理使用"制度的考察。《著作权法》（2010年修正）第22条第1款规定了适用合理使用制度的12种具体情形，《著作权法实施条例》（2013年修订）第21条则规定了合理使用的两项判定要件，二者一同构成了我国著作权合理使用制度体系。如今，《著作权法》（2020年修正）第24条进一步明确了合理使用的原则性限制，进一步完善了合理使用原则的适用。实践中，如电影《80后的独立宣言》海报配图案中，被告在其宣传海报上未经原告许可使用了"葫芦兄弟""黑猫警长"卡通形象，该海报上还有男女主演形象、姓名以及黑白电视机、缝纫机等体现年代特征的元素。原告起诉主张被告该行为侵犯了原告对两个卡通形象的著作权。法院经审理认为，两个卡通形象与其他图片共同形成海报的背景图案，其目的在于说明电影主角的年龄身份特征，已被注入了新的含义和内容，客观上已经具有新的价值和内涵，原有的价值发生了转换，且转换程度较高，故属于《著作权法》（2010年修正）第22条规定的合理使用。[②] 因此，在我国加大知识产权保护力度的背景下，合理使用作为利益平衡的重要制度保障，具有其独特的意义。

四、结论

每一种原创卡通形象的问世，都需要创作者在富有想象力的前提下投入大量的时间和精力完成。作品是作者心血的凝结，理应受到尊重与保护。"搭便车"的行为容易导致淹没作者努力的心血、降低卡通形象的价值、挤压享有卡通形象著作权商家的盈利空间等不良后果。因此，保护原创卡通形象作品的著作权势在必行。同时，本案也对此类情形下的权利主体进行维权提供了有力借鉴，具有重要的启发意义。

---

① 参见徐聪：《著作权侵权作品"接触+实质性相似"标准的合理性反思》，载《私法》2022年9月30日。

② 参见上海知识产权法院（2015）沪知民终字第730号民事判决书。

美术作品的实质性相似判断

——肖某等诉浙江某网络有限公司等著作权侵权纠纷案

/ 郭畅、李念祖

➲ 本案要旨

判断作品之间是否构成实质性相似，需要去除公有领域的素材之后再对作品之间的相似性进行判断。就美术作品而言，即使两幅作品使用了相同的常见元素，由于该元素属于公共领域的素材，所以不能据此认定二者构成实质性相似。判断是否构成著作权侵权的重点在于，分析作品的独创性部分之间是否构成实质性相似。如果两幅图案的细节及各类元素的组合均不一致，从整体上看差异较大，并不构成实质性相似，两幅作品就均具有独创性，在后的涉案浮雕产品图案不构成著作权侵权。

➲ 案件信息

上诉人（一审原告）：肖某、上海某家饰有限公司

被上诉人（一审被告）：浙江某网络有限公司、义乌市某电子商务有限公司

案号：浙江省杭州市余杭区人民法院（2017）浙0110民初7333号、浙江省杭州市中级人民法院（2017）浙01民终8084号

➲ 原被告主张及理由

原告主张：原告肖某是登记号为浙作登字11-2012-F-12191，登记名称为"爱丽丝"作品的著作权人。肖某已将该作品授权原告某甲公司独家使用、复制生产浮雕画。原告肖某、上海某家饰有限公司（以下简称上海某家饰公司）作为浮雕行业的先行者和领导者，致力于浮雕时尚美学的研究，浮雕产品已经销往全球40多个国家和地区，赢得了消费者广泛的青睐和信任。近来，二原告发现天猫网上的卓某旗舰店也有侵权产品销售。二原告认为被告某丙公司

未经原告允许复制原告作品，构成侵犯著作权，被告某乙公司为被告某丙公司提供网络销售平台，亦为共同侵权主体。被告某丙公司的法定代表人张某曾因多次侵犯原告专利权、著作权被原告肖某投诉，并两次与原告肖某达成不再侵权的调解协议。作为浮雕行业内的从业人员，被告某丙公司明知原告肖某、上海某家饰公司具有著作权，但为了经济利益，恶意侵权。被告的侵权行为对二原告相同产品的销售造成了冲击，给二原告造成了严重的经济损害。同时，被告的侵权行为侵害了二原告的署名权，应当赔礼道歉，消除不良影响。请求判令：（1）被告浙江某网络有限公司（以下简称浙江某网络公司）删除天猫网上侵权产品，停止许诺销售、展示侵犯二原告著作权的行为；（2）被告义乌市某电子商务有限公司（以下简称义乌某电子商务公司）停止侵犯二原告著作权的行为，包括停止侵权产品的展示、许诺销售、销售、制造；（3）被告义乌某电子商务公司销毁相应的侵权模具、侵权产品；（4）被告义乌某电子商务公司赔偿二原告损失3万元；（5）被告义乌某电子商务公司赔偿二原告公证费、律师费3200元；（6）被告浙江某网络公司、义乌某电子商务公司在金华范围内的媒体上向原告肖某赔礼道歉，消除影响。

被告浙江某网络公司辩称：（1）浙江某网络公司仅是提供信息发布平台的服务提供商，仅提供发布信息的平台，其既非涉案商品信息的发布者，也未实施销售、许诺销售等直接侵害原告著作权的行为。浙江某网络公司系提供平台的网络服务商，天猫网仅为用户物色交易对象，并就货物或服务的交易进行协商的场所，浙江某网络公司未实施或参与信息发布行为，所有信息均是由平台上的卖家上传。同时，浙江某网络公司也未实施销售、许诺销售行为，故浙江某网络公司未实施侵权行为，依法不应承担侵权责任。（2）浙江某网络公司在起诉前，并不知晓侵权信息的存在，对侵权行为的发生不存在主观过错。浙江某网络公司网络平台拥有海量的店铺及店铺经营者，由于网络信息量的无限庞大，加上信息流动的即时性，网络服务商没有监视网络、寻找侵权行为的法律义务，也不具备这一能力。故，涉诉商品信息是否侵害原告著作权，在权利人没有投诉前，浙江某网络公司根本无从得知，故浙江某网络公司不存在明知或应知卖家侵权而未采取必要措施的情形。（3）浙江某网络公司在事前已尽到提醒注意义务，在事后也已采取合理必要措施。原告诉前未向阿里巴巴知识产权保护平台进行投诉，浙江某网络公司收到诉状后，卖家进行申诉成立，平台作为普通非专业人士判断涉案作品与原告的作品有差异，不构成侵权，故未处理。若法庭认为案涉商品侵权，浙江某网络公司将删除商品链接。故浙江某网络公司采取了必要措施，尽到事后注意义务，原告针对浙江某网络公司的诉请

美术作品的实质性相似判断

无事实和法律依据。综上所述,请求驳回原告肖某、上海某家饰公司针对浙江某网络公司的诉讼请求。

被告义乌某电子商务公司辩称:(1)目前,司法实践中认定著作权侵权的标准是实质性相似加接触,二者缺一不可。就本案而言,案涉商品与二原告主张的美术作品既不相同也不构成实质性相似。(2)根据二原告提供的证据,作品登记证书显示案涉作品并未发表,所以被告不存在接触二原告案涉作品的可能性。(3)退一万步讲,即使案涉商品侵权,案涉商品的销售量非常少,二原告主张的金额过高,没有事实和法律依据。(4)被告行为未侵犯二原告的商誉,二原告主张被告赔礼道歉,无任何事实和法律依据。

➲ 一审法院查明的事实

原告肖某以美术作品"爱丽丝"著作权人身份向浙江省版权局申请作品登记,获得作登字:11-2012-F-12191号作品登记证书。登记日期为2012年9月24日。该美术作品由从左到右共三联组建而成。

2016年6月6日,原告肖某出具授权书一份,载明同意将其享有著作权的7幅美术作品授予上海某家饰公司使用,使用权限包括但不限于生产、销售浮雕画,进行广告宣传、展览活动,以及直接对侵权人提起诉讼等维权活动,其中包括涉案作品"爱丽丝"。

2013年12月22日,上海某家饰公司在其注册经营的"福雕家饰家居旗舰店"与账号为"xing寻梦园"的买家成交一笔订单(订单编号:×××),其中名称为"福雕家饰富贵天香沙发背景墙画客厅现代装饰画无框画浮雕画壁画"的商品,图案与作品"爱丽丝"一致。

案外人张某以美术作品"花香四溢"作者和著作权人身份向国家版权局申请作品登记,获得国作登字-2017-F-00344966号作品登记证书。登记日期为2017年1月4日。该美术作品由从左到右共三联组建而成。

2016年12月14日,肖某的委托代理人龚某军向浙江省东阳市公证处申请对相关网页的内容进行证据保全公证。同日,龚某军在公证员、公证人员的监督下使用公证处电脑,执行相关操作后进入天猫网店铺名称为"卓某旗舰店"的相关页面,点击进入名称为"家饰客厅餐厅画立体浮雕现代欧式书房壁画单幅手绘装饰画富贵牡丹"的商品链接,显示价格1490元,月销量2件,累计评价1条,商品详情中展示了该商品。龚某军同时浏览了其他5款商品。同年12月26日,该公证处出具了(2016)浙东证民内字第4292号公证书。

2017年3月21日,肖某的委托代理人纪某久向浙江省杭州市钱塘公证处申请保全证据公证。同日,纪某久在公证员、公证人员的监督下使用公证处电脑,执行相关操作后进入天猫网店铺名称为"卓某旗舰店"的相关页面,点击进入名称为"家饰客厅餐厅画立体浮雕现代欧式书房壁画单幅手绘装饰画富贵牡丹"的商品链接,显示价格1340元,月销量0件,累计评价2条等信息。纪某久同时浏览了其他4款商品。同年3月24日,该公证处出具了(2017)浙杭钱证内字第4598号公证书。

另认定,天猫网由被告浙江某网络公司注册经营。浙江某网络公司依法提供第二类增值电信业务中的信息服务业务(仅限互联网信息服务)。《淘宝平台服务协议》要求用户在网上交易平台上不得买卖侵犯他人知识产权或其他合法权益的物品。天猫店铺"卓某旗舰店"由被告义乌某电子商务公司注册并经营。

另查明,原告肖某、上海某家饰公司为本案支付公证费并委托律师出庭。

一审法院判决理由与裁判结果

本院认为,原告向本院提交了作品登记证书和涉案美术作品"爱丽丝"于2013年12月22日公开销售的证据,在无相反证据的情况下,本院认定原告肖某为美术作品"爱丽丝"的著作权人,原告上海某家饰公司经肖某授权同样享有相应的著作权权利及起诉资格,故二原告有权提起本案诉讼。本案争议焦点为被告义乌某电子商务公司所销售的浮雕产品图案是否侵犯原告主张权利的"爱丽丝"美术作品著作权。经比对,二者虽然均使用了花朵、蝴蝶等元素,但该些元素属于较为常见的公共领域的元素。两幅图案中,花朵、蝴蝶的形态和分布、叶片的形状和稀疏度、枝条的形态和走向等均不相同,总而言之,两幅图案的细节及各类元素的组合均不一致,整体视觉效果上存在较大差异,各自具有一定独创性,并不构成实质性相似。故原告主张涉案浮雕产品图案侵犯其著作权,缺乏事实依据,本院不予支持。被告义乌某电子商务公司、浙江某网络公司关于未侵犯原告著作权的抗辩,理由成立,本院予以采纳。

一审法院判决:驳回肖某、上海某家饰公司的诉讼请求。

上诉主张及理由

肖某、上海某家饰公司上诉请求:(1)撤销杭州市余杭区人民法院(2017)浙0110民初7333号民事判决;(2)改判支持肖某、上海某家饰有限公司在一审中的全部诉讼请求;(3)本案一审、二审诉讼费用由浙江某网络公司、义乌某电子商务公司承担。事实和理由:被诉侵权作品与肖某、上海某家饰公司的"爱丽丝"美术作品构成实质性相似。(1)被诉侵权作品在构图、色彩搭配、雕塑手法、花开蝶飞的意向上与肖某、上海某家饰公司的"爱丽丝"作品完全相同。首先,浮雕均横向分布在三块木板上,浮雕图案占据木板版面的比例相同;两幅作品均表现为盛开的牡丹花以横向弯曲的枝条连接,牡丹花周围有六只飞舞的蝴蝶;其次,两幅作品背景颜色相同,均为从下往上颜色由深渐浅,牡丹花、枝叶、蝴蝶的颜色也均相同;最后,两幅作品均采用高浮雕的雕塑手法,光滑的花叶、粗糙的枝干,突出牡丹的立体与厚重感,蝴蝶翘起的翅膀表现轻盈与生动。(2)在"爱丽丝"作品之前并无相同雕塑手法的浮雕牡丹作品,义乌某电子商务公司在"爱丽丝"作品的基础上增添了一朵牡丹花,减少几片叶子,做了极少的创造性劳动。(3)经上海某家饰公司委托中国版权保护中心版权鉴定委员会鉴定,被诉侵权作品与"爱丽丝"作品构成实质性相似。

浙江某网络公司、义乌某电子商务公司答辩称,壁画很多是由三联构成,创作空间小,牡丹花、蝴蝶也是常用的元素,被诉侵权作品花朵、蝴蝶的形态、数量,枝条的形状,叶片的数量与"爱丽丝"作品都不同。综上所述,一审判决认定事实清楚,适用法律正确。

⊃ 二审法院查明的事实

本院二审期间,肖某、上海某家饰公司提交:(1)中国版权保护中心版权鉴定委员会《关于〈爱丽丝〉与〈花香四溢〉美术作品的异同性鉴定报告》及鉴定机构、鉴定人员资质,证明被诉侵权作品与"爱丽丝"美术作品构成实质性相似。(2)杭州市滨江区人民法院民事判决书,证明"爱丽丝"美术作品具有独创性,曾受到司法保护。对肖某、上海某家饰公司提交的证据,义乌某电子商务公司、浙江某网络公司质证后对证据一真实性无异议,对关联性及证明对象有异议,认为涉案两幅作品是否构成实质性相似的判断应由法院作出,本案不需要进行鉴定;对证据二真实性无异议,认为与本案无关。经审查,对肖某、上海某家饰公司提交的证据,本院认为,证据一系单方当事人委托鉴定,且本案中被诉侵权作品与"爱丽丝"美术作品是否构成实质性相似属司法判断,故对该证据不予确认;证据二的真实性、合法性予以认可,但与本案缺乏关联性。

本院二审查明的事实与一审法院查明的事实一致。

⊃ 二审法院判决理由与裁判结果

二审争议焦点为被诉侵权作品有无侵犯"爱丽丝"美术作品的著作权。

经比对，两幅作品均由三个正方形画块横向构成，均使用了牡丹花、蝴蝶元素，牡丹花由横向弯曲的枝干托起，蝴蝶在花枝旁飞舞。背景颜色均为金黄色，由上而下逐渐加深，牡丹花瓣均为橘红渐变色，花蕊为鲜黄色，枝叶为金黄色，蝴蝶为白色翼端点金色。两幅作品不同之处在于：（1）"爱丽丝"作品的构图方向为从右向左，右侧画块图案占比最大，向左依次减小；被诉侵权作品构图方向为从左向右，左侧和中间画块图案占比基本相同，右侧画块图案占比较小；（2）"爱丽丝"作品有两朵牡丹花，枝头为一朵大牡丹花，枝梢末端为一朵小牡丹花；被诉侵权作品有三朵牡丹花，枝头为一朵大牡丹花，枝梢中间为一朵中等大小的牡丹花和一朵小牡丹花；两幅作品在牡丹花瓣的处理上略有不同，且被诉侵权作品牡丹花蕊中点缀有橘红色花心；（3）"爱丽丝"作品的枝干自然弯曲延伸，偏于写实，被诉侵权作品对枝干进行了艺术弯曲处理，整体呈现"S"形；（4）"爱丽丝"作品的叶片较繁茂，主要分布在大的牡丹花周围及枝干末梢附近；被诉侵权作品叶片较少，在大的牡丹花周围只有少数叶片，枝干末梢处没有叶片；（5）"爱丽丝"作品共画有七只飞舞的蝴蝶，中间画块有三只，枝干末梢画块有四只，被诉侵权作品共六只飞舞的蝴蝶，中间画块有两只，枝干末梢画块有四只，蝴蝶的姿态均各不相同。综合上述比对，两幅作品虽均使用了牡丹花、蝴蝶等元素，但上述元素属于较为常见的公共领域元素，两幅作品的构图比例、花朵、蝴蝶的数量，枝干的形态，叶片的分布等均不相同，各元素组合在一起整体视觉效果上存在较大差异，不构成实质性相似。对肖某、上海某家饰公司的上诉理由，本院不予采纳。

综上所述，肖某、上海某家饰公司的上诉请求不能成立，应予以驳回；一审判决认定事实清楚，适用法律正确，应予维持。判决如下：驳回上诉，维持原判。

⊃ 案例解析

本案一审、二审法院归纳的争议焦点均为被告义乌某电子商务公司所销售的浮雕产品图案是否侵犯原告主张权利的"爱丽丝"美术作品著作权。司法实践中认定著作权侵权的标准是"接触+实质性相似"，被诉侵权作品与"爱丽丝"美术作品是否构成实质性相似是本案的重点。经比对，二者虽然均使用了花朵、蝴蝶等元素，但这些元素属于较为常见的公共领域的元素。两幅图案中，花朵、蝴蝶的形态和分布、叶片的形状和稀疏度、枝条的形态和走向等均不相同，总体而言，两幅图案的细节及各类元素的组合均不一致，整体视觉效果上存在较大差异，各自具有一定独创性，并不构成实质性相似。① 故被告义乌某电子商务公司、浙江某网络公司未侵犯原告著作权。

一、独创性

（一）独创性的内涵

独创性是受著作权保护作品的必备条件，甚至是最重要的条件，不具备独创性要件的作品无法获得著作权保护。② 作为作品的构成要件，我国《著作权法》第3条在作品定义中明确规定了文学、艺术和科学领域，能够构成著作权法所保护的作品需要为具有独创性的智力成果，并且能够以一定形式表现。不符合独创性要求的表达无法成为著作权法意义上的作品。我国现行《著作权法》《著作权法实施条例》均未对独创性的概念、内涵及具体的判定标准进行规定，这导致在司法实践中对于如何判断具体案件所涉对象是否具备独创性、是否构成作品产生较大争议。

从独创性的学理分析与著作权法立法宗旨出发，独创性是著作权法对作者独立创作产生的智力贡献所提供的法律保护。具体而言，其是对作者独立完成，并能够直接产生作品的创作活动的法律保护，体现了著作权法对作者基于其独创视角与创作方法所形成的对文化、科学发展与繁荣产生价值的肯定与激励。同时，对独创性的保护也需要确保著作权人与公共领域之间的平衡，在著作权保护与公共领域之间划定明确界限——既要保护作者的智力成果，又要避免不当保护对公共领域的侵蚀，包括以著作权这一私权形式垄断公共领域要素。

不同类型的作品形态和特质决定了作品表达方式的差异和所具备独创性的要求不同。最高人民法院曾在知识产权年度报告中指出，美术作品独创性具体体现为作者在美学领域的独特创造力和观念。③ 也就是说，对于美术作品的独创性判断更多关注其在具体的创作技法、绘画风格以及独立创作等体现其

---

① 刘亚东：《公共领域保留视野下作品独创性认定研究》，中国政法大学2020年硕士学位论文。

② 参见冯晓青：《我国著作权客体制度之重塑：作品内涵、分类及立法创新》，载《苏州大学学报（法学版）》2022年第1期。

③ 参见最高人民法院（2013）民申字第1262号至1271号、第1275号至1282号、第1327号至1346号、第1348号至1365号民事裁定书，载《最高人民法院知识产权年度报告》(2013)。

独创性表达的特质。如我国画家齐白石以画虾闻名于世，其虾图是中国美术历史上的经典之作，对于同一类描绘对象"虾"，齐白石通过其独特的观察捕捉"虾"的神韵、形态，并通过独具风格的表达方式采用不同笔墨、绘画技艺挪笔形成大量姿态各异、栩栩如生的以"虾"为主题的画作。对于美术作品而言，不同绘画方式和艺术表达会产生对同一对象描绘时呈现不同的线条角度、色彩表达以及构图方式，对于同一对象的美术表达极可能产生整体视觉效果差异较大的艺术呈现。可见，在独创性判断上要结合不同作品类型的表达方式进行判断，合理划定美术作品著作权法保护与公共领域之间的界限。

（二）独创性的认定

鉴于我国现行《著作权法》《著作权法实施条例》均未对独创性的概念及其认定标准予以明确，需要对独创性的内涵进行厘清，明确独创性的内涵。具体而言，独创性是指独立完成的、基于创作而形成的、不包括不应当受著作权法保护的公共领域元素的作品。[①] 其中创造性是体现作者智力创作活动的核心特征，也是判断独创性的核心要素，体现作者个性或者有一定的个性。独创性区别于著作权侵权标准的"接触+实质性相似"。本案中，被告义乌某电子商务公司抗辩称，作品登记证书显示案涉作品并未发表，所以被告不存在接触到二原告案涉作品的可能性。但是，上海某家饰公司在其注册经营的"某家饰家居旗舰店"中已销售名称为"某家饰富贵天香沙发背景墙画客厅现代装饰画无框画浮雕画壁画"的商品，图案与作品"爱丽丝"一致。因此，同为天猫店铺经营者的被告有接触原告作品"爱丽丝"的可能性。

在独创性与公共领域要素的辩证关系上，著作权法始终致力于在公共领域与著作权这一私权保护之间寻求平衡。任何创作都无法凭空产生，公共领域要素为作品创作提供了丰富的素材与创作空间，是作品涌现、文学艺术发展的资源宝库和创作基础素材。对于公共领域的不当垄断将会限制公共领域资源的合理利用，进而不利于整个社会的文化进步和持续发展。对于事实、题材类要素应当属于公共资源，不应当包含在著作权法所保护的私权范畴内，以确保著作权法保护的合理边界。[②]

（三）独创性与新颖性

独创性与新颖性均是知识产权法中的重要概念，体现了对智力活动的创

---

① 参见冯晓青：《公共领域保留视域下作品著作权保护研究》，载《湖南大学学报（社会科学版）》2021年第1期。

② 参见冯晓青：《公共领域保留视域下作品著作权保护研究》，载《湖南大学学报（社会科学版）》2021年第1期。

新价值保护与激励。其中,独创性是著作权法中要求作品独立创作的要求,新颖性则通常为专利法中对发明、实用新型不同于现有技术的要求。两者都体现了知识产权法对于所保护客体在创新性方面的要求以及对创新价值的肯定。但两者对创新程度的要求不同,其中新颖性更强调与现有技术相比所具备的新的特点,而独创性则更强调是作者基于其独立的创作活动而产生的智力成果。从这个意义上讲,独创性具有更强的作者属性和主观判定性。

在公共领域问题上,对于新颖性的判断和是否为现有技术的认定关键是"是否为公众所知",其规范的根本目的在于确保授权专利为不同于现有技术的、对技术进步有贡献的技术特征。与公共领域之间的关系是技术特征区别于公共领域技术特征,而符合新颖性及其他可专利性特征的发明在到一定期限后将进入公共领域,进而确保技术创新的可持续并避免公共领域被不合理垄断。作品独创性则并不要求作品是绝对"新颖"或首创的,其更加强调作者的独立创作。公共领域元素是作品创作的素材,即使利用了他人的在先作品或者公共领域的素材,如果在该公共领域素材的基础上进行了独创性的表达并且符合著作权法对作品的保护条件即可纳入著作权法的保护范围,而不宜当然地认为不属于作品或认定为著作权侵权。

本案中,原告美术作品与被诉侵权作品虽然均使用了花朵、蝴蝶等元素,但这些元素属于较为常见的公共领域的元素。原告无权对这些公共领域的元素主张著作权,也无权禁止他人使用。但是,原告在利用公共素材的基础上,加入了自己的创意,所以对其独创性部分享有著作权。同理,被诉侵权作品也基于独创性部分而具有独创性。原告的美术作品与被告的浮雕产品图案中,花朵、蝴蝶的形态和分布、叶片的形状和稀疏度、枝条的形态和走向等均不相同。总体而言,两幅图案的细节及各类元素的组合均不一致,整体视觉效果上存在较大差异,各自具有一定独创性,并不构成实质性相似。

二、著作权侵权的认定

著作权侵权是指未经著作权人许可,擅自对受著作权保护的作品进行使用,损害著作权人及相关权利人合法权益的行为。在著作权侵权认定方面,需要判断诉争对象是否存在侵犯他人受著作权保护的作品或相关权益。对于本就属于公共领域的内容而言,则需要排除在作品保护范围之外。如果诉争对象本身就不构成作品,则后续的事实证明及侵权审查则无须开展。对于著作权侵权的审查更应关注能够体现作者独创性的要素,如结构、情节、角色以及采用不同创作手法的个性化表达①，以避免公共领域要素被某一主体所垄断。

（一）著作权侵权的情形

著作权侵权的情形通常包括：两部作品经比对构成实质性相似，从行为角度体现为未经授权而开展的侵犯他人著作权的活动；从作品角度体现为侵权人复制或挪用了受著作权保护作品的内容。②在著作权侵权类型和认定情形中，包括全部相同或部分相同，在具体判断方式上，通常需要对诉争对象进行比对，判断两部作品是否完全相同或部分相同。如果两部作品完全相同或部分相同，则需要进一步判断该部分内容是否为作者独立创作，是否符合作品独创性的要求。本案原告的美术作品虽然运用了公共领域的素材，如花朵、蝴蝶等元素，但在公共领域素材基础上进行了具有独创性的表达，符合作品构成要件的部分应当受到著作权法的保护，不能单纯因公共领域元素的相同而当然认定相同部分构成著作权侵权。

（二）判断著作权侵权的步骤

著作权侵权行为的传统类型是剽窃行为或抄袭行为，认定是否抄袭了他人的作品，大致可以依照以下思路：首先，需要确定在先权利是否存在。如果原告的作品不属于著作权法保护的客体或者受著作权法保护的期限已经届满，又或者被告使用的是处于公有领域中的作品，则原告无权提起著作权侵权之诉。其次，需要确认原告的诉讼资格。如原告不是适格的权利人，原告就没有资格提起诉讼。再次，被告还可以提出独立创作等抗辩。由不同作者就同一题材创作的作品，作品的表达系独立完成并且有创作性的，应当认定作者各自享有独立著作权。最后，需要排除作品使用属于合理使用等情形，如果对作品的使用构成合理使用，则不能认定为著作权侵权。③

结合本案：在第一个步骤，确定在先权利是否存在时，本案原告的美术作品存在"瑕疵"。作品是著作权法保护的客体，但是并非作品的全部都受保护，如作品中的思想、公共领域的素材都不属于著作权法保护的对象。本案二审，上诉人主张被诉侵权作品在构图、色彩搭配、雕塑手法、花开蝶飞的意向上与肖某、上海某家饰公司的"爱丽丝"作品完全相同，但是其对比的浮雕分布、牡丹花和蝴蝶、背景颜色、雕塑手法，都不是肖某独创，排除公共领域的元素后创造性较低，要求确认他人抄袭其作品的难度较高。

---

① 参见吴汉东：《试论"实质性相似+接触"的侵权认定规则》，载《法学》2015 年第 8 期。
② 参见李明德：《美国知识产权法》，法律出版社 2014 年版，第 365 页。
③ 参见李明德、许超：《著作权法》（第 2 版），法律出版社 2009 年版，第 232~233 页。

三、实质性相似的判断

（一）"接触 + 实质性相似"标准

著作权法是为促进文化与科技发展、繁荣，保护具有社会价值智力成果的法律，对作品独创性保护的强调更是对智力创造成果的创造性在著作权法上的具体要求。在侵权认定上，经过司法实践总结并广泛适用于著作权案件裁判的"实质性相似 + 接触"标准，其根本宗旨在于保护作品的独创性，识别侵犯他人著作权的不具有独创性的内容以及侵害他人著作权的行为，捍卫作者独立创作智力成果所享有的法律授予的权利和利益。

"实质性相似 + 接触"标准包含了对"接触"行为的事实认定，以及对于诉争对象的相似性比对。这一判断标准最初由美国司法判例所创设，在具体判断方式上采用"抽象观察法"为主、"整体观察法"为辅的判断方法。①

"实质性相似"主要通过对作品进行比对来展开审查，若创作在后的作品与创作在先的作品在表达形式上完全相同或构成"实质性使用"的情形，则均构成"实质性相似"。"接触"则更强调行为的事实状态，即对于原告作品的接触事实或实质接触可能性，进行综合判断被告是否具备以违背著作权保护宗旨的，以剽窃、挪用他人受著作权保护作品的行为目的。对于美术作品的"实质性相似 + 接触"标准的适用，通常将美术作品作为一个整体，以"整体观察法"的侵权判定方法来判断是否构成"实质性相似"。具体而言，需要重点判断的是美术作品的表达而非其中所包含的公共领域要素的相似性判断，也即判断作品是否存在对他人具有独创性的表达的侵权，对于公共领域要素在侵权比对中应进行合理排除。

（二）实质性相似的判断

人们常常将实质性相似的判断方法归纳为"整体观感法"（整体对比法）、"抽象分离法"（部分比较法）和"三段论侵权认定法"。所谓"整体观感法"，是指以普通观察者对作品整体上的内在感受来确定两部作品之间是否构成实质性相似；而"抽象分离法"是指通过抽象的手段，将作品中的思想、事实或通用元素等不受保护部分予以分离，以作品中受保护的部分进行比对，从而判定两部作品是否构成实质性相似。但这两种方法均有缺陷，因此，著作权法不应当采取单一的判断方法，而应当根据具体情况来使用不同的测试方法。②需要注意的是，本案被诉侵权作品与权利人的作品是否构成实质性相似属司法判

---

① 参见吴汉东：《试论"实质性相似 + 接触"的侵权认定规则》，载《法学》2015 年第 8 期。
② 梁志文：《版权法上实质性相似的判断》，载《法学家》2015 年第 6 期。

断,肖某、上海某家饰公司虽然提交了中国版权保护中心版权鉴定委员会出具的鉴定报告,且报告认定被诉侵权作品与"爱丽丝"美术作品构成实质性相似,但是鉴定机构的判断没有司法上的效力。

一般认为,我国著作权法上判断实质性相似的"整体观感法"与"抽象分离法"参考了美国法。在判定"实质性相似"的方法上,美国司法中采取的"三段论"侵权认定法对本案具有一定的参考价值。"三段论"侵权认定法是由美国第二巡回上院 1992 年 Walker 法官在审理 AC 诉阿尔(Computer Assocs. Inf'l, Inc. v. Altai, inc.)一案中创造的,对以后的著作权侵权认定具有重要的意义。"三段论"侵权认定法的第一步是"抽象法",首先要把原告、被告作品于不受保护的"思想"本身,从思想的表达中删除出去。如果两部作品只是创作理念或设计思路本身相同,即使这种相同十分明显也不构成著作权侵权。第二步是"过滤法",即将不受保护的资料与受保护的表达分离开,以限定原告作品著作权保护。第三步是"对比法",即在通过第一步的"抽象"和第二步的"过滤"后,对所利用的材料进行对比,如果被告的作品与原告的作品仍旧有"表达"上的"实质性相似"时,则可以认定被告侵犯原告的版权。[1]

由不同作者就同一题材创作的作品,作品的表达系独立完成且具有创作性的,应当认定作者各自享有独立的著作权。在比较权利人的作品与被诉侵权作品时,筛选出两部作品之间的相似部分之后,首先需要排除二者使用的公有领域创作素材,仅对被控侵权作品是否使用了独创性表达予以对比。本案中,原告、被告的作品相同之处在于,均由三个正方形画块横向构成,均使用了牡丹花、蝴蝶元素,牡丹花由横向弯曲的枝干托起,蝴蝶在花枝旁飞舞。背景颜色均为金黄色,由上而下逐渐加深,牡丹花瓣均为橘红渐变色,花蕊为鲜黄色,枝叶为金黄色,蝴蝶为白色翼端点金色。这些部分即使具有独创性,其创作高度也比较低。

法院从构图比例、花朵的数量、枝干的形态、叶片的分布、蝴蝶的数量等方面,归纳出了两部作品的五项不同之处。其中,第 1 项是构图,侧重于对美术作品的"整体感知";第 2~5 项分别为图案的包括各个元素,法院将涉案作品分解为不同的元素,一方面便于分别进行对比,另一方面也与前述两部作品的相似之处呼应,证明了即使二者都使用了相同的元素,但是对各元素的加工、再创作并不相同。

---

[1] 杜颖:《知识产权法学》,北京大学出版社 2015 年版,第 97 页。

四、结论

在判断两美术作品是否构成实质性相似时，需要遵循著作权侵权的一般认定步骤，首先确认在先权利的完满性。即使原告的作品虽然具有独创性，但其中蕴含的思想、公共领域的素材等并不属于著作权法保护的客体。本案中，原告的作品运用了牡丹花、蝴蝶等较为常见的公共领域元素，其独创性较低。被诉侵权的作品与原告作品在整体视觉效果上存在较大差异，将整幅图案分解后，两部作品在构图比例、花朵、蝴蝶的数量、枝干的形态、叶片的分布等均不相同，故可以得出二者整体不构成实质性相似的结论。

实用艺术品的著作权保护

——乐某公司诉广东某玩具实业有限公司等侵害著作权纠纷案

/ 苏琳

➲ 本案要旨

对于实用艺术品的独创性判断,比一般的作品更加复杂,不但要求作者独立完成,而且要求其能够在美学领域表达独特的个性和思想。将实用艺术品作为著作权法意义中的作品进行保护,应符合"美学领域"的独创性、可复制性标准:如果智力投入过少或微不足道,或是基本忠实于相同领域的通常设计、未赋予足够的美学独特性,则即使投入了大量的劳动或资金,也不能对其予以保护。否则将不合理地占有公共领域的资源,不符合著作权的立法目的,导致客观上难以实现对文化、科学事业的发展与繁荣起到基本的促进作用。

➲ 案件信息

申请人(一审原告、二审上诉人):乐某公司

被申请人(一审被告、二审被上诉人):广东某玩具实业有限公司、北京某购物中心有限公司

案号:北京市第一中级人民法院(2010)一中民初字第16762号、北京市高级人民法院(2011)高民终字第2434号、最高人民法院(2013)民申字第1330号

➲ 原被告主张及理由

原告乐某公司诉称:以"LXX"和"乐某"为注册商标的塑料积木块构成美术作品,原告对其享有著作权。北京某购物中心有限公司(以下简称北京某购物中心)销售的广东某玩具实业有限公司(以下简称广东某玩具公司)生产的玩具中复制了原告享有著作权的第48×××号"乐某"玩具积木块,

上述生产、销售行为均未得到原告的许可，侵犯了原告依法享有的复制权及发行权。

被告广东某玩具公司辩称：（1）著作权法保护的实用艺术品应具有实用性、艺术性和独创性，其中艺术性指该作品应当具有审美意义，应当以某种有一定艺术感的形象而给受众以美感，这是著作权法保护的实用艺术品的特征。乐某公司的玩具积木块多数难以在相关受众中形成一定印象，不具备艺术性和独创性，少数积木块虽能形成某种形象，但都是对日常生活用品的简单模仿，不具有审美意义，不属于实用艺术品范畴。（2）乐某公司提交的著作权证明是乐某公司自己单方面声明，不属于著作权登记文书等书证，乐某公司主张对本案中的玩具积木块拥有著作权缺乏事实依据。（3）广东某玩具公司所生产的积木块玩具主要是从积高（英国）集团公司引进并由该公司授权生产的，并不存在仿冒乐某公司积木块的事实。同时，乐某公司主张的玩具积木块与广东某玩具公司的玩具积木块并不近似。

被告北京某购物中心辩称：（1）其与广东某玩具公司并无任何法律关系，乐某公司所诉侵权商品是由该柜台承租商销售，北京某购物中心并不是事实意义上的销售者。（2）乐某公司与广东某玩具公司是否真实存在著作权争议与北京某购物中心无关。

⊃ 一审法院查明的事实

乐某公司的玩具积木块为帆船的桅杆形状，其设计图纸、产品图册及使用说明书均经过公证认证，其中设计图纸中显示有"LXX"标志，该积木已上市销售。受乐某公司的委托，北京市某律师事务所律师杨某分别于2007年4月2日、4月3日、10月26日在北京某购物中心购买了"COGO积高玩具"及"小白龙LWDRAGON玩具"，北京某购物中心出具了相应的购买发票，其中包含涉案被控侵权积木块。此外，乐某公司还主张其已经对涉案玩具积木块进行了著作权登记因而涉案玩具积木块能够获得著作权法保护，但在本案审理过程中并未提交对涉案积木块进行了著作权登记的证明。一审中，广东某玩具公司认可乐某公司从北京某购物中心购买的涉案积木玩具确系由其生产。广东某玩具公司为证明其生产的被控侵权玩具有合法的权利来源，提交了该公司与英国COGO集团有限公司于2006年8月1日签订的《授权书》。乐某公司认可北京某购物中心销售的涉案玩具具有合法来源。

⊃ 一审法院判决理由与裁判结果

1. 乐某公司是否依据合同受让了与涉案积木块相关的知识产权。因涉案积木块的技术图纸中以及产品图册中均有"LXX"标识，该标识系乐某集团使用的字号，且乐某公司提交的《知识产权转让协议》显示，与乐某产品相关的所有知识产权都归属于乐某系统公司，因此，在广东某玩具公司未提交相反证据的情况下，依据上述证据可以证明涉案积木块创作完成时，与其有关的知识产权应归属于乐某系统公司。鉴于乐某系统公司、英特莱特公司与乐某公司签署的《知识产权转让协议》明确指出，上述两公司享有的一切知识产权均归属于乐某公司，故乐某系统公司针对涉案积木块的相应知识产权依据该协议将归属于乐某公司。虽然涉案协议生效时间为2008年1月1日，但鉴于该协议各方约定受让方有权对协议生效日之前发生的任何侵犯知识产权的行为采取法律行动，并且享有任何和全部源于该法律行动的法律救济，故虽然涉案被控侵权行为发生时间为协议生效之前，但乐某公司亦有权针对该行为提起侵权诉讼，并获得救济。

2. 乐某公司主张著作权的涉案积木块是否构成美术作品。构成作品的智力成果应具有独创性，且能以一定形式表现，不具有上述任一特性的智力成果均不构成作品。其中，独创性是作品的本质属性。通常而言，智力成果如符合以下条件可认定其符合作品的独创性要求，首先，该智力成果应系作者独立创作，而非对他人智力成果的抄袭。其次，该智力成果的智力创作性应达到著作权法所要求的基本高度。应注意的是，基本的智力创作性高度并非要求该智力成果达到较高的艺术或科学的美感程度，而仅是要求作品中所体现的智力创作性不能过于微不足道。之所以要求作品应达到基本的智力创作性高度，系考虑到《著作权法》(2010年修正)第1条中明确规定，鼓励"作品的创作和传播，并促进社会主义文化和科学事业的发展与繁荣"系著作权法的立法目的。对于未达到基本的智力创作性高度的智力成果而言，因创作者在该智力成果中所进行的智力投入过少或微不足道，如对其予以保护，将既可能导致客观上难以对于作品的创作或文化、科学事业的发展与繁荣起到基本的促进作用，从而与著作权法的立法目的并无直接关联，也可能导致不合理地占有公有资源，从而不合理地损害公共利益。

判断涉案积木块这一载体所承载的表达是否构成美术作品，其关键在于该表达是否由乐某公司独立创作且已达到著作权法所要求的基本的智力创作性高度。在广东某玩具公司未提供反证的情况下，可以认定涉案积木块中所体现出的表达系由乐某公司所独创,但这一智力成果的创作性高度过于微不足道,未达到作品的独创性所要求的基本的创作性高度。鉴于此,涉案积木块所承载的表达不具有独创性,不构成美术作品。

综上,北京市第一中级人民法院依据《著作权法》(2010年修正)第1条、第3条,《著作权法实施条例》(2002年)第2条、第4条规定,判决驳回乐某公司的全部诉讼请求。

上诉主张及理由

乐某公司不服原审判决,提起上诉。其上诉理由是:(1)原审法院没有对"基本的创作性高度"给出定义,于法无据。(2)原审法院认定上诉人请求保护的乐某玩具积木块作品的创作性高度"过于微不足道"没有事实依据。(3)原审法院的判决完全否定了此前相同案件中已生效的法院判决,背离了我国法院在相同案件中的司法实践。

广东某玩具公司和北京某购物中心服从原审判决。

二审法院查明的事实

二审法院经审理查明:乐某公司主张其对涉案第48×××号玩具积木块享有著作权,并提交了经过公证认证的乐某玩具积木块的设计图纸、产品图册以及使用说明书,其中设计图纸中显示有"LXX"标志,该积木已上市销售。

二审法院裁判理由与裁判结果

本案二审争议焦点在于涉案积木块的表达形式是否具有独创性。独创性是指一部作品是经作者独立创作产生的,一是要求作品具有非抄袭性,是作者独立构思的产物;二是要求作品之中必须包含作者的创作性劳动,即表达形成过程中有作者的取舍、选择、安排和设计。构成作品所要求的创作性劳动,不仅需要简单的体力劳动形式的投入,也不仅是一种工业或手工方面的技巧,而是必须包含必要的"创作"因素。本案中,虽然涉案积木块中所体现出的表达系由乐某公司所独创,但是,该表达仍缺乏著作权法意义上必要的"创作性劳动",因此,其不符合作品的构成要件。乐某公司在二审中提交的宣誓书仅为当事人单方陈述,缺乏其他证据佐证,而且投入大量劳动或大量资金并不必然会产生作品，因此，仅依据该宣誓书并不足以认定涉案积木块承载的表达构成作品。乐某公司主张已有生效判决确认涉案积木的独创性，但生效判决涉及的积木与涉案积木并不相同，因此该项主张无事实依据，法院不予支持。

综上，上诉人乐某公司的上诉理由缺乏事实及法律依据，对其上诉请求，法院不予支持。原审判决认定事实清楚，处理结果正确，法院予以维持。驳回上诉，维持原判。

再审主张及理由

乐某公司申请再审称：（1）一、二审法院在已有生效判决确认与本案类似的积木块享有著作权的情况下，作出完全不同于前案的认定，其裁判结果有损司法公信力。（2）涉案乐某玩具积木块具有独创性。①二审法院认定涉案玩具积木块缺乏著作权法意义上的必要的"创作性劳动"，既无明确的"创作性劳动"法律依据，又未说明缺乏必要的"创作性劳动"的任何相关事实。②二审法院认定涉案的部分积木块"对于以积木块为组件的一般玩具厂商而言，均为已有常见形状"，这一事实缺乏基本证据支持。正是由于这些玩具积木块为乐某公司所独创并广受欢迎，才使诸多玩具厂商进行抄袭，从而成为判决中所述的"已有常见形状"。二审法院的相关认定违反原创与抄袭的逻辑关系，对本案判决这一关键性事实的认定缺乏相应证据支持。③二审法院对相同积木块，作出了与生效判决完全不同的认定，其裁判结果显失公平。④二审法院以我国著作权登记采用自愿登记制度为由，在乐某公司已经对涉案积木块进行了著作权登记的情况下，认定涉案玩具积木块所承载的表达不构成作品的理由缺乏法律依据。（3）保护现归类于美术作品下的实用艺术作品，是我国著作权法的一贯政策，二审判决的相关认定明显与此相悖。否定涉案玩具美术作品的著作权保护，将打击创作和创新，鼓励非法复制和抄袭，这样的判决结果与著作权法的立法宗旨背道而驰，也不利于中国玩具市场的健康发展。

被申请人广东某玩具公司提交意见称：乐某公司的再审申请缺乏法律和事实依据，请求依法予以驳回。（1）涉案乐某玩具积木块不具有独创性。乐某公司混淆了设计结果与作品之间的关系，把设计结果等同于作品。实践中，设计、创造产生的可能是美术作品，也可能是工业产品，受工业产权法律的保护。在本案及关联案件涉及的57件积木块中，41件是单纯的积木连接件，无法表现任何形体，其余16件可以表现生活中的某一物体，但都不是著作权法意义上的美术作品，每件积木块都无法表达一个独立的、具有审美意义的创意。（2）乐某公司关于本案判决及其系列案件的认定与之前生效判决相违背的主张没有事实依据。涉案的57件积木块与之前生效判决所保护的积木块不同。乐某公司在本案中主张积木块是美术作品，而之前主张的是实用艺术品，二者适用的法律规范不同。美术作品的判断标准可以随不同时期人们的认识标准而不同。可见，乐某公司主张本案判决与之前生效判决相违背没有事实依据。（3）本案判决较好地平衡了著作权保护与维护公共利益之间的关系。

被申请人北京某购物中心答辩称：一、二审判决认定事实清楚，适用法律正确，请求驳回乐某公司的再审申请。

再审法院查明的事实

再审法院查明的事实同一、二审法院。

再审法院裁判理由与裁判结果

1. 涉案玩具积木块是否可以作为我国著作权法规定的美术作品而受到保护。根据《著作权法实施条例》（2013年修订）的规定，独创性和可复制性是作品的两个基本属性，各方当事人对于本案请求保护客体的可复制性问题并无争议，故核心问题在于涉案玩具积木块能否满足著作权法对美术作品的独创性要求。作品的独创性是指作品由作者独立完成并表现了作者独特的个性和思想。独创性是一个需要根据具体事实加以判断的问题，不存在适用于所有作品的统一标准。实际上，不同种类作品对独创性的要求不尽相同。就美术作品而言，其独创性要求体现作者在美学领域的独特创造力和观念。因此，对于那些既有欣赏价值又有实用价值的客体而言，其是否可以作为美术作品保护取决于作者在美学方面付出的智力劳动所体现的独特个性和创造力，那些不属于美学领域的智力劳动则与独创性无关。具体到本案而言，涉案玩具积木块为帆船的桅杆形状，根据证据可以证明涉案玩具积木块由乐某公司独立完成，并为此付出了一定的劳动和资金。但如前所述，独立完成和付出劳动本身并不是某项客体获得著作权法保护的充分条件。从涉案玩具积木块的设计来看，它基本忠实于帆船桅杆的通常设计，并未赋予涉案玩具积木块足够的美学方面的独特性。据此，涉案玩具积木块不符合著作权法关于美术作品的独创性要求。

2. 二审判决关于涉案玩具积木块不构成美术作品的认定是否与在先判决相冲突。对此分析如下：第一，独创性必须根据具体事实加以判断，不存在适用于所有作品的统一标准。第二，涉案玩具积木块与在先生效判决中乐某公司主张构成近似的积木块的表现形式差异较大，在先生效判决基于个案事实所作出的认定与本案中作品独创性的判断并不矛盾。乐某公司的该项申请再审理由不能成立，本院不予支持。

综上，乐某公司的再审申请不符合《民事诉讼法》（2012年修正）第200条第2项和第6项规定的情形。依照《民事诉讼法》（2012年修正）第204条第1款之规定，裁定驳回乐某公司的再审申请。

案例解析

本案是针对工业品是否具有实用艺术品所要求的独创性而引发的诉讼。"独创性"可以被分解为"独"和"创"两个方面[①]，其中"独"是指"源于自己"，是一种"有和无"的判断，是对"量"的要求；而"创"是指"一定水准的智力创造高度"，是一种"高和低"的判断，是对"质"的要求，缺乏最起码的艺术美感和智力创造成分，即使满足"独"之要件，也不能构成著作权法意义上的作品。作为获得著作权的条件之一，毫无疑问独创性是其中最为重要的要件，也是实践中的判定难点。本案对于判断工业产品是否具有独创性具有重要意义，以下将结合案件，对实用艺术作品的独创性加以探讨。

一、实用艺术作品

《保护文学和艺术作品伯尔尼公约》（以下简称《伯尔尼公约》）最早对"实用艺术作品"进行规定，实用艺术品是《伯尔尼公约》中明确列举的作品类型之一。[②] 目前我国没有将实用艺术品作为著作权法明确规定的法定客体类型。实践中，对于实用艺术品是否应作为美术作品进行著作权法保护亦存有争议。

[①] 王迁：《知识产权法教程》（第5版），中国人民大学出版社2016年版，第26~32页。
[②] 《伯尔尼公约》第2条规定，"文学和艺术作品"一词包括科学和文学艺术领域内的一切作品，不论其表现方式或形式如何，诸如书籍、小册子及其他著作；讲课、演讲、讲道及其他同类性质作品；戏剧或音乐戏剧作品；舞蹈艺术作品及哑剧作品；配词或未配词的乐曲；电影作品或以与电影摄影术类似的方法创作的作品；图画、油画、建筑、雕塑、雕刻及版画；摄影作品以及与摄影术类似的方法创作的作品；实用美术作品，插图、地图；与地理、地形、建筑或科学有关的设计图、草图及造型作品。载商务部官网：http://tfs.mofcom.gov.cn/article/date/j/an/200212/20021200058445.shtml。

（一）实用艺术作品的作品类型定位

"实用艺术作品"并不是现行著作权法的法定类型作品。在《著作权法》第三次修正过程中，曾在草案①中考虑过将实用艺术作品单列为受著作权法保护的一类作品，然而最终的著作权法修改并未对其进行采纳。在以往的司法实践中，往往是将实用艺术作品当作美术作品进行著作权保护。但是，实践中对于实用艺术品是否应与一般意义上或传统意义上的美术作品相区别存在争议，对实用艺术品的保护要件存在不确定性。2020年11月11日，第十三届全国人民代表大会常务委员会通过了《著作权法》第三次修改的决定，为实用艺术品的保护提供了两种方案。②

1.作为美术作品进行保护。根据《著作权法实施条例》第4条第8项的规定③，美术作品应具有"审美意义"，然而实践中对于"审美意义"的判断存在争议，因为"美的观念总是因人而异、因时而异"④的。对于工业产品是否具有足够高度的审美意义的判断是司法实践中的难点问题，也是本案的争议焦点。

2.作为其他作品进行保护。第十三届全国人民代表大会常务委员会第二十三次会议决定将《著作权法》第3条第9项修改为"（九）符合作品特征的其他智力成果"，由此规定了著作权客体的兜底条款，对作品类型采取了开放性定义。除前八项列举的法定客体类型以外，作品还包括"符合作品特征的其他智力成果"。根据这一规定，实用艺术品可作为"其他作品"进行兜底保护，而无须再将其归类为美术作品进行保护。

（二）实用艺术作品的实用性和艺术性之分离

通说认为，对实用艺术品进行著作权法保护，应满足实用艺术品中的实用性与艺术性之可分离要件，可分离性可分为物理上的分离性和观念上的可分

---

① 《著作权法》第三次修改时，国家版权局于2012年3月和2012年7月分别向社会各界公开征求意见，2012年3月和7月的《著作权法》（修改草案）以及国务院法制办公室于2014年6月公开征求意见的《著作权法（修订草案送审稿）》均明确将实用艺术作品列为作品的一种形式，并进一步规定"实用艺术作品，是指玩具、家具、饰品等具有实用功能并有审美意义的平面或者立体的造型艺术作品"，"实用艺术作品，其著作权中的财产权利的保护期为首次发表后二十五年"。

② 《著作权法》第3条规定："本法所称的作品，是指文学、艺术和科学领域内具有独创性并能以一定形式表现的智力成果，包括：……（九）符合作品特征的其他智力成果。"

③ 《著作权法实施条例》第4条第8项规定："（八）美术作品，是指绘画、书法、雕塑等以线条、色彩或者其他方式构成的有审美意义的平面或者立体的造型艺术作品。"

④ 王迁：《知识产权法教程》（第5版），中国人民大学出版社2016年版，第76页。

离性。2018年4月发布的《北京市高级人民法院侵害著作权案件审理指南》①和司法实践②中亦将实用艺术作品"具有独创性的艺术美感部分"和实用部分相区分。实用艺术品既具有欣赏价值,又具有实用价值,兼具艺术性和实用性,其双重属性为工业产品在著作权法框架内获得保护形成了一定阻碍,在明确该产品获得著作权法保护之前应当对其实用性和艺术性可否分离进行判断。

二、实用艺术作品的独创性要件判断

根据《北京市高级人民法院侵害著作权案件审理指南》的规定,著作权法保护实用艺术作品中"具有独创性的艺术美感部分"。然而,对于何为"具有独创性的艺术美感部分"是司法实践中的难点问题。本案中,法院认为,涉案积木块这一载体所承载的表达是否构成美术作品的关键,在于该表达是否已达到著作权法所要求的基本的智力创作性高度。一般而言,对于实用艺术品的独创性要件的判断比一般作品更加复杂。对于兼具实用功能的实用艺术作品,只有独创性特征较为明显,即具有较高的艺术高度,才能够表明该实用艺术作品之艺术性的存在,实用因素与独创性的高度要求呈现正相关关系。③然而,实用艺术品的独创性要件的判断应当比一般的作品更加严格,实践中通常以美术作品的艺术高度作为参考对象,且大多认为其独创性高度应以美术作品所要求的艺术创作高度为准。

本案中,最高人民法院总结了争议焦点,并作如下分析:从涉案玩具积木块的设计来看,它基本忠实于帆船桅杆的通常设计,并未赋予涉案玩具积木块足够的美学方面的独特性。若涉案积木块仅仅是对通常设计或惯常设计的简单复制和再现,则并没有在此过程中体现积木制作者的个性化选择、判断,不具有独创性,否则将构成对公共领域的过度侵蚀。然而,如果对"通常设计"或者"惯常设计"的组合过程体现了作者的个性化选择、取舍和安排,那么即使"通常设计"或者"惯常设计"为公有领域范畴,也不能因此否定组合成的实用艺术整体具有著作权法所要求的独创性,不能因此否认整体具备审美意义的实用艺术作品的"审美意义"。如在北京中某恒盛木业有限公司、左某明

---

① 《北京市高级人民法院侵害著作权案件审理指南》(2018年4月20日发布)第2.6条规定:"实用艺术作品中具有独创性的艺术美感部分可以作为美术作品受著作权法保护。专利法、商标法、反不正当竞争法能够提供保护的,不影响当事人对其中具有独创性的艺术美感部分主张著作权法保护。"

② 最高人民法院(2018)最高法民申6061号民事裁定书中指出:"两者物理上可以相互分离,即具备实用功能的实用性与体现艺术美感的艺术性可以物理上相互拆分并单独存在;两者观念上可以相互分离,即改动实用艺术品中的艺术性,不会导致其实用功能的实质丧失。"

③ 冯晓青、付继存:《实用艺术作品在著作权法上之独立性》,载《法学研究》2018年第2期。

舍家居用品（上海）有限公司著作权权属、侵权纠纷一案①中，再审申请人认为被申请人的"唐韵衣帽间家具"使用通用花色和通用设计，无独创性和艺术性，利用了此类家具常见设计和惯常元素，不构成实用艺术作品，不享有著作权。而最高人民法院认为，"唐韵衣帽间家具"并非"通常设计"或者"惯常设计"的简单再现和复制，而是在此基础上用抽象手法进行重新设计，在颜色的选择、搭配、纹理走向及深浅变化上均体现了其独特的艺术造型或艺术图案。在家具上是否使用角花镶边，角花选用的图案，镶边的具体位置，均体现了被申请人的取舍、选择、设计、布局等创造性劳动。②因此，"唐韵衣帽间家具"具有审美意义，具备美术作品的艺术创作高度。

一般而言，目前对于是否构成实用艺术作品，法院主要以美术作品的标准进行评判。达到美术作品中所要求的审美高度的，则认定构成美术作品并予以著作权法保护。没有达到美术作品所应有的审美高度的，则认定不构成美术作品，不能获得著作权法的保护。有学者将"美感"和"艺术性"视为实用艺术作品可版权性的"影子要件"，"美感"和"艺术性"是构成实用艺术作品的一个最低标准。③

三、关于著作权登记在独创性判断中的作用

本案中，乐某公司主张涉案积木块已进行著作权登记，并以此作为对其独创性的肯定，用以说明涉案积木具有独创性。该观点失之偏颇，法院指出，著作权登记证书并不是认定某项客体具有独创性并获得著作权法保护的决定性依据，更不是对涉案积木块具有独创性的肯定。我国《著作权法》规定了自愿登记制度，在进行著作权登记的过程中，国家版权局并不对客体的独创性进行审查，且根据国家版权局《作品自愿登记试行办法》第1条④的规定，作品著作权登记的最主要目的是为解决著作权纠纷提供初步证据。本案中，最高人民法院指出，在个案中对某项客体是否具有独创性作出审查判断是法院的职权，涉案玩具积木块获得著作权登记本身并不能成为其当然能够获得著作权法保护的依据。即使通过著作权登记能够成为权利人享有权利，或某项客体属于著作

---

① 最高人民法院（2018）最高法民申6061号民事裁定书。
② 参见《最高人民法院发布第28批指导性案例》，载《人民法院报》2021年7月31日。
③ 谢晴川：《论实用艺术作品的"美"和"艺术性"要件——以适用路径的反思与重构为中心》，载《法律科学（西北政法大学学报）》2018年第3期。
④ 《作品自愿登记试行办法》（1995年1月1日起施行）第1条规定："为维护作者或其他著作权人和作品使用者的合法权益，有助于解决因著作权归属造成的著作权纠纷，并为解决著作权纠纷提供初步证据，特制定本办法。"

权法所规定的作品的初步证据，但在个案中产生争议时，人民法院仍然有权对著作权权属或者客体的独创性重新作出审查判断。

四、著作权及外观设计专利权的双重保护问题

实用艺术品兼具实用性和艺术性，是艺术美感和实用功能兼具的产物。除了在著作权法框架内寻求保护之外，也可以在专利法框架下作为外观设计专利进行保护。目前，理论界及实务界通说认为，实用艺术品既可以申请著作权法保护，也可以申请外观设计专利保护，二者并不矛盾和冲突，著作权法和专利法的分别保护互不影响。著作权及外观设计专利权的双重保护可以最大可能地维护权利人的利益，两种保护路径在权利的取得、保护范围上以及权利有效期限等方面都存在重要区别。然而亦有学者反对进行重叠保护，认为双重保护将过度激励设计创新而损害公共利益。

五、结论

独创性判断是著作权侵权判断过程中的难点和重点问题，对于既有欣赏价值又有实用价值的产品的独创性判定则更加困难。实践中，即使投入了大量的资金和劳动，符合"额头出汗"之标准，但若智力活动投入过少或微不足道，或基本忠实于特定领域的通常设计、惯常设计，未赋予足够的美学独特性，也就不能以此认定该既有欣赏价值又有实用价值的产品满足著作权法所规定的独创性要件，不能将其作为实用艺术品而在著作权法的框架内加以保护。对实用艺术品的独创性高度的要求，即要求其能够在美学领域表达独特的个性和思想，使其避免对公共领域的资源造成不合理的侵占，有利于设计创新的价值取向，符合著作权法的立法宗旨。

实用艺术作品独创性审查及其认定

——陈某等与义乌市某工艺品有限公司侵害作品复制权纠纷案

/ 杨博雅

● 本案要旨

实用艺术作品，既有欣赏价值又有实用的意义，也表现为兼具实用性和艺术性。这一点触动了版权制度中思想与表达二分法这一根本原则，又涉及版权和专利的根本区别。实用艺术作品是否可以作为美术作品保护取决于作者在美学方面付出的智力劳动所体现的独特个性和创造力。

● 案件信息

上诉人（一审原告）：上海某实业有限公司、陈某
被上诉人（一审被告）：义乌市某工艺品有限公司
案号：福建省泉州市中级人民法院（2016）闽05民初1249号、福建省高级人民法院（2017）闽民终303号

● 原被告主张及理由

原告主张：原告于2015年9月18日向福建省版权局提出申请，并于2015年10月8日获得名为"空中花园花盆"的作品著作权。在生产经营过程中，原告发现被告义乌市某工艺品有限公司未经原告授权许可，擅自生产、销售侵犯原告"空中花园花盆"（作品登记号：闽作登字–2015–F–00021913）著作权的产品。据此，原告向本院提起诉讼，请求支持原告的诉讼请求。
被告抗辩：原告产品不具有独创性、新颖性，他人于2015年4月30日、2014年8月21日、2014年8月17日等已分别在各大网站发表销售，被告没有生产、许诺销售行为，没有模具、半成品，不存在销毁一说，另被告接到传票后第一时间已把产品撤柜。不管是谁有真正的权利，都已经不会侵犯他的利益；

在维权费用上，原告也只证明产生了 1800 元的费用，关于著作权许可合同的许可费用的多少与本案事实是否侵权及侵权获利无关，二原告系利益相关方，是否发生真正转让费原告也没有证据证明。

➲ 一审法院查明的事实

原告于 2015 年 9 月 18 日向福建省版权局提出申请，并于 2015 年 10 月 8 日在生产经营过程中，发现被告义乌市某工艺品有限公司未经原告授权许可，擅自生产、销售侵犯原告名为"空中花园花盆"的作品著作权的产品。

被告义乌市某工艺品有限公司辩称此作品已分别在各大网站发表销售，被告产品在 6 月底上架，一个月内首笔交易就由原告购买，时间短销量小；被告没有生产、许诺销售行为，没有模具、半成品，不存在销毁一说，被告接到传票后第一时间已把产品撤柜。

2016 年 7 月 6 日，原告代理人向泉州市刺桐公证处申请证据保全，登录"阿里巴巴"网站，向被告义乌市某工艺品有限公司经营的阿里巴巴店铺购买了"空中花园盆栽微景观创意多肉花盆树脂工艺摆件懒人花盆礼品批发"。上述涉案被控侵权产品，由公证处进行了物品到货接收公证，之后进行了密封保存。该被控侵权产品在阿里巴巴网站的售价为 20 元。事后原告以被告侵犯其作品复制权为由诉至本院。

➲ 一审法院判决理由与裁判结果

一审法院认为，根据《著作权法》（2010 年修正）第 3 条的规定："本法所称的作品，包括以下列形式创作的文学、艺术和自然科学、社会科学、工程技术等作品：……（四）美术、建筑作品……"《著作权法实施条例》（2013 年修订）第 4 条第 8 项进一步明确："美术作品，是指绘画、书法、雕塑等以线条、色彩或者其他方式构成的有审美意义的平面或者立体的造型艺术作品。"独创性和可复制性是作品的两个基本属性，双方当事人对于本案请求保护客体的可复制性问题并无争议，故核心问题在于涉案作品能否满足著作权法对美术作品的独创性要求。作品的独创性是指作品由作者独立完成并表现了作者独特的个性和思想，不同种类作品对独创性的要求不尽相同。对于美术作品而言，其独创性要求体现作者在美学领域的独特创造力和观念。涉案被控侵权产品属于实用艺术作品，既有欣赏价值又有实用价值，兼具实用性和艺术性。这一点触动了版权制度中思想与表达二分法这一根本原则，又涉及版权和专利的根本区别，其核心在于确立我国著作权法下的实用艺术作品保护的标准。现行著作权法只保护作品中的艺术成分，应当站在一般观察者或产品消费者的立场，对作品本身进行观察，判断其是否具有较为显著的艺术性，并且，这种艺术性具有独立存在的价值。也就是说，其是否可以作为美术作品保护取决于作者在美学方面付出的智力劳动所体现的独特个性和创造力。具体到本案，尽管义乌市某工艺品有限公司生产、销售的空中花园花盆与陈某的著作权构成相似或者基本相同，但由于陈某的空中花园花盆并未表达出作者的任何独特个性和思想，亦不具备美术作品应当具备的独创性，故不能作为美术作品而受到著作权法的保护，对陈某的诉讼请求不予支持。

○ 二审法院判决理由与裁判结果

二审法院认为，本案的争议焦点在于陈某的涉案花盆是否具有独创性。作品的独创性是指作品由作者独立完成并表达了作者独特的个性和思想。如果只是在他人作品基础之上进行简单修改，与原作品之间只有细微差异，不能体现出足够的创作高度和个性的，则不符合独创性的要求。将陈某涉案花盆与义乌市某工艺品有限公司在一审中提交的已公开作品图片进行比较，除在房屋造型上有所不同外，其余无明显差异。二者均是以残缺的花盆作为主体，上面装饰以房屋、庭院、台阶等元素，其余空白部分种植绿色植物，山脚下的层层阶梯蜿蜒而上直通顶端间的小屋，营造出拾级而上、错落有致的层次感，让残缺的花盆呈现一种独特的美感。但是，涉案花盆的表达方式并非陈某所独创，陈某不能利用著作权登记来垄断已有的表达，否则将违背著作权法的立法原意，阻碍文学、艺术、科学的进步和作品的多样性。涉案花盆不符合著作权法关于作品的独创性要求，不应受到著作权法的保护，一审法院对此认定并无不当。陈某、上海某实业有限公司关于一审法院否定涉案花盆具有独创性缺乏依据的上诉理由不能成立，本院不予支持。

综上所述，陈某、上海某实业有限公司的上诉请求不能成立，应予驳回；一审法院认定事实清楚，适用法律正确，应予维持。

○ 案例解析

本案是因实用艺术作品是否具有独创性而引发的诉讼。实用艺术作品融实用性与艺术性为一体，但能被我国著作权法保护的仅是艺术成分，而非实用功能。① 如果将实用功能赋予著作权保护,则会造成权利人的垄断。独创性是判断作品是否具有可版权性的基本准则和前提条件,是著作权保护的试金石和实现著作权立法目的的前提。对于实用艺术作品独创性的认定应当围绕著作权的立法目的,结合具体的作品和相关因素展开分析。之所以要求受到著作权法保护的实用艺术作品必须具有独创性,很大程度上是出于著作权法促进文化、科学和实用艺术作品的立法目的的考量。②

一、独创性

我国《著作权法》第 3 条规定:"本法所称的作品,是指文学、艺术和科学领域内具有独创性并能以一定形式表现的智力成果。"《美国著作权法》第 102 条规定:对于固定于任何有形的表现媒介中的作者的独创作品赋予著作权之保护。由此可见,作品受著作权法保护必须具备独创性的特征。

著作权作为一种无形知识产权,一般来说主要是指作者和其他自然人、法人或非法人组织对其创作的文学、艺术和科学作品依法享有的专有权利。作品的独创性主要体现在作品的表现形式方面,而不体现在作品的思想内容上。它包括相关联的两个因素:一是从作品本身看,作品是作者思想、感情的外在表现,作者的个性、人格是通过其独创性劳动融于其作品之中的,故作品具有个性特征。二是从作品的创作过程看,作品是作者独立的脑力劳动的结晶,独立创作成为界定独创性的根本标准。创作,是作品的源泉,是以作品为客体的著作权法律关系产生的基础,它规定了著作权理论中其他范畴的实质内容和相互关系,而作品的独创性则是作品中凝聚的作者创作活动的体现,对创作行为的保护构成了著作权保护的实质内容。因此,对作品独创性之界定,必须与作品创作活动相联系,只有这样才能真正揭示作品独创性的本质内涵。③

二、实用艺术作品的独创性

本案中,双方当事人对于请求保护客体的可复制性问题并无争议,核心问题在于涉案作品能否满足著作权法对美术作品的独创性要求。涉案被控侵权作品属于实用艺术作品,既有欣赏价值又有实用价值,兼具实用性和艺术性。尽管义乌市某工艺品有限公司生产销售的空中花园花盆与陈某的著作权构成相

---

① 徐棣枫、邱奎霖:《实用艺术作品双重保护问题及裁判路径探讨》,载《知识产权》2016 年第 12 期。

② 苏冬冬:《短视频作品属性的认定研究》,载《河南工业大学学报(社会科学版)》2021 年第 6 期。

③ 冯晓青:《著作权法》(第 2 版),法律出版社 2022 年版,第 50~51 页。

似或者基本相同，但由于陈某的空中花园花盆并未表达出作者的任何独特个性和思想，不具备美术作品应当具备的独创性，故不能作为美术作品而受到著作权法的保护。可以发现，本案中法院在判断实用艺术作品的独创性时，要求实用艺术作品达到美术作品的高度。实际上，司法实践中，实用艺术作品独创性标准的不一致往往成为实用艺术作品获得著作权法保护的难点，因此有必要对实用艺术作品的独创性以及实质性相似等判断标准进行分析。

（一）实用艺术作品的内涵

《著作权法（修订草案送审稿）》在作品类型中首次增设实用艺术作品，并将其定义为"玩具、家具、饰品等具有实用功能并有审美意义的平面或者立体的造型艺术作品"。① 全国人大常委会 2020 年 4 月 30 日和 8 月 17 日发布并向社会各界征求意见的《著作权法（修正案草案）》和《著作权法修正案（草案二次审议稿）》则删除了关于实用艺术作品的相关规定。但是，上述定义仍有助于理解实用艺术作品的内涵。第一，实用艺术作品中实用成分与艺术成分物理上不可分离，观念上可以分离。实用品之所以能构成实用艺术作品，归根结底是因为其外观（形状、图案、色彩、线条及其结合等）经由艺术性设计，具备了一定的美感，能够脱离实用功能而独立构成艺术作品。这种脱离应指观念上可分离，而非物理上可分离。第二，实用艺术作品虽然融实用性与艺术性为一体，但能为我国著作权法保护的只能是艺术成分，而非实用功能。从"思想与表达二分法"来看，著作权法只保护表达而不延及思想，实用艺术作品中的实用成分，性质上属于思想范畴，不能获得著作权法的保护。②

（二）实用艺术作品的独创性标准

实用艺术作品兼具艺术性和实用性，根据"思想与表达二分法"，著作权法只保护实用艺术作品的艺术性方面，而不保护其实用性，所以，实用艺术作品的独创性外在地表现为艺术性。实用艺术作品的美感要通过作品整体上的外观、结构配置等要素来体现，其独创性程度并没有一个统一的客观标准，各国法律规定也不尽相同。③

关于如何把握实用艺术作品的独创性标准，笔者认为，与美术作品相比，

---

① 参见徐棣枫、邱奎霖：《实用艺术作品双重保护问题及裁判路径探讨》，载《知识产权》2016 年第 12 期。

② 徐棣枫、邱奎霖：《实用艺术作品双重保护问题及裁判路径探讨》，载《知识产权》2016 年第 12 期。

③ 宋智慧：《实用艺术作品版权保护探析》，载《社会科学辑刊》2015 年第 6 期。

实用艺术作品的设计会受制于产品的实用性以及相关的技术要求。① 因此，其艺术创作空间和表达形式均比美术作品要少。对实用艺术作品的独创性要求应当与其保护目标基本一致，而不应当直接对照其他作品。保护实用艺术作品具有保护艺术美感表达、增进生活审美的目的，与其相对的就是作品的实际用途或者功能。实用功能会限制艺术创作空间，从而限制独创性的存在范围。对于实用因素较多的实用艺术作品，只有独创性特征比较明显即具有较高高度，才能够表明其艺术性的存在。实用因素与独创性的高度要求呈现正相关关系，这是实用艺术作品独创性判断的特殊性。②

三、实用艺术作品的实质性相似

实用艺术作品是兼具艺术性与实用性的作品，两种属性完美结合又凸显出其本身属性的复杂。因此，相较于其他作品而言，对实用艺术品进行实质性相似判断更加有难度。③

当下美国对于实用艺术作品的实质性相似的判断方法是以普通观察者法为主，即如果两个作品虽表达不同，但风格类似，就应从一般观察者的角度作如下判断：首先判断被诉侵权作品是否构成"接触＋初步相似"，即被诉侵权作品是否存在剽窃在先作品的可能性，且经过分析比对构成初步相似；其次判断该复制行为的不法性，即法院站在普通观察者的立场，判断其区分被诉作品与原作品的难度。④

本案中，一审法院认为现行著作权法只保护作品中的艺术成分，应当站在一般观察者或产品消费者的立场，对作品本身进行观察，判断其是否具有较为显著的艺术性，并且，这种艺术性具有独立存在的价值。对比两件实用艺术作品，除在房屋造型上有所不同外，其余无明显差异。二者均是以残缺的花盆作为主体，上面装饰以房屋、庭院、台阶等元素，其余空白部分种植绿色植物，山脚下的层层阶梯蜿蜒而上直通顶端间的小屋，营造出拾级而上、错落有致的层次感，让残缺的花盆呈现一种独特的美感，其构成了实质性相似。但是由于涉案花盆并非原告所独创的表达方式，属于不受著作权保护的要素，因此不能受著作权保护。

---

① 丁丽瑛：《实用艺术作品著作权的保护》，载《政法论坛》2005年第3期。
② 冯晓青、付继ró：《实用艺术作品在著作权法上之独立性》，载《法学研究》2018年第2期。
③ 贾薛飞：《实用艺术作品实质性相似的判断分析——以美国普通观察者法为借鉴》，载《哈尔滨学院学报》2019年第7期。
④ 贾薛飞：《实用艺术作品实质性相似的判断分析——以美国普通观察者法为借鉴》，载《哈尔滨学院学报》2019年第7期。

四、结论

我国现行《著作权法》尽管没有对实用艺术作品作出专门性规定,但这并不妨碍在司法实践中对这类作品给予著作权保护。实用艺术作品兼具艺术性和实用性,其中受著作权保护的限于艺术性成分。对于实用因素较多的实用艺术作品,只有独创性特征比较明显即具有较高高度,才能够表明其艺术性的存在。①

---

① 冯晓青、付继存:《实用艺术作品在著作权法上之独立性》,载《法学研究》2018年第2期。

音乐喷泉的可版权性研究

——北京某技术有限公司、杭州某风景名胜区湖滨管理处与
北京某科技有限公司侵害著作权纠纷案

/ 王楷文

● 本案要旨

音乐喷泉以喷射效果的呈现为其权利载体,音乐喷泉喷射效果的呈现具备显著的独创性,且满足可复制性要件,符合作品一般条款的规定。美术作品并不排除动态、短暂的造型表达,音乐喷泉喷射效果的呈现符合美术作品的构成要件,可能构成美术作品。

● 案件信息

申请人(一审被告、二审上诉人):北京某技术有限公司、杭州某风景名胜区湖滨管理处

被申请人(一审原告、二审被上诉人):北京某科技有限公司

案号:北京市海淀区人民法院(2016)京0108民初15322号、北京知识产权法院(2017)京73民终1404号、北京市高级人民法院(2018)京民申4672号

● 当事人主张及理由

原告一审中主张:被告使用其创作的《倾国倾城》《风居住的街道》音乐喷泉作品,构成对其作品的著作权侵权,要求立即停止使用、公开道歉并赔偿经济损失。

二审中,被告北京某技术有限公司上诉称:涉案音乐喷泉并不属于《著作权法》第3条规定的作品保护范畴;即使涉案音乐喷泉构成作品,其著作权也并非归属于原告;己方未有剽窃、抄袭等涉嫌侵权行为。

音乐喷泉的可版权性研究

一审共同被告杭州某风景名胜区湖滨管理处（以下简称某管理处）除认同上述上诉理由外，还上诉称：正式竣工前的试喷测试等工作均由施工单位负责，因此即使涉嫌侵犯了原告的权益，也与自己无关；即使自己涉嫌侵权，由于某音乐喷泉是免费的、并未向游客收取费用，也属于合理使用的范畴，不应承担侵权责任。

对于一审二被告的上诉，被上诉人（一审原告）辩称：涉案音乐喷泉属于作品；涉案作品著作权应归属己方所有；二被告构成共同侵权；本案并不属于合理使用。

再审中，被告北京某技术有限公司申请再审称：请求保护对象是音乐喷泉喷射效果，而非音乐编辑；音乐喷泉喷射效果不属于受著作权法保护的作品范畴，因此己方不构成著作权侵权；即便认定音乐喷泉喷射效果属于作品，原告也不享有著作权，且不能仅凭音乐喷泉喷射效果相似即认定著作权侵权成立；在认定涉案音乐喷泉属于美术作品时，未听取双方当事人意见，剥夺了当事人的诉讼权利。

再审中，共同被告某管理处申请再审称：首先，己方并未事先接触原告的涉案作品；音乐喷泉的"试喷"测试或调试与己方无关，且不具有公开性；己方工作人员的解释不构成自认。其次，音乐喷泉是面向社会公众的无偿免费公益性表演项目。

● 法院查明的事实

某市政公司与某方公司签订《青岛市建设工程施工合同》，约定由其承担2014年青岛世界园艺博览会天水喷泉景观实施项目。2013年10月22日，原告与某方公司签订《工程项目合作协议》，某方公司将主合同项下全部工程的施工工作转交原告承担。

2014年，原告参与2014年青岛世界园艺博览会天水喷泉景观工程建设，创作了青岛世界园艺博览会天水喷泉的音乐喷泉作品，并进行了国家版权局的作品登记，登记名称为《水上花园》——音乐喷泉系列作品，系列包含《倾国倾城》《风居住的街道》等作品，类别为"电影和以类似摄制电影方法创作的作品"。

2016年，被告参加某三公园音乐喷泉提升完善项目的建设，完成了某音乐喷泉项目，并在优酷网上传视频"此景只应天上有世界最美杭州某音乐喷泉（二）（四）"，播放可知喷泉曲目为《风居住的街道》《倾国倾城》。该表演视频与原告为某市政公司创作的音乐喷泉编曲作品的表演内容几乎一致。

2016年,原告北京某科技有限公司以北京某技术有限公司、某管理处侵犯其创作的《倾国倾城》《风居住的街道》音乐喷泉作品为由,向法院提起诉讼。

原告在进行著作权登记时,由于《著作权法》上并无"音乐喷泉作品"这一单独类别,因此,选择了与"音乐喷泉作品"最相近的"电影和以类似摄制电影方法创作的作品"这一作品的类别进行登记。

某管理处负责人对记者有关两地音乐喷泉就《倾国倾城》《风居住的街道》两首音乐喷泉曲目在呈现方式、喷泉编排效果等方面相似的提问,其表示仔细去看会有不同,刻意放大肯定会有相同的地方,不少水型国外早就有,只是借鉴,没有抄袭,是完全不一样的东西,是相互学习的过程,而不是抄袭的过程。

某管理处还主张,即使其涉嫌侵权,由于某音乐喷泉是免费的、并未向游客收取费用,也属于《著作权法》(2010年修正)第22条第1款第9项规定的合理使用的范畴,不应承担著作权侵权责任。

⇨ 一审法院判决理由与裁判结果

对于音乐喷泉作品属于何种类型作品的问题,双方存在争议。原告提供的著作权登记证书显示其登记的音乐喷泉系列作品的类别为电影和以类似摄制电影方法创作的作品。一审庭审中,原告表示,由于《著作权法》(2010年修正)上并无音乐喷泉作品这一单独类别,因此在进行著作权登记时,只能选择与音乐喷泉作品最相近的"电影和以类似摄制电影方法创作的作品"这一作品的类别进行登记,而实际音乐喷泉作品所要保护的是其舞美设计、编曲造型、各种意象和装置配合而形成的喷泉在特定音乐背景下形成的喷射表演效果,只是通过摄像的方式把这种效果固定下来,该种作品要保护的实质是音乐喷泉喷射表演具体音乐曲目时具有美感的视觉效果。被告北京某技术有限公司、某管理处辩称,原告登记的作品类别是电影和以类似摄制电影方法创作的作品,因此,其独创性仅体现在摄制而成的录像或电影作品中,而不能涵盖其在本案中所要保护的喷泉与特定音乐结合而形成的喷射表演效果,因此,原告无法明确其主张的著作权权利是什么,其所要求保护的该种效果并非法律上保护的电影或以类电方式创作的作品的对象。法院认为,《著作权法》(2010年修正)规定的具体作品类型中,并无音乐喷泉作品或音乐喷泉编曲作品这种作品类别,但

音乐喷泉的可版权性研究

这种作品本身确实具有独创性,将所选定的特定歌曲所要表达的意境与项目的水秀表演装置,根据音乐的时间线进行量身定制设计,设计师根据乐曲的节奏、旋律、内涵、情感等要素,对音乐喷泉的各种类型的喷头、灯光等装置进行编排,实现设计师所构思的各种喷泉的动态造型、灯光颜色变化等效果,利用这些千姿百态喷泉的动态造型与音乐结合在一起进行艺术形象的塑造,用来表达音乐情感、实现喷射效果。可见,整个音乐喷泉音乐作品进行舞美、灯光、水型、水柱跑动等方面编辑、构思并加以展现的过程,是一个艺术创作的过程,这种作品应受到著作权法的保护。法院认为,音乐喷泉作品所要保护的对象是喷泉在特定音乐配合而形成的喷射表演效果、具有美感的独特视觉效果。故原告所主张的喷射表演效果属于该类作品的著作权保护范围。

将优酷网站视频中的某音乐喷泉作品《倾国倾城》《风居住的街道》与青岛世界园艺博览会天水喷泉的效果进行比对,二者存在较大的相似性,故法院认定二者之间构成实质性相似。考虑到被告北京某技术有限公司、某管理处曾接触过原告的相关喷泉视频、资料,某音乐喷泉相关曲目的喷射效果与原告享有著作权的喷泉音乐作品构成实质性相似,法院认定被告北京某技术有限公司、某管理处构成侵犯著作权。

某管理处辩称其属于合理使用,法院认为,本案并不属于合理使用的情形,某管理处的相关辩称不能成立。

➲ 二审法院判决理由与裁判结果

一、关于涉案请求保护的权利载体的确定

明确原告请求保护的权利载体是进行下一步认定的前提。原告解释其请求保护的涉案音乐喷泉《倾国倾城》《风居住的街道》乐曲的喷泉编辑是指涉案音乐喷泉的舞美设计、编曲造型、各种意象和装置配合而形成的特定音乐背景下的喷射效果,是音乐喷泉喷射具体音乐曲目时具有美感的视觉效果。对于"乐曲的喷泉编辑"的内涵,喷泉水景委员会解释其又称音乐喷泉编曲、音乐水舞编排等,是指设计师根据乐曲的节奏、旋律、内涵、情感等要素,对音乐喷泉各种类型的喷头、灯光等装置进行编排,实现设计师所构思的各种喷泉的动态造型、灯光颜色变化等效果的过程。可见,所谓的"乐曲的喷泉编辑"与音乐喷泉喷射时伴随乐曲律动而呈现的集音乐、灯光、色彩、水舞动作为一体的具有美感的表现效果是同一所指。虽然其中的《倾国倾城》《风居住的街道》两首音乐作品是经过授权使用,并不在请求保护的范围,但是,伴随音乐的节

奏、曲调、力度、速度等要素及其变化而呈现的与乐曲相呼应的灯光、色彩、气爆、水膜等多样动态造型的变换却在保护的范围之内。因此，涉案请求保护的权利载体可以称为涉案音乐喷泉喷射效果的呈现。

二、关于本案能否适用《著作权法》（2010年修正）第3条第9项规定的认定

一审判决认定涉案音乐喷泉喷射效果的呈现应受到著作权法的保护，但其在"音乐喷泉作品所要保护的对象是喷泉在特定音乐配合而形成的喷射表演效果、具有美感的独特视觉效果。故原告所主张的喷射表演效果属于该类作品的著作权保护范围"这一段的论述中，对于"该类作品"属于何种法定作品类型语焉不详。而从一审判决的法律适用来看，其选择了"法律、行政法规规定的其他作品"作为裁判依据。为此，被告北京某技术有限公司和某管理处针对作品认定与作品类型认定提出了异议，并以不能归入《著作权法》（2010年修正）第3条规定的法定作品类型为由否定涉案音乐喷泉喷射效果的呈现构成作品。因此，涉案音乐喷泉喷射效果的呈现是否构成作品以及属于何种法定作品类型成为本案不能回避的问题。

我国《著作权法》（2010年修正）第3条是关于法定作品类型的规定。而《著作权法实施条例》（2013年修订）第2条规定确立了作品的一般构成要件。虽然《著作权法实施条例》晚于《著作权法》制定并实施，但是，有关作品构成要件及典型作品类型的内容早在《著作权法》颁布之前就记载在教科书和国际公约中。所以，对于常见客体而言，在认定其是否构成作品的同时就可明确其法定作品类型的归属，也就是说，将某一客体归入法定作品类型的同时即可结合该类作品的特点确定其是否符合作品的一般构成要件。因此，在审判实务中，判断某一客体是否构成作品与判断其法定作品类型是同时进行的。由于《著作权法》（2010年修正）第3条规定的法定作品类型是根据典型类型作品的表现形式所进行的归纳和列举，所以，认定是否构成作品与判断作品类型的思维路径一致性在审判中被自觉地运用，从未作为一个问题被提起。例如，认定一张照片是否构成作品一般结合"摄影作品"的特点进行作品构成要件的判断。但是，随着科技的发展，在文学、艺术和科学领域出现了一些并非法律规定的典型类型作品的客体，但又是富有美感的、能被人们所感知的独创性表达，由此引起了作品认定与法定作品类型判断之间的顺序关系的讨论，即究竟是先进行作品一般构成要件的认定还是先进行法定作品类型的判断，构成作品是否以归入法定作品类型为前提等。究其根源，问题的解决在于对《著作权

音乐喷泉的可版权性研究

法》(2010年修正)第3条以及《著作权法实施条例》(2013年修订)第2条的理解和解释。

对于《著作权法》(2010年修正)第3条的理解可以溯及《保护文学和艺术作品伯尔尼公约》(以下简称《伯尔尼公约》)。《伯尔尼公约》第2条第1款规定:"文学和艺术作品"一词包括文学、科学和艺术领域内的一切成果,不论其表现形式或方式如何,诸如书籍、小册子和其他文字作品;讲课、演讲、讲道和其他同类性质作品;戏剧或音乐戏剧作品;舞蹈艺术作品和哑剧;配词或未配词的乐曲;电影作品和以类似摄制电影的方法表现的作品;图画、油画、建筑、雕塑、雕刻和版画作品;摄影作品和以类似摄影的方法表现的作品;实用艺术作品;与地理、地形、建筑或科学有关的插图、地图、设计图、草图和立体作品。《保护文学和艺术作品伯尔尼公约(1971年巴黎文本)指南》在解释"受保护作品"时称:"'文学和艺术作品'这一表述必须理解为包括一切能够受到保护的作品。为了说明这一点,第二条第一款对作品进行了列举。使用'诸如'二字,表明这一列举完全是一种示例,而不是详尽的;它只是给各国立法者提供若干指导。但实际上作品的主要各类全部都列举出来了","由于仅仅列举示例,公约准许成员国超出这一范围,而将文学、科学和艺术领域内的其他产物也作为受保护的作品对待"。可见,《伯尔尼公约》采取的是既列举典型作品类别又有兜底范围的立法模式。

我国《著作权法》在确定著作权保护客体的具体内容时,借鉴了《伯尔尼公约》的有关规定。《著作权法》(2010年修正)第3条首先列举8种典型的作品类型,并以"法律、行政法规规定的其他作品"兜底而为新类型作品预留了空间。但是,《中华人民共和国著作权法释义》(2002年版)(以下简称《著作权法释义》)针对"法律、行政法规规定的其他作品"解释时称:"这是指除了上述八项著作权的客体外,由法律、行政法规规定的著作权的其他客体。为什么要规定这一项?一是随着文化和科学事业的发展,有可能出现新的思想表达形式,如计算机软件是随着现代科学技术的发展而出现的,现在已有越来越多的国家将其列入著作权客体,今后还有可能出现新的思想表达形式,需要列入著作权客体给予保护。二是有可能将尚未作为著作权客体的部分内容列入著作权客体,如有些国家将原来不属于著作权客体的录音制品,后来作为著作权客体给予保护。需要指出的是,能否作为著作权法所称的其他作品,必须由法律、行政法规规定,不能由其他规范性文件规定,以保证法制的统一。"由此可见,我国《著作权法》在制定时,为当时尚未列入但以后可能列入法定类型的作品预留了空间。但由于这种"其他作品"有

"法律、行政法规规定"所设定条件的限制，特别是《著作权法释义》明确强调了必须由法律、行政法规规定，这意味着在立法之初就明确限制了司法对该条款进行扩大解释适用。所以，在目前尚无法律、行政法规明确增加了其他具体作品类型的情况下，在司法裁判中适用该条款是立法明确排除的。因此，本院对一审判决适用"法律、行政法规规定的其他作品"的法律条款予以纠正。

三、关于涉案音乐喷泉喷射效果的呈现是否构成作品的认定

在兜底条款的适用存在障碍的情况下，判断不属于典型类型作品的客体是否构成作品时，法官应当遵循法律解释的逻辑进行法律的解释，作为法律适用的前提。针对涉案音乐喷泉喷射效果的呈现是否构成作品、属于何种法定作品类型，本院具体分析如下：

首先，涉案音乐喷泉喷射效果的呈现是设计师借助声光电等科技因素精心设计的成果，展现出一种艺术上的美感，属于"文学、艺术和科学领域内的智力成果"范畴；设计师通过对喷泉水型、灯光及色彩的变化与音乐情感结合的独特取舍、选择、安排，在音乐高亢时呈现艳丽的色彩与高喷的水柱，在音乐舒缓时呈现柔和的光点与缓和的摆动，柔美与高亢交相呼应，使观赏者能够感受到完全不同于简单的喷泉喷射效果的表达，具有显著的独创性；通过水型、照明、激光、投影、音响、监控等相应喷泉设备和控制系统的施工布局及点位关联，由设计师在音乐喷泉控制系统上编程制作并在相应软件操控下可实现同样喷射效果的完全再现，满足作品的"可复制性"要求。因此，涉案音乐喷泉喷射效果的呈现符合《著作权法实施条例》（2013年修订）第2条规定的作品的一般构成要件，属于《著作权法》（2010年修正）保护的作品的范畴。

其次，在《著作权法》（2010年修正）第3条规定的法定作品类型中，从字面含义即可知，涉案音乐喷泉喷射效果的呈现显然与文字作品、口述作品、音乐作品、戏剧作品、曲艺作品、舞蹈作品、杂技艺术作品、建筑作品、摄影作品以及工程设计图、产品设计图、地图、示意图等图形作品和模型作品相去甚远，根据一般的生活常识即可判断其与上述法定作品类型不相关，故不再逐一赘述。

由于涉案音乐喷泉喷射效果的呈现是动态的，其可能与电影作品和以类似摄制电影的方法创作的作品相关。但是，《著作权法实施条例》（2013年修订）第4条第11项规定："电影作品和以类似摄制电影的方法创作的作品，是指摄制在一定介质上，由一系列有伴音或者无伴音的画面组成，并且借助适当

音乐喷泉的可版权性研究

装置放映或者以其他方式传播的作品。"涉案音乐喷泉喷射效果的呈现虽然表现为连续活动的画面,但此种画面不符合"摄制在一定介质上"的摄制手段和固定方式。鉴于"摄制在一定介质上"是《著作权法实施条例》(2013年修订)明确限定的电影作品和以类似摄制电影的方法创作的作品的构成要件,在非必要情况下,司法保持谦恭而不进行突破扩张也是法律解释应当遵循的规则。

由于涉案音乐喷泉喷射效果的呈现需要借助计算机软件的编辑,可能会与计算机软件这一作品类型相关。但是,根据《计算机软件保护条例》第2条的规定,计算机软件是指计算机程序及其有关文档。而在实现涉案音乐喷泉喷射效果的呈现时,编辑环节涉及的计算机软件作为一个工具软件,与本案无关。但借助工具软件形成的计算机程序是与涉案音乐喷泉喷射效果的呈现密切相关的。该程序与水型、照明、激光、投影、音响、监控等相应喷泉设备和控制系统的配合所实现的涉案音乐喷泉喷射效果的反复呈现,既非计算机程序本身又非有关文档。至于借助工具软件形成的程序是否构成一个独立于涉案音乐喷泉喷射效果的呈现之外的作品,不在本案审理范围之内。

四、涉案音乐喷泉喷射效果的呈现具有属于美术作品的解释余地

《著作权法实施条例》(2013年修订)第4条第8项规定:"美术作品,是指绘画、书法、雕塑等以线条、色彩或者其他方式构成的有审美意义的平面或者立体的造型艺术作品。"涉案音乐喷泉喷射效果的呈现具有属于美术作品的解释余地。

法律的适用离不开法律的解释,没有正确的法律解释,就没有正确的法律适用。随着科学技术的不断发展,著作权客体的类型也会发生变化,立法当初不能预测的作品类型也是成文法天生的局限性所在。但是,成文法规定的概括性和抽象性也为法律适用提供了解释的空间。

从文义解释的角度来看,《著作权法实施条例》(2013年修订)有关"美术作品"的规定虽然由绘画、书法、雕塑列示其保护范畴,但"等"字意味着其并非封闭的。根据"美术作品"的含义解析其构成要件,包括如下几个方面:第一,美术作品是"造型艺术作品",通过造型来进行思想的表达;第二,美术作品的构成要素可以是线条、色彩这些典型要素,但不排除其他方式;第三,美术作品具有审美意义,是一种具有美感的艺术性表达;第四,美术作品既可以是平面的形式呈现,也不排除立体的形式。由此可见,《著作权法实施条例》(2013年修订)有关"美术作品"的规定并未限制其表现形态和存续时间。虽然司法实践中出现的典型美术作品如绘画、书法、雕塑一般都是静态的、持久固定的表达。但是，法律规定的要件中并未有意排除动态的、存续时间较短的造型表达。涉案音乐喷泉喷射效果的呈现虽然不像传统的绘画、书法或者雕塑一样呈现静态的造型，其所展现的水型三维立体形态及投射在水柱上的灯光色彩变化等效果也并非持久地固定在喷泉水流上。涉案音乐喷泉喷射效果的呈现是一种由优美的音乐、绚烂的灯光、瑰丽的色彩、美艳的水型等包含线条、色彩在内的多种要素共同构成的动态立体造型表达，这种美轮美奂的喷射效果呈现显然具有审美意义。在动静形态、存续时间长短均不是美术作品构成要件有意排除范围的情况下，认定涉案音乐喷泉喷射效果的呈现属于美术作品的保护范畴，并不违反法律解释的规则。

从法律解释的价值追求来看，进行法律解释时应当顺应《著作权法》的立法目的。《著作权法》通过对具有独创性的表达给予保护，鼓励文学、艺术和科学领域创作的积极性，促使更多高质量的作品得以产生和传播，丰富人民群众的精神文化生活。随着科学技术的发展，人们进行思想表达的载体随之扩展，创作的丰富性和多样性进而得到提升。在文学、艺术和科学领域，美的表达和呈现方式更是殊态异姿、各极其妍，甚至完全超乎以往形成的固有思维认知和概念体系。以前无法想象的素材选择、创作形式、表现样态等运用在美的创作中拓展出了前所未有的作品表现力和感染力。在这样一种文化大繁荣大发展的背景下，如果机械地拘泥于法律条文和惯常认知，不仅会囿于法律局限固步自封，与立法原意相背离，而且将挫伤权利人积极投入和努力创造的动力，导致抄袭模仿盛行，使广大公众无法从中受益。因此，法律的解释要顺应科技的发展、跟上时代的步伐。虽然喷泉的产生和发展历史悠久，但像涉案音乐喷泉喷射效果的呈现如此集声、光、色、形俱美的艺术造型表达，在我国是近年来随着人民精神生活的丰富才发展起来的。用袅袅动听的音乐寄托美、用婀娜多姿的水舞展现美、用绚丽斑斓的灯光衬托美、用灿烂缤纷的色彩描绘美，涉案音乐喷泉喷射效果的呈现将音乐的情感、灯光色彩的绮丽与水型的变换交织在一起，造就了美轮美奂的动态艺术造型表达。因此，突破一般认知下静态的、持久固定的造型艺术作为美术作品的概念束缚，将涉案音乐喷泉喷射效果的呈现认定为美术作品的保护范畴，有利于鼓励对美的表达形式的创新发展，防止因剽窃抄袭产生的单调雷同表达，有助于促进喷泉行业的繁荣发展和与喷泉相关作品的创作革新。

五、关于涉案作品的著作权归属的认定

原告为证明其对涉案作品享有著作权，提供了包含《倾国倾城》《风居住的街道》在内的"《水上花园》——音乐喷泉系列作品"登记证书，在作品说明书中载明了系列作品的创作过程、创作的独创性，在没有相反证据的情况下，本院认定原告实际创作了青岛世界园艺博览会天水喷泉的《倾国倾城》《风居住的街道》音乐喷泉喷射效果的呈现，即涉案作品。

就涉案作品的权属问题，虽然根据某方公司对《求证函》的回函、某市政公司出具的《青岛世博园区基础设施相关知识产权归属证明》、青岛某公司出具的《专有许可使用授权书》、某市政公司与某方公司签订的《青岛市建设工程施工合同》，可以认定相关合同和证明中对于青岛世界园艺博览会天水喷泉景观设计方案及视频综合水舞秀的权属明确作出了归属于青岛某公司的约定。但是，并未明确"乐曲的喷泉编辑"的权属。由于喷泉水景委员会的解释中涉及的"乐曲的喷泉编辑""水幕视频""视频综合水舞秀"三个概念并不相同，可见"乐曲的喷泉编辑"与"视频综合水舞秀"分别具有各自的内涵。因此，相关合同中有关"视频综合水舞秀"权属的约定不能视为对"乐曲的喷泉编辑"权属的约定。同时，某市政公司与某方公司签订的《青岛市建设工程施工合同》中约定由某方公司提供不少于20首乐曲的喷泉编辑、提供3段不少于2分钟的水幕视频。由于约定中仅限定了水幕视频必须是某方公司自己创作，而未涉及20首乐曲的喷泉编辑，结合某方公司与原告签订的《工程项目合作协议》《青岛市建设工程施工分包合同》约定分包事宜以及原告实际创作涉案作品的事实，可以推定某方公司将《倾国倾城》《风居住的街道》乐曲的喷泉编辑工作委托给了原告。根据《著作权法》(2010年修正)第17条的规定："受委托创作的作品，著作权的归属由委托人和受托人通过合同约定。合同未作明确约定或者没有订立合同的，著作权属于受托人。"因此，在某市政公司与某方公司、某公司与原告的相关合同中未对"乐曲的喷泉编辑"的著作权归属作出明确约定的情况下，由于原告实际创作了涉案作品，其著作权应归属于原告所有。被告北京某技术有限公司、某管理处虽主张涉案作品的著作权归属于青岛某公司，但并未提供充分证据予以证明。故一审判决对于涉案作品的著作权归属认定正确，本院予以维持。

六、关于被告北京某技术有限公司、某管理处是否侵犯涉案作品的著作权以及责任承担的认定

正如一审判决所述，综合分析被告北京某技术有限公司参与某音乐喷泉项目、公司开设自媒体频道进行宣传是常见情况等因素，可以认定优酷视频是被告北京某技术有限公司制作并上传，作为该公司商业形象的宣传手段。而在新闻报道已经明确某音乐喷泉在各家媒体面前试喷并附"官方完整版"试喷视频的事实面前,作为某音乐喷泉实际管理者的某管理处却辩称其并不知晓被告北京某技术有限公司的试喷行为并且试喷行为与其无关,也不具有可信性。因此,根据现有证据可以证明被告北京某技术有限公司在某音乐喷泉试喷实现了如优酷视频所示的《倾国倾城》《风居住的街道》音乐喷泉喷射效果的呈现并将其视频上传到了其优酷自频道中,某管理处对被告北京某技术有限公司在某音乐喷泉进行试喷的行为是应当知晓并认可的。而这种试喷行为,无论是向媒体展示,还是拍成视频上传网络供观看,即使是在某音乐喷泉提升改造的围挡施工和调试时期,也不能否定其公开使用性。

根据《著作权法》(2010年修正)第47条第5项的规定,剽窃他人作品的,应当根据情况,承担停止侵害、消除影响、赔礼道歉、赔偿损失等民事责任。关于剽窃的含义,学理解释为"是一种将他人作品全部或部分地作为本人的作品来使用的行为,其不仅侵犯他人的财产权,而且涉及侵犯他人的人身权"。本案中,确定被控侵权的优酷视频所示音乐喷泉喷射效果的呈现是否构成了对涉案作品的剽窃,需要对优酷视频与青岛世界园艺博览会天水喷泉的《倾国倾城》《风居住的街道》视频展现的音乐喷泉喷射效果的呈现是否构成实质性相似进行判断。当二者构成实质性相似时,如果在后优酷视频所示音乐喷泉喷射效果的呈现的编创者具有接触涉案作品的可能性,则推定排除优酷视频所示音乐喷泉喷射效果的呈现为其独立创作的可能,即可认定构成剽窃行为。通过对比两视频可以发现,配合《倾国倾城》《风居住的街道》音乐的节奏、曲调、力度、速度等要素及其变化,两视频中的音乐喷泉在灯光色彩、变化及跑动路径,气爆阵型、喷射时间及跑动路径,水膜阵型及运动路径,一维、二维造型、摆动及溅落方式等融合音乐、灯光、色彩、水舞动作等方面的音乐喷泉喷射效果的呈现已经构成了实质性相似。在此情形下,由于被告北京某技术有限公司与原告又同时参与某管理处主持的某三公园音乐喷泉提升改善项目的竞标工作并由被告北京某技术有限公司中标,被告北京某技术有限公司和某管理处均有接触涉案作品的合理可能性。而且,在浙江卫视公共新闻频道关于某音乐喷泉事件的专题采访中,某管理处的工作人员亦承认在某音乐喷泉改造前曾对青岛世界园艺博览会天水喷泉进行过考察,存在带着摄像机去拍、回来比对分析的行为。加之从原告与某管理处工作人员的微信和邮件内容来看,某管理处确实获得了原告的一些音乐喷泉相关资料。据此,可以排除公证的优酷视频所示的音乐喷泉喷射效果的呈现为被告北京某技术有限公司或某管理处独立创作完成的可能性。并且,在上述专题采访中,某管理处的工作人员对记者有关两地音乐喷泉就《倾国倾城》《风居住的街道》两首音乐喷泉曲目在呈现方式、喷泉编排效果等方面相似的提问时认为"仔细去看会有不同""只是借鉴，没有抄袭"。因此，正如一审判决所述，某管理处实际上承认了喷放涉案作品的事实。故依据现有证据可以认定公证的优酷视频所示的在某音乐喷泉喷放的《倾国倾城》《风居住的街道》音乐喷泉喷射效果的呈现即为涉案作品。被告北京某技术有限公司和某管理处未经原告许可在某音乐喷泉喷放涉案作品且未署名著作权人为原告，已经构成了《著作权法》（2010年修正）第47条第5项规定的剽窃行为。

针对某管理处依据《著作权法》（2010年修正）第22条第9项的规定，认为其即使喷放涉案作品，但因未向游客收取费用、是免费表演，属于合理使用范畴的抗辩。本院认为，《著作权法》（2010年修正）第22条所列举的"合理使用"的情形，是保护权利人与满足社会对知识、信息需求之间利益平衡的结果。合理使用行为的法定性，是为了避免权利人与使用人之间的权利冲突以及侵权风险的不确定性。本案中，某管理处通过喷放涉案作品的行为吸引潜在消费者、带动旅游业发展、增加某管理处的相关利益，并不符合"免费表演"的要件。另外，与本案相关的还可能涉及《著作权法》（2010年修正）第22条第10项"对设置或者陈列在室外公共场所的艺术作品进行临摹、绘画、摄影、录像"而构成合理使用的问题。《审理著作权民事案件适用法律解释》第18条规定："著作权法第二十二条第（十）项规定的室外公共场所的艺术作品，是指设置或者陈列在室外社会公众活动处所的雕塑、绘画、书法等艺术作品。对前款规定艺术作品的临摹、绘画、摄影、录像人，可以对其成果以合理的方式和范围再行使用，不构成侵权。"而对于上述"以合理的方式和范围"，在最高人民法院关于对山东省高级人民法院《关于山东天笠广告有限责任公司与青岛海信通信有限公司侵犯著作权纠纷一案的请示报告》的复函中作出了明确："《最高人民法院关于审理著作权民事纠纷案件适用法律若干问题的解释》第十八条，针对著作权法第二十二条第（十）项的规定作了司法解释，即对设置或者陈列在室外社会公众活动处所的雕塑、绘画、书法等艺术作品的临摹、绘画、摄影、录像人，可以对其成果以合理的方式和范围再行使用，不构成侵权。在此，对于'合理的方式和范围'，应包括以营利为目的的'再行使用'，这是制定该司法解释的本意。司法解释的这一规定既符合伯尔尼公约规定的合理使用的基本精神，也与世界大多数国家的立法例相吻合。"但是，被告北京某技术有限公司、某管理处所实施的行为是在某建设相关设施、配置相应软件后再现了涉案音乐喷泉喷射效果的呈现，而不是《著作权法》（2010年修正）

第 22 条第 10 项所规定的对室外公共场所的艺术作品进行临摹、绘画、摄影、录像或对其成果以合理的方式和范围再行使用。故被告北京某技术有限公司、某管理处的行为并非合理使用的范畴。

《侵权责任法》（已失效）第 8 条规定："二人以上共同实施侵权行为，造成他人损害的，应当承担连带责任。"被告北京某技术有限公司和某管理处的剽窃行为侵害了原告对涉案作品享有的著作财产权和著作人身权。被告北京某技术有限公司与某管理处的上述行为已经构成《侵权责任法》（已失效）第 8 条规定的共同侵权行为，依法应当承担连带责任。

再审法院裁判理由与裁判结果

再审法院北京市高级人民法院认为：原告请求保护的对象是音乐喷泉的喷射表演效果，二审法院将其概括为涉案音乐喷泉喷射效果的呈现，并无不当。当事人请求保护的对象是否属于作品以及属于何种作品类型，属于法院审查的范围。在原告并未明确该权利载体属于何种作品类型的情况下，二审法院通过法律解释，认定这种喷射效果的呈现具有审美意义，属于美术作品的保护范畴，将请求保护的作品表达形式归类为最相类似的作品类型，具有事实及法律依据，并不构成严重违反法定程序或剥夺当事人陈述权利的情形。被告相关主张缺乏证据支持和法律依据，不予支持。

二审法院认定两被告未经许可在音乐喷泉喷放过程中再现了涉案作品，且不属于合理使用的范畴，符合著作权法的相关规定，应当予以确认。

综上，两被告再审申请均不属于《民事诉讼法》第 200 条规定的应当再审的情形。再审法院裁定：驳回两被告的再审申请。

案例解析

本案一审、二审法院作出了不同的判决，后当事人申请再审，再审法院裁定驳回，并全面支持了二审法院的观点。一审法院认为音乐喷泉具备独创性，构成《著作权法》（2010 年修正）第 3 条规定的作品，但对于具体属于第 3 条规定的何种类型的作品，语焉不详。与一审法院不同的是，二审法院放弃将音乐喷泉归入《著作权法》（2010 年修正）第 3 条第 9 项"法律、行政法规规定的其他作品"，而是转而将其解释为美术作品，从而纳入著作权法规定的法定作品类型，并给予著作权法的保护。

由于本案发生在《著作权法》第三次修改之前，法院适用的是 2010 年版的《著作权法》，相关条文有所变化，因此本文在2020年修正的《著作权法》的框架下对音乐喷泉可版权性进行讨论。对一审、二审法院的裁判思路汇总整理，可以发现两审法院对音乐喷泉可版权性认定的争议焦点集中在以下三个层面：第一，音乐喷泉是否构成电影作品和以类似摄制电影的方法创作的作品（《著作权法》修改后，该类作品被称为"视听作品"）；第二，音乐喷泉是否构成美术作品；第三，音乐喷泉是否构成2010年版《著作权法》中的"法律、行政法规规定的其他作品"。因现行《著作权法》未对"视听作品"和"美术作品"进行根本性修改，前两个问题仍有讨论的价值。同时，由于2020年修正的《著作权法》将"法律、行政法规规定的其他作品"修改为"符合作品特征的其他智力成果"，通过对比修改前后《著作权法》对新类型作品的认定思路，可以直观地体现《著作权法》修改后的演变和发展。

作为新形式的音乐喷泉，是否属于我国《著作权法》中明确规定的视听作品或者美术作品？在2020年修正的《著作权法》中，是否有相应的解决策略？本文试图从以上几个角度出发，给出相应的回答。

一、音乐喷泉是否构成视听作品或者美术作品

本案中，原告将涉案音乐喷泉进行了著作权登记，在作品类别上选择的是"电影和以类似摄制电影方法创作的作品"，因2020年修正的《著作权法》将该类作品修改为"视听作品"，故下文统称为"视听作品"。在我国，著作权登记只具有证据的效力，并不能够左右法院的判决，也不会对作品类型的认定产生实质性的影响。因此，原告将音乐喷泉进行著作权登记并不意味着音乐喷泉应当属于视听作品，登记机构的认定需要在司法程序中确认。在此，就音乐喷泉是否属于视听作品进行分析。

《著作权法实施条例》（2013年修订）第4条第11项规定："电影作品和以类似摄制电影的方法创作的作品，是指摄制在一定介质上，由一系列有伴音或者无伴音的画面组成，并且借助适当装置放映或者以其他方式传播的作品。"该规定表明，电影作品和以类似摄制电影方法创作的作品，需满足以下几个条件：（1）摄制在一定的介质上；（2）由一系列的有伴音或者无伴音的连续画面组成；（3）能够借助适当的装置予以放映或传播。根据本条规定，音乐喷泉并不满足摄制在一定的介质上的要件。音乐喷泉在表现形式上无载体加以固定，且是短时的现场表演，不存在所谓的有形物质载体。二审法院的判决书也提到，"涉案音乐喷泉喷射效果的呈现虽然表现为连续活动的画面，但此种画面不符合'摄制在一定介质上'的摄制手段和固定方式"。

因此，音乐喷泉并非日常生活中常见的电影、电视作品，与本条的原本含义意图指向的作品类型相去甚远。音乐喷泉不能被纳入视听作品中。

二审法院为适用著作权法保护音乐喷泉，采用了与一审法院完全不同的裁判思路。二审法院放弃将音乐喷泉认定为《著作权法》（2010年修正）第3条第9项规定的其他类型，转而将音乐喷泉解释为美术作品，从而将其纳入著作权法规定的法定作品类型，实现对音乐喷泉这一新型表现形式的法律适用。

二审法院在判决书中写道，《著作权法实施条例》有关'美术作品'的规定并未限制其表现形态和存续时间。虽然司法实践中出现的典型美术作品如绘画、书法、雕塑一般都是静态的、持久固定的表达。但是，法律规定的要件中并未有意排除动态的、存续时间较短的造型表达"。这一观点实际上承认了美术作品可以以动态的、存续时间较短的形式存在。换言之，二审法院实际上承认了美术作品可以具有时间维度，即美术作品除了平面、立体形式表现外，加入时间维度可以成为短时造型艺术。众所周知，平面美术作品是以平面的形式进行艺术表现，即艺术表现形式具有长和宽两个维度。而立体艺术作品则在长和宽之外，加入了第三个维度，通过长、宽、高三个维度进行艺术表现。二审法院在此基础上，突破了原有的观点，在平面、立体美术作品之外，认可美术作品还可以有第四个维度，即时间维度。二审法院认为，短时的造型艺术表现仍然属于美术作品。受制于当时著作权法规定的局限性，此处不对二审法院判决进行评价。

二、2020年修正前的《著作权法》对新类型作品的认定局限

我国《著作权法》（2010年修正）第3条列举了作品的八种法定类型，第9项规定"法律、行政法规规定的其他作品"也可以受到保护。

至于法律为何作此规定，二审法院在判决书中阐明，"为什么要规定这一项？一是随着文化和科学事业的发展，有可能出现新的思想表达形式，如计算机软件是随着现代科学技术的发展而出现的，现在已有越来越多的国家将其列入著作权客体，今后还有可能出现新的思想表达形式，需要列入著作权客体给予保护。二是有可能将现在尚未作为著作权客体的列入著作权客体，如有些国家将原来不属于著作权客体的录音制品，后来作为著作权客体给予保护"。[①]

一审法院认为，音乐喷泉具有极高的独创性，能够认定为我国《著作权法》规定的作品，但因其与视听作品的保护内容不同，而不能构成视听作品。

---

① 北京知识产权法院（2017）京73民终1404号民事判决书。

音乐喷泉的可版权性研究

在判决书中,一审法院含糊其词,没有明确表示涉案音乐喷泉究竟应当属于何种类型的作品。在二审中,二审法院确认一审法院是将音乐喷泉纳入《著作权法》(2010年修正)第3条第9项规定的"法律、行政法规规定的其他作品"。但《著作权法》第3条第9项所指的"法律、行政法规规定的其他作品",具有严格的限定。此类作品类型必须限于法律和行政法规已经进行了规定,《著作权法》加以确认,而并非司法活动可以加以创设此类作品的类型。

除《著作权法》外,我国相关的法律、行政法规并未对作品类型作出明确的规定,因此我国法律保护的作品类型限于《著作权法》(2010年修正)第3条规定的8种情形。这8种情形,也构成了我国作品的法定种类。"由于法律、法规尚未规定新类型的作品,《著作权法》第3条列举的八类法定表达形式,再加之第14条对汇编作品的规定,也就划定了作品外延的范围。任何明显不具有这些法定表达形式的成果,无论是否在一部分人心目中属于文学、艺术和科学领域内独创性的、可复制的智力成果,都不应当被认定为受《著作权法》保护的作品,由此实现了著作权客体的法定化,有助于明晰权利界限、维护交易安全。"①

一审法院将音乐喷泉归入"法律、行政法规规定的其他作品",忽略了"法律、行政法规"的限定,也混淆了该类作品与单纯的以"其他作品"兜底方式的区别。二审法院也对此予以确认,"在目前尚无法律、行政法规明确增加其他具体作品类型的情况下,在司法裁判中适用该条款是立法明确排除的"。

因此,在我国的法律体系中,在只有《著作权法》(2010年修正)明确规定作品类型的情况下,法定的作品类型限于其第3条规定的8项,除此之外,没有其他的作品类型。故有学者也称,我国作品类型是法定的。

三、现行《著作权法》对新类型作品的认定策略

音乐喷泉案引发了作品类型法定的讨论,关注的焦点在于作品类型是不是法定的。

有学者认为,作品类型法定是著作权法定的应有之义。但也有观点认为,著作权属于绝对权,将著作权类比同为绝对权的物权,可以发现绝对权从无种类法定之说,从而否认作品类型法定。

实际上,作品类型法定并非单一层面的问题,而是两个不同层面上的问题。实然层面上的作品类型法定问题是指,在我国《著作权法》立法模式下,

---

① 王迁:《论作品类型法定——兼评"音乐喷泉案"》,载《法学评论》2019年第3期。

作品类型是法定的吗？应然层面上的问题是指，作品类型应当是法定的吗？只有区分两个层面的问题，才能保证对话的畅通，否则只会各执一词进行无意义的讨论。上述将著作权类比物权，从而否认作品类型法定的观点，便是在应然层面上讨论作品类型不应法定，混淆了实然与应然。只有明确实然与应然的区分，才能保证问题的讨论在正确的方向上。

但在 2020 年修改《著作权法》时，原第 3 条第 9 项规定的"法律、行政法规规定的其他作品"被改为"符合作品特征的其他智力成果"。这便意味着新著作权法为新类型的作品保留了一个开口，采用一种开放主义的立法模式，也让所谓作品类型是否法定的讨论失去意义。

在修改后的《著作权法》立法模式下，作品类型是开放的，第 3 条第 9 项规定的"其他智力成果"能够包容新类型的作品。所谓作品类型法定，是指作品的类型必须由著作权法规定。那么根据本条的规定，新类型的作品能够在著作权法中找到依据，是作品规定的一种明确的类型，即"符合作品特征的其他智力成果"，如果出现新类型的作品，依据本项的规定，便有了《著作权法》的明确规定，因此可以认为这也属于实然层面上的作品类型法定。

而此前关于我国著作权法上作品类型是否法定的争议，也失去了应有的意义。

四、结论

音乐喷泉作为新型的作品表现形式，根据修改前的《著作权法》，对其进行准确定性存在一定难度。但现行《著作权法》采用开放性的立法模式，给新的作品类型留下空间，符合当前经济社会发展的需要。

客观事实汇编作品的独创性认定

——朱某与白某、某美术出版社有限公司著作权权属、侵权纠纷案

/ 沈韵

➲ 本案要旨

客观事实类"发现"独立于人们的主观意识,不受创作活动这一主观行为控制,不可能具有著作权法意义上的独创性。推测类"发现"属于思想范畴,根据思想与表达二分法原则,同样不能受到著作权法保护。汇编作品的独创性体现在对各个片段的选择或编排方式之上。如果编排是显而易见的,任何人基于"发现"均会优先作出特定编排,抑或如果编排方式的可选择空间很小,受到表达有限原则的限制,那么该汇编成果不具有独创性,不受著作权法保护。

➲ 案件信息

原告:朱某
被告:白某、某美术出版社有限公司
案号:北京市东城区人民法院(2017)京0101民初1017号

➲ 原被告主张及理由

原告主张,由被告白某编著,某美术出版社有限公司(以下简称某美术出版社)出版、再版图书《王羲之行书千字文》的内容严重剽窃原告的图书内容,以及剽窃、占有原告所发表的学术论文成果,并在网络上大肆进行虚假宣传。被告在未征得原告授权与同意的情况下,擅自出版原告对《新编王羲之临钟繇千字文》内容所享有的汇编著作权的相同内容书籍,其行为严重侵犯了原告的合法权利。被告某美术出版社作为专业出版社,对被告白某擅自出版内容没有尽到认真的审查责任和义务,构成共同侵权行为。原告本案主张著作权权

利的作品为原告于 2008 年在《中国书法》刊物第 9 期发表的论文《也议〈王羲之临钟繇千字文〉帖》，以及 2008 年由天津某美术出版社出版的《新编王羲之临钟繇千字文》一书。上述论文是原创作品，上述图书为汇编作品。汇编内容是将《王羲之临钟繇千字文》作为基础，经过原告研究，以周兴嗣《千字文》主文为标准汇编成册。原告填补的 45 个字用了王羲之《兰亭序》中的字以及与王羲之同一流派的字。被告白某侵犯了原告对涉案作品享有的署名权和发行权，被告白某在被告某美术出版社出版的《王羲之行书千字文》一书中将原告享有署名权的作品署名为被告白某，并且加以出版。被告某美术出版社没有尽到严格的审核义务，侵犯了原告对涉案作品享有的发行权。

被告白某辩称，涉案两个《千字文》完全不同。故宫藏本有两个：一是唐宋传下来的长卷墨迹（真迹本，被告所用）；二是清代乾隆皇帝的刻本（石刻本，原告所用）。《千字文》有两个版本：一是《王羲之临钟繇千字文》，但该版本内容不通顺；二是周兴嗣版，内容是通顺的。王羲之、周兴嗣两个版本的内容相比较，相差 45 个字，该相差 45 个字的发现并不是原告的著作权。被告的图书内容是周兴嗣版本的内容，每个字选取王羲之版本字帖中的字。最后选取完，王羲之的字帖缺少 45 个字。被告从其他字帖选取或者由被告自己书写，补齐了该 45 个字，且这 45 个字的选取来源与原告图书基本不同。被告编纂的图书是自己创作的，没有抄袭原告的内容。涉案图书《王羲之行书千字文》为被告出版，该书按照周兴嗣版本的内容进行编辑，编辑后形成的文字与周兴嗣版本的文字一致。该书中的字分成以下几种情况：一是选用了《王羲之临钟繇千字文》墨迹本中的字共 947 个；二是补充了 52 个字，其中 4 个字"渊、组、射、戚"为其本人所写，其余 48 个字系从王羲之、王铎、智永等人所书写字中查找填补。被告实际补充的 52 个字中，有 45 个字与原告补充的字相同，但是所选择字的来源不同，仅有"糟"字双方的选择是一样的。被告发现王羲之版本《千字文》与周兴嗣版本《千字文》对应规律系受《三希堂法帖》跋文、《中国书法》杂志中杨兴的文章、故宫藏墨迹影印本《王羲之临钟繇千字文》序文、《启功草书千字文》等启发。原告所编《千字文》并没有独创性，而是用清刻本进行剪裁排列而成。而被告的《千字文》选用则是真迹，唐代传下来的墨迹本，须对每个字进行修补、调整，极为费时费力，非一般人所能完成。

被告某美术出版社辩称，认同白某编纂的涉案图书是由其自己创作，原告所述内容不享有著作权。涉案图书《王羲之行书千字文》（2011 年 7 月第 1 版 2015 年 5 月第 4 次印刷）系某美术出版社出版，其对涉案图书内容进行了正常审查，履行了正式出版手续，出版的涉案图书合法。原告提及的《王羲之行书千字文》(2013年9月第1版2014年4月第5次印刷)为盗版出版物。请求法院驳回原告的诉讼请求。

➲ 法院查明的事实

2008年6月，天津某美术出版社出版了《新编王羲之临钟繇千字文》一书，署名朱某编著。作者简介注明"朱某，字明池"。该书前言部分载明："本书作者将原帖(《王羲之临钟繇千字文》)重新整理排版后，与人们现常用的周兴嗣版本《千字文》基本一致，缺字补充仅为四十五个(见附录)。原帖的问题是'辞句杂凑，不能克读'。经过重新编排，该问题已得以解决，这样就可以在读文时朗朗上口。"该书第一部分为"新编《王羲之临钟繇千字文》"，内容为"天地玄黄，宇宙洪荒；日月盈昃，辰宿列张……孤陋寡闻，愚蒙等诮；谓语助者，焉哉乎也"，与周兴嗣版《千字文》读文基本一致，共1000字。该书附录部分注明"补帖四十五个文字"，包括王羲之《圣教序》"金光皇湯常莫離寂晦迹"、《興福寺断碑》"字恒"、王羲之《兰亭序》"致坐"、《二谢帖》"此"、《大观帖》"中"、《十七帖》"音"、《奉桔帖》"尊"、王献之"归"、王献之《快雪堂帖》"服尺"、《淳化阁帖》"熟"、智永《千字文》"伐育鸣曰枝卑泾甲主索组糟"、黄山谷《三希堂法帖》"舊"、赵孟頫《千字文》"洪恭渊盟闲稼束"、赵孟頫《三希堂法帖》"飘"、唐太宗《淳化阁帖》"营"、汉蔡襄《三希堂法帖》"慮"。

2011年7月，某美术出版社出版了《王羲之行书千字文》一书，署名白某编著。该书前言部分载明："还有一种号称为王羲之所书写的《千字文》墨迹流传到今天，现存北京故宫博物院。从其文字内容看，该《千字文》与世所流传的智永书《千字文》完全不同。而且除了开篇的'二仪日月，云露严霜，夫贞妇洁'以及最后的'谓语助者，焉哉乎也'可以读懂之外，其余内容几乎无法读懂。我将其用周兴嗣《千字文》的内容将其重新编排，以适合广大书法爱好者学习使用。该《千字文》中所缺少的字，则找其他与之相近的字替代，以尽量保证其气韵的前后通畅。"该书内容为"天地玄黄，宇宙鸿荒；日月盈昃，辰宿列张……孤陋寡闻，愚蒙等诮；谓语助者，焉哉乎也"，与周兴嗣版《千字文》读文基本一致，共1000字。被告白某称，《王羲之行书千字文》中其与原告补帖相同的45个字，具体选择来源分别为，"金"字选自王羲之的字，来源为崔廷瑶编《行书章法》，浙江古籍出版社出版；"光"字选自王羲之《圣教序》；"皇"字选自王羲之的字，来源为杨为国《回宫格》字帖，中国美术学院出版;"汤"选自王羲之的字,来源为杨为国《回宫格》字帖,中国美术学院出版;"常"选自王羲之《二谢帖》;"莫"选自王羲之《圣教序》;"离"选自王羲之《丧乱帖》;"寂"选自王羲之《圣教序》;"晦"选自王羲之的字,来源为杨为国《回宫格》字帖,中国美术学院出版;"字"选自《王羲之临钟繇千字文》原帖中的标题;"恒"选自王羲之《诸贤帖》;"致"选自王羲之《兰亭序》;"坐"选自王羲之《兰亭序》;"迹"选自王羲之《圣教序》;"此"选自王羲之《兰亭序》;"中"选自王羲之《二孙女帖》;"音"选自王羲之《米芾诗文》;"尊"选自王羲之《误坠地帖》;"归"选自王羲之《圣教序》;"服"选自王羲之《追寻帖》;"尺"选自王铎的字;"熟"选自智永《千字文》;"伐"选自王铎的字;"育"选自王羲之《从弟子帖》;"鸣"选自王铎的字;"曰"选自《王羲之临钟繇千字文》原帖;"枝"选自智永《真书千字文》;"卑"选自智永《真书千字文》;"泾"选自王铎的行书;"甲"选自智永《真书千字文》;"主"选自王铎的行书;"索"选自王铎的行书;"组"是被告自己书写;"糟"选自智永《真书千字文》;"旧"选自王羲之的字,来源为《王羲之书法全集》,上海出版社出版;"洪"选自《王羲之临钟繇千字文》原帖;"恭"选自王铎的行书;"渊"为被告自己书写;"盟"选自王铎的行书;"稼"选自王铎的行书;"闲"选自王羲之《兰亭序》;"束"选自王羲之的行书;"飘"选自智永《真书千字文》;"营"选自王铎的行书;"虑"选自《王羲之临钟繇千字文》原帖。

就原告朱某与被告白某各自对《王羲之临钟繇千字文》字帖补帖的45个文字进行比对勘验。经比对,双方当事人均认可"常""莫""离""寂""字""恒""此""中""音""尊""归""服""尺""熟""伐""育""鸣""曰""枝""卑""泾""甲""主""索""组""旧""洪""恭""渊""盟""稼""闲""束""飘""营""虑"共36个字原告朱某与被告白某的选择不同;"糟"字原告朱某与被告白某的选择相同。另外8个字"金""光""皇""汤""晦""致""坐""迹"在笔画和整体结构方面构成近似,细微之处略有差别。

⊃ 法院判决理由与裁判结果

根据《著作权法实施条例》(2013年修订)的规定,著作权法所称作品,是指文学、艺术和科学领域内具有独创性并能以某种有形形式复制的智力成果。无论是普通人,还是文学艺术家或自然科学和社会科学研究者,要让他人了解自己的思想情感或科学领域的研究成果,就必须通过一定的形式(如文

客观事实汇编作品的独创性认定

字、图像等）来表达，使他人得以客观地阅读、欣赏和感知，上述表达的过程就是创作，由此形成的具有独创性的智力成果就是著作权法意义上的作品。只有具有独创性的外在表达才是作品，独创性是作品区别于其他人类劳动成果的关键。独创性中的"独"是指独立创作、源于本人。独创性中的"创"是指一定水准的智力创造高度，即要求劳动成果具有一定程度的智力创造性，能够体现作者独特的智力判断与选择、展示作者的个性并达到一定创作高度要求。根据著作权法的基本原理，著作权法对作品的保护仅及于作品的表达，而不及于作品的思想、操作方法、概念、原理、发现。

所谓"发现"可以分为两类：第一类"发现"为客观事实，而客观事实不受著作权法保护。这是因为事实是客观存在，独立于人们的主观意识，它一旦产生，就不可能再受人类思想或创作活动的影响，不可能由作者"创作"出来，故不可能构成有独创性的作品。例如，对于人口统计工作而言，统计人员并没有"创作"出人口统计数字和规律，他们只是通过大量调查和数据分析发现或揭示了这个数据和规律。又如，对于考古工作而言，考古学家对古代文物的发掘、整理和分析需要付出大量艰辛的劳动，同时需要其在历史、文学、艺术等方面具有精深的知识储备。但无论考古工作者付出多少努力，如果其考古意义上的发现只是对客观历史事实的还原，则非著作权法意义上的"创作"。无论研究者付出多少辛勤的劳动，历史事实并不"源自"研究者，而是早就客观存在着，它不可能成为历史研究者的"作品"。第二类"发现"为基于一定理由和依据的推测，该推测是不是事实尚无法得到验证。在这种意义上，"发现"的成果属于思想范畴，并非一种表达，同样不能受到著作权法保护。

虽然"发现"本身无法构成作品，但是将"发现"作为素材从而进行具有独创性的创作可以产生作品，并受到著作权法的保护。例如，根据考古发现的成果撰写论文或以特定历史事实为背景撰写小说等，但这种情形下受著作权法保护的并非"发现"本身，而是该论文或小说。

本案中，原告朱某主张权利的《也议〈王羲之临钟繇千字文〉帖》文章署名"明池"，原告出版的《新编王羲之临钟繇千字文》一书注明"朱某，字明池"。故本院认定《也议〈王羲之临钟繇千字文〉帖》文章为原告所作。该文章本身具有独创性，体现了原告就《王羲之临钟繇千字文》帖进行研究所得到的智力成果，属于著作权法上的文字作品，他人未经原告许可不得抄袭、剽窃该文章。但该文章所指明的"发现"，即"《王羲之临钟繇千字文》原帖共974字经重新排列组合并补帖少部分文字后与周兴嗣版本《千字文》读文一致"，并不受著作权法保护。被告白某在《王羲之行书千字文》一书中并未使

· 139 ·

用《也议〈王羲之临钟繇千字文〉帖》文章本身，因此不构成对上述文章著作权的侵犯。需要强调的是，本案为著作权权属、侵权纠纷，上述客观事实是由哪一主体首先发现与著作权纠纷无关，故不属于本案的审查和认定范围。故对原告关于二被告侵犯原告《也议〈王羲之临钟繇千字文〉帖》作品著作权的主张，本院不予支持。

原告朱某主张权利的《新编王羲之临钟繇千字文》一书包含有字帖、笔法参考、结构参考、附录、再版说明、原帖资料参考若干部分。其中，字帖部分内容为按照周兴嗣版《千字文》的读文顺序将《王羲之临钟繇千字文》原帖共974字进行重新排列组合并补充少部分文字。原告主张上述字帖部分为汇编作品。根据《著作权法》，汇编若干作品、作品的片段或者不构成作品的数据或者其他材料，对其内容的选择或者编排体现独创性的作品，为汇编作品，其著作权由汇编人享有。要构成汇编作品，则必须在选择或者编排作品方面体现出独创性。而上述字帖的编排顺序为周兴嗣版《千字文》的读文顺序，该编排已进入公有领域，并不受著作权法保护。原告之所以选择《王羲之临钟繇千字文》原帖中的字按照上述顺序编排，系基于"《王羲之临钟繇千字文》原帖共974字经重新排列组合并补帖少部分文字后与周兴嗣版本《千字文》读文一致"这一发现。因此选择《王羲之临钟繇千字文》原帖中的文字进行编排是显而易见的，任何人基于该发现均会优先作出上述选择，故该选择亦不具有独创性，不受著作权法保护。但是《王羲之临钟繇千字文》原帖与周兴嗣版本《千字文》相比缺少部分文字，而对补帖文字的选择则可以体现独创性，受著作权法保护。例如，缺少"金"字，则选择由哪一人所书写的"金"字进行补帖以使整个字帖风格更加统一，内容更加完整，更具审美价值，可以体现作者的智力创造。经过法庭勘验比对，原告朱某与被告白某补帖的45个文字中有36个字的选择完全不同，有1个字的选择相同，有8个字近似。即使上述8个字选择相同，但双方对填补文字的选择受到"表达有限原则"的限制，仍不能就此直接认定被告白某构成侵权。因《王羲之临钟繇千字文》原帖字体风格与王羲之所书字体风格近似，考虑到字帖整体风格的统一，无论何人对补帖文字进行选择都自然会优先从王羲之所书写的字帖或者智永等其他与王羲之书法风格相近之人所书写的字中进行拣选，因王羲之、智永等书法家流传字帖较少，不同的人进行选择时当然可能存在选择相同的情形。考虑到原告、被告补帖的文字仅有个别选择相同，比例较低，故不能就此认定被告构成侵权。《王羲之行书千字文》一书中并未含有《新编王羲之临钟繇千字文》一书中的笔法参考、结构参考、附录、再版说明、原帖资料参考等内容。被告《王羲之行书千字文》

一书前言部分所阐述的某些观点与原告《新编王羲之临钟繇千字文》一书再版说明部分所阐述的某些观点相同，但该观点仍属思想而非表达，不能受到著作权法保护。理由同上，在此不再赘述。故对原告关于二被告侵犯原告《新编王羲之临钟繇千字文》作品著作权的主张，本院不予支持。

⇨ 案例解析

本案中，涉案作品是客观事实类汇编作品，其以客观事实为主要创作内容，并以反映客观事实为创作宗旨。在客观事实作品中，事实性因素占据着重要地位，作者独创性表达也是建立在客观事实等事实性因素之上。[①] 然而，客观事实本身是客观存在的，独立于人们的主观意识，其一旦产生，就不可能再受人类思想或创作活动的影响，即不可能由作者创作出来，而是应当属于全体人类的共同财产、公有资料。因此，在探讨客观事实汇编作品的独创性等问题时，必须衡量各种公共领域因素。本案讨论了客观事实汇编作品的独创性以及思想与表达二分法等重要问题，可以为法院审理涉及客观事实汇编作品类案件提供一定的借鉴与参考。

一、纯粹的客观事实不受著作权保护

纯粹的客观事实不受著作权保护是本案的核心审理思路。这是因为，根据著作权法的基本原理，只有表达才能够受到著作权法的保护，相关保护不及于作品的思想、操作方法、概念、原理、发现。客观事实是一类"发现"，是客观存在的，独立于人们的主观意识，其一旦产生，就不可能再受人类思想或创作活动的影响，是不可能由作者"创作"出来的，因此不可能构成有独创性的作品。以人口统计工作为例，统计人员并没有"创作"出人口统计数字和规律，他们只是通过大量调查和数据分析发现或揭示了这个数据和规律。[②] 正如本案法院所指出的，无论研究者付出多少辛勤的劳动，历史事实并不源自研究者，而是早就客观存在着的，它不可能成为历史研究者的作品。[③]

从知识产权法学理论角度分析，纯粹的客观事实不受保护的原因在于：

第一，著作权作为一项重要的财产权，根据洛克财产权劳动理论，只有当智力劳动足以使财产脱离于原有的公有状态时，特定财产才能够归为私有。在知识产权语境中，这种智力劳动排除了"采摘橡果"等机械性的、简单的劳

---

① 卢海君：《论事实作品的版权保护》，载《政治与法律》2008 年第 8 期。
② 参见北京市东城区人民法院（2017）京 0101 民初 1017 号民事判决书。
③ 参见北京市东城区人民法院（2017）京 0101 民初 1017 号民事判决书。

动,而对劳动的品质提出了更高的要求,即应当具有创造性。①而显然纯粹的或仅经过简单编排的客观事实并不能体现作者创造性智力劳动的投入。更何况,这些属于共同财产的客观事实也应当属于"为他人留下足够且良好的部分",不能被任何人排他性占有。

第二,整个知识产权制度都是一项利益平衡工具,其一方面要对知识产权权利人的利益予以充分而有效的保护,另一方面也需要在私权保护基础上实现知识产品的有效传播与利用,以实现更高价值的公共利益,保障社会公众及时获取知识、信息的权利。②纯粹的客观事实承载着更为重要的信息传播功能,这种获取信息的公共利益需要高于个人利益,否则著作权制度将变成一种限制任何人自由创作的障碍,最终导致知识领域的寒蝉效应。

第三,著作权法通过赋予私权、提供报酬等手段实现对创作个体的激励,并借助一系列司法保护举措实现对于智力劳动成果的排他性保护,最终鼓励全社会范围内优秀作品的广泛诞生与传播,促进包括艺术、科学领域在内各个领域的共同繁荣,丰富全人类的文化财富宝库。对此,客观事实作品中虽然也一定程度体现了作者投入相关劳动的努力,但这种劳动类似于"采摘橡果"的机械性劳动,没有体现作者的创造性智力劳动。若通过著作权制度奖励这种劳动,将不合理地提高后续创作者的创作成本,导致能够自由传播和利用的信息变得越来越稀少,难以实现文化和科学事业的蓬勃发展,与著作权法所追求的最终立法宗旨相违背。

二、客观事实汇编作品的独创性

只有具有独创性的外在表达才是作品,独创性是作品区别于其他人类劳动成果的关键。本案审理法院即指出,独创性中的"独"是指独立创作、源于本人。独创性中的"创"是指一定水准的智力创造高度,即要求劳动成果具有一定程度的智力创造性,能够体现作者独特的智力判断与选择、展示作者的个性并达到一定创作高度要求。因此,即便是建立在事实性因素基础之上的客观事实汇编作品,只要其中有能体现作者独创性智力劳动的内容部分,也应当受到著作权法的保护。虽然"发现"本身无法构成作品,但是将"发现"作为素材从而进行具有独创性的创作可以产生作品,并受到著作权法的保护。例如,

---

① 杨利华、沈韵:《公共领域保留视野下历史题材文字作品著作权保护研究》,载《邵阳学院学报(社会科学版)》2020年第4期。
② 杨利华、沈韵:《公共领域保留视野下历史题材文字作品著作权保护研究》,载《邵阳学院学报(社会科学版)》2020年第4期。

客观事实汇编作品的独创性认定

根据天文发现的成果撰写论文或以特定历史事实为背景撰写小说等，但这种情形下受著作权法保护的并非"发现"本身，而是该论文或小说。

具体结合本案，对于原告公开发表的《也议〈王羲之临钟繇千字文〉帖》文章，法院认为该文章本身具有独创性，体现了原告就《王羲之临钟繇千字文》帖进行研究所得到的智力成果，属于著作权法上的文字作品，他人未经原告许可不得抄袭、剽窃该文章。这一完全由作者个人创作的作品受到著作权保护并不存有异议。然而对于原告汇编的《新编王羲之临钟繇千字文》一书而言，其中字帖部分内容为按照周兴嗣版《千字文》的读文顺序将《王羲之临钟繇千字文》原帖共974字进行重新排列组合并补充少部分文字，其中存在劳动，但该劳动是否达到独创性程度，有待司法实践确认。原告主张上述字帖部分体现了自己的创造性智力劳动，应当被认定为汇编作品。法院对此认为，《王羲之临钟繇千字文》原帖与周兴嗣版本《千字文》相比缺少部分文字，而对补帖文字的选择则可以体现独创性，受著作权法保护。具体来看，如果缺少"金"字，选择由哪一人所书写的"金"字进行补帖以使整个字帖风格更加统一、内容更加完整、更具审美价值的过程，可以体现作者的智力创造。

三、客观事实汇编中的公共领域

如前所分析，在客观事实作品中保留公共领域才能够实现公共利益与个人利益的平衡，实现著作权制度促进文化领域发展与繁荣的最终立法宗旨。

首先，根据思想与表达二分法，客观事实作品中具体"发现"内容属于思想范畴，可以被任何人在后续创作行为中自由使用与利用。例如，本案中，《也议〈王羲之临钟繇千字文〉帖》文章所指明的"发现"，即《王羲之临钟繇千字文》原帖共974字经重新排列组合并补帖少部分文字后与周兴嗣版本《千字文》读文一致"，并不受著作权法保护。另外，客观事实是由哪一主体首先发现与著作权纠纷无关，也不属于本案的审查和认定范围。

其次，客观事实汇编作品要想受到著作权法的保护，其对相关内容的选择、编排方式必须具有独创性，否则整体形成的劳动成果将继续保留在公共领域，不能受到著作权法的保护。本案中，《新编王羲之临钟繇千字文》一书中字帖的编排顺序为周兴嗣版《千字文》的读文顺序，该编排方式已经进入公有领域，并不受著作权法保护。原告之所以选择《王羲之临钟繇千字文》原帖中的字按照上述顺序编排，系基于"《王羲之临钟繇千字文》原帖共974字经重新排列组合并补帖少部分文字后与周兴嗣版本《千字文》读文一致"这一发现。任何人基于该发现均会优先采取上述选择方式，因此可以说，选择《王羲之临钟繇千字文》原帖中的文字进行编排是显而易见的，这一选择方式并不具有独创性，不受著作权法保护。

最后，还要注意历史事实作品中对于表达选择空间的有限性。作者在创作客观事实作品的时候，目的就是要反映客观事实的真相，客观事实具有唯一性，这种对客观事实的追求就决定了客观事实作品的表达往往只有一种或有限的几种。①因此，根据著作权制度的有限表达原则，若填补文字的选择空间受限，相关内容依然属于思想范畴，保留在公共领域。本案中，经过法庭勘验比对，虽然原告与被告补帖的 8 个字相似，但双方对填补文字的选择受到"表达有限原则"的限制，仍不能就此直接认定被告构成侵权。本案法院即指出：因《王羲之临钟繇千字文》原帖字体风格与王羲之所书字体风格近似，考虑到字帖整体风格的统一，无论何人对补帖文字进行选择都自然会优先从王羲之所书写的字帖或者智永等其他与王羲之书法风格相近之人所书写的字中进行拣选，因王羲之、智永等书法家流传字帖较少，不同的人进行选择时当然可能存在选择相同的情形。最终，综合考虑到客观事实汇编作品中的公共领域保留原则，由于原告、被告补贴的文字仅有个别选择相同，比例较低，不能就此认定被告构成侵权。

四、结论

与客观事实作品相关的著作权问题早已受到国内外司法实践的充分重视，美国 Feist 案就涉及客观事实作品独创性认定等问题。在该案中，Rural 电话服务公司根据用户提供的电话号码、姓名和地址等资料编制了一份电话目录。Feist 出版公司在未经 Rural 公司许可的情况下从 Rural 公司的资料库中摘录了其所需的资料并进行出版。Rural 公司后向法院提起诉讼，主张自己对电话目录享有著作权，要求确认 Feist 公司的行为侵犯了其对电话目录享有的著作权。②Feist 案的争议焦点在于，这份电话目录是否具有著作权意义上的独创性。伴随案件的审理进程，美国法院在这一问题上的认识也经历了根本性转变：美国初审和上诉法院判定被告 Feist 公司的行为构成侵权，但当本案到了美国联邦最高法院，却完全否认了 Rural 电话目录的独创性。③此案之后，事实作品中的独创性及公共领域问题受到了实务与理论界的普遍重视，并逐渐达成共

---

① 卢海君：《论事实作品的版权保护》，载《政治与法律》2008 年第 8 期。

② 参见邓艳谊、关晓海：《从"姓氏起源案"看事实作品的著作权保护》，载《中国知识产权报》2014 年 4 月 4 日。

③ 参见顾微微、徐慎莉：《从美国 Feist 案看汇编作品的法律保护》，载《新疆社科论坛》2006 年第 4 期。

客观事实汇编作品的独创性认定

识,认为创作者仅仅对于客观事实投入"额头流汗"或"辛勤收集"的劳动,并没有改变相关事实的客观性与非原创性,不能因此获得著作权意义上的独创性,无法受到著作权法的保护;只有当这种收集、编排过程体现了创作者的独创性智力劳动,客观事实内容才能据此脱离公有状态。

与 Feist 案相似的是,本案所涉及的也是选择、编排类客观事实汇编作品。司法实践中,这类案件的难点往往在于如何认定客观事实转化为具有独创性的事实性表达,严格区分其中的公共领域与私权领域范畴,从而只对其中的独创性内容提供合理且正当的著作权保护。唯有如此,才能真正实现著作权制度激励广泛创作活动、促进优秀作品诞生的宗旨。

古籍点校作品的独创性认定

——李某诉葛某侵害著作权纠纷案

/ 袁瑞婷

⊃ 本案要旨

虽然古籍属于公共领域的作品,任何人可以对其加以利用,但是对古籍进行整理、点校之后形成的作品融入了点校者的创造性劳动,构成了具有独创性的表达。同时,出于公共利益的考虑,给予点校本以著作权法的保护有利于我国古籍点校行业的发展,也有利于传统文化的弘扬。

⊃ 案件信息

申请人(一审被告、二审上诉人):葛某

被申请人(一审原告、二审被上诉人):李某

案号:山东省潍坊市中级人民法院(2011)潍知初字第186号、山东省高级人民法院(2014)鲁民三终字第340号、最高人民法院(2016)最高法民再175号

⊃ 原被告主张及理由

原告主张:其自2008年6月开始整理点校民国版《寿光县志》。2008年10月,被告得知原告正在点校民国版《寿光县志》,提出与原告合作,原告亦同意合作。2009年7月,被告点校的《人物志·一》已打印第三稿,仍错误百出,2009年9月,原告与被告停止合作。2010年8月、9月,原告完成民国版《寿光县志》校注本第四稿,准备出版印刷,此时,被告联系原告可以按成本价要300本书,同时提出看一遍稿子,原告将《寿光县志》校注本第四稿给了被告。2010年年底,原告在王某某的指导下,放弃出版印刷的想法,继续进行点校。2011年5月,被告出版了民国版《寿光县志》点校本,印刷

古籍点校作品的独创性认定

1000 册，每册定价 450 元。原告认为，被告的行为侵害了原告的著作权。

◯ 一审法院查明的事实

2008 年 9 月 18 日，葛某到李某处找弥北李氏一族的有关族志和族谱资料时，二人协商共同点校民国版《寿光县志》一书，此后，双方开始合作点校。2009 年 6 月第一稿全部打印排版完成。2009 年 7 月、8 月形成第二稿。2009 年 10 月形成第三稿，也即李某印刷成册的《寿光县志》校注本上、下册。此后，双方发生分歧，终止合作。该印刷成册的《寿光县志》校注本上、下册上标明，顾问：王某、孙某、魏某、葛某，主编：李某，该第三稿并未正式出版。其中葛某点校了该第三稿中卷十二《人物志》中的两册，卷十三《金石志》，卷十四《艺文志》，卷十五《大事记》，卷十六《杂记》，《附录》全部，其余部分由李某点校。

2010 年 7 月 16 日，李某给葛某发电子邮件，称《寿光县志》清样（第四稿）已基本完稿，与葛某商量印刷《寿光县志》的有关事宜，如定价、是否合作署名、费用承担及修改等问题。葛某于 7 月 19 日去李某处取回第四稿继续进行校对，因书中点校、注释部分错误仍然很多，双方对于有关文义的理解等问题各持己见，尤其对于是否多加注释的问题形成不了统一意见，发生严重分歧，双方于 2010 年 9 月 27 日再次终止合作。

2011 年 1 月 23 日，李某在其博客上发布消息称，民国版《寿光县志》（简体字、校注本）已正式成书，并向爱好者提供。葛某在第四稿的基础上，又点校了第五、六、七稿，最终于 2011 年 4 月 29 日由中国诗词楹联出版社正式出版民国版《寿光县志》点校本，该书标明，点校：葛某，校审：孙某、李某，印数：1000 册，定价：450 元。

◯ 一审法院判决理由与裁判结果

一审法院认为，所谓古籍点校，是点校人在古籍版本的基础上，运用专业知识，依据文字规则、标点规范，对照其他版本或史料对相关古籍进行划分段落、加注标点、选择用字并拟定校勘的过程，通常会受点校人知识水平、文学功底、世界观、人生观、价值观及客观条件等多方面因素影响而有所不同，这种不同是点校人独创性思维的体现，民国版《寿光县志》虽然属于公有领域的作品，但对其进行整理、点校之后的点校本凝聚了点校人对点校内容的创造性劳动，构成了著作权法意义上的作品。《著作权法》（2010 年修正）第 12

条规定，改编、翻译、注释、整理已有作品而产生的作品，其著作权由改编、翻译、注释、整理人享有。同时，该法第 13 条规定，两人以上合作创作的作品，著作权由合作作者共同享有。本案中，自 2008 年 9 月 18 日开始，当事人双方就对民国版《寿光县志》合作进行整理、点校，虽然经历了两次合作与两次分手，但双方对共同点校这一事实均不否认，且被告当庭认可就双方合作校注的第三稿（民国版《寿光县志》校注本）与正式出版的民国版《寿光县志》点校本相比，就点校部分，相同之处有 85%，不同之处有 15%。因此，就点校的内容来讲，至少有 85% 的相同部分凝聚了当事人双方的创造性劳动，因此，双方对民国版《寿光县志》点校部分共同享有著作权。根据《著作权法》（2010 年修正）第 47 条第 2 项之规定，未经合作作者许可，将与他人合作创作的作品当作自己单独创作的作品发表的，构成侵害著作权的行为，应承担停止侵害、消除影响、赔礼道歉、赔偿损失等民事责任。本案中，被告在出版的民国版《寿光县志》点校本第一页上仅标明点校人为被告，其将与原告合作创作的作品当作自己单独创作的作品发表，侵犯了原告的署名权与发行权，原告请求判令被告赔偿损失、赔礼道歉并在报纸上刊登勘正错误声明的诉讼请求应予支持。

⊃ 上诉主张及理由

上诉人葛某不服上述判决，提起上诉，请求撤销原审判决，依法改判，一、二审诉讼费由李某承担。其主要理由为：（1）原审法院认定李某对民国版《寿光县志》点校本享有著作权不当。古籍点校不具有独创性，古籍点校作品不构成著作权法意义上的作品，点校人不享有著作权。（2）由于民国版《寿光县志》点校本不受著作权法保护，葛某的行为不侵害李某的著作权，原审判决葛某赔礼道歉、赔偿损失不当。（3）原审判决葛某向李某赔礼道歉并在报纸上刊登错误勘正声明，超出了李某的诉讼请求。（4）原审法院超审限审理案件，程序违法。

被上诉人李某答辩称，原审判决认定事实清楚，适用法律正确，请求驳回上诉，维持原判。

⊃ 二审法院查明的事实

二审法院对原审法院查明的事实予以确认。

古籍点校作品的独创性认定

⮕ 二审法院判决理由与裁判结果

1. 关于涉案民国版《寿光县志》点校本是否构成著作权法意义上的作品的问题。《著作权法实施条例》（2013年修订）第2条规定，著作权法所称作品，是指文学、艺术和科学领域内具有独创性并能以某种有形形式复制的智力成果。本案中涉及的作品为民国版《寿光县志》点校本，其性质为古籍点校。古籍点校是点校人在古籍版本的基础上，运用专业知识，依据文字规则、标点规范，对照其他版本或史料将古籍中的繁体字改成简化字以及改正文字的错误，并进行划分段落、加注标点的行为。当事人双方对上述古籍点校的含义均无异议。虽然古籍点校以还原古籍原意为宗旨，但由于古籍点校通常会受点校人知识水平、文学功底、表达习惯及客观条件等多方面因素的影响，就同一古籍，不同的点校人会创作出不同的点校作品，所以，古籍点校凝聚了点校人的创造性劳动，古籍点校作品具有独创性，构成著作权法意义上的作品，应受到著作权法的保护。并且，由于我国古代文献资料极为丰富，绝大部分人只能通过点校版本阅读，如果不给予保护，将对我国古籍点校行业的健康发展、古籍作品的传播及传统文化的传承造成不利的影响。因此，古籍点校作品构成著作权法意义上的作品，应当受到著作权法的保护。

2. 关于被告的行为是否侵害了原告著作权的问题。《著作权法》（2010年修正）第13条第1款规定，两人以上合作创作的作品，著作权由合作作者共同享有。《著作权法》（2010年修正）第47条第2项规定，未经合作作者许可，将与他人合作创作的作品当作自己单独创作的作品发表的，构成侵害著作权的行为，应承担停止侵害、消除影响、赔礼道歉、赔偿损失等民事责任。二审法院认为，被告对涉案作品系其与原告合作创作没有异议，所以，涉案作品的著作权应归其二人共同享有。涉案作品在被告出版之前从未发表过，而被告出版涉案作品时未将原告列为共同点校人，其行为系将与原告合作创作的作品当作其自己单独创作的作品进行发表，侵害了原告对涉案作品享有的署名权和发行权。一审法院根据上述法律规定，判决被告承担赔礼道歉、消除影响、赔偿损失等民事责任并无不当。

⮕ 再审主张及理由

葛某申请再审称：被申请人完成的涉案民国版《寿光县志》点校本，是以复原古文原意为目的，不具有独创性，不构成著作权法意义上的作品，不受著作权法保护。一、二审判决认定其侵犯李某的著作权，适用法律错误。

被申请人李某辩称：首先，涉案民国版《寿光县志》点校本凝聚了点校者大量的智力劳动，属于具有独创性的作品，应受到著作权法的保护；其次，再审申请人在一、二审中曾认可上述点校本是与被申请人共同点校的，作为合作作品亦不应遗漏被申请人的署名；最后，再审申请人出版的民国版《寿光县志》点校本在出版社、出版号等方面有大量伪造信息，应予以处理。请求驳回申请人的再审请求。

再审法院查明的事实

再审法院对原审法院查明的事实予以确认。

再审法院判决理由与裁判结果

再审法院认为，第一，涉案民国版《寿光县志》点校本属于智力劳动成果。涉案点校本系对民国版《寿光县志》的首次点校，需要点校者具备一定的历史、人文、文学等素养，且需要投入人力、物力进行调查研究，该点校过程属于智力劳动。

第二，涉案民国版《寿光县志》点校本构成对客观事实的表达。涉案点校行为可被视为具有独创性思维的表达。一方面，对一篇文学作品而言，通过对民国版《寿光县志》进行标点符号添加、段落层次划分，已加入了点校者对民国版《寿光县志》原意的理解；另一方面，对点校者而言，在面对无标点无分段，甚至部分文字残损的原本时，尽管其目的是要探寻原意，但均是依照点校者的理解对原本含义进行推敲、句读、分段等，客观上形成了一种特殊形式的表达。

第三，涉案民国版《寿光县志》点校本的表达方式并非唯一或极为有限。首先，点校者并非民国版《寿光县志》作者本人，其出于还原民国版《寿光县志》的初衷进行点校，但还原的成果也只是其主观理解上的"原著"，针对同一文本，不同点校人点校完成的版本通常不会完全一致；其次，不同点校者的认知水平、史学功底、专业技巧、点校经验存在差别，其对点校素材历史背景、相关事件、前因后果等了解程度亦有不同，最终的点校成果与原本贴近的关联度亦有差异；最后，点校行为受点校人多种主观因素的影响，不可避免地会融入点校者的个性选择。基于上述原因，点校者在对民国版《寿光县志》进行句读、分段的过程中存在一定的选择空间，存在形成不同表达的可能。

根据一、二审法院查明的事实，涉案民国版《寿光县志》点校本至少有

古籍点校作品的独创性认定

85%的部分应由当事人双方共同享有著作权，根据《著作权法》的相关规定，被告未经原告许可，单独将其发表，构成侵害原告著作权的行为，一、二审法院据此判令被告停止侵权并承担相应法律责任，并无不妥，应予维持。

案例解析

本案的焦点问题在于古籍点校本是否构成著作权法意义上的作品，是否受著作权法的保护。本案的一审、二审以及再审法院均认为古籍点校本是作者智力劳动的成果，具有独创性，应当受到著作权法的保护。与此同时，二审法院还指出如果不将古籍点校本作为作品加以保护，会不利于古籍点校行业的发展与中华传统文化的弘扬传播，从公共利益的角度赋予该论点以合理性。再审法院也从古籍点校并非有限表达的角度出发，论述对其进行保护的合理性。下文将对三个法院的判决说理进行概述，并基于独创性理论以及司法实践和学理上的不同观点对判决进行辨析。

一、判决概述与分析

一审法院的判决说理可分为两个部分。在第一部分中，法院对点校作品具有独创性进行了论证。法院先明确了古籍点校的定义以及特征，指出在古籍点校中点校人可以发挥很大的主观能动性，点校作品会受到不同点校人的知识水平、文学功底等多方面的影响，从而呈现不同的结果。点校作品的不同体现着点校人的独创性思维。因此，尽管古籍本身属于公共领域范畴，但点校本却经由点校人的智力劳动而构成著作权法意义上的作品。与此同时，法院还援引了《著作权法》（2010年修正）第12条的规定，指出注释、整理现有作品产生的作品，其著作权归属注释、整理人所有。

在第二部分论述中，法院对被告的行为构成侵权进行了论证。法院援引了《著作权法》（2010年修正）第13条关于合作创作的规定，指出合作创作的作品，著作权由合作创作者共同享有。本案中，原被告双方共同对民国版《寿光县志》进行点校，其合作完成的版本和正式出版的版本在点校部分的相同之处高达85%。法院据此认定原被告双方对民国版《寿光县志》的点校部分共同享有著作权。在此基础上，被告未经合作作者许可，擅自将该合作作品当作自己独立创作的作品进行发表，侵害了原告的署名权与发行权。法院据此判令被告赔偿损失、赔礼道歉并在报纸上刊登勘正错误声明。

二审法院的论证思路和一审法院一致，均从点校本是否构成作品以及被告的行为是否构成侵权两个方面出发进行论述，其说理基本与一审法院相同。

唯一的不同点在于，二审法院指出，出于保护公共利益的考虑，我们需要对点校作品进行保护。虽然我国有着大量的古代文献资料，但是对于大多数人来说点校本是其阅读这些资料的唯一途径。如果不通过著作权法保护点校作品，则不利于点校行业的发展、古籍作品的传播以及传统文化的弘扬。这一分析体现了著作权法的本质精神，即在公共利益和专有权人利益之间寻求平衡，最终达成促进创作和加强精神文明建设的目标。

再审法院的论证思路则分为三个部分。其一，法院明确涉案民国版《寿光县志》点校本属于作者的智力劳动成果，指出点校本需要进行调查和研究，并投入一定的人力、物力才能完成，同时也对点校者的知识素养有所要求。其二，法院指出涉案点校本构成具有独创性的表达，因此受著作权法的保护。在点校过程中，需要添加点校者对原古籍的理解，而作品的独创性就体现在不同点校者的不同理解之上。其三，涉案"点校本的表达方式并非唯一或极为有限"。法院指出，基于不同点校者的不同情况，其创作完成的点校本将具有多样性，在句读和分段的过程中存在选择空间，因此点校本的表达方式并非唯一或极为有限。法院的这一论证，旨在将点校本排除出公共领域范畴。因为通常情况下极为有限的表达属于公共领域范畴，若专有人能对有限表达进行垄断，将不利于作品的创作和传播，不符合著作权法的精神。同时，在表达有限的情况下，也很难承认作品具有独创性。只有在具有创作和选择空间的前提之下，表达才有可能具有独创性，才可能构成受著作权法保护的作品。因此，再审法院关于表达空间大小的论证是十分必要的。

可见，三个法院说理的核心思路是一致的，即点校本具有独创性，构成著作权法意义上的作品以及被告未经原告许可对共同作品进行发表的行为侵犯了原告的著作权。同时，二审法院和再审法院也在说理中对一审法院进行了补充。二审法院基于公共利益进行论述，再审法院则基于点校本不属于唯一或极为有限的表达进行论述，二者背后都体现着著作权法公共领域的理论内涵，使判决的说理更为完善。

二、理论基础与争议

（一）独创性的认定

如前所述，本案的核心问题在于古籍点校是否构成著作权法意义上的作品。著作权法所称作品，是指文学、艺术和科学领域内具有独创性并能以一定形式表现的智力成果。可见，构成作品的核心在于独创性。独创性这一概念在我国法律体系中并未获得明确定义，因此，本文先将目光投向其他法律体系，试图从比较法的视角明确何为独创性。

从比较法的角度来看,独创性的界定方法可以归纳为两种。一是通过较为抽象的方法界定独创性,比如作品本身是否具有"创作高度""作品个性"等元素。① 此种界定方法为德国、法国等国所使用。二是通过判断作品的创作过程是否投入了作者的劳动来界定独创性,这是一种经验型的界定方法,为英国早期的司法实践所使用。② 而美国的司法实践则是从使用后者转向了使用前者,一开始美国遵循著名的"额头流汗"原则,即只要投入了劳动,属于作者独立完成的作品即可具有独创性。③ 后来,通过 Feist 案,法院确立了作品在除了作者独立创作之外,还需要"至少具有某种最低程度的创造性",据此转向了抽象的界定方法。④ 不难看出,两种界定方法各有优劣。抽象的界定方法的缺点在于难以明确何谓"创作高度""最低程度的创造性",而经验的界定方法保护的范围则过于宽泛,不利于对公共利益的保护。⑤

回归到我国的司法实践,可以看出大多数法院在判决中采取的理论类似于 Feist 一案的观点,即主张具有独创性的作品不仅需要作者投入劳动独立完成,同时也需要其具有最低限度的创造性。两个经典的案例是 1994 年的"电视节目预告表案"和 1995 年的"出版发行名录案",前者的判决中法院认定节目预告表"只是对已经存在的成果的反映",后者的判决则指出出版发行名录中收集的各项要素"排列的顺序和形式"是有限的,无法体现作者的创造性。⑥ 因此,虽然节目预告表和出版发行名录都是作者独立创作完成,并且凝聚了一定的辛勤劳动,但其本身并不具有独创性,不受著作权法的保护。本案的再审判决说理其实也采取的是同样的观点,再审法院一方面论证点校本是作者的智力劳动成果,另一方面指出点校本的表达方式并非相对有限,作者具有选择和创造的空间,从而得出涉案点校本具有独创性的结论。

---

① 参见王坤:《论作品的独创性——以对作品概念的科学建构为分析起点》,载《知识产权》2014 年第 4 期。
② 参见王坤:《论作品的独创性——以对作品概念的科学建构为分析起点》,载《知识产权》2014 年第 4 期。
③ 参见李伟文:《论著作权客体之独创性》,载《法学评论》2000 年第 1 期。
④ 参见李伟文:《论著作权客体之独创性》,载《法学评论》2000 年第 1 期。
⑤ 参见王坤:《论作品的独创性——以对作品概念的科学建构为分析起点》,载《知识产权》2014 年第 4 期。
⑥ 参见李伟文:《论著作权客体之独创性》,载《法学评论》2000 年第 1 期。

（二）点校本是否具有独创性

本案的三次判决均旗帜鲜明地指出，点校本具有独创性。但也有部分学者和判决认为，依照前文所述的独创性的界定方法，点校本不具有独创性。持这种观点的学者和法官的论述基本基于公共领域的理论，如通常有限表达不受保护、思想与表达二分法以及客观事实不受保护。

从通常有限表达不受保护的角度来看，持点校本不具有独创性观点的学者指出，古籍点校的目的在于从最大限度上恢复古籍原本所想要表达的含义。① 这一目的从根本上限制了点校者的自由选择和智力创作空间，专业素养越高的点校者制作出来的点校本越趋近于古籍原意，其表达因为古籍原意的限制而极其有限。有限的表达一方面属于公共领域的范畴，另一方面则证明点校本不具有一定的独创性。

从思想与表达二分法的角度来看，若某种思想只能通过非常有限的方式进行表达，则这种表达被视为和思想相混同而不受著作权法的保护，② 否则将无异于赋予使用了有限表达的作者以该种思想的垄断权，不符合著作权法的精神。而点校本的表达正如前所述，在某种程度上是极为有限的，因此根据思想与表达二分法的理论不应通过著作权给予其保护。

从客观事实不受保护的角度来看，点校本只是对古籍的原意进行复原，并没有创造出新的属于点校者自身的东西。从某种程度上来看，点校本只是对已经存在的事实——古籍原意的还原，阅读点校本的读者会认为自己是在阅读古籍原典，而不是经后人创作改编的版本。③ 美国的"兴登堡号案"体现了这一观点。在该案中，法院指出，解释历史事实的假说属于思想范畴，不受著作权法的保护。④ 古籍点校本从某种程度上而言是点校者对于古籍原意这一客观事实的解释性假说，从这一角度而言，其不具有独创性。

笔者认为，尽管古籍点校作品是否具有独创性存在争议，但其需要得到法律的保护是毋庸置疑的。点校的完成需要耗费点校人大量的时间和精力，也对点校人的专业素养、知识水平有很高的要求。如若不对点校作品提供一定的保护，则点校人的创作热情会受到严重的打击，不利于公民对古籍作品的阅读

---

① 参见甘竞圆、张怀印：《古籍点校成果的著作权保护模式研究》，载《图书馆杂志》2020 年第 10 期。

② 参见甘竞圆、张怀印：《古籍点校成果的著作权保护模式研究》，载《图书馆杂志》2020 年第 10 期。

③ 参见甘竞圆、张怀印：《古籍点校成果的著作权保护模式研究》，载《图书馆杂志》2020 年第 10 期。

④ A. A. Hoehling v. Universal City Studios, 618 F. 2d 972, at 978 – 979（2nd Cir, 1980）.

理解，也不利于传统文化的弘扬和传播。因此，即使点校作品可能因独创性不足而难以被认定为受著作权法保护的作品，也应当受到法律的保护。

有学者指出，可以通过邻接权对点校作品加以保护。① 邻接权保护模式与古籍点校作品十分契合，该模式诞生之初的目的即在于保护那些随着技术发展产生的独创性不足以达到著作权法要求的劳动成果，诸如出版、表演、录制等。这些"作品"的产生也凝聚着人们的劳动，如果允许其被随意地复制、传播、使用，则会减少人们投资、传播的热情。因此，许多国家都增设了邻接权这一保护模式，为独创性较低的值得保护的劳动成果提供保护。② 从邻接权的权利客体来看，古籍点校作品和邻接权保护的客体相似，都是独创性相对不足，但与此同时又"与作品存在联系的劳动成果"。③ 从邻接权的权利内容来看，邻接权的保护期限相较于著作权而言较短，其权利内容也较少。以保护期限较短、权利内容较少的邻接权来保护点校作品，可以在先点校者与后点校者以及社会公众之间更好地达成利益平衡。④ 从这些角度进行考虑，或许通过邻接权保护古籍点校作品是更可行的路径。

三、结论

本案的争议焦点在于古籍点校作品是否具有独创性，一审、二审、再审法院均对该问题给出了肯定的意见。法院认为，古籍点校作品是点校人智力劳动的成果，同时点校作品因为不同点校人知识水平、价值观念的不同也呈现不同的表达形式，点校人存在选择和创造的空间。因此，古籍点校作品具有独创性，构成我国著作权法意义上的作品。但与此同时，学界和司法实践中也存在不同的意见，即认为古籍点校作品的表达空间极为有限，受制于古籍原意和点校基本规范，因此古籍点校作品的独创性较低，难以构成作品。无论采纳何种观点，不可否认的是出于公共利益的需求，点校作品需要得到法律的保护。邻接权模式与古籍点校作品的特征十分契合，笔者认为这是一种可行的保护路径。

---

① 参见甘竞圆、张怀印：《古籍点校成果的著作权保护模式研究》，载《图书馆杂志》2020年第10期。

② 参见甘竞圆、张怀印：《古籍点校成果的著作权保护模式研究》，载《图书馆杂志》2020年第10期。

③ 参见甘竞圆、张怀印：《古籍点校成果的著作权保护模式研究》，载《图书馆杂志》2020年第10期。

④ 参见甘竞圆、张怀印：《古籍点校成果的著作权保护模式研究》，载《图书馆杂志》2020年第10期。

公共领域视角下古籍点校作品的著作权侵权判定
——某文学出版社有限公司诉某教育出版社有限公司侵犯著作权纠纷案

/ 丁子哲

⮕ 本案要旨

点校是以语言文字、符号等形式注释、整理已有作品而产生的作品,以有别于古籍原版且可客观识别的新的点校本或整理本的形式表现出的创造性智力成果,符合演绎作品的特征和形式,属于演绎作品。在已有古籍点校成果的情况下,再行点校修订的行为构成对原演绎作品的再演绎,其中具有独创性的因素构成新的演绎作品,但不应侵犯原演绎作品的相应权益。其中的独创性表现在古籍整理者结合自身的理解进行了各不相同的取舍、判断,从而形成了具有不同个人风格特征的断句标点、勘误字词及注释等智力成果。但是基于行业习惯、惯用表达等原因,其中的一些标点等整理成果存在相同近似性,但著作权法对独创性的要求在于存在一定的创作空间、超出了创造性的最低限度标准即可,不同的整理人基于个人的自身人文素养会进行各不相同的整理,不构成实质性近似。

⮕ 案件信息

原告:某文学出版社有限公司

被告:某教育出版社有限公司

案号:北京市朝阳区人民法院(2019)京0105民初10975号

⮕ 原被告主张及理由

原告主张长篇小说《镜花缘》为清代文人李汝珍所著,在中国小说史上具有重要历史地位,系教育部(统)编语文教材指定推荐必读书目。该书通行校注本由古典文学专家张某某先生校注,原告享有张某某先生校注本的专有出版权。1955年4月,原告首次出版发行了张某某校注版《镜花缘》(以下简称某文学社版《镜花缘》)。2017年7月,被告出版发行了校注版《镜花缘》(以下简称某教育社版《镜花缘》)。经比对,某教育社版《镜花缘》一书的标点、分段全部抄袭自某文学社版《镜花缘》;注释或原样或改头换面抄袭自某文学社版《镜花缘》。被告严重侵害原告对某文学社版《镜花缘》享有的专有出版权,造成原告巨大经济损失,被告应当为此承担侵权责任。

被告抗辩称:(1)小说《镜花缘》是属于公共领域的作品,不受著作权法保护。某文学社版《镜花缘》前言记载该书的句读参照了在先版本,故不能证明张某某对该书进行了句读,而且句读不属于著作权法保护范围。(2)某教育社版《镜花缘》在注释上存在创新之处,与某文学社版《镜花缘》的注释存在差异,属于一部新的作品。(3)因专有出版权属于财产性权利,故被告即使侵权,也不侵害著作人身权,原告主张赔礼道歉无法律依据。(4)出于停止纷争的目的,被告可考虑暂停出版发行,但原告主张的经济损失无事实和法律依据。

法院查明的事实

关于原告主张某文学社版《镜花缘》属于演绎作品以及被告侵害其专有出版权的事实,原告主张某文学社版《镜花缘》一书的独创性体现在:张某某对李汝珍所著《镜花缘》原本进行了标点、分段及注释,从而形成了不同于原本的演绎作品。

被告认可某教育社版《镜花缘》全书标点、分段与某文学社版《镜花缘》中相应内容完全一致,但认为两书注释部分存在较大差异。

为证明某文学社版《镜花缘》一书正文中标点、分段具有独创性,原告提交齐鲁书社于2005年9月出版、烟照点校的《插图本镜花缘》和上海古籍出版社于2011年8月出版、傅成点校的《镜花缘》。将该三个不同点校版本《镜花缘》的标点、分段抽样对比,差异举例如下:

在标点方面,原告认为标点的不同使文章强调重点、表达语气、语句精准程度及文本含义等方面存在差异。具体而言,全书第一回第一段中,张某某标点方式为"此四者,女人之大节而不可无者也"。烟照标点方式为"此四者女人之大节,而不可无者也"。第四十一回第一段中,张某某标点方式为"名蕙,字若兰。智识精明,仪容秀丽;谦默自守,不求显扬"。烟照标点方式为"名蕙,字若兰,智识精明,仪容秀丽,谦默自守,不求显扬"。第九十一回第八段中,张某某标点方式为"此物汶山山谷及澧鼎之间最多"。傅成标点方式为"此物汶山山谷及澧、鼎之间最多"。

在分段方面,原告举例如下:张某某校注版第一回共分10段,烟照点校版共分7段,二者之间存在前者将"内中单讲蓬莱山有个薄命谷"及其后内容单列一段等分段差异;张某某校注版第十一回共分7段,烟照点校版共分6段,前者将"唐敖道:'如此看来,这几个交易光景……'"单列一段;张某某校注版第三十一回共分9段,烟照点校版共分12段,前者将唐敖等人与通使的对话场景列为一段,后者则将该场景分为两段;张某某校注版第九十一回共分22段,烟照点校版共分12段,二者之间存在前者叙述酒令场景分为数段,后者未分段等分段差异。此外,上述回目中,张某某校注版均将文末"未知如何,下回分解"单列一段,但烟照点校版中均列为回目最后一段之后,未单列一段。

关于注释部分,张某某先生在某文学社版《镜花缘》前言中明确了其进行注释的六大标准。经比对,某教育社版《镜花缘》在对注释内容的选择上与某文学社版《镜花缘》近无二致。经统计,某文学社版《镜花缘》中注释有662条,总字数约为36 886字;某教育社版《镜花缘》中注释有492条,总字数约为20 532字。

以上事实,有《图书出版合同》、某文学社版《镜花缘》、某教育社版《镜花缘》、《出版合作协议》以及当事人陈述等证据在案佐证。

⊃ 法院判决理由与裁判结果

一、张某某对古籍《镜花缘》进行标点、分段、注释等整理后所形成的成果是否受著作权法保护,属于何种作品

《著作权法》规定,改编、翻译、注释、整理已有作品而产生的作品,其著作权由改编、翻译、注释、整理人享有,但行使著作权时不得侵犯原作品的著作权。本案中,权利图书是张某某先生对古籍《镜花缘》进行标点、分段、注释等整理工作后形成的新版本图书。本院认为,明晰古籍概念和古籍整理的方法、功用,有利于对古籍整理成果构成何种性质的作品作出判断。

古籍是中国古代书籍的统称,一般是指1912年以前使用繁体字书写或印刷,具有中国古典装帧形式特征的书籍。古籍整理对中华文明的传承厥功至伟。

现代意义上的古籍整理包括厘定版本、校勘、标点、注释、今译、解题、辑佚、索引、编目、复制等方式,其中最主要的整理方式为标点、校勘和注释。标点是新文化运动以来新兴的古籍整理方式,是指为便于读者正确、高效地理解文义,古籍整理者根据文献的具体内容,施加标点符号、划分段落等工

公共领域视角下古籍点校作品的著作权侵权判定

作。相关标点符号,以现代汉语常用标点符号为主,并往往辅以古籍整理专用标点符号(如人名、地名、书名等专名线)。校勘是指古籍整理者在尽量收集相关重要版本并考订版本源流的基础上,对不同版本的文字详加比较,并参考其他传世及出土文献,综合研判,改正古籍在历代流传过程中出现的各类讹误,以获得相对准确的文本。注释是指针对古籍文献的疑难之处注音释义,多涉及字词、典故、名物、地理、职官、制度等方面。这些整理工作皆需要整理者具有相当的历史、语法、音韵、训诂、修辞、版本目录等相关专业学识素养,如果质量不高,甚至会导致碎文破句、分合莫辩,愈出愈歧,难免厚诬古人、贻误后学。综上可见,古籍整理是基于整理者个人学识,付出大量劳动的创造性智力成果。尊重、保护古籍整理所具有的著作权,对于传世文献之存亡继绝、化旧翻新的文化使命,具有重要价值。

需要指出的是,有观点认为,古籍点校仅为揭示古籍原意这一早已存在的客观事实,揭示客观事实的行为不具有创造性,故古籍点校不构成著作权法所保护的作品。法院认为,虽然理论上整理者是为最大限度地还原原著,但实践中,整理成果仅更多地表现为整理者的主观认知水平,在是否真正能够做到还原历史事实和还原事实的程度上,则是仁者见仁、智者见智,难成定论,所谓的还原事实无从确认,实际上亦不可为。

另有观点认为,古籍点校主观上是为恢复古籍原貌,会产生"趋同"效果,表达方式有限。本院认为,著作权法规定的演绎作品,是指改编、翻译、注释、整理已有作品而产生的作品。演绎作品的独创性一方面体现在对原作品进行了改编、翻译、注释、整理;另一方面体现为在原作品的基础上有所创新,对原作品作了形式上的变动。因此,演绎作品与原作品一样,都是受独立保护的作品。演绎作品的作者可以凭借他在演绎原作品的过程中所付出的大量的独创性劳动而对演绎作品享有独立的著作权。以古籍标点为例,点校等古籍整理一旦出现讹误将直接导致对古籍文献的理解偏失,整理者应具备相当的专业水平和经验,非普通人能够胜任。点校是以语言文字、符号等形式注释、整理已有作品而产生的作品,以有别于古籍原版且可客观识别的新的点校本或整理本的形式表现出的创造性智力成果,符合演绎作品的特征和形式,属于演绎作品。当然,因标点等形成的演绎作品是对原文本的再整理,不同的整理者都是基于原文本甚或同一版本进行的整理,从形式上来看,必然会产生一定的趋同性。但是更应当看到,标点断句实际上是标点者对原文认识理解的非文字性注释,因整理者学养和知识积累及占有资料的不同,也必然会表现为因不同的个性化判断选择,而呈现不同风格的差异化表达方式。甚至不同整理者对同一原文的标点经常不尽相同，原因主要有：一是某些语句的断句、语气虽标点者理解不同，但都可读通；二是原文存在异文、衍文、脱文、错文，不同水平对理解文义有差异。因此，不能因为存在某些趋同表象，而否定整理成果因独立原创而具有的演绎作品性质。

亦有观点认为，将点校等古籍整理成果，纳入著作权法保护，将产生对古籍点校的垄断性权利，不利于优秀传统文化发展弘扬。法院认为，在已有古籍点校成果的情况下，再行点校修订的行为构成对原演绎作品的再演绎，其中具有独创性的因素形成新的演绎作品，但不应侵犯原演绎作品的相应权益。当再次演绎作品时，根据是否涉及已有作品的独创表达元素，决定了授权条件是单一授权抑或复合授权。具体来说，再次演绎中未包含已有作品的表达元素，不需要已有作品著作权人授权许可；再次演绎中虽包含已有作品的表达元素，但该元素并非由已有作品著作权人专有，不需要已有作品著作权人授权许可；再次演绎中包含已有作品的未进入公有领域的独创性表达元素，一般需要得到已有作品权利人的许可。

当然，并非所有的古籍整理活动如影印或简单律诗的标点都可构成著作权法意义上的作品，即使构成作品的也应根据整理工作的难易程度，在侵犯著作权时的赔偿标准上，酌情予以考量。古代文言体文献，时代越古远，乃至甲骨契刻、鼎彝铭文，整理难度相对较大，而诗赋和宋元以后杂剧、散曲及白话小说等，或则文法规律性较强，或则语言通俗易懂，整理难度相对较小。

通过本案查明的事实可知，古籍《镜花缘》的独立整理者包括张某某、烟照、傅成三人或以上，在该 50 余万字的章回体小说中，古籍整理者结合自身的理解进行了各不相同的取舍、判断，从而形成了具有不同个人风格特征的断句标点、勘误字词及注释等智力成果。虽然不能否认，基于语言习惯等原因，其中的一些标点等整理成果存在相同近似性，但著作权法对独创性的要求在于存在一定的创作空间、超出了创造性的最低限度标准即可，不同的整理人基于个人的自身人文素养会进行各不相同的整理，这一事实本身即说明了对于体量较大的章回体小说而言，单纯的断句标点即存在取舍的创作空间。张某某对《镜花缘》一书综合完成的标点、分段、注释智力成果整体产生的新版本作品形成了区别于古籍《镜花缘》版本的独创性表达，构成演绎作品，应受著作权法保护。

二、张某某是否系某文学社版《镜花缘》一书的校注者以及原告是否享有该书的专有出版权

《著作权法》（2010 年修正）第 11 条规定，著作权属于作者，如无相反证

公共领域视角下古籍点校作品的著作权侵权判定

明,在作品上署名的公民、法人或者其他组织为作者。某文学社版《镜花缘》版权页上署名有"张某某标点校注",被告虽然对张某某的校注者身份质疑,但未就此提供相反证据,故法院确认张某某是某文学社版《镜花缘》一书的校注者。

《著作权法》(2010年修正)第19条规定,著作权属于公民的,公民死亡后,本法第10条第1款第5项至第17项规定的权利在本法规定的保护期内依照继承法的规定移转。作品的专有出版权属于专有复制、发行权,故在作者死亡后,该权利依法转移至作者的继承人。本案中,在张某某、其妻子钱某影、其三女张某明及其配偶崔某先相继死亡后,张某某校注本《镜花缘》的复制、发行权已经依法转移至现存的继承人张某厚、张某维、张某柔、张某慧、张某峰、崔某。根据张某厚与原告签订的《图书出版合同》以及张某维、张某柔、张某慧、张某峰、崔某出具的授权书,可以确认原告在约定地区和期限内合法取得了张某某点校版《镜花缘》一书的专有出版权。

三、被告出版发行《镜花缘》一书是否构成侵权,应如何承担民事责任

《审理著作权民事案件适用法律解释》第20条规定,出版物侵犯他人著作权的,出版者应当根据其过错、侵权程度及损害后果等承担民事赔偿责任。出版者对其出版行为的授权、稿件来源和署名、所编辑出版物的内容等未尽到合理注意义务的,依据《著作权法》的规定,承担赔偿责任。

本案中,某文学社版《镜花缘》出版发行早于某教育社版《镜花缘》。某教育社版《镜花缘》全书的标点及分段与某文学社版《镜花缘》的标点及分段相同,两书对注释内容选择整体相同且注释部分高度雷同。故可认定某教育社版《镜花缘》抄袭了某文学社版《镜花缘》的实质性部分,属于侵权图书。被告作为专业出版机构,可通过正常途径获知原告已在国内市场上在先出版发行了涉案图书,且被告亦认可其出版的侵权图书参考来源于权利图书,但其仍然出版发行了涉案侵权图书,故其对涉案侵权图书的出版未尽到合理的注意义务,主观上存在过错,侵害了原告对张某某点校版《镜花缘》享有的专有出版权,应当为此承担停止侵权、赔偿经济损失的法律责任。

对于赔偿经济损失的具体数额,法院综合考虑到下列因素酌情确定:(1)某文学社版《镜花缘》全部标点、分段及整体注释被抄袭,数量较大;(2)被告主观过错严重;(3)涉案作品的性质虽然是对古籍的整理,属于演绎作品,但被告对古籍整理成果的侵犯是构成被诉侵权图书满足市场需求,形成产品利润的核心之所在;(4)被告出版发行涉案侵权图书印数、定价及合理利润率。需指出的是,结合被告在同一版次、印次中出版发行了载明印数为 45 万册及未载印数的侵权图书，法院将综合全案事实酌情裁定印数的参照数量。

针对赔礼道歉主张，赔礼道歉主要适用于著作人身权受到侵害的情形，目的是慰藉被侵权人精神利益所受的伤害，而本案中原告受到侵害的是专有出版权，不存在精神利益受到损害的情形，故法院对原告主张被告公开赔礼道歉的诉讼请求不予支持。

综上所述，法院判决认为原告作品构成演绎作品，被告侵犯了原告的专有出版权，应当承担停止侵权、赔偿经济损失的法律责任。

案例解析

由于古代文字的表达方式和用语习惯与当下所使用的有较大差距，我们对于古籍相关文学的阅读常常需要借助文学工作者对于古籍的注释及整理，因此古籍的注释、整理工作对于文化的传承起着重要的作用。在我国悠悠的历史文化长河中，有许多历史文化瑰宝，其中就包括许多古典文学作品。因此，对以古典文学形式创作的文字作品和经典学术著作进行注释的现象非常普遍。同时，对于在行文中引用了有关典故的现代作品，对于其中涉及的典故，也存在予以注释的情况。而古籍整理作品是整理者通过注释、修改、审定、校勘等方式对古籍进行加工整理，并形成便于现代人学习、欣赏或研究的作品，它包含了古籍点校的内容。[①]

一、古籍点校作品能否构成著作权法意义上的作品

司法实践中，法官一般把古籍点校分为三种：一是断句及分段落，由于古文与现代用语习惯存在诸多差距，故有必要将杂乱无章的段落厘清，此类整理、断句的工作实际上并不容易，因为这需要根据上下文文义作出正确的理解，还需要参考各种文献作出能使读者阅读方便的表述；二是加注标点，即按照现代汉语的习惯在分段落的基础上，对语句进行标点，使之符合现代阅读的习惯，更贴切地表达其原本的意思[②]；三是对古籍中原文的增补、删除和修改。正如本案判决所言，古籍点校作品能否获得著作权法的保护，在学术界仍然存在不同的声音。

一种观点认为古籍点校作品不能构成著作权法意义上的作品，应当被纳

[①] 张今：《古籍整理作品的著作权问题》，载《出版参考》2018 年第 2 期。
[②] 严永和、王雅宇：《如何保护古籍点校成果的著作权？》，载《中国知识产权报》2015 年 5 月 29 日，第 10 版。

入公共领域。其中，一种逻辑认为，古籍点校作品属于客观事实，或者是一种对于事实的客观表述。由于古文本就是客观存在的作品，点校的过程只是将作品的原貌进行了复原，还原了古文原有的事实状态，并非创作出具有新意的新作品，在主观性因素上并不符合独创性的要求。因此，从这个角度出发，古籍点校作品应当被纳入公有领域。另一种逻辑的表述是，原有的古文由于时间年代久远，早已超越著作权所赋予的时间限制，因此古籍点校的原作品即是已进入公共领域的作品。由于古籍点校的方式及表达有一定的规律性，在一定程度上属于惯常表达的范畴，再加上古籍点校本身就是在其所依据的古文的基础上进行加工的，因此不同的古籍点校在表达结果上可能是趋同的，表达方式较为有限。古籍点校的目的在于复原古籍原意，每个点校者都是根据自己对古籍含义的理解，在极为有限的点校表达方式中进行选择，但始终会忠于点校者自己所理解的古籍原意，因此这种情况下不会产生新的表达。① 这种有限的表达方式不应当受到著作权法的保护。在这种题设下，古籍点校作品自然也无法成为著作权法所保护的作品。

另一种观点则与上述观点呈完全相反的态度，认为古籍点校作品构成著作权法上的演绎作品。所谓演绎作品，根据 2020 年修正的《著作权法》第 13 条的规定，是指改编、翻译、注释、整理已有作品而产生的作品，其著作权由改编、翻译、注释、整理人享有，但行使著作权时不得侵犯原作品的著作权。古籍整理不是一种简单的劳务，古籍经整理后形成的作品是一项具有独创性并能以有形形式复制的智力成果。

二、古籍点校作品的独创性审查问题

法条中所述的演绎作品是区别于原作品的独立的新作品。对于此类经过改编、翻译、注释、整理的新作品，同其他文字作品一样，也同样涉及作品是否具有独创性的审查和判断。独创性是指作品系独立创作，著作权法所要求的独创性必须是针对特定作品的判断。由于创作领域和题材的限制，对于古籍点校作品的审查，具有不同于一般文学艺术作品的特性，应掌握不同的审查标准。古籍作品的注释、整理，一般是在原作品的篇章结构的基础上进行的注释、校勘，因此相较于原作品，结构与整体框架上不会发生太大变化。此时作品结构上的变化，就不应当成为审查独创性方面的重点。学术观点认为，古籍点校作品独创性的判断，应当审查其是体现了作者的独创性判断和选

---

① 参见李菊丹：《论古籍整理成果的著作权保护》，载《首都师范大学学报（社会科学版）》2019 年第 4 期。

择,还是仅仅属于客观事实(古籍)的发现。在现有法律对此态度还未明确的情形下,不应对古籍点校成果的独创性要求过高,不能仅从作品中的基本构成元素是否处于公共领域来进行抽象讨论。[①]进一步而言,笔者认为,古籍点校作品独创性的审查应当主要集中在原作品经注释、整理后所增加内容的表达形式是否有别于他人的作品来进行把握。这里涉及注释、整理含义的理解。注释的含义,依照原《著作权法实施条例》的规定,是指对文字作品中的字、词、句进行解释,而修改后的《著作权法》中未对注释予以规定。从注释的文义来看,注释即注解,是指用文字来解释字句。注解的文字被称为注文,而对于注解和解释注解的文字合称注疏。注释一般针对古籍作品而言,但注释这一方法已经普遍运用到有关的学术创作中。注释的用意主要有以下三个:一是表明对文献资料的来源及出处进行阐释;二是补充说明正文中无法清楚准确表达的意思,对其进行进一步阐释,避免造成正文中语义不明同时又影响行文流畅性情况的出现;三是进一步提供可以引申的资料,供读者思考并进一步深入探讨。整理,根据原《著作权法实施条例》的规定,是指对内容零散、层次不清的已有文字作品或材料进行条理化、系统化的加工,如古籍的校点、补遗等。对古籍的整理,又称校勘,是指用同一部书的不同版本和有关资料加以比较,考订文字的异同,目的在于确定原文的真相。[②]为此,形成了专门研究整理古书的知识和学问,即校勘学。根据不同的版本校勘过的书本,称为校本。

古籍作品的校勘和注释常常结合在一起。即在收集和整理史料的不同版本或校本的基础上,通过进一步考证、比较、调查和寻访等工作,对原作品予以校点(校订并加标点)、校订(对照可靠的资料改正书籍、文件中的错误)、补遗(补充遗漏)、校注(校订并注释)等活动,注释整理出自己的观点;或为其认同的注解,提供其他的佐证和依据,或加注按语,有感而发,阐释己方观点和意见,并在原作品的结构基础上,增加原作者的有关年表、重大事迹和相关著述或历代评论等,从而形成不同于他人的古籍校释作品。

在古籍的校勘和注释中,作者所付出的不仅有劳动汗水,更包括大脑据以产生创作性劳动成果进行的甄别、取舍、创作等思维过程。我国《著作权法》充分尊重和保护注释、整理者的合法权益,对具有独创性的校释作品依法予以保护。例如,《春秋繁露》作品创作于我国汉代,历史上形成了众多的版本。如

---

① 郑晔:《古籍整理作品类型及独创性判定》,载《人民司法》2019年第23期。
② 参见赵坚:《2008年古籍类图书出版综述》,载《编辑之友》2009年第1期。

公共领域视角下古籍点校作品的著作权侵权判定

何从中参正出较为合理之文本,需要在考察已有各家校注基础上,确定使用的版本并进行整理和注释。在这个过程中,整理者、注释者付出了极大的时间、精力和创造性脑力劳动。该成果符合作品的独创性要求。① 若是不对该类作品进行保护,一方面是对这些古籍点校及整理工作人员所付出的智力劳动成果的辜负,另一方面也并不利于激励该项事业在我国的发展,不利于古文佳作在后代的延续与传承。从更大的意义上而言,这也有违著作权法立法的初衷。

三、结论

回到本案的具体案情中,张某某先生的某文学社版《镜花缘》无论是在标点方面、分段方面还是注释方面,都进行了具有独创性的编排,从而形成了不同于原本的作品,故法院判决认为张某某先生的该作品构成著作权法意义上的演绎作品,应当受到著作权法的保护。而某教育社版《镜花缘》在标点、分段以及注释内容的选择上与某文学社版《镜花缘》近无二致,应当认定构成著作权侵权。

有学者建议,针对上述学术观点的争论,立法可以考虑为古籍整理者提供邻接权保护。因为,从客观事实上来看,古籍点校的过程并没有产生新作品,因此严格意义上其确实不能受到著作权法的保护。但是从"额头流汗"原则等创造者付出创造性劳动的理论观点来看,古籍点校及整理者为此付出了一定的智力劳动,理应享有相应的权利。因此,从著作权法律制度的基本原则出发,从古籍整理作品保护的正当性、必要性与可行性三个方面来考虑,应当为保障古籍整理者利益创设一种权利,如可以考虑在邻接权部分增设一项"古籍整理者权"。

同时,从利益平衡的角度考量,在增设诸如"古籍整理者权"等权利的同时,也应同时对该种权利的保护期限、保护范围加以限制。作为一项邻接权,其在侵权的认定标准以及司法救济的方式等方面,也会与传统的著作权存在一定的区别。对于前人已经进行的古籍点校与整理成果,后人借鉴是否侵犯前人的著作权,以及借鉴到何种程度即何种程度的相似度才能被认定为侵权,还有待后续司法实践进一步探索,以期能为后续立法增设此种权利提供更多的借鉴与参考。

---

① 刘春田:《知识产权判解研究》,法律出版社2010年版,第135页。

模型作品的认定标准

——北京某甲科技有限公司与深圳市某乙精品制造有限公司侵害著作权纠纷案

/ 苏琳

▶ 本案要旨

在判断是否构成受著作权法保护的模型作品时,不能将模型作品的规定与作品的规定割裂开来适用。仅满足模型的规定,在不能同时满足作品要件的情况下,尚不能认定构成受我国著作权法保护的模型作品。对实物做等比例缩小的飞机模型,无论在等比例缩小的过程中付出多么艰辛的劳动,其本质上属于对实物的复制行为,其并没有体现作者的取舍、选择、设计、布局,并没有体现个人的特性并达到了一定的创作高度,不满足著作权法意义上的独创性要求,不能在我国著作权法框架下获得保护。

▶ 案件信息

申请人(一审被告、二审被上诉人):深圳市某乙精品制造有限公司

被申请人(一审原告、二审上诉人):北京某甲科技有限公司

案号:北京市第一中级人民法院(2013)一中民初字第7号、北京市高级人民法院(2014)高民(知)终字第3451号、最高人民法院(2017)最高法民再353号

▶ 原被告主张及理由

原告北京某甲科技有限公司(以下简称某甲公司)诉称:成都飞机设计研究所(以下简称成飞所)为"歼十飞机"的设计、研发单位,该飞机的实际制造者为成都飞机工业有限责任公司。某甲公司取得上述两单位的许可,为该飞机模型的唯一生产商及供应商,并能够以自己的名义主张"歼十飞机"

所涉及的知识产权。在获得许可后，某甲公司根据成飞所"歼十飞机"原始设计图纸制作相应的等比例模型。某乙公司生产、销售"45cm 小歼 10"飞机模型的行为侵犯了某甲公司对"歼十飞机"的设计图纸、模型及飞机本身分别享有图形作品、美术作品或模型作品的复制权及发行权。据此，请求判令：（1）立即停止生产、销售被控侵权产品并销毁生产被控侵权产品的全部模具、设备和库存的侵权产品及半成品；（2）在《中国航空报》上公开道歉、消除影响；（3）赔偿经济损失 500 万元；（4）赔偿合理开支 36 690 元。

被告深圳市某乙精品制造有限公司（以下简称某乙公司）辩称：（1）某乙公司对于"歼十飞机"的图纸及其模型构成作品没有异议，但认为"歼十飞机"本身并不属于著作权法意义上的作品。（2）"歼十飞机（单座）"及其相关知识产权属于国防资产，某甲公司并非本案适格原告。（3）某乙公司生产、销售的飞机模型与某甲公司主张的"歼十飞机"设计图纸及飞机模型不构成实质性近似。（4）某乙公司生产的涉案飞机模型具有案外人的合法授权。综上，某乙公司请求法院驳回某甲公司的全部诉讼请求。

一审法院查明的事实

2007 年 2 月 11 日，国务院授予中国航空工业某集团公司某研究所承担的"歼十飞机工程"项目获国家科学技术进步奖，等级为特等。中国航空工业某集团公司某研究所为中国航空工业集团公司成飞所的曾用名，二者为同一法律主体。2007 年 10 月 10 日，成都飞机工业有限责任公司（成飞公司）授权某甲公司为制作歼十系列飞机的唯一供应商、生产商。《关于模型制作授权协议的说明》中记载：凡是涉及侵害歼十系列飞机造型本身及相关模型知识产权行为的，成飞所授权某甲公司代为行使相关权利，某甲公司在侵权诉讼中独立提出主张。某甲公司明确表示其在本案中主张的作品类型分别为歼十飞机设计图纸构成图形作品及美术作品；歼十飞机为实用艺术品，构成美术作品；歼十飞机模型构成模型作品。

一审法院判决理由与裁判结果

一、关于某甲公司主张的歼十飞机是否构成受著作权法保护的作品

实用艺术品既具有实用性，又具有艺术性，由实用与艺术两方面共同组成。实用隐含体现了技术方案、实用功能等思想范畴，不属于著作权法保护的范畴。因此,实用艺术品作为美术作品获得著作权的保护时,应当排除其实用方面,而仅针对其艺术方面给予著作权保护。实用艺术品作为美术作品获得著作权的保护,除符合上述关于美术作品的条件外,至少还应满足该实用艺术品中的实用与艺术方面可以相互独立,否则对艺术方面提供著作权的保护实质上同时亦对其实用方面进行了著作权保护,与著作权法基本规则不符。本案中,某甲公司在本案中主张的歼十飞机客观上体现了动感、和谐等美感,属于其中的艺术方面,但在飞机,尤其是战斗机的研发、制造过程中,性能参数均更优,为设计者或制造者所主要追求的目标。在设计、研发过程中,科研人员需要进行风洞试验等不同的科学测试,并根据测试结果不断作出实质性改进,以实现飞机性能的最优。飞机设计完成后所产生的艺术方面仅为其设计过程中的附带产物,且其必然体现了相应的实用功能,该艺术方面的改变将影响实用功能的实现,即歼十飞机中的艺术与实用方面并非相互独立。综上,歼十飞机尚不满足实用艺术品作为美术作品获得著作权保护的条件。

二、关于某甲公司主张的歼十飞机模型是否构成受著作权法保护的作品

著作权法意义上的作品,必须具有独创性。要求作品源于作者,且由作者独立构思创作产生,而非模仿或抄袭他人作品。本案中,某甲公司提交的飞机模型及图纸原稿均由其自行制作而成,均未显示完成时间、完成人等因素,其真实性难以确认。即便该飞机模型及图纸原稿的真实性可以确认,某甲公司所主张的歼十飞机模型是根据歼十飞机等比例缩小制作而成,其所主张的飞机模型及图纸是对歼十飞机的精确复制,并非由某甲公司独立创作而成,不符合著作权法关于作品之独创性的要求,故其不属于著作权法意义上的作品。此外,即便某甲公司所主张的飞机模型早于歼十飞机产生,其亦无法获得著作权的保护。因歼十飞机的艺术性与实用性无法分离而难以获得著作权保护。对于等比例制作而成的歼十飞机模型,无论其产生早于或晚于歼十飞机,二者均属于同一表达的不同表达方式。对飞机模型提供著作权保护,实质上等同于对歼十飞机予以著作权保护,故基于与歼十飞机不能获得著作权保护之相同理由,歼十飞机模型也不能获得著作权保护。

三、关于某甲公司主张的设计图纸是否构成受著作权法保护的作品

工程设计图、产品设计图为施工、生产所绘制,其必然具备一定的实用功能,且其必然蕴含着相应的技术方案,但实用功能、技术方案等均属于著作权法不保护的思想范畴,故著作权法保护的是图形作品所展示的其由点、线、面等因素组合而成后产生的科学之美。图形作品与美术作品的区分主要在于图

形作品的表达对象一般属于科学领域，而美术作品的表达对象一般属于艺术领域。区分科学领域与艺术领域，应以该作品是否具备审美意义的艺术性为基本原则，结合该作品所具备的功能、创作作品的主观目的、是否能够依据该作品制作工业产品、根据该作品制作而成的工业产品是否仍属于美术作品等案件的具体情况予以综合判断。本案中，涉案设计图纸由特定的线、面等要素组成，体现了一定的科学之美。由于图形作品保护的是科学之美，不包含其体现的技术方案等思想因素，故图形作品之复制权的权利范围仅限于"平面到平面"的复制。某乙公司制作歼十飞机模型，属于"平面到立体"的复制，利用的是该图纸所蕴含的技术方案，该行为并未侵害某甲公司针对该图纸所享有的复制权。

需要指出的是，歼十飞机、等比例制作而成的歼十飞机模型、歼十飞机之设计图纸等均属于同一表达的不同表达方式。对其中特定表达方式提供著作权的保护实质上是对该具体表达方式所体现的表达提供了著作权的保护。由于歼十飞机的外形本身所体现的美感既包含艺术方面，又包含实用方面，且二者不能相互独立，其本身不属于著作权所保护的对象，该不同表达方式所体现的表达亦不属于著作权法所保护的对象。

北京市第一中级人民法院判决：驳回某甲公司的全部诉讼请求。

⊃ 上诉主张及理由

某甲公司不服原审判决，提起上诉。其上诉理由是："歼十飞机"造型、模型及设计图纸均属于《著作权法》保护客体，"歼十飞机"造型构成美术作品，"歼十飞机"模型构成模型作品，均应当受到《著作权法》的保护，某乙公司制造、销售"歼十飞机"模型的行为侵害了某甲公司的相关著作权。

某乙公司服从原审判决，其针对某甲公司的上诉答辩称：某甲公司不具备权利主体资格；"歼十飞机"造型、模型及设计图纸均不构成《著作权法》意义上的作品；某乙公司制造、销售"歼十飞机"模型，得到了"歼十飞机"模型外观设计专利权人鄢某某的授权，不是侵权行为；某乙公司制造、销售的"歼十飞机"模型与真实的"歼十飞机"不完全相同，体现了飞机模型的独特性，属于新作品。

⊃ 二审法院查明的事实

二审查明的事实与一审认定的事实一致。

➭ 二审法院判决理由与裁判结果

一、关于歼十飞机造型是否构成美术作品

著作权法仅保护思想的独创性表达，而不保护思想、实用功能等要素，因此，在判断某一立体造型是否构成美术作品时，应当区分实用功能决定的造型成分和纯粹的艺术表达成分，亦即在剔除实用功能决定而无法分离的造型成分之后，再判断其中独立的艺术表达是否具有独创性从而构成美术作品，否则将导致著作权的保护延及实用功能，违背著作权法的基本原理。歼十飞机既是作战武器，同时，对一般社会公众而言，其造型也确具美感。从著作权法的角度，排除实用功能决定的造型成分之外，歼十飞机造型属于具有独创性的艺术表达，可以作为美术作品受到著作权法的保护。但是，对于飞机尤其是战斗机的研发，性能参数的优化是设计者追求的主要目标。在研发设计过程中，科研人员需要进行风洞试验等不同的科学测试，并根据测试结果不断改进飞机造型，以最大限度地优化飞机性能。因此，飞机研发设计所产生的特殊飞机造型，一般主要由飞机的性能即实用功能决定，该造型成分与飞机的功能融为一体，物理上、观念上均无法分离。二审法院无法认定歼十飞机造型构成美术作品。

二、关于歼十飞机模型是否构成模型作品

模型作品是根据物体的一定比例放大或缩小而成。为了实现展示、试验或者观测等目的，模型与原物的近似程度越高或者越满足实际需要，其独创性越高。虽然该模型是歼十飞机造型的等比例缩小，但该模型的独创性恰恰体现于此，其已构成模型作品，应当受到著作权法的保护。一审法院关于歼十飞机模型系对歼十飞机的等比例缩小和精确复制故而无论模型产生时间早晚均不具有独创性的认定有误。

北京市高级人民法院判决：一、撤销一审判决；二、某乙公司于判决生效之日起立即停止制造、销售歼十飞机模型的行为；三、某乙公司于判决生效之日起十日内赔偿某甲公司经济损失 40 万元及合理费用支出 33 360 元；四、驳回某甲公司的其他诉讼请求。

➭ 再审主张及理由

某乙公司申请再审称：（1）某甲公司并非本案适格的诉讼主体，其对本案诉讼缺乏基本的诉权。（2）歼十飞机及其模型均不构成作品。关于歼十飞机

与其模型的关系,是先有飞机,后有模型,且歼十飞机模型是某甲公司根据歼十飞机及其设计图纸进行等比例缩放形成。二审法院将某甲公司主张模型作品的权利基础变更为成飞所 2007 年 1 月 5 日的歼十飞机模型,超出某甲公司一审诉讼主张,变更了诉讼请求。且成飞所的模型是按照歼十飞机等比例缩小制成,是立体复制,缺乏独创性,不受著作权法保护。(3) 鄢某某是歼十飞机模型外观设计的合法专利权人,某乙公司生产、销售歼十飞机模型获得了鄢某某的授权。况且,某乙公司生产、销售的歼十飞机模型与成飞所设计的歼十飞机并不完全相同,具有独创性,构成新的作品。

再审法院查明的事实

再审法院另查明:2007 年 1 月 5 日,人民网发表题为《中国一航歼十飞机新闻发布会实录》的文章,该报道中附有关于"1990 年 2 月李鹏总理听取林宗棠部长工业新机研制的汇报"的图片。某甲公司确认其根据歼十飞机制造模型,同时又主张其在本案中要求保护的歼十飞机模型是《中国航空工业四十年》中图片报道"1990 年 2 月李鹏总理听取林宗棠部长关于新机研制的汇报"上的模型。

再审法院判决理由与裁判结果

一、关于某甲公司是否为本案适格原告的问题

某乙公司再审期间主张根据《国防法》《武器装备研制合同暂行办法》《关于国家科研计划项目研究成果知识产权管理的若干规定》等相关法律规定,对涉及国家安全、国家利益的科研项目研究成果及其形成的知识产权,归国家所有。鉴于某乙公司未提交证据证明本案歼十飞机涉及国家安全、国家利益和重大社会公共利益,属于上述法律法规调整的范围,故某乙公司关于歼十飞机的研究成果归国家享有、成飞所无权授权某甲公司制造、销售飞机及模型并提起诉讼的再审主张本院不予支持。

二、关于某甲公司主张保护歼十飞机模型作品的权利基础应如何确定问题

根据前述《民事诉讼法》的规定,某甲公司变更其诉讼请求,未在一审法庭辩论结束前提出,对其变更权利基础的主张,本院不予支持。

三、关于某甲公司要求保护的歼十飞机模型是否构成受我国著作权法保护模型作品的问题

我国著作权法保护的作品必须同时具备以下三个要件：一是必须属于文学、艺术和科学领域内的智力创作；二是具有独创性；三是能以有形的形式复制。在判断是否构成受我国著作权法保护的模型作品时，首先要判断该模型是否同时具备上述三个要件，而不能将《著作权法实施条例》（2013年修订）第4条第13项的规定与该条例第2条的规定割裂开来适用。作为上述三个要件之一的作品的独创性，是指作者在创作作品的过程中投入了某种智力性劳动，创作出来的作品具有最低限度的创造性，且作品是由作者独立思考并独立完成的，体现了作者的精神劳动和智力判断。本案中，涉案模型作品是歼十飞机的等比例缩小，涉案模型与歼十飞机相比，除材质、大小不同外，外观造型完全相同。因此，无论某甲公司在将歼十飞机等比例缩小的过程中付出多么艰辛的劳动，某甲公司均未经过自己的选择、取舍、安排、设计、综合、描述，创作出新的点、线、面和几何结构，其等比例缩小的过程仅仅只是在另一载体上精确地再现了歼十飞机原有的外观造型，没有带来新的表达，属于严格按比例缩小的技术过程。在某甲公司不能证明其根据歼十飞机等比例缩小而制造的歼十飞机模型具有独创性的情况下，该过程仍然是复制，产生的歼十飞机模型属于歼十飞机的复制件，不构成受我国著作权法所保护的模型作品。二审法院关于"模型与原物的近似程度越高，其独创性越高"的认定，违背我国著作权法的基本原理。又鉴于我国著作权法只保护作品的表达，不延及思想、工艺、操作方法或数学概念，且我国著作权法保护的表达是具有文学、艺术和科学审美意义的智力成果，不保护为满足人们实际生活需要的实用性和功能性的表达，因此，二审法院关于"模型越满足实际需要，其独创性越高"的认定，也违背我国著作权法的立法本意，本院予以纠正。

综上所述，某乙公司申请再审的主要理由成立，法院予以支持。最高人民法院判决：撤销二审判决，维持一审判决。

案例解析

本案是针对模型作品的认定而引发的诉讼。在理论界和司法实践中，对于模型作品的认定一直存有争议，难点在于模型作品的独创性判断以及模型作品中实用部分和艺术部分的区分。本案认定，模型作品应当满足一般作品的基本要件，而不应将特殊规定和一般规定割裂开来看，精准复制的模型因不具有

独创性而不能构成模型作品。本案对于模型作品的认定具有典型意义。以下结合案件对模型作品的认定加以探讨。

一、模型作品

模型作品是我国《著作权法》（2020年修正）第3条第7项明文规定的一种法定作品类型。根据《著作权法实施条例》关于模型作品定义的规定[①]，模型作品是根据实物的形状和结构按照一定比例放大、缩小或者按原大小尺寸制作而成的。笔者认为，该定义存在矛盾之处：当模型需根据原物的形状和结构制成，且需满足展示、试验或者观测之用途时，往往需要对原物进行精准复制，不然很难达到试验或者观测的目的。例如，在飞机研发的过程中，需要"将飞机做成几何相似的小尺度模型"，将其置于风洞中进行一万多次的试验，为飞机研制提供了大量科学、准确的试验数据。[②] 如果用于试验或观测的原型飞机的模型在形状和结构上与原型飞机有丝毫的差异，其后果将难以想象。

然而，精准复制并不具有独创性，这与著作权法的独创性要件相背离。王迁教授指出，之所以产生此争议，原因在于我国著作权法立法之初对《伯尔尼公约》第2条第7项的"model"的翻译存在错误。[③] "model"一词常被翻译为"模型"，然而《伯尔尼公约》第2条第7项的"model"是指"立体设计"而不是通常所指的"模型"。而《著作权法实施条例》中"按照原物之一定比例制成"的含义实际上是对"模型"的错误解读，实际上著作权法意义上的"模型作品"和中文汉字中"模型"二字本身的含义相差甚远。郑成思教授亦指出，将《伯尔尼公约》中的"model"翻译为"模型"乃翻译技术的错误，正确的翻译应为"立体外观设计"，与"平面外观设计"（design）相对应。[④] 最高人民法院在本案中指出，在判断是否构成模型作品时，首先需要满足一般作品的基本要件，不能将模型作品的规定与作品的一般规定割裂开来适用，即模型作品亦需要满足"独创性"要件，精准复制的模型并不能作为模型作品进行保护。这说明法院通过司法实践扭转了"模型作品"定义中的悖论，回归到"模型作品"应有之含义。《北京市高级人民法院侵害著作权案件审理指南》第2.9条规定，根据已有作品制作的等比例缩小或者放大的立体模型不属于模型作品。言下之意，对于没有体现作者的取舍、选择、设计、布局，没有体现个

---

① 我国《著作权法实施条例》第4条第13项规定："模型作品，是指为展示、试验或者观测等用途，根据物体的形状和结构，按照一定比例制成的立体作品。"
② 王迁：《知识产权法教程》（第5版），中国人民大学出版社2016年版，第95页。
③ 王迁：《"模型作品"定义重构》，载《华东政法大学学报》2011年第3期。
④ 郑成思：《知识产权法》（第2版），法律出版社2003年版，第132页。

人的特性并达到了一定创作高度的精准复制原物品的行为，实质上属于复制行为而不是创作行为，不具有独创性。

概括而言，模型作品应当具备以下三个基础条件：一是具有独创性，而不是仅仅依据已有作品的形状和结构进行等比例放大或缩小，应体现作者的个性化选择以及一定的智力创造高度；二是具备展示、试验、观测之用途，通常表现为与科学领域相关的智力创作，展示科学之美和技术之美；三是能以有形形式进行固定。①

二、模型作品的独创性认定

对于一个根据物体的形状和结构，按照一定比例放大、缩小或者按原大小尺寸制作而成另一物品的过程，如何判断其独创性呢？很显然，由前述模型作品的基础要件可知，对于在制作模型的过程中并没有体现任何模型制作者个人的选择、取舍、编排的，本质上属于对原型物品的复制行为，而不是著作权法所保护的独立创作行为，最终形成的模型亦为原型物品的复制品，而不是模型作品。然而，若模型制作者在制作模型的过程中并没有严格地按照原型物品中的比例关系和形状结构，而是进行了个性化选择、取舍和安排，使最终形成的模型与原型物品存在客观上可察觉的差异，此时则不属于精准复制行为，应视为具有一定程度创造性的行为。例如，在制作"歼十"战机模型的过程中，对飞机的棱角等作钝化处理，或加入其他创造性元素，如符合儿童审美心理的卡通形象，对原型战机进行重新塑造和艺术加工，则能够体现一定程度上的独创性。又如，曾红遍各地的"大黄鸭"模型与原型物品"小黄鸭"玩具相比，在细节刻画、所取姿态以及线条比例上均存在差异，"小黄鸭"纯粹体现了天真童趣，而"大黄鸭"更多地体现了嬉皮搞笑的风格，"大黄鸭"模型体现了模型制作者霍夫曼的个人特性，而不仅仅是简单地进行放大。②

上海知识产权法院在"模型教具"著作权侵权及不正当竞争纠纷一案③中，指出模型作品的独创性源自"对科学原理及结构的独创性表达"，其创造性在于通过"抽象、浓缩、变形、简化"，在"用材、色彩、比例、搭配组合、

---

① 参见上海知识产权法院（2018）沪73民终268号民事判决书："从我国著作权法立法原意理解，构成模型作品需具备三个条件：一是必须具有展示、试验或者观测等用途，如与地理、地形、建筑或科学有关的智力创作等；二是具有独创性，精确地按照一定比例对实物进行放大、缩小或按照原尺寸制成的立体造型仅是实物的复制品，模型作品应当是根据物体的形状和结构，按照一定比例制成，但在造型设计上必须具有独创性；三是能以有形形式固定的立体造型。"
② 吴秉衡：《"大黄鸭"著作权之有无》，载《上海政法学院学报（法治论丛）》2014年第2期。
③ 参见上海知识产权法院（2018）沪73民终268号民事判决书。

立体结构、立体造型"等方面上,创作出"新"的"立方体、圆柱体、球、立体结构组成的立体物"。最为重要的是,模型作品的独创性应体现在"独创性地提炼科学原理的选择上",或是"最能说明实物科学原理和结构作用的立体结构和造型选择上",抑或"在材料选择、色彩运用、信息布局、结构安排等方面的独创性表达上"。在判断模型作品是否具有独创性时,应判断该模型是否"根据已有的自然物体,通过科学的手段发现其内部结构,再利用一定技艺制作形成"①,以此判定模型制作者是否在制作模型的过程中贡献了体现个人特征的独创性表达。

三、艺术性与实用性之分离

我国并没有对"实用艺术品"进行明确规定,实用艺术品不是我国著作权法的法定客体类型。本案中,一审法院在判定模型之原型物品——"歼十飞机"是否构成实用艺术品时,认为在战斗机研发、制造的过程之中,飞机设计人员最主要的追求目标是战机的性能参数,是其实用功能。其中所体现的动感、和谐等艺术美感都是实现其实用功能过程中所附带的产物,其实用方面和艺术方面无法相互独立,所以其不能作为美术作品受到著作权法保护。否则将在对其艺术部分提供著作权法保护的同时,不可避免地也对其实用部分进行著作权法保护,与著作权法不保护技术方案、实用功能的立法理念相冲突,有损公共利益。由此可见,若要对兼具实用性和艺术性的三维产品进行著作权法保护,首先得满足"可分离性"要件,即实用艺术品中实用部分和艺术表达部分可以相互分离,其次才认定该"分离"出来以后的艺术性表达是否具有独创性,进而判断其是否符合著作权法所要求的作品的构成要件。"可分离性"要件最早起源于美国 1954 年的 Mazer v. Stein 案。② 在该案中,系争标的产品是形态为两个小人跳舞的台灯灯座,被告复制了该台灯灯座并进行出售,法院的争议焦点在于具有美感和艺术性的实用物品是否可以成为版权法意义上的作品,最终美国联邦最高法院认为,两个小人跳舞的台灯灯座具有艺术美感,不能因其具有实用功能而否定其受版权保护,版权法保护实用艺术品中"可分离"的艺术创造部分。随后美国在立法中明确规定了"可分离"要件③,即包含绘画、

---

① 丁文严主编:《知识产权案件裁判规则(一):著作权案件审理中客体可著作权性判断》,法律出版社 2019 年版,第 246 页。

② Mazer v. Stein, 347 U.S.201 (1954).

③ Such design incorporates pictorial, graphic, or sculptural features that can be identified separately from, and are capable of existing independently of, the utilitarian aspects of the article. 参见《美国版权法》第 101 条、第 102 条。

图形、雕塑作品等艺术特征的部分应当与物品的实用性部分"可分离"并能够"独立存在"。具体而言，对于实用艺术品的"可分离性"要件，又可具体分为"物理可分离性"和"观念可分离性"。对于"物理可分离性"的判断无太大争议，争议较大的是对于"观念可分离性"如何判断。对于"观念可分离性"，需要满足目的要件和作用要件。[①] 首先，产品之设计需要体现制作者对于审美意义、设计理念的表达之目的，而不仅仅是出于对产品功能的追求；其次，产品中的设计起到艺术性的装饰作用，可与其中实现产品功能的作用相拆分。如上述 Mazer v. Stein 案中的两个小人跳舞的台灯灯座，在拆去"两个小人跳舞"这一艺术性表达之后，台灯依然能够实现其照明的实用功能，因而即使并不能形成物理上的分离，也能构成在观念上的分离，由此能受到著作权法的保护。本案中，歼十飞机的外形本身所体现的美感虽然既包含艺术方面，又包含实用方面，但是艺术方面和实用方面不能相互独立——若换了一种设计，歼十飞机的实用功能很可能削弱甚至丧失，以至于影响其实用功能，所以该艺术部分不能受到著作权法的保护。

四、歼十飞机及其模型造型的保护路径

本案是侵犯著作权纠纷案件，法院认定歼十飞机及其模型均不能受到著作权法的保护。歼十飞机的实用部分和艺术部分无法相互独立，因此不能在著作权法框架内作为美术作品进行保护。同时，歼十飞机模型不具有任何独创性，实际上为歼十飞机的精准复制，该模型与歼十飞机属于"同一表达的不同表达方式"，故而基于相同理由，飞机模型亦不受著作权法的保护。然而，本案中，实际上以著作权为由对歼十飞机及其模型主张保护并非万全之策。著作权法的立法宗旨在于推动文化艺术的进步，满足公众对于作品欣赏以及知识获取、传播之精神需要，进而促进文艺、科学事业的繁荣和发展。而专利法的立法宗旨在于激励创新，保护和促进技术产业发展，满足公众对于实用成果之物质需要，进而满足生产生活之需要。歼十飞机虽然是军用飞机，但究其本质而言仍属于工业产品。在歼十飞机的研发、制造过程中，相对于艺术美感设计而言，制造者更注重的是飞机的性能参数等技术指标，核心层面仍是对于飞机性能的追求。而所谓的艺术美感往往为设计过程中的附带产物，该艺术部分无法与实用部分相互独立，即艺术美感表达无法与飞机性能、技术参数等实用部分相分离。"实用"，即技术方案、实用功能等，属于思想范畴，若对无法与实用

[①] 马荣：《论实用艺术作品"概念可分离标准"的适用——兼论歼十战机的著作权属性》，载《中国版权》2015 年第 4 期。

部分相互独立的表达部分加以保护,将会间接地保护思想,与著作权法只保护表达、不保护思想本身的基本规则相违背,因而不宜以著作权法对其造型加以保护,但可通过外观设计制度对该艺术美感之外观加以保护。

五、结论

模型作品是我国著作权法明确规定的法定作品类型,然而对于根据原物品的形状和结构放大、缩小或者按原大小尺寸制作而成另一物品的过程,该过程的独创性认定是实践中的重难点问题。本案对于模型作品的认定具有借鉴意义,提出即使模型制作者在制作模型的过程中付出了相当艰辛的劳动和技巧,但本质上仍属于对歼十飞机原型的精准复制行为,并没有体现模型制作者的个性化选择,模型作品亦要体现一定程度的创作高度。此外,对于兼具艺术美感和实用功能的歼十飞机及其模型,若该艺术部分和实用部分既不能在物理上实现分离,也不能在观念上实现分离,则不能通过著作权法加以保护,否则将在保护该艺术表达的同时亦间接地对其中无法分割的实用功能进行保护,与著作权法只保护表达不保护思想本身的基本原理相违背,不符合著作权的立法宗旨和价值目标。

人物名称的著作权保护

——温某与北京某科技有限公司侵害作品改编权纠纷案

/ 王楷文

● 本案要旨

对于知名小说中贯穿始终的灵魂人物,因作者精心设计安排,构成了小说的基石。这些人物不仅仅是角色名称,属于小说中独创性程度较高的组成部分,承载了小说的重要表达,作者对其小说所享有的著作权,亦应体现为对其中独创性表达部分所享有的著作权,因此角色形象能够受到著作权法的保护。未经著作权人许可,将知名小说中的独创性武侠人物改编为卡牌类网络游戏,属于侵犯原作者对原作品享有的改编权的行为。

● 案件信息

原告:温某

被告:北京某科技有限公司

案号:北京市海淀区人民法院(2015)海民(知)初字第32202号

● 原被告主张及理由

原告温某诉称:"四大名捕"是我创作的100多部武侠小说的系列名称,包括《四大名捕斗将军》《四大名捕震关东》《四大名捕会京师》等。"四大名捕"也是贯穿上述系列小说中的灵魂人物,即朝廷中正义力量"诸葛正我"各怀绝技的四个徒弟,分别是轻功暗器高手"无情"、内功高手"铁手"、腿功惊人的"追命"和剑法一流的"冷血"。"诸葛正我"又名"诸葛神侯"。温州某科技有限公司(以下简称某公司)开发的卡牌手机网络游戏大掌门于2012年10月上线,趁2014年8月由我作品改编的电影《四大名捕大结局》上映之际,某公司将"无情""铁手""追命""冷血"和"诸葛正我"人物改编成大掌门游戏人物，并在游戏中使用与我的知名作品名称"四大名捕"近似的名称"四大神捕"，某公司还将"四大名捕"作为噱头广为宣传，吸引玩家。某公司未经许可擅自将我的文学作品人物改编成游戏人物，侵害了我享有的作品改编权，某公司的行为同时构成擅自使用我知名作品特有名称"四大名捕"。我请求法院判令某公司：（1）停止侵害我的作品改编权，并停止本案不正当竞争行为；（2）在《北京晚报》《中国青年报》中发表声明，向我赔礼道歉、消除影响；（3）赔偿我经济损失及合理开支共计500万元、其中合理开支包括律师费5万元、公证费5500元、资料费1941元。

被告某公司辩称：（1）温某对其小说中5个人物不享有著作权。（2）我公司在大掌门游戏中仅使用了涉案5个人物名称、人物特点，并未展现温某小说的人物关系、故事情节、场景描写等基本表达，不侵害温某的作品改编权。（3）温某作为自然人非市场经营主体，与我公司之间不存在反不正当竞争法规定的竞争关系，本案争议不适用反不正当竞争法调整。（4）温某不能证明"四大名捕"四字已经成为知名商品特有名称。（5）温某提交的证据不能证明其存在经济损失，且赔礼道歉适用于精神权利或人身权利被侵害，本案对此不涉及，因此不适用赔礼道歉。

➲ 法院查明的事实

温某自20世纪70年代开始创作"四大名捕"系列小说，共涉及181集。其中，"四大名捕"第一集《追杀》最初发表于1972年香港《武侠春秋》杂志，此后数十年中创作完成"四大名捕"系列小说，分别在全世界以中文（繁体）、韩文、泰文、越南文、马来文、印尼文、法文、英文等多种文字在中国、马来西亚、新加坡、泰国等多个国家和地区的报刊、杂志出版发行。

另外，温某创作的《四大名捕震关东》《四大名捕会京师》《四大名捕碎梦刀》《四大名捕打老虎》《四大名捕斗僵尸》《四大名捕大对决》《四大名捕骷髅画》《四大名捕逆水寒》《四大名捕方邪真·杀楚》《四大名捕斗将军·少年冷血》《四大名捕斗将军·少年铁手》《四大名捕斗将军·大出血》《四大名捕斗将军·不朽若梦》《四大名捕斗将军·爱国有罪》《四大名捕斗将军·金梅瓶》《四大名捕闹京师》等大量《四大名捕》系列图书由中国友谊出版社、花城出版社、21世纪出版社、学林出版社、新世纪出版社、江苏文艺出版社、作家出版社等众多国内出版社于20世纪80年代至2014年持续出版。同时期，上述大量《四大名捕》系列小说亦在中国、马来西亚、泰国等多个地区和国家出版。某公司对温某上述小说发表及出版情况不持异议。

某公司确认《大掌门》游戏系其开发，是一款手机端游戏，于2012年10月通过安卓、ios系统的两个平台上线运营，用户免费下载该游戏，需要快速升级或获得特定武功时需要付费。某公司表示，《大掌门》游戏中共有300多个武侠人物，分不同门派，涉案五个人物需要用户付费招来，可以加入任何门派。对于涉案五个人物在《大掌门》游戏中出现的时间，某公司承认是2014年8月电影《四大名捕大结局》上映后陆续加入的，首先上线"无情"人物卡牌，后陆续上线其他人物，该游戏并未使用温某《四大名捕》系列小说的其他内容。

某公司同时承认《大掌门》游戏中"神捕无情""神捕铁手""神捕追命""神捕冷血""诸葛先生"五个人物名称与温某所创作小说的关联性，同时认可"诸葛先生"的"惊艳一枪"确系借鉴了温某作品，但否认《大掌门》游戏中这些卡牌人物的表达与温某的小说表达存在关联性，并否认侵害了温某作品的改编权。某公司表示，第一，温某对其创作的《四大名捕斗将军》《四大名捕震关东》《四大名捕会京师》等文学作品享有著作权，但小说中人物角色名称并不是独立的作品，温某对其创作的人物名称不单独享有著作权。第二，某公司开发经营的《大掌门》游戏是由软件程序和信息数据构成，系独立创作的结果，不具有温某作品的基本内容、核心情节，其独创性表达与温某小说内容不构成实质性相似，不构成侵害温某小说改编权。第三，温某主张的五个人物及其相关的性格、武功等卡牌信息，某公司在接到本案起诉状后已经修改，已在《大掌门》游戏中停止使用该五个人物。

某公司表示"四大名捕""名捕"属于公有领域的通用词汇，温某的系列小说中，没有直接以"四大名捕"作为小说名称使用，因此"四大名捕"并未与温某建立起稳定的、唯一的联系，非温某小说的特有名称。为证明"四大名捕"属于公有领域的通用词汇，某公司提交了优客李玲创作的三部小说：《红颜四大名捕》（今古传奇报刊集团2005年9月月末版）、"红颜四大名捕"之《忘情水》（今古传奇报刊集团2006年11月月末版）、"红颜四大名捕"之一《还珠劫》（新世界出版社2006年1月版）。这些图书封面标注有"她的作品，不但光大了温派门楣，而且让我这温派创始人，'四大名捕'的创造者，神迷于她笔下的'红颜四大名捕'——温某"，"温派天后优客李玲成名之作温某先生亲力推荐"等。某公司另提交了高群书著"四大名捕"《西风烈》（中国华侨出版社2010年10月版），该书封套描写："高群书电影小说，著名作家萨苏纪实版'现代四大名捕'，最敢想敢干的导演访谈录，虚构的四大名捕、真实的四大名捕,狠角色在书中遭遇,读了方知谁更'烈'!"同时,某公司还提交了显示有多部"红颜四大名捕"系列小说以及《警察手记:京师四小名捕破案传奇》《天朝名捕》系列、《名捕夫人》《名捕传》等作品的网页打印件。

⇒ 法院判决理由与裁判结果

法院认为:温某主张某公司开发经营的《大掌门》游戏使用涉案五个人物侵害了温某对"四大名捕"系列小说人物的改编权。某公司否认侵权的理由主要有:一是涉案五个人物不是独立的作品,温某对此不享有著作权;二是《大掌门》游戏系某公司独立开发完成,与温某小说内容不构成实质性相似,不侵犯改编权。对此,作以下分析:

首先,本案证据显示,温某数十年创作的"四大名捕"系列小说,成为"温派"武侠小说的重要代表,与多位知名武侠作家创作的知名武侠小说齐名,文学价值及社会影响力较高。毋庸置疑,温某享有其创作的"四大名捕"系列小说的著作权。

其次,"四大名捕"系列小说中,"无情""铁手""追命""冷血""诸葛先生"是贯穿始终的灵魂人物,他们不只是五个人物名称,而是经温某精心设计安排,有着离奇的身世背景、独特的武功套路、鲜明的性格特点,以及与众不同的外貌形象的五个重要小说人物。这五个人物构成了"四大名捕"系列小说的基石。一方面,温某围绕这五个人物以及相互之间的密切关系创作出了众多"四大名捕"主题的传奇武侠故事。另一方面,这五个人物也成为"温派"武侠经典的重要纽带,为温某数十年来坚持不懈地演绎创作提供了人物主线。因此认为,涉案五个人物为温某小说中独创性程度较高的组成部分,承载了"温派"武侠思想的重要表达。温某对其小说所享有的著作权,亦应体现为对其中独创性表达部分所享有的著作权。

再次,某公司承认《大掌门》游戏中"神捕无情""神捕铁手""神捕追命""神捕冷血""诸葛先生"五个人物名称与温某"四大名捕"系列小说中武侠人物的关联性,也承认部分人物武功确系借鉴了温某作品。同时,根据本案证据显示,《大掌门》游戏对涉案五个人物的身份、武功、性格等信息的介绍,相关人物形象的描绘及其组合都能与温某"四大名捕"系列小说中对应人物的表达相符。加之《大掌门》游戏陆续出现涉案五个人物的时间,正值2014年8月电影《四大名捕大结局》上映之际,而该电影是经温某授权拍摄的"四大名捕"系列小说同名电影。多篇为《大掌门》游戏作宣传推广的文章都将"无情"等涉案卡牌人物与温某"四大名捕"系列小说中对应人物相联系。因此认为,《大掌门》游戏中的"神捕无情""神捕铁手""神捕追命""神捕冷血""诸葛先生"五个人物即为温某"四大名捕"系列小说中的"无情""铁手""追命""冷血""诸葛先生"五个人物。

对于某公司提出《大掌门》游戏中涉案卡牌人物存在与温某小说情节不符,从而否认使用温某小说的辩称,如"神捕铁手""神捕追命"的武功并非直接使用温某小说中"铁手""追命"的武功。温某创作的小说《少年铁手》提及"铁手"有"一以贯之神功",即使"一以贯之"为常用成语,用于武侠小说人物"铁手"的武功时也属于温某的独创性表达。另外,尽管根据现有证据可以认定某公司为《大掌门》游戏中"追命"设计了"凤翔九天"的武功名称,但卡牌中对此人的武功介绍依然符合温某小说中"追命"武功的特点,而且,结合《大掌门》游戏对该人物的身世介绍、性格禀赋、形象特征以及与"四大名捕"其他人物的关系等因素,可以唯一并准确地将该游戏人物指向温某小说人物"追命"。

最后,判断某公司在开发经营的《大掌门》游戏中使用涉案五个人物是否侵害温某作品的改编权。根据我国《著作权法》的规定,改编权,即改变作品,创作出具有独创性的新作品的权利。改编权是著作权人一项重要的财产权利,著作权人有权自行改编作品或授权他人改编作品,除法律另有规定外,他人未经著作权人许可改编作品的行为构成侵权。通常而言,理解改编权需要考虑以下三个方面:一是改编权的行使应以原作品为基础;二是改编行为是进行独创性修改而创作出新作品的行为;三是改编涉及的独创性修改可以是与原表达相同方式的再创作,如将长篇小说改编为短篇小说;也可以是与原表达不同方式的再创作,如将小说改编为美术作品或电影。

本案中,某公司开发经营的《大掌门》游戏,通过游戏界面信息、卡牌人物特征、文字介绍和人物关系,表现了温某"四大名捕"系列小说人物"无情""铁手""追命""冷血""诸葛先生"的形象,是以卡牌类网络游戏的方式表达了温某小说中的独创性武侠人物,满足以上三个方面的要求。某公司的行为,属于对温某作品中独创性人物表达的改编,该行为未经温某许可且用于游戏商业性运营活动,侵害了温某对其作品所享有的改编权。

至于某公司提出《大掌门》游戏由软件程序和信息数据构成,与温某作品不同的辩称,法院认为,网络游戏整体可以成为计算机软件,网络游戏权利人基于计算机程序及其有关文档而享有软件著作权,但这不妨碍游戏运行过程中呈现给用户的可识别性文字、音乐、影像等要素及要素组合构成作品。网络

人物名称的著作权保护

游戏权利人所使用的这些作品若是他人作品，一般应取得他人许可。故某公司以其为《大掌门》游戏计算机软件著作权人而否认其侵害温某作品改编权的主张，缺乏法律依据，本院不予支持。

关于不正当竞争。温某主张某公司在《大掌门》游戏中将与其"四大名捕"对应的"无情""铁手""追命""冷血"卡牌人物标注为"四大神捕"，系仿冒温某"四大名捕"系列知名小说的特有名称。某公司对此予以否认。

根据我国《反不正当竞争法》（1993年版）第5条第2项的规定，经营者不得擅自使用他人知名商品特有的名称、包装、装潢，或者使用与知名商品近似的名称、包装、装潢，造成和他人的知名商品相混淆，使购买者误认为是该知名商品的行为。本院认为，由于《大掌门》游戏中的四个涉案人物名称为"神捕无情""神捕铁手""神捕追命""神捕冷血"，且对应温某小说的"四大名捕"人物，因此，某公司仅在这些人物卡牌中标注"四大神捕"，未以显著性字体予以展示，是对这四个卡牌人物身份所作的描述性使用。此标注会使用户对这四个卡牌人物与温某小说中对应的四个人物发生联想，不会使用户将网络游戏误认为"四大名捕"小说。需要指出的是，涉案卡牌中"四大神捕"的标注，与对应人物的其他个性特点相结合，一同刻画出鲜明的卡牌人物形象，属于对温某"四大名捕"系列小说中四个重要人物作品内容的使用行为，故本院认为，某公司在《大掌门》游戏中使用"四大神捕"的行为，应属于前述侵害改编权范畴，本院对此已作处理。对温某提出某公司构成仿冒行为的主张，本院不予支持。

此外，就温某主张某公司利用"四大名捕"宣传推广《大掌门》游戏构成不正当竞争，本院认为，因本案证据所显示的《大掌门》游戏的宣传报道均为第三方撰写发表于第三方网站，未直接体现与某公司相关，某公司对此亦予以否认，故本院对温某的此项主张，亦不予支持。

▶ 案例解析

一、人物名称不能单独构成作品

本案中，法院认定原告"四大名捕"小说中的四个主要人物名称属于具有独创性的表达，能够受到《著作权法》的保护。被告未经原告许可，擅自将原告作品中的四个人物名称使用在自己开发的游戏中，侵犯了原告对人物名称享有的著作权。

本案中，法院的认定思路可以归纳为以下几个方面：（1）原告温某创作了"四大名捕"系列小说,因此对"四大名捕"系列小说享有著作权;(2)涉案五个人物为温某小说中独创性程度较高的组成部分,承载了"温派"武侠思想的重要表达;(3)使用涉案作品中的主要角色,可能侵犯原作的改编权。

首先需要明确,人物名称能否单独成为作品而受到著作权法的保护?

根据著作权的基本原理,判断是否构成作品,除了应判断是否具备独创性等作品的基本要件之外,还需认定其属于《著作权法》第3条中的何种类型的作品。当然,在《著作权法》第三次修改以后,根据兜底条款可以在一定程度上认定新型的作品,但这并不意味着对作品的判断无须再认定其属于何种类型。不同类型的作品独创性的判断要素、判断标准不同,认定是否构成作品仍然应当结合《著作权法》第3条,对作品的独创性要素进行判断,从而得出是否构成作品的结论。

结合本案,法院未明确表明涉案人物名称是否属于作品。法院在判决书中表示,"温某对其小说所享有的著作权,亦应体现为对其中独创性表达部分所享有的著作权"。那么这是否意味着,法院以人物名称具备独创性为由,主张其享有著作权,能够受到著作权法的保护。

按照法院的观点,如果人物名称能够构成作品,那么应属于《著作权法》(2010年修正)第3条规定的文字作品。然而,文字作品的独创性体现为文字的排列组合,而以文字作品的视角看,人物名称过短,难以达到起码的独创性高度。与之相类似的问题是,文章的标题是否能够成为著作权法意义上的作品。"五朵金花案"确立了作品名称难以受到著作权法保护的规则,一方面,因为"五朵金花"作为文字作品过短,难以承载起足够的独创性高度;另一方面,作品的名称不能脱离作品而单独存在,作品名称的独创性正是来源于作品内容的独创性表达,脱离了作品内容的独创性表达,作品名称的独创性也就难以存在。承认作品名称构成作品,会造成著作权人对公共领域的极大侵占。

本案中,人物名称的特征与作品名称的特征十分相似,不同于"五朵金花案",法院作出了完全相反的判决,但法院并非明确认定人物名称能够成为作品而受到《著作权法》的保护,而是以被告侵犯原告创作小说的改编权为由,实现对小说中的人物名称的著作权保护。本案中,法院认为人物名称能够受到著作权法的保护,但并未明确其是否构成作品以及究竟以何种法定作品类型予以保护。那么也可以推知,如果法院对人物名称单独保护,则是以"文字作品"认定其受到著作权法的保护。正如上文所述,以文字作品的视角考察,人物名称单单作为文字作品,内容太短,不能具备足够的独创性高度,如果承认人物名称受到著作权法的保护,意味着人物名称能够构成作品,像"无情""铁手"均可以排除他人的使用。这样的推论显然是荒谬的,难道因温某创作了"四大名捕"系列小说,"无情"二字就能够被其垄断吗?如果法院认可人物名称能够受到著作权法的保护,就意味着"无情"构成文字作品,从而赋予该人物"无情"以商业上及文学创作上的垄断权,进而排除他人未经许可的使用。

另外,更为重要的原因是,类似于作品名称,人物名称也离不开作品内容,正是作品独创性内容的存在,才让人物名称耳熟能详。事实上,法院在判决书中也承认了这一点。法院认为,"'四大名捕'系列小说中,'无情''铁手''追命''冷血''诸葛先生'是贯穿始终的灵魂人物,他们不只是五个人物名称,而是经温某精心设计安排,有着离奇的身世背景、独特的武功套路、鲜明的性格特点,以及与众不同的外貌形象的五个重要小说人物。这五个人物,构成了'四大名捕'系列小说的基石。一方面,温某围绕这五个人物以及相互之间的密切关系创作出了众多'四大名捕'主题的传奇武侠故事。另一方面,这五个人物也成为'温派'武侠经典的重要纽带,为温某数十年来坚持不懈地演绎创作提供了人物主线。因此,本院认为,涉案五个人物为温某小说中独创性程度较高的组成部分,承载了'温派'武侠思想的重要表达"。[1]法院认可人物名称的独创性来源于这几个人物背后的传奇武侠故事,但反而是以此为由,支撑了该人物名称受著作权法保护。如果人物名称的独创性来源于其背后的人物故事,就不宜脱离该故事而独立成为文字作品予以保护。

法院并未对该问题给出明确的答复,但从著作权基本理论的角度,人物名称不能成为单独的作品而独立存在。正如"庄某诉郭某明案"中,法院认为单纯的人物特征或者单纯的人物关系并不属于著作权法保护的对象。[2]

二、擅自使用人物名称可能侵犯原作的改编权

人物名称不能单独成为作品而受到著作权法的保护,但并不等同于未经他人许可擅自使用他人作品不构成侵权。事实上,相关案件判决显示,在某些情形中,未经许可擅自使用原作中的人物名称可能侵犯原作品著作权人的改编权。

特别是近年来,利用他人作品中的人物进行后续的文本创作成为一种创作新趋势,此种利用原作品中的人物进行后续创作的作品,被称为是"同人作品"。日本的同人创作文化兴盛,出版行业及法律为了鼓励创作,对此持宽

---

[1] 北京市海淀区人民法院(2015)海民(知)初字第32202号民事判决书。
[2] 北京市高级人民法院(2005)高民终字第539号民事判决书。

容态度。①

在续写类作品中,如高鹗在曹雪芹《红楼梦》前八十章的基础上续写四十章,"正如从剧本或剧情漫画中剥离小说的情节后,该剧本或剧情漫画将不复存在一样,将《红楼梦》前八十回的内容从后四十回完全剥离,包括改变所有人物之间的复杂关系和鲜明独特的性格特征,后四十回将支离破碎,难有完整性和艺术性可言。它用原作品的情节为新情节作嫁衣裳,属于对原作品表达的实质性利用"。②

在此种情况下,原作人物之间错综复杂的关系,本来就属于情节,而情节的链条在具备足够独创性时也属于表达的一种,能够受到著作权法的保护。"当角色性格在故事与细节描述中变得鲜明而独特,众多角色之间的爱恨情仇演变为错综复杂的关系时,在同人小说中直接借用此类经充分描述的角色和复杂的关系,就往往会将以角色为中心的情节带入新作品,从而形成对原作品情节的利用。"③

改编权,是著作权人控制他人对作品进行二次创作的权利。改编必须保留原作的基本表达,如果根本没有原作的痕迹,就属于全新的创作,不属于改编行为。上述续写类作品属于改编的典型。续写类作品使用了原作的人物关系,保留了原作人物的基本性格、社会背景等因素,此时属于保留了原作的基本表达,再进行二次创作时便属于著作权法意义上的改编。这便意味着,在特定情形下,使用他人作品中的人物也可能侵犯原作的著作权。

本案也采用了此种裁判思路,法院认为,"某公司开发经营的《大掌门》游戏,通过游戏界面信息、卡牌人物特征、文字介绍和人物关系,表现了温某'四大名捕'系列小说人物'无情''铁手''追命''冷血''诸葛先生'的形象,是以卡牌类网络游戏的方式表达了温某小说中的独创性武侠人物,满足改编的要求"。④

但并非所有使用原作人物名称的行为都构成侵犯他人作品的改编权。如果仅对人物名称进行"符号性的使用",则不属于对他人作品的实质性利用,并不会侵犯他人作品的改编权。近年来出现的诸多"同人作品"的著作权纠纷也印证了这一点。如"明河社诉火谷案"⑤等案件,均属原告以被告擅自使用

---

① 参见林莺:《同人作品合法性问题探究》,载《中国版权》2015年第5期。
② 王迁:《同人作品著作权侵权问题初探》,载《中国版权》2017年第3期。
③ 王迁:《同人作品著作权侵权问题初探》,载《中国版权》2017年第3期。
④ 北京市海淀区人民法院(2015)海民(知)初字第32202号民事判决书。
⑤ 北京市第一中级人民法院(2014)一中民初字第5146号民事判决书。

自己创作的小说中人物为由提起的诉讼，但并未得到法院的支持。所谓"符号性的使用"，即仅将人物名称作为叙事的代号，而非对作品情节的使用。

这当然也有利于界分《著作权法》与《反不正当竞争法》的保护范围，避免功能和保护范围上的冲突。值得说明的是，还有学者主张同人作品使用原作中的"人物名称"可能构成合理使用。对此，有观点认为，此种使用尚不构成合理使用，因其根本不属于对作品"表达性内容"的使用。"此种使用必须是对作品中构成表达的部分的使用，此种使用在外观上如同侵权一般，只是因为具有了阻却违法的事由，才被认为是对作品的正常使用而不构成侵权。故对人物名称这类作品元素的使用本身就不受《著作权法》的规制，无需利用合理使用制度来对行为进行正当性论证。"[①]

三、结论

对人物名称的著作权法保护，需要结合使用行为的程度和性质，对该使用是否属于"实质性利用"作出正确的判断。人物名称要想获得著作权保护，需要区分其是单纯的几个字还是其背后承载的小说情节。前者仅构成符号性的使用，并不会纳入改编权的调整范畴，人物名称在此种情况下也不具有受到著作权保护的价值和意义。但如果利用他人作品中的人物名称，深入原作品中的情节时，就可以通过改编权对人物名称进行保护。

---

① 张媛媛：《作品人物名称的著作权与反不正当竞争保护之维》，载《北京政法职业学院学报》2019年第3期。

动画角色形象的著作权规制分析

——厦门某影视动漫有限公司等诉美国某企业公司等著作权侵权、不正当竞争纠纷案

/ 张诗雨

◯ 本案要旨

在判断在后作品是否与在先作品构成实质性相似时,对于"实质性"的认定,既要考虑相同点的数量也要考虑相同点的质量。数量主要考虑相同点是否达到一定数量;质量主要考虑相同点是不是著作权法所保护的具有独创性的表达。将生活中的事物进行拟人化设计属于思想范畴,不受著作权法的保护;但是,具体的设计方案,即拟人化的具体表达方式,则属于表达范畴,可以受到著作权法的保护。有些事物的拟人化创作空间十分狭小,只有有限的几种表达方式,不能获得著作权法的保护,但对于创作空间较大的事物,则并不涉及有限表达,可以获得著作权法的保护。

◯ 案件信息

上诉人(一审被告):厦门某影视动漫有限公司、北京某影视文化传媒有限公司

被上诉人(一审原告):美国某企业公司、皮某

一审被告:上海某传媒技术有限公司

案号:上海市浦东新区人民法院(2015)浦民三(知)初字第1896号、上海知识产权法院(2017)沪73民终54号

◯ 原被告主张及理由

在一审中,原告美国某企业公司(以下简称美国某公司)、皮某诉称:二原告是知名动画电影《赛车总动员》《赛车总动员2》的著作权人。《汽车人总

动员》由被告厦门某影视动漫有限公司（以下简称厦门某公司）出品，由被告北京某影视文化传媒有限公司（以下简称北京某公司）发行。被告上海某传媒技术有限公司（以下简称上海某公司）提供该电影的在线播放服务。《汽车人总动员》中的动画形象"K1""K2"与《赛车总动员》《赛车总动员2》中的动画形象"闪电麦坤""法兰斯高"构成实质性相似，《汽车人总动员》的电影海报与《赛车总动员2》的电影海报构成实质性相似，构成著作权侵权。

被告厦门某公司辩称："K1""K2"由其独立创作完成，与"闪电麦坤""法兰斯高"不相似。被告以"汽车人总动员"作为电影名称并无不当，观众不会混淆。请求法院驳回原告的诉讼请求。

被告北京某公司辩称："K1""K2"与"闪电麦坤""法兰斯高"不相似。原告的电影名称不能认定为知名商品特有名称。被告发行涉案电影并未获利，反而造成了亏损，原告要求赔偿损失没有依据。请求法院驳回原告的诉讼请求。

被告上海某公司辩称：被告系经合法授权在PPTV网播放涉案电影，被告已从网站删除涉案电影。

◎ 一审法院查明的事实

美国某公司和皮某是动画电影《赛车总动员》（英文名称为《Cars》）和《赛车总动员2》（英文名称为《Cars2》）及电影海报、电影中动画形象"闪电麦坤"和"法兰斯高"的著作权人。两部电影先后于2006年、2011年在我国电影院上映。在电影上映期间，相关媒体曾对电影进行了大量的报道。一些媒体使用《赛车总动员》《飞车正传》《汽车总动员》等作为《Cars》的译名。在案件审理期间，公众可至腾讯视频点播上述电影。经授权，印有"闪电麦坤"和"法兰斯高"等动画形象的儿童手表、书包、不锈钢真空杯、全棉三件套等商品在天猫商城销售。

《赛车总动员》获得第64届金球奖年度最佳动画长片奖、第34届安妮奖年度最佳动画长片奖、第78届美国国家电影评论协会奖年度最佳动画长片奖等奖项。至2006年10月1日，《赛车总动员》的国际票房已超过2亿美元；至2011年8月7日，《赛车总动员2》的国际票房已超过2.6亿美元。在豆瓣电影网、时光网，上述两部电影的评分均超过7分。

动画电影《汽车人总动员》由厦门某公司出品，由北京某公司发行。厦门某公司于2014年向有关部门进行电影剧本（梗概）备案、立项时所使用的名称为《小小汽车工程师》。2015年5月4日，厦门某公司经有关部门批准，将《小小汽车工程师》更名为《汽车人总动员》。

2015年4月27日，厦门某公司的法定代表人卓某发布微博称：大动画新生态，中国动画电影高峰论坛在杭州举行，动画电影《汽车总动员》将在暑期档7月3日全国公映，敬请期待。该微博配图中有"《汽车总动员》电影推介"字样。

《汽车人总动员》于2015年7月上映。位于上海市的万达影城等影院放映了电影《汽车人总动员》，影院门口展示了涉案的电影海报，并向观众提供印有电影海报的宣传册。电影海报上突出显示"汽车人总动员 The Autobots"字样，其中"人"字被轮胎遮挡，海报主角为动画形象"K1""K2"。PPTV网等视频网站向公众提供电影《汽车人总动员》的在线播放服务。

在《汽车人总动员》上映前后，有很多媒体刊发了对该电影的负面评论。许多文章均指出《汽车人总动员》涉嫌抄袭的问题，一些报道称有观众误认为《汽车人总动员》是美国某公司的电影而购买了电影票。

在豆瓣电影网、时光网、格瓦拉网，《汽车人总动员》的得分均不超过2.5分。猫眼票房分析网公布的数据显示，自2015年7月3日至2015年7月14日，该电影的票房收入为563万元。

一审法院判决理由与裁判结果

一、原告涉案动画形象与电影海报的独创性表达及作品著作权归属

"闪电麦坤"及"法兰斯高"动画形象是拟人化的赛车，上述两个动画形象在既有车辆样式的基础上进行了独创性的设计，尤其是其拟人化的脸部具有很高的独创性，整体动画形象具有美感，属于美术作品，受我国著作权法的保护。

《赛车总动员2》的电影海报中，片名"CARS2"以类似汽车标志的方式呈现在图片中央，数字"2"和"CARS2"四周分别由具有金属感的"V字形"轮廓及波形轮廓包围。片名背后为蓝色立体感的地球形状，地球的下方为以"闪电麦坤"为代表的四辆拟人化汽车形象，车辆下方有浅色车辆倒影。该电影海报具有独创性，属于受著作权法保护的美术作品。

根据原告举证的美国版权局的版权登记记录及在我国出版发行的两部电影的光盘，一审法院认定原告美国某公司、皮某是上述电影及美术作品的著作权人。

二、被告涉案动画形象及电影海报是否与原告作品构成实质性相似？是否构成著作权侵权？

"闪电麦坤""法兰斯高"是赛车动画形象，具有赛车通常有的结构和样式。如"闪电麦坤"具有公路赛车通常具有的结构及样式，如具有车灯、车轮、车窗、尾翼等结构及流线型的车身，"法兰斯高"具有F1方程式赛车通常具有的结构及样式，如突出的前鼻翼和尾翼、狭小的驾驶舱、宽大的轮胎、裸露的悬挂系统等。这些赛车通常具有的结构和样式已进入公有领域。但原告并非简单复制现实中的赛车样式，而是在此基础上进行了变形，尤其是对车辆前脸进行了大量的重新设计，加上了拟人化的眼部和嘴部，使原本没有生命的赛车具有了拟人化的形象，能够通过眼神和嘴型等表达情感，上述设计具有独创性。

将《汽车人总动员》电影海报中的动画形象"K1"与"闪电麦坤"、"K2"与"法兰斯高"进行比较，"K1""K2"使用了原告"闪电麦坤"及"法兰斯高"卡通形象最具独创性的眼部和嘴部的表达方式，二者几乎没有差别。故一审法院认定《汽车人总动员》电影海报中的"K1""K2"与"闪电麦坤"及"法兰斯高"卡通形象构成实质性相似。

将电影中的动画形象"K1""K2"与"闪电麦坤"及"法兰斯高"比较，"闪电麦坤"及"法兰斯高"的色调更加艳丽、饱满，"K1""K2"色调较为灰暗，眼睛和嘴部较为粗糙。虽然二者存在一定区别，但二者仍有很多相似之处，尤其是在拟人化的部分。此外，"K1"和"闪电麦坤"都采用红色为涂装色，"K2"和"法兰斯高"都采用红白蓝三色为涂装色。简单的某种设计思路作为思想不应被垄断，应当允许合理地参考与借鉴。但是，当多种设计组合充分展示出拟人化的独有特征后，这种设计的组合不再属于不受保护的思想，而进入独创性表达的范畴。本案原告"闪电麦坤"和"法兰斯高"动画形象通过拟人化的眼部、嘴部以及特定色彩的组合，构成独创性表达，而被告恰恰在上述具有独创性的设计组合上复制了原告，二者构成实质性相似。

对于《汽车人总动员》的电影海报与《赛车总动员2》的电影海报是否构成实质性相似。就海报整体而言，二者在构图、背景等方面均存在较大的差别，故二者不构成实质性相似。

一审法院判决被告制作的动画形象与原告美国某公司、皮某的"闪电麦坤""法兰斯高"美术作品构成实质性相似，侵犯了原告的著作权，应当承担侵权责任，赔偿原告所受损害。

上诉主张及理由

上诉人厦门某公司上诉称：一审法院认定"K1""K2"动画形象与"闪电麦坤""法兰斯高"动画形象构成实质性相似是错误的。（1）一审法院归纳的"闪电麦坤""法兰斯高"动画形象具有独创性的特征早已进入公共领域：眼睛及上眼睑已在1985年的《嘿，奔奔》《铁胆火车侠》等电影中出现过；嘴巴在进气格栅处已在《笨笨车找妈妈》《巴布工程师》等电影中出现过；三色涂饰色或国旗色也已进入公共领域。以"汽车拟人化"为表现主题的作品，表达方式有限，不应纳入著作权的保护范围。（2）一审法院在比对"K1""K2"动画形象与"闪电麦坤""法兰斯高"动画形象是否构成实质性相似时，既未对汽车动画形象进行整体比对，也未就主要特征部位即拟人化的脸部形象进行比对，而是以二者都使用了"拟人化的眼部、嘴部以及特定色彩的组合"直接认定构成实质性相似，直接导致判决错误。（3）"K1""K2"动画形象与"闪电麦坤""法兰斯高"动画形象的整体或主要特征的表达方式上，均存在明显差异，不构成实质性相似。

上诉人北京某公司上诉称：一审法院认定"K1""K2"动画形象与"闪电麦坤""法兰斯高"动画形象构成实质性相似系事实认定错误。（1）拟人化的眼部、嘴部的表达属于公共领域的表达，一审法院未将其从具有独创性的表达中去除。（2）两电影均为赛车类动画电影题材，作品创作空间非常狭小，拟人化表情的表达空间也非常有限，大量表达元素属于著作权法领域中的有限表达。侵权比对时，应当注意细节性表达元素的区别。"K1""K2"动画形象与"闪电麦坤""法兰斯高"动画形象在细节性表达元素上存在很大差异。

被上诉人美国某公司、皮某就两上诉人的上诉请求共同辩称：（1）一审法院关于"闪电麦坤""法兰斯高"动画形象具有独创性的认定无误。（2）"K1""K2"动画形象与"闪电麦坤""法兰斯高"动画形象构成实质性相似。

原审被告上海某公司对两上诉人的上诉请求没有意见。

上诉人厦门某公司、北京某公司对对方的上诉请求没有意见。

二审法院查明的事实

二审期间，双方当事人均未提交新证据。二审法院根据（2015）沪东证经字第11689号公证书及当事人的当庭陈述，对一审关于该节事实的认定予以纠正，确认该微博发布日期为2015年4月27日。对一审认定的其他事实，当

动画角色形象的著作权规制分析

事人均无异议,二审法院予以确认。

另查明,动画片《笨笨车找妈妈》(又名《嘿!奔奔》)中,主人公是一个汽车型的动画形象,没有车窗,眼睛位于类似前引擎盖位置的上方,嘴巴位于进气格栅位置。动画片《铁胆火车侠》中,铁胆火车侠是一个火车头型的动画形象,眼睛位于火车头前车窗位置。动画片《托马斯和他的朋友们》中,主人公托马斯是一个火车型的动画形象,火车头上部直接用带有眉毛、眼睛、鼻子、嘴巴的面部代替。动画片《巴布工程师》中,马克是一个红色推土机的动画形象,其眼睛在车窗两侧,嘴巴位于进气格栅附近。动画片《汽车学校》中,主人公是一个黄色的卡车形象,其眼睛位于挡风车窗的位置,嘴巴位于进气格栅位置。以上事实由厦门某公司、北京某公司一审提交的网页打印件及各方当事人当庭陈述在案佐证。

➲ 二审法院判决理由与裁判结果

1.一审法院认定美国某公司及皮某主张权利的"闪电麦坤""法兰斯高"动画形象具有独创性,合法有据,二审法院予以确认。根据《保护文学和艺术作品伯尔尼公约》及我国《著作权法》的规定,上述动画形象构成美术作品,受到我国著作权法的保护。上诉人认为,"闪电麦坤""法兰斯高"具有独创性的表达已经进入公有领域,但其提交的《巴布工程师》《铁胆火车侠》等动画片的证据仅能证明除权利人主张权利的作品外,还存在将汽车、火车等进行拟人化设计的表达,并不能证明涉案作品具体的表达方式已经进入公有领域或为他人受著作权法保护的表达。诚然,将汽车进行拟人化设计属于思想范畴,不受著作权法的保护;但是,具体设计方案即拟人化的具体表达方式,则属于表达范畴,可以受到著作权法的保护,故对上诉人的上诉意见,二审法院不予采纳。

2.涉案电影《汽车人总动员》及涉案电影海报中的"K1""K2"动画形象与"闪电麦坤""法兰斯高"动画形象构成实质性相似。上诉人主张,"K1""K2"动画形象与"闪电麦坤""法兰斯高"动画形象不构成实质性相似。对此,二审法院认为,通过比对,明显可见涉案电影《汽车人总动员》及电影海报中的"K1""K2"动画形象与《赛车总动员》系列电影中的"闪电麦坤""法兰斯高"动画形象具有诸多共同点:"K1"与"闪电麦坤"均采用红色涂装色;"K2"与"法兰斯高"均采用绿白红涂装色。上述形象均保留了前挡风玻璃的设计,均设计有能够自由活动的上眼睑,眼睛部位有眼珠,眼珠中有虹膜和瞳孔，双眼之间无鼻梁或其他分割；均未保留进气格栅，而将进气格栅的位置设计成嘴巴，上下嘴唇具有突出的立体轮廓，嘴角能够带动面部肌肉，产生凹陷和阴影，张口时上下排牙齿均能显现出来，每排牙齿连在一起，相邻牙齿之间无间隔，无明显牙齿形状等。"K1"与"闪电麦坤"动画形象的差异主要在前脸饱满度、前车盖图标、车前灯形状、有无侧窗等方面；"K2"与"法兰斯高"动画形象的差异主要在前车盖图标、侧进气口、有无后视镜等方面。判断"K1""K2"动画形象与"闪电麦坤""法兰斯高"动画形象是否构成实质性相似，关键看上述相同点是不是实质性的。对于"实质性"的认定，既要考虑相同点的数量也要考虑相同点的质量。数量主要考虑相同点是否达到一定数量；质量主要考虑相同点是不是著作权法所保护的具有独创性的表达。"K1""K2"动画形象在涂装色、眼睛、鼻子、嘴部乃至眼珠、眼睑、牙齿等细节方面的表达均与"闪电麦坤""法兰斯高"动画形象基本相同，数量达到一定程度。而且，这些基本相同的表达，即汽车拟人化的具体表达方式，均体现了美国某公司、皮某具有独创性的设计，属于著作权法所保护的具有独创性的表达。上诉人主张二者构成实质性相似的"用前挡风玻璃表达眼睛、用进气格栅表达嘴巴"已经进入公有领域。对此，二审法院无意排斥他人用前挡风玻璃表达眼睛、用进气格栅表达嘴巴进行创作，但即使均用前挡风玻璃表达眼睛、用进气格栅表达嘴巴，其具体表达方式也有多种选择，这从厦门某公司及北京某公司提供的他人创作的拟人化动画形象中亦可看出。而"K1""K2"动画形象在具体表达方式的选择上均与"闪电麦坤""法兰斯高"动画形象基本相同，其表达相似程度已经达到了以普通观察者的标准来看两组形象，无论如何，不会认为前者是在脱离后者的基础上独立创作完成的。综上，足以认定"K1""K2"动画形象与"闪电麦坤""法兰斯高"动画形象构成实质性相似。至于两组形象的区别点，二审法院认为，其对整体形象并未产生实质影响，不影响对于实质性相似的认定。此外，关于上诉人主张一审法院未考虑混淆因素的意见，二审法院认为，在著作权侵权判定中，不以是否混淆作为作品是否构成实质性相似的考量标准，故对该意见亦不予采纳。

综上，二审法院判决：驳回上诉，维持原判。

案例解析

动画角色形象是从动画作品中抽离出来的虚构的角色形象，它往往是作者以拟人化的手法赋予客观事物人的特征、性格与故事，诸如本案提到的"闪电麦坤"与"法兰斯高"两个拟人化的赛车,或者是动画片《喜羊羊与灰太狼》中"喜羊羊"与"懒羊羊"两个拟人化的绵羊。由于动画角色的现实创作基础(如赛车和绵羊这种客观存在)以及拟人化的通常表现手法(诸如人的眼、鼻、嘴等设计)是属于公有领域的内容,不能够为个人所垄断,所以,在判断一个动画角色形象是否具有独创性、是否构成著作权法意义上的作品,以及两个动画角色之间是否构成实质性相似时,都需要将这些公有领域的元素剔除掉,进而对上述问题进行判断。

一、动画角色形象的著作权法定位

对于一个动画角色来说,它通常由三个部分组成:角色名称、外观形象、性格特征。角色名称由于过于简短,很难单独受到著作权法保护,但可以通过商品化权或商标权等方式进行保护;动画角色的性格特征由于其内在于特定角色之中,是一种抽象的概念,属于思想的范畴,不能受到著作权法保护,但是体现动画角色性格特征的具体情节可以作为视听作品受到著作权法的保护;而本文要讨论的动画角色形象,主要是指动画作品中角色的美术形象,它是以线条、色彩或其他方式构成的有审美意义的基本形象,属于美术作品的范畴。尽管这种基本形象往往是静态的,但是著作权法不因其动态形象(各种表情、姿势、动作等)可能会与其基本形象存在细微的出入而不给予这种静态形象法律上的保护。诸如在"迪士尼公司诉 Air Pirates 案"中,被告并没有使用与迪士尼公司享有版权的若干米老鼠的静态美术形象一模一样的内容,但是对于动画作品而言,角色是通过绘画这种艺术手法加以表达的。[①] 对角色单独的、静态的绘画本身就是美术作品,是受保护的"表达"。把许多对同一个角色的动画放在一起来看,这个角色一定具备一些共同特征。[②] 而这些共同特征正是著作权法对于"角色形象"这一类美术作品保护的内容。

二、动画角色形象中属于公有领域的内容

动画角色形象的创作基础往往是现实生活中的客观存在,例如某件物品或者某种动物,然后将这种客观存在拟人化,赋予其人的形态、思想、性格。在动画角色形象的创作中有诸多元素属于公有领域,不能够被个人独占,因此,在著作权法领域分析动画角色形象时,就需要划分出其中属于公有领域的部分。

---

① See Walt Disney Productions v. Air Pirates, 518 F. 2d 751(9th Cir., 1978).
② 王迁:《知识产权法教程》(第 5 版),中国人民大学出版社 2016 年版,第 46 页。

（一）常用结构与样式

如上所述，动画角色形象的创作基础是现实生活中的客观存在，无论是鬼怪还是外星人等人们虚构出来的形象，大多数都是以客观存在为基础进行设计的，如鬼怪与外星人的创作基础是人类的形象，米老鼠的创作基础是老鼠等。创作者囿于其作为人的存在本身以及现实生活的经历，无法完全脱离现实而进行所谓"完全独立"的创作。所以，任何动画角色形象的创作基础都是现实生活中的客观存在，只是创作可能将其进行某种程度上的再组合，如以云或雾的形态来展现鬼怪的形象这种错位组合。而客观存在在外观上一般有着通常的组成结构与样式，以本案中的两辆赛车为例，"闪电麦坤"的创作基础是公路赛车，因此它有着公路赛车通常具有的结构及样式，如车灯、车轮、车窗、尾翼等结构及流线型的车身；而"法兰斯高"的创作基础是F1方程式赛车，因此它有着F1方程式赛车通常具有的结构及样式，如突出的前鼻翼和尾翼、狭小的驾驶舱、宽大的轮胎、裸露的悬挂系统等。这些对客观存在的还原属于公有领域的素材，不能够被任何人独占，就像一个画家以某个鸡蛋为参照进行了素描，他不能以自己对其作品享有的著作权而阻止其他人以同一个鸡蛋为参照以同样的手法进行素描创作，因为这种客观存在的常用结构与样式本就属于公有领域，任何人没有任何理由垄断这些最基本的创作元素。

（二）简单的设计思路

在以客观存在的常用结构与样式创作出动画形象的基础以后，色彩、线条以及其他设计思路的加入就是第二步的内容。尽管此时已经进入角色形象的具体设计这一步骤，但是由于一些设计思路过于简单，不具有独创性，不能被视为著作权法意义上具有独创性的表达。例如，给动画形象的基础配上单一的颜色，或是几种颜色的简单组合，都属于过于简单的设计思路，在本案中"K1"和"闪电麦坤"都采用红色为其配色，"K2"和"法兰斯高"都采用红白蓝三色的组合为其配色，这些都是一种简单的设计思路，还不能够使现有的成果脱离公有领域而进入著作权领域。

（三）拟人化设计

使动画角色形象不同于其他角色形象的要点就在于对客观存在进行拟人化的设计，即赋予一些客观存在以眼、鼻、嘴等人的形态，如"喜羊羊"这个动画角色形象就是给绵羊的基础形象拟人化，使四脚着地的绵羊有着双脚站立的人的姿态以及与人类眼鼻嘴分布状态相近似的神态。拟人化设计本身是属于思想范畴的，处于公有领域之中，任何作者不得因自己将某一客观存在拟人化而阻止其他人以类似的方式把同样的客体拟人化。

三、动画角色形象中属于著作权领域的内容

动画角色形象中具有独创性的内容是社会公众将其区分于其他动画角色形象的部分,是一部作品的精髓所在,也是著作权法所保护的内容。它通常体现在对于客观存在常用结构与样式上的变形设计、将某物拟人化的具体设计方案以及该动画形象的显著特征等内容。

(一)具体设计方案

具体设计方案是指作者将客观存在拟人化的具体表达,由于每个作者的想法、喜好、技艺都是不同的,所以不同作者对同一主题的具体表达也是不同的,尽管这种具体的设计方案可能独创性不高,但是只要作者所设计出来的动画角色形象是其独立创作并具有一定程度的智力创造性,能够体现作者独特的智力判断与选择,[1]那么就应当将其认定为是具有独创性的内容,应受著作权法的保护。例如,对赛车的拟人化,赛车"五官"的形状及其比例,赛车车身的线条搭配以及色块组合,甚至是车身上印的文字形状、大小、位置等都是对动画角色的具体表达。

(二)在常用结构与样式上的变形设计

变形设计是使普通客观存在变为动画角色、使公有领域的创作元素变成具有独创性的作品的关键,以本案提到的"闪电麦坤"为例,其创作者在将其进行拟人化的时候,是将原本的前挡风玻璃变形成"人"的眉毛和眼睛,将两个车灯变形成"人"的鼻孔,将进气格栅变形成"人"的嘴,并将这些部分以特定比例组合在一起,这样一个原本是赛车的基础形象就变形成了有着特定比例的五官与神态的动画角色。变形设计就是通过各种各样的创作手法将作者个性化的选择与独特的设计融入基本的创作元素之中,使其脱离公有领域、具备独创性。

(三)显著特征

随着文化传媒行业的迅速发展,动画角色往往还伴随着大量的商业开发与利用,对于动画角色形象的保护范围也不仅仅是形象本身,还扩展到了其显著特征之上。所谓显著特征,是指动画角色外形中最具显著性和独创性的部分,其构成大众的主要辨别来源,并据此与其他动画角色形象相区分。根据日常经验,我们在观看动画漫画时都会记住每个卡通角色形象中最为显眼的特征,这些特征是卡通角色形象最具显著性和独创性的部分,观众据此将其与其

---

[1] 王迁:《知识产权法教程》(第5版),中国人民大学出版社2016年版,第32页。

他卡通角色形象相区分。① 以特定比例组合在一起的又长又尖的长鼻子和又圆又大的耳朵是米老鼠的显著特征，尽管这些作品的组成部分很容易被误认成是创作的思想要素，但是这些具体的特征是作者进行了个性化的组合与独特的创造而形成的让该角色形象明显脱离于同类型的其他角色形象的部分，这是一个动画角色形象具有独创性的精髓，是受著作权法保护的表达。当然，这种显著特征不能是其创作基础本身就具有的、并非作者创作的特征。

四、动画角色形象间的实质性相似判断

如本案二审法院在判决书中陈述的那样："对于'实质性相似'的认定，既要考虑相同点的数量也要考虑相同点的质量。数量主要考虑相同点是否达到一定数量；质量主要考虑相同点是不是著作权法所保护的具有独创性的表达"。② 当然，对于动画角色形象这种特殊的美术作品还要考虑到在后作品是否使用了在先作品的显著特征。正如实践中存在的抄袭他人小说的情况，抄袭者一般不会逐字逐句地复制他人的文字，进行显而易见的侵权，但是抄袭者会通过同义词替换等毫无创造性的手段"复制"他人的作品，但这种实质上的相似也是对他人著作权的侵犯。

其实，无论是相同点的数量还是相同点的质量，都是在考虑两个角色形象的相似比例问题，均禁止在后形象过量地使用在先形象具有独创性的内容。对于动画角色形象来说，其形象的显著特征是精华部分，如果其他人使用了这部分内容，即令这个部分在该形象中的实际占比不高，这种使用本身也构成了对在先形象的抄袭。对于动画角色形象中属于公有领域的各个元素，尽管这些元素单独并不受到著作权法的保护，但如果对这些元素的选择与安排超乎合理界限，这种"借鉴"就不能被著作权法所接受。也就是说，当多重的设计组合足够复杂，或者充分展示出动画角色形象的独有特征后，这种元素的选择、安排与组合就是独特的、具有独创性，即便这种组合中的每个元素都不是作者独创的，但是其仍然作为作品的具体表达而受著作权保护。当然，在这里要注意的是，由于这些元素本属于公有领域，那么对这些元素的借鉴如果比例适当，仍然不能构成形象间的实质性相似。例如，将赛车配上红蓝白相间的颜色，为赛车的车上加上眼睛，为赛车的进气格栅画上嘴巴，这种创作元素的简单组合并不能够被著作权人垄断，不能因两个赛车形象在诸多创作元素上相似而判定

---

① 李梦佳：《卡通角色形象保护的困境及其出路——以美国相关规则与案件为视角》，载《研究生法学》2019年第4期。
② 上海知识产权法院（2017）沪73民终54号民事判决书。

在后的形象侵权。

总体来说，当相似之处的质量较高时，即原动画角色形象中独创性较高、特征较为显著的部分，在进行实质性相似判断时对于相似点的数量要求可以适当减少；而当相似之处的质量较低时，即原动画角色形象中独创性较低的部分，在进行实质性相似判断时对于相似点的数量要求可以适当增加。

五、结论

动画角色形象在著作权法领域的保护范围既有其特殊之处，又有普遍之处。特殊之处在于著作权法应当对于形象的显著特征给予保护，普遍之处在于著作权法仅对其中具有独创性的部分给予保护，而不对思想等公有领域的内容给予保护。在动画角色形象中界分好公有领域与著作权领域，对于该作品的独创性判断、实质性相似判断都具有重要的指导意义。

电子导航地图的著作权保护

——深圳市某乙科技有限公司等与北京某甲科技有限公司等
侵犯著作权纠纷案

/ 高荣鑫

● 本案要旨

著作权法不保护思想和事实本身,对于公共领域与著作权保护范围的界限划分,实际上是著作权法对公共利益与个人利益的平衡。针对不同的作品类型应当构建不同的划分标准,以此才能在个案中对作品的独创性表达进行适当的认定。虽然地图和电子导航来源于公共领域的地形地貌,但其在对地形地貌的取舍、标注及其他表达方式上仍体现出创作者独创性的记载和表达,该作品应当受到著作权法的保护。除此之外,"接触+实质性相似"原则是判断著作权侵权的重要标准。判断"接触"时,应当参考作品发表的先后顺序以及被控侵权人是否有条件接触著作权人的作品;在判断"实质性相似"时则需要采取恰当的对比方法,对比作品在表达方面是否存在不合理比例的相似或相同。

● 案件信息

上诉人(一审被告):深圳市某乙科技有限公司、某丙技术(深圳)有限公司、深圳市某丁计算机系统技术有限公司

被上诉人(一审原告):北京某甲科技有限公司

一审被告:佛山市某戊汽车用品有限公司南海分公司

案号:广东省佛山市中级人民法院(2007)佛中法民知初字第219号、广东省高级人民法院(2008)粤高法民三终字第290号

● 原被告主张及理由

原告北京某甲科技有限公司(以下简称某甲公司)主张:原告对自己独

立制作完成第四版《道图》依法享有著作权。被告某丙技术（深圳）有限公司（以下简称某丙公司）、深圳市某丁计算机系统技术有限公司（以下简称某丁公司）生产销售的《某全国导航电子地图（362 城市）》（以下简称《362 图》）抄袭剽窃了原告第四版《道图》的内容；被告佛山市某戊汽车用品有限公司南海分公司（以下简称某戊公司）、深圳市某乙科技有限公司（以下简称某乙公司）销售了上述侵权产品。被告的侵权行为给原告造成了重大经济损失，故请求法院判令被告停止侵权并赔偿经济损失。

被告某丁公司抗辩：某丁公司没有实施侵犯原告著作权的行为，《362 图》导航电子地图的内容包括路网、背景、注记、索引四大类信息，而对于这四大类信息的筛选、取舍、表达和操作方式，各厂家都有自己的规则，这是受著作权法保护的核心。原告对导航电子地图中的地名等客观存在的地理信息主张著作权，缺乏充分的法律依据。地图的许多表现方法在按照强制标准和规范制作过程中，出现"相似""相同""雷同"现象是必然的、不可避免的，也是法律所允许的，故地图中很多部分是不受著作权法保护的。此外，鉴于原告的"道道通"第一、二、三版地图存在侵犯某丁公司《全国导航电子地图（243 城市）》（以下简称《243 图》）知识产权的事实，某丁公司已经于 2007 年 6 月 22 日向深圳市中级人民法院以侵犯著作权为由起诉原告。原告企图通过诉讼来挽回在市场竞争中的失利局面，是滥用诉讼权利的行为，其起诉不符合《著作权法》（2001 年修正）第 49 条的规定，故请求法院驳回原告全部诉讼请求。

被告某丙公司、某戊公司没有答辩。被告某乙公司称，没有销售某丁公司产品，故不应承担责任。

➲ 一审法院查明的事实

2005 年 5 月 13 日某甲公司获得国家测绘局颁发的甲级测绘资质证书，拥有导航电子地图制作资质。某甲公司第四版《道图》于 2006 年 8 月 16 日由中国地图出版社向国家测绘局提出地图审核申请，2006 年 8 月 17 日获得国家测绘局签发的《地图审核批准书》。

2005 年 6 月 24 日某丁公司取得国家测绘局颁发的甲级测绘资质证书。以某丁公司为编制者的被控产品《362 图》在 2006 年 12 月 21 日由广东省地图出版社向国家测绘局提出地图审核申请，2007 年 2 月 1 日获得国家测绘局签发的《地图审核批准书》。

将在中国地图出版社调取的某甲公司第四版《道图》光盘分别与某甲公

司公证购买、原审法院扣押的被控产品《362图》光盘进行对比，二者在如下方面存在相同：（1）个别字误相同；（2）不规范简称相同；（3）有点无路；（4）信息取舍相同；（5）虚设地址相同；（6）未简全称相同；（7）表述不当相同；（8）多种表述相同；（9）特制信息相同；（10）长地版本相同；（11）错误相同；（12）同位置标注。

一审法院判决理由与裁判结果

本案的争议焦点包括：一是某甲公司是否享有第四版《道图》作品的著作权；二是某丁公司、某丙公司、某乙公司、某戊公司的行为是否构成侵犯某甲公司的涉案著作权；三是某丁公司、某丙公司、某乙公司、某戊公司应如何承担民事责任。

一、某甲公司是否享有第四版《道图》作品的著作权

著作权自作品完成之日起产生，作者的著作权来源于其完成作品的创作行为，并不来源于其将作品进行登记的行为。本案中，某甲公司第四版《道图》于2006年8月16日由中国地图出版社向国家测绘局提出地图审核申请，2006年8月17日获得国家测绘局签发的《地图审核批准书》，由此可见，某甲公司第四版《道图》最迟于2006年8月16日已创作完成。原审法院确认某甲公司是作品第四版《道图》的著作权人。

二、某丁公司、某丙公司、某乙公司、某戊公司的行为是否构成侵犯某甲公司的涉案著作权

证据证明，某甲公司作品的完成时间和出版时间均明显早于被控作品。根据"接触+实质性相似"的著作权侵权行为判定原则，从某甲公司与某丁公司经营的范围来看，二者经营的均为电子地图产品，某甲公司的产品推出市场后，某丁公司有接触某甲公司产品的条件和可能性；经将被控侵权的《362图》产品与某甲公司享有著作权的第四版《道图》进行对比，二者的虚设地址相同、长地版本号相同、特制信息相同、个别字误相同、表述不当相同、多种表述相同、不规范简称相同、未简全称相同、信息取舍相同、有点无路、错误相同、同位置标注相同，特别是某甲公司在自己地图产品中设置的大量暗记和版本信息号，在被控产品中大量出现。在一定区域内存在大量地理信息点，具体信息点名称和数量的采集，不同制图公司有不同的采集要求，且不同作业人员有不同的取舍，这就形成了不同制图公司在相同区域内采集的信息点名称和数量必然会存在相当的差异。但是，二者存在大量内容相同或近似。且被控产品中大量出现了某甲公司在自己地图产品中设置的暗记和版本信息号，若被控产品《362图》系被告某丁公司自行创作，根本就不会出现上述现象。在某丁公司提交证据不足以证明其自行创作的情况下，其行为显属抄袭，且某丁公司不可能仅仅抄袭了某甲公司电子地图的错误或不规范之处，故某丁公司构成侵权，应依法承担相应的侵权责任。

某乙公司生产、销售装有侵权产品《362图》的"中佳讯"GPS导航仪，某戊公司销售装有侵权《362图》的"中佳讯"GPS导航仪，也构成侵权。

三、某丁公司、某丙公司、某乙公司、某戊公司应如何承担民事责任

某甲公司要求某丁公司和某丙公司停止侵权、赔礼道歉、赔偿经济损失，于法有据，原审法院予以支持。具体方式及赔偿数额原审法院将根据某丁公司和某丙公司的主观过错、侵权方式、涉案作品的市场价值等依法确定，某甲公司因诉讼支出的合理费用，亦应由某丁公司和某丙公司一并赔偿。

某乙公司生产、销售装有涉案侵权作品的导航仪，某戊公司销售装有涉案侵权作品的导航仪，应承担停止侵权的民事责任。

综上判决：某戊公司和某乙公司停止侵权，销毁未销售产品；某丁公司、某丙公司公开赔礼道歉；某丁公司、某丙公司赔偿损失。

◯ 二审法院查明的事实

二审庭审中，经双方当事人就原审法院从中国地图出版社调取的某甲公司第四版《道图》与某甲公司公证购买的被控侵权的《362图》进行对比，本院对某甲公司主张的12个方面对比结果认定如下：（1）请求保护的作品中的字误在被控侵权作品中同样出现。（2）请求保护的作品中出现的不规范简称同样出现在被控侵权作品中。（3）被控作品存在有点无路的情形，不符合正常电子地图的创作规律和表达方式。（4）二者对信息点的取舍相同。（5）二者虚设地址相同。（6）二者未简全称相同。（7）二者均存在相同的表述不当。（8）请求保护的作品中对同一种类地点使用的多种表达方式亦出现在被控作品的相同地点。（9）二者特制信息相同。（10）某甲公司的内部版本号出现在被控侵权作品中。（11）二者错误相同。（12）二者同位置标注相同。

二审期间，某丁公司当庭主张《362图》与其在先作品《243图》构成实质近似，第四版《道图》侵犯其《243图》。但某丁公司承认第四版《道图》与《362图》的上述全部相似点在其《243图》中均不存在。

2007年11月7日原审法院就禁令措施组织第一次听证，某甲公司提交了证据12为（2007）佛南内民证字第6889号公证书，以此证明某丙公司、某丁公司共同生产、销售涉案《362图》产品；某乙公司生产、销售装有《362图》的"中佳讯"GPS导航仪；某戊公司销售装有《362图》的"中佳讯"GPS导航仪。某丁公司对该份证据真实性、证明内容、关联性均表示无异议。

某甲公司提交的侵权损害赔偿计算依据有：（1）（2007）南公证内字第21191号公证书对某丁公司网页进行公证，网页内容显示赛迪顾问公司报告称某丁公司在2006~2007年连续5个季度在GPS后装导航电子地图市场销售占有率达到50.1%。（2）某丁公司一审提交的答辩状自称在2006~2007年连续5个季度在GPS后装导航电子地图市场销售占有率达到50.1%。（3）某甲公司委托广东联信资产评估土地房地产估价有限公司对侵权导致的经济损失进行评估，广东联信资产评估土地房地产估价有限公司出具的评估咨询报告结论为：侵权发生期间内（2006年第四季度、2007年及2008年全年）某丁公司及某丙公司涉嫌对某甲公司导航电子地图造成的侵权损失市场价值为人民币7203.2万元。（4）某丁公司2007年度工商年检报告书。其中载明2007年度公司销售（营业）收入为1800万元，全年利润总额为545万元，净利润为522万元。（5）某丙公司2007年度工商年检报告书。其中载明2007年度公司销售（营业）收入为4647.31万元，利润总额为3512.93万元，净利润为3512.93万元。（6）某甲公司维权过程中支出的各项费用，包括律师代理费60万元、鉴定费10万元、公证费4270元、购买侵权物品7500元、冲印照片费100元、担保费8万元、评估费45 000元。二审开庭审理后，某甲公司还向本院寄交了专家研讨会费用20万元，以及差旅费、资料费、相关人员费72 900元的发票复印件。此外，某甲公司支付一审案件受理费82 800元，保全费5030元，诉中禁令受理费1000元。（7）某甲公司主张某丁公司、某丙公司侵权时间从2007年1月（侵权产品使用手册标注时间）计算至2008年5月（原审采取禁令措施时间）。

2007年6月22日，某丁公司向广东省深圳市中级人民法院起诉某甲公司，主张某甲公司生产的《道图》侵犯某丁公司《243图》，该案一审尚未审结。据已生效的北京市第一中级人民法院（2008）一中民终字第6833号民事判决认定：某丁公司的《243图》获国家测绘局审核批准时间为2006年3月20日，某甲公司《道图》第一版的审核批准时间为2006年1月12日，出版时间为2006年1月，时间上《243图》晚于某甲公司《道图》第一版。

除本院二审查明的上述事实外，原审查明的其他事实基本属实，本院予以确认。

二审法院判决理由与裁判结果

对于地图作品而言,其独创性主要表现在把具体地物、地貌、信息点等测量到地图上的过程中,根据地图使用目的、地图比例尺及相关测量规范等要求对地物、地貌、信息点等进行取舍。这种取舍的过程,实际上就是制图者创作的过程。同时,即使对于一个大家都会选择的地物、地貌进行测量时,也存在不同的测量方法的选择。因此,电子导航地图与其他地图一样,属于具有独创性的作品,依据我国《著作权法》的规定可以作为地图作品予以保护。

本案二审诉讼的焦点问题是:(1)原审是否存在程序违法的情形并由此影响本案的正确判决;(2)某甲公司是否享有第四版《道图》的著作权;(3)某乙公司、某丁公司、某丙公司的行为是否构成剽窃侵权和销售侵权;(4)本案赔偿数额应如何确定。

一、关于原审是否存在程序违法的情形并由此影响本案的正确判决问题

原审受理并审理该案期间,《最高人民法院关于适用〈关于民事诉讼证据的若干规定〉中有关举证时限规定的通知》尚未颁布实施,原审严格按照《民事诉讼法》及《最高人民法院关于民事诉讼证据的若干规定》来确定举证期限,程序合法,没有错误。

某丁公司未在举证期限内提出反诉,且该反诉的内容可以另案处理,故原审判决对该反诉不合并审理时,某丁公司可以另案起诉,并不影响其诉讼权利及实体权利。本案原审法院所采取的诉中禁令,由权利人提供了相应的担保,并未给被控侵权人造成损失,原审法院采取诉中禁令措施具有法律依据,程序合法。

二、关于某甲公司是否享有第四版《道图》著作权的问题

根据我国《著作权法》的规定,著作权自作品完成之日起产生,作品实行自愿登记,无论是否登记,作者或其他著作权人依法取得的著作权不受影响。本案中,某甲公司提交了第四版《道图》的《地图审核批准书》、第四版《道图》正式出版物。《地图审核批准书》记载的送审受理时间为2006年8月16日,批准时间为2007年8月17日,审图号为GS(2006)807号,正式出版物记载出版时间为2006年8月。在没有相反证据的情况下,可以认定某甲公司对第四版《道图》享有著作权。

三、关于某乙公司、某丁公司、某丙公司的行为是否构成剽窃侵权和销售侵权问题

（一）关于被控侵权产品的认定

根据佛山市南海区公证处（2007）佛南内民证字第 6889 号《公证书》记载，某甲公司委托代理人在某戊公司购买了 2 台 DH-105GPS 导航器。署名为"黄某坚"的人出具《证明》，证实某戊公司销售的 DH-105GPS 导航器装有正版某版地图。某戊公司出具证明，证明"黄某坚"系某乙公司的代理商，确认 DH-105GPS 导航器系某戊公司向某乙公司定购。佛山市南海区公证处公证员参与了整个购买过程，并对取得的发票、证明、名片复印件与原件相符进行了公证。

（二）关于涉案作品完成时间、出版时间以及是否存在接触的问题

某甲公司能够提供证据证明第四版《道图》于 2006 年 8 月 16 日前创作完成并于 2006 年 8 月出版，而某丁公司不能提供证据证明其《362 图》早于第四版《道图》创作完成和出版。某甲公司第四版《道图》出版发行后，作为同业竞争者，某丁公司完全可以通过公开渠道获得某甲公司第四版《道图》，因此，本院推定某丁公司接触了某甲公司第四版《道图》。

（三）关于涉案作品对比问题

某甲公司主张从 12 个方面，采取列举具有个性特征的信息点的对比方式，对某甲公司第四版《道图》与某丁公司《362 图》是否相同或实质相似进行对比。某乙公司、某丁公司、某丙公司均未对该对比方式提出异议。鉴于导航电子地图信息量巨大的作品特点，该种举例说明的证明方法，可以有效地对两个作品之间的异同进行认定。经本院组织双方当事人当庭进行勘验，原审法院列举的信息点中存在个别信息点认定错误，但从整体对比情况来看，某丁公司《362 图》与某甲公司第四版《道图》存在虚设地址相同、长地版本号相同、特制信息相同、个别字误相同、表述不当相同、同类地点的多种表述相同、不规范简称相同、未简全称相同、信息取舍相同、被控作品存在有点无路的不合理情形、二者所犯错误相同、位置关系标注相同的情况。虽然电子地图中的具体地理信息是客观存在的，但对于地理信息的采集需要实地勘查，付出劳动。而对于地理信息的筛选、取舍及表达方式，会体现不同作品的独创性。因此，不同企业制作的电子地图不可能存在上述大量的不同类别的雷同，更不可能在被控侵权作品中出现请求保护作品的版本号"暗记"。本案中某丁公司《362 图》与某甲公司第四版《道图》出现的雷同，明显超越了常理，显然

电子导航地图的著作权保护

不属独立创作之巧合。需要特别指出的是，在存在上述不合理雷同的情况下，迄今为止，某丁公司等被控侵权人均无法提交任何证据证明自己投入资金、人员制作了《362图》。仅以其提交的无法证明真实性的差旅费复印件看，总额仅为2万余元。一个庞大的导航电子地图作品，仅仅依靠2万元差旅费来进行全国范围的测绘，是完全不可能的。在二者之间有若干不合理雷同的情况下，被控侵权人无法提供任何独立创作被控侵权作品的证据，本院认定某丁公司《362图》抄袭、剽窃了某甲公司第四版《道图》。

（四）关于侵权认定

广东省地图出版社的备案资料以及《362图》的《著作权登记证书》显示，《362图》的著作权人为某丁公司。而某甲公司公证购买的被控产品《362图》标示的版权与制作人为某丙公司。而且，某丁公司、某丙公司工商登记资料可以证明某丁公司、某丙公司的法定代表人均为张某星。某丁公司网站也对某丁公司、某丙公司存在关联关系进行宣传。由此可以认定某丙公司、某丁公司共同创作、销售了侵权产品《362图》，实施了共同抄袭、剽窃行为，构成共同侵权，依法应当承担连带责任。某丙公司上诉主张其没有创作、销售被控侵权《362图》的主张不能成立，本院不予支持。

某乙公司生产、销售装有侵权产品《362图》的DH-105GPS导航器，某戊公司销售装有侵权产品《362图》的DH-105GPS导航器，依法均构成侵权。

四、本案赔偿数额应如何确定

某甲公司请求判令某丁公司和某丙公司停止侵权、赔礼道歉、赔偿经济损失，理由充分，本院予以支持。根据《著作权法》（2001年修正）第48条的规定，侵犯著作权或者与著作权有关的权利的，侵权人应当按照权利人的实际损失给予赔偿；实际损失难以计算的，可以按照侵权人的违法所得给予赔偿。赔偿数额还应当包括权利人为制止侵权行为所支付的合理开支。权利人的实际损失或者侵权人的违法所得不能确定的，由人民法院根据侵权行为的情节，判决给予50万元以下的赔偿。鉴于本案某甲公司的实际损失以及某丁公司和某丙公司侵权获利具体数额均不能确定，本院不能支持某甲公司提出的赔偿数额。根据《最高人民法院关于当前经济形势下知识产权审判服务大局若干问题的意见》第16条关于"对于难以证明侵权受损或侵权获利的具体数额，但有证据证明前述数额明显超过法定赔偿最高限额的，应当综合全案的证据情况，在法定最高限额以上合理确定赔偿额。除法律另有规定外，在适用法定赔偿时，合理的维权成本应另行计赔"的相关规定，本院认为根据本案证据可以证明某甲公司的实际损失或者某丁公司和某丙公司侵权获利,明显超过著作权法规定的法定赔偿最高限额,因此,应当综合全案的证据情况,在 50 万元以上合理确定赔偿额。本院确定某丁公司和某丙公司的赔偿数额,主要考虑下列因素:(1)本案作品属于全国导航电子地图,制作投入的人力、物力巨大,市场利润率较高;(2)某丁公司和某丙公司不能提供创作被控侵权产品的任何证据,侵权性质恶劣、侵权时间为一年零五个月;(3)某丁公司在答辩状中自称在 2006~2007 年连续 5 个季度在 GPS 后装导航电子地图市场销售占有率达到 50.1%,其销售量已占据全国市场的一半以上;(4)在原审法院保全过程中,某丁公司和某丙公司拒不提供有关侵权产品的财务账册;(5)已生效的北京市第一中级人民法院(2008)一中民终字第 6833 号民事判决认定某丁公司制作的《某全国导航电子地图(335 城市)》侵犯某甲公司《道图》第一、二、三版著作权,本案认定的事实系某丁公司重复侵权,主观过错明显。本院根据上述因素,综合确定某丁公司和某丙公司赔偿某甲公司经济损失 100 万元。

综上所述,原审判决认定事实部分错误,本院予以纠正。一审法院和二审法院均认定被告的行为侵犯原告第四版《道图》的著作权,判定被告停止侵害、赔偿损失。除此之外,二审法院将一审法院判定的 1000 万元经济赔偿改判为 100 万元。

案例解析

本案争议焦点在于导航电子地图是否具有独创性及其著作权侵权认定的问题。地图作为一种具有独创性的作品而受到著作权法的保护已被世界各国和组织所公认,我国《著作权法》第 3 条的规定也将地图纳入我国著作权法保护的作品范围。导航电子地图作为传统地图作品与互联网相结合的产物,其要想受到著作权法的保护,也应当符合我国关于作品的规定,具备独创性要件。如何判断地图、电子地图的独创性,如何对电子地图作品的侵权行为进行认定,一直是困扰司法实务界的难题。本案则是解决、判定这一问题的典型案例,其对导航电子地图著作权侵权纠纷的认定具有重要的理论价值和现实意义。以下,笔者将结合案例对这一问题进行探讨。

一、电子地图作品的著作权保护

虽然地图作品作为著作权法保护的客体之一已经得到广泛的认可,但关于其独创性的认定方面仍存在一定的争议。有人认为地图作为地形地貌的客观反映,属于公共领域的范畴,其本质上是对客观世界的"再现",并不存在独创性因素,因而不应受到著作权法的保护。实际上,地图作品的独创性表现为在测绘过程中,作者对于各个地形地貌的取舍、标注方式、地图比例等要求,在这一过程中便注入了作者的独创性,实现了对地图作品的创作。地图的制作过程不但是对原始地理地貌的重现,其具备精准的数学基础,而且融入了作者的选择和创作,是依据数学技术和科学技术而创作的作品。假设要求不同的人对同一地形地貌进行测绘、将其绘制成地图,也会存在截然不同的绘制结果,所以应当认可测绘工作人员对其创作的地图作品享有著作权,应当依法对其进行保护。

随着科学技术的发展和信息网络的普及,人们对纸质地图的需求降低,电子地图逐渐发展和普及。导航电子地图便是在传统普通地图的基础上进一步发展和改造,其不但具备传统地图作品的基本属性,同时相较于普通地图它又具备卫星定位信号处理、坐标变换和移动目标显示的功能。[1]电子地图在增添这些功能的过程中也体现了作者独创性的表达,因而应当依据著作权法对其加以保护。与此同时,随着导航电子地图的发展和普及,电子地图著作权侵权案件的数量也逐步增多。由于一般电子地图通过数据形式储存在电子介质之中,因而利用现有的技术直接复制电子地图变得十分容易,在网络时代侵犯电子地图著作权的侵权成本较低。本案中,某丁公司便是通过信息网络的方式获取了某甲公司所制作的第四版《道图》,经由其稍加改动便包装成一份新的电子地图通过商业活动进行牟利。

对于制图企业或个人来说,电子地图是否属于著作权法保护的作品,是制止侵权行为,保护权利人合法权益的根本基础,具有十分重大的意义。确认一份导航电子地图是否受到著作权保护,首先要确认该作品的诞生时间。因为根据我国法律的相关规定,导航电子地图必须经过国家机关的保密处理并对地图内容进行审查,只有审查合格并且颁发审图号后,才能作为正式地图对外出版发行。只有经过国家测绘局的审查和颁布,导航电子地图才具备著作权法所保护的作品外观,该作品才能真正受到法律的保护。[2]国家测绘局颁布的审图号便相当于该导航电子地图的"身份证号",依据该编号可以确认该作品是否合法且受到著作权法的保护。但从著作权法理论的角度来讲,该作品在备案之前便已经诞生且存在,此时若符合著作权法规定的作品的标准,则应当受到著作权法的保护。因此笔者认为,该备案行为并不会影响著

---

① 侯仰坤、税成疆:《导航电子地图的著作权保护》,载《人民司法》2010年第3期。
② 侯仰坤、税成疆:《导航电子地图的著作权保护》,载《人民司法》2010年第3期。

作权法对于导航电子地图的保护，也不会改变该地图的性质，只是从法律角度上予以确认，使其具备外观上的著作权效果，但实质上其著作权仍是通过当事人的创作而产生的。

二、电子地图的独创性认定

除国家测绘局审查外，判断导航电子地图是否属于著作权法保护范围的核心是独创性的判断。虽然在大部分情况下，测绘工作人员创作出的地图具备独创性，但也存在例外的情形，当测绘工作人员在测绘过程中选择性极少或者根本无法选择，只得按照客观环境进行绘制时，应当认定为该作品缺失独创性。对于一幅地图作品而言，其精细程度越高，对地理信息的描绘越真实，则相应的其独创性程度越低，甚至可能不受著作权法的保护。例如，在美国巡回上诉法院的一项判例中，案件的争议焦点在于涉案的管道图是否符合著作权法关于作品独创性的规定，双方当事人对此问题进行了激烈的讨论，最终法院判定当事人绘制的管道地图不具有独创性，不属于著作权法保护的范围。因为该图毫无差错地反映了该地区天然气管道的正确走向，即使更换另一个测绘人员，也会得到相同的或相差无几的作品，因此该作品并不具备当事人的独创性，属于公共领域资源的再现。我们可以借鉴这一思路，在判断普通地图或者导航电子地图是否属于著作权法保护的范围时，结合当事人的创造空间大小来进行判断其是否构成作品。①

分析导航电子作品的独创性，应当明确导航电子作品的内容，将其区分为公共领域的地理数据和具有独创性的表达内容。在大多数制图过程中，作者忠实于表现真实的客观存在，但不仅仅局限于客观存在。地理数据是通过实地测量或考察而获取的真实数据，虽然工作人员可能会对这些数据进行特有方式的整理和分类，但这些内容是否构成汇编作品并不是本文所讨论的范围，应当注重的是通过计算机或者其他形式表达出来的作品，并对该作品的独创性进行判定。例如，装有导航电子地图的显示屏中所展示的地图界面，便是创作者对该地理数据进行处理后形成的独创性表达，每一帧画面或是整个导航的视频资料，都可以将其认定作品。

三、电子地图著作权侵权的判定标准

确认对导航电子地图的侵权，也应当遵循"接触＋实质性相似"原则来判定。作为地图作品，其一旦经过国家测绘局审查并由权利人出版发行，其他

---

① 李伟文：《论著作权客体之独创性》，载《法学评论》2000年第1期。

电子导航地图的著作权保护

人便可以从公共渠道获取这一地图版本,由此便可推定当事人具有接触该作品的可能。本案中,某甲公司第四版《道图》的创作和出版时间早于某丁公司的《362图》,作为同业竞争者,某丁公司完全具备获得第四版《道图》这一作品的方式和渠道,法院据此推定某丁公司接触了涉案作品第四版《道图》。

关于涉案作品之间是否存在实质性相似的对比和认定。导航电子作品在一般情形下均保存于电子数据之中,对作品表达内容的对比应当经由专业的设备或显示系统来进行,虽然在实务中当事人一般会将具有争议内容的地图打印出来交由法院进行判断,但仍可能出现打印版本和实际版本存在差别的问题。随着法院信息化程度的提高,有些法院可以通过投影仪的方式在法庭中对地图作品进行展示和对比,在双方当事人的见证下对争议所在进行对比判断。在判断实质性相似时,被告有时会以创作耦合为由进行抗辩。我国著作权法并不禁止创作偶合的情形,也即不同的作者虽创作出相同或相似的作品,但由于二者并不存在抄袭或剽窃的情形,两个作者均是通过独立的创作思想和独立的创作活动来实现的,此时两部作品互相之间并不存在侵权行为。但在地图这种内容复杂、信息庞大的作品中,若存在作品特有的、非偶然的诸多相似之处,则应当排除创作偶合情形的出现。本案某丁公司的《362图》在与某甲公司的第四版《道图》对比中,存在诸多字误、简称、表述不当的地方相同,对于同一地区简称的相同还可以理解,但对于原作品中存在的错误竟然存在如此多的相似、相同之处,则不应当将其简单归为创作偶合。例如,在新疆伊犁哈萨克自治州新荣西路、新荣东路,某甲公司主张其错误标注为新荣南路、新荣北路,某丁公司也同样标错。经法院当庭勘验,双方在此信息点均标注错误。对于一张范围较广的电子地图而言,其中所包含的地理信息内容是巨大的,司法实践中不可能将侵权作品和被侵权作品中的信息逐一对比,因而本案在原告举证的范围内,对原告认为涉嫌抄袭的部分进行对比是更加适当的。同时被告在如此多错误的地方都与原告作品产生了相似或相同,不可能认为被告仅仅抄袭了原告错误的地方,应当将其抄袭范围扩张到其他领域。因此综合多处对比的考量,应当认定涉案两部作品存在实质性相似,某丁公司的《362图》构成抄袭。

除此之外我们还应当明确,就导航电子地图的制作而言,需要耗费大量的人力、物力和财力,其需要耗时数年甚至数十年的时间去勘验和完善。在本案中某甲公司制作的多个版本的《道图》覆盖了全国所有县区的导航地图,而某丁公司在短时间内几乎无法完成如此巨大的工作量,其所提交的证据也无法证明其工作人员在全国多个地区进行勘察,因此最终法院并没有认定其主张的

· 211 ·

事实成立。根据这样的思路，我们在判断其他导航电子地图时，也可以从被控侵权人制作该地图的时间、人力和成本角度进行分析，如果其投入和输出根本不成正比，则被告的作品可能存在抄袭行为。

四、结论

导航电子地图作为信息网络时代的新产物，其著作权独创性判定和侵权认定方面均与传统地图的侵权纠纷有所区别。首先，在独创性的判断上，虽然电子地图的创作过程中可能运用了数字手段进行处理，但如果其最终的表达内容和形式体现了创作者独具匠心的地方，则仍应当认为这些表达属于具有独创性的受著作权法保护的作品。其次，虽然表现方式上电子地图与传统地图存在差别，但在判定该作品的侵权纠纷中，仍应当坚持"接触＋实质性相似"这一判断著作权侵权的基本原则，限定作品侵权的范围并逐一对比分析。此外不得不承认的是，我国目前针对导航电子地图的保护仍较为有限，因而我国应当进一步加强对于导航电子地图著作权方面的保护，制定一定的行业规范和准入标准，加强行政机关对于该领域知识产权的保护，将纠纷和矛盾化解在开始，才是行业永续发展、持续进步的应有之道。

图解电影著作权侵权判定及合理使用

——某甲网络技术（北京）有限公司诉深圳市某乙科技有限公司侵害作品信息网络传播权纠纷案

/裴可心

➲ 本案要旨

《著作权法》（2010年修正）第10条第12项规定的"以有线或者无线方式向公众提供"作品的行为，不应狭隘地理解为提供完整的作品，著作权法保护的是独创性的表达，只要使用了作品具有独创性表达的部分均属于提供作品。"图解电影"虽然改变了表达形式，但表达内容仍是原作品的实质内容，超出合理使用的必要性限度。虽然"图解电影"的播放时长仅占原类电作品很小的一部分，但合理引用的判断标准并非取决于引用比例，而应取决于介绍、评论或者说明的合理需要。故图解电影不属于评论性引用，会对原作品产生实质性替代的效果，不构成合理使用，侵犯了原作著作权人的信息网络传播权。

➲ 案件信息

上诉人（一审被告）：深圳市某乙科技有限公司
被上诉人（一审原告）：某甲网络技术（北京）有限公司
案号：北京互联网法院（2019）京0491民初663号、北京知识产权法院（2020）京73民终187号

➲ 原被告主张及理由

原告诉称：电视剧《三生三世十里桃花》（涉案剧集）是一部视觉效果精美、情节引人入胜、制作效果精良、汇聚多名当红演员、话题度超高的优秀影视作品。涉案剧集在电视台播出后引发了观影热潮，并一时成为公众讨论的热门话题。涉案剧集于2017年1月30日在网络上播出，上线仅12小时播放

量便达到6亿，一个月的全网总播放量超过300亿，成为一部现象级的影视作品。在涉案剧集具有极大市场潜力的情况下，原告花费巨额成本取得了涉案剧集的独家信息网络传播权和维权权利。原告发现在授权期内，被告在其开发运营的"图解电影"平台上的剧集栏目中提供涉案剧集的连续图集，基本涵盖了涉案剧集的主要画面和全部情节，构成侵害原告的信息网络传播权。原告为了维护自身合法权益，根据著作权法、民事诉讼法等相关法律规定，向本院提起诉讼。

被告辩称：第一，"图解电影"平台是一个用户自行上传信息的分享平台，是信息存储空间，平台有声明要求上传的内容必须合法合规，尽到了平台注意义务；第二，视频播放通常情况下一秒就有24帧画面，"图解电影"并非连续使用图片，不会对视频造成直接的侵权，并且"图解电影"是图片和文字结合的再创作，核心在文字本身，文字是作者根据视频进行诠释的再创作，并非视频所表达的本身，观众仅观看去掉文字连续播放的图片没有意义；第三，作者看完电影进行文字分享，需要有图片去配合他的文字去作对应的陈述，且如果图片连续播放，300多张图仅能播放几秒钟，对于整个视频来说，属于一种合理引用行为，并且《三生三世十里桃花》总剧集是58集，作者仅将上述剧集的第一集换了一个形式，可以说是一个预告片，起到了宣传的作用。

一审法院查明的事实

电视剧《三生三世十里桃花》是一部视觉效果精美、情节引人入胜、制作效果精良、汇聚多名当红演员、话题度超高的优秀影视作品。涉案剧集在电视台播出后引发了观影热潮，并一时成为公众讨论的热门话题。涉案剧集于2017年1月30日在网络上播出，上线仅12小时播放量便达到6亿，一个月的全网总播放量超过300亿，成为一部现象级的影视作品。在涉案剧集具有极大市场潜力的情况下，原告花费巨额成本取得了涉案剧集的独家信息网络传播权和维权权利。

原告发现在授权期内，被告在其开发运营的"图解电影"平台上的剧集栏目中提供涉案剧集的连续图集，基本涵盖了涉案剧集的主要画面和全部情节，构成侵害原告的信息网络传播权。原告向法院提起诉讼，请求法院依法裁判，追究被告侵权责任。

被告提交了平台发布的《版权与免责声明》和用户后台记录，用以证明其在本案中仅为信息存储空间服务提供者，用户系"图解电影"平台发表内容的原创作者,对其引用内容的合法性负责。

上述声明显示,第一,被告为网络服务提供方,为图解电影用户提供内容储存和展示空间;第二,用户应为其在图解电影发表的所有内容的原创作者,并对其引用内容的合法性负责;第三,被告有权不经事先通知删除用户发布侵犯他人知识产权或其他合法权益的内容;第四,被告提供了权利人通知删除的联系方式。

◯ 一审法院判决理由与裁判结果

一、将他人类电作品进行截图制作图片集的行为是否属于提供该类电作品的行为

被告主张其改变了涉案剧集作品原有的表现形式,提供的为图片集而并非视频本身,300多帧的图片连续播放仅构成几秒钟的视频,因此,提供"图解电影"图片集的行为并非提供涉案剧集以类似摄制电影的方法创作的作品(以下简称类电作品)的行为。

《著作权法》(2010年修正)第10条第12项规定的"以有线或者无线方式向公众提供"作品的行为,不应狭隘地理解为向公众提供的是完整的作品,因为著作权法保护的是独创性的表达,只要使用了作品具有独创性表达的部分,均在作品信息网络传播权的控制范围内。

类电作品通过连续的影像画面,产生流畅动态的表达效果,与图片静止的表达效果有所区别。涉案剧集是连续动态的影视画面,而涉案图片集是静态图片,虽然二者表现形式不同,但判断是否存在提供作品的行为,关键需要考察涉案图片集是否使用了涉案剧集具有独创性的表达。

类电作品动态影像画面的表达效果,系通过对视觉滞留原理的应用,将一系列独立的画面组合起来,让观众视觉感受到连续运动的视像。根据现有制作技术,流动画面的类电作品的实质,是静止画面的集合和连续播放,类电作品中一帧帧的画面是该作品的组成部分。

本案中,涉案图片集过滤了涉案剧集的音效内容,截取了涉案剧集中的382幅画面,其截取的画面并非进入公有领域的创作元素,而为原涉案剧集中具有独创性表达的部分内容,因此,提供涉案图片集的行为构成提供作品的行为。被控侵权行为通过网络在线方式,使公众可以在其个人选定时间和地点获得涉案图片集,该行为落入涉案剧集信息网络传播权的控制范围。

被告主张"图解电影"图片集的核心在于文字对视频内容的诠释,构成新的独创性表达和再创作,单纯的图片并无意义。对此本院认为,原告主张涉案图片集构成侵权,涉案图片集中附加的文字部分是否构成再创作与图片侵权与否无关,故本院对被告该项抗辩意见不予支持。

二、被告是否实施了提供作品的行为,或仅提供信息存储空间服务

根据《最高人民法院关于审理侵害信息网络传播权民事纠纷案件适用法律若干问题的规定》(法释〔2012〕20号)第3条第2款的规定,提供作品的行为是指通过上传到网络服务器、设置共享文件或者利用文件分享软件等方式,将作品置于信息网络中,使公众能够在个人选定的时间和地点以下载、浏览或者其他方式获得的行为。

经公证可见,在被告运营的网站上提供有涉案图片集,被告抗辩其仅为信息存储空间服务提供者,而非涉案图片集的直接提供者,其对此负有举证责任。对主张提供信息存储空间服务的,一般综合下列因素予以认定:被告提供的证据可以证明其网站具备为服务对象提供信息存储空间服务的功能;被告网站中的相关内容明确标示了为服务对象提供信息存储空间服务;被告能够提供上传者的用户名、注册IP地址、注册时间、上传IP地址、上传时间以及联系方式等证据。

本案中,虽根据被告提交其对外公示的《版权与免责声明》显示,该软件或网站具有用户发布和存储信息的功能,有权删除侵害他人知识产权或其他合法权益的内容,公布了通知删除的联系方式。但是,其提交的后台记录仅载明被控侵权内容上传者的用户名、注册邮箱、注册时间、上传终端手机IMEI号等信息,显示的用户名为网络昵称,并非用户真实姓名;注册邮箱不确定为实名账户注册;手机IMEI号仅是手机序列编号,可用于识别移动设备,但不能据此锁定设备使用者。因此,被告提供的证据不足以证明涉案图片集为真实用户所上传,应承担举证不力的后果,即推定涉案图片集由被告直接上传。

退一步来讲,即使涉案图片集由网络用户上传,从网站设置来看,被告网站名称为"图解电影",网站首页明确标明"十分钟品味一部好电影",可见,被告向公众表明,网站制作目的为提供将影视资源制作为图片集的内容。同时,根据被告提供声明的内容,用户上传图片集内容时需同意以下约定,"用户在图解电影上载或发布内容即视为其同意授予某乙科技公司所有上述内容的独家发布权……某乙科技公司可将用户发布于图解电影之内容用于自有或运营之网站,用户均不向某乙科技公司主张稿酬以外的任何费用",可见,按照约定的内容,被告对涉案图片集内容享有独家专有权益。被告在明知影视类

作品具有较大市场价值，不大可能授权给普通用户的情况下，仍设置网站专供普通用户提供影视资源图片集，吸引、教唆其实施上传行为，且与用户之间存在关于涉案图片集利益分享等紧密关系，具有明显的主观故意，被告行为构成与用户分工合作、共同提供涉案图片集的行为。因此，本院对被告关于其仅为信息存储空间服务提供者、不承担侵权责任的抗辩意见不予采纳。

三、被控侵权行为是否构成合理使用

被告抗辩称，涉案图片集核心创作部分是文字，需要有对应图片配合作对应陈述，且300多张图仅能播放几秒钟，按照引用程度来说，属于合理引用。《著作权法》（2010年修正）第22条规定了12种合理使用的情形，其中包括，为介绍、评论某一作品或者说明某一问题，在作品中适当引用他人已经发表的作品。《著作权法实施条例》（2013年修订）第21条规定，依照著作权法有关规定，使用可以不经著作权人许可的已经发表的作品的，不得影响该作品的正常使用，也不得不合理地损害著作权人的合法利益。上述条款规定了合理使用的构成要件。

对于被告的上述抗辩意见，本院作出如下论述：

第一，是否属于适当引用的问题。影评类作品往往需不可避免地介绍影视剧作品本身，并再现影视剧作品部分画面，以进行有针对性的评述。但本案中，涉案图片集几乎全部为原有剧集已有的表达，或者说，虽然改变了表现形式，但具体表达内容并未发生实质性变化，远远超出以评论为目的适当引用必要性的限度。

虽被告抗辩称，按照一般类电作品每秒24帧计算，涉案图片集仅"引用"了原作品0.5%的画面内容。但合理引用的判断标准并非取决于引用比例，而应取决于介绍、评论或者说明的合理需要。根据查明的事实可见，提供涉案图片集的目的并非介绍或评论，而是在当今"快餐文化"的背景下，通过300多张图片集的连续放映，迎合用户在短时间内获悉剧情、主要画面内容的需求。上述使用目的并非评论性引用，故本院对被告该项抗辩意见不予采纳。

第二，是否影响该作品的正常使用。本案中，涉案图片集分散地从整部作品中采集图片，加之文字解说对动态剧情的描述，能够实质呈现整部剧集的具体表达，包括具体情节、主要画面、主要台词等，公众可通过浏览上述图片集快捷地获悉涉案剧集的关键画面、主要情节，提供图片集的行为对涉案剧集起到了实质性替代作用，影响了作品的正常使用。

第三，是否不合理地损害著作权人合法权益。由于涉案图片集替代效应

的发生，本应由权利人享有的相应市场份额将被对图片集的访问行为所占据，提供图片集的行为将对原作品市场价值造成实质性影响。虽被告认为涉案图片集部分提供的行为对原作品具有"宣传效果"，但从市场角度，以宣传为目的与以替代为目的的提供行为存在显著区别。就涉案图片集提供的主要功能来看，其并非向公众提供保留剧情悬念的推介、宣传信息，而涵盖了涉案剧集的主要剧情和关键画面，在一般情况下，难以起到激发观众进一步观影兴趣的作用，不具备符合权利人利益需求的宣传效果，损害了权利人的合法权益。

因此，被告提供涉案图片集的行为已超过适当引用的必要限度，影响涉案剧集的正常使用，损害权利人的合法权益，不属于合理使用。一审法院判决：被告深圳市某乙科技有限公司向原告某甲网络技术（北京）有限公司赔偿经济损失3万元，驳回原告某甲网络技术（北京）有限公司的其他诉讼请求。

二审法院判决理由与裁判结果

一、关于某甲网络技术（北京）有限公司是否有权提起本案诉讼

根据我国《著作权法》规定，著作权属于作者，作者可以将著作财产权转让给他人。在无相反证据的情形下，根据某甲网络技术（北京）有限公司提交的证据，权利来源链条清晰完整，可以认定某甲网络技术（北京）有限公司享有涉案剧集的信息网络传播权，其权利应得到法律保护，并有权对侵害涉案剧集信息网络传播权的行为提起诉讼，系本案适格原告。

深圳市某乙科技有限公司对某甲网络技术（北京）有限公司享有涉案剧集的信息网络传播权不持异议，但认为被控侵权行为系对涉案剧集进行截图制作图片集，属于对类电作品的改编，不在某甲网络技术（北京）有限公司享有的信息网络传播权所涵盖的范围内。对此，本院认为，虽然深圳市某乙科技有限公司改变了涉案剧集作品原有的表现形式，提供的为图片集而并非视频本身，但对《著作权法》第10条第1款第12项规定的"以有线或者无线方式向公众提供"的行为，不应狭隘地限定为以不改变作品形式的方式向公众提供完整的作品，因为著作权法保护的是独创性的表达，只要使用了作品具有独创性表达的部分，亦均在作品信息网络传播权的控制范围内。因此，深圳市某乙科技有限公司的上述主张缺乏事实及法律依据，本院不予支持。

二、深圳市某乙科技有限公司是否实施了被诉侵权行为

《最高人民法院关于审理侵害信息网络传播权民事纠纷案件适用法律若干

问题的规定》第3条第1款规定:"网络用户、网络服务提供者未经许可,通过信息网络提供权利人享有信息网络传播权的作品、表演、录音录像制品,除法律、行政法规另有规定外,人民法院应当认定其构成侵害信息网络传播权行为。"其第6条规定:"原告有初步证据证明网络服务提供者提供了相关作品、表演、录音录像制品,但网络服务提供者能够证明其仅提供网络服务,且无过错的,人民法院不应认定为构成侵权。"

根据上述规定,深圳市某乙科技有限公司主张其仅提供信息存储空间服务,涉案剧集为网络用户上传,应当承担相应的举证责任。但其提供的证据显示的网络用户名为网络昵称,并非用户真实姓名;注册邮箱也不确定为实名账户注册;手机IMEI号仅是手机序列编号,可用于识别移动设备,但不能据此锁定设备使用者。因此,深圳市某乙科技有限公司提供的证据不足以证明涉案图片集为真实用户所上传,应承担举证不利的后果。故,一审法院对深圳市某乙科技有限公司关于其仅为信息存储空间服务提供者、不承担侵权责任的抗辩意见不予采纳,处理正确,本院予以确认。

三、深圳市某乙科技有限公司实施的被诉侵权行为是否构成对涉案剧集信息网络传播权的侵犯

深圳市某乙科技有限公司主张将涉案剧集进行截图制作图片集的行为不属于提供该类电作品的行为,没有侵犯某甲网络技术(北京)有限公司享有的信息网络传播权,对影视作品的保护不能直接延及影视作品的截图。对此,本院认为,涉案剧集是连续动态的影视画面,而涉案图片集是静态图片,虽然两者表现形式不同,但并不意味着改变了类电作品的形态就不存在提供作品的行为。且根据现有制作技术,流动画面的类电作品的实质,是静止画面的集合和连续播放,类电作品中一帧帧的画面亦应是该作品的组成部分。因此,判断深圳市某乙科技有限公司是否存在提供作品的行为,关键还是在于考察涉案图片集是否使用了涉案剧集具有独创性的表达。本案中,涉案图片集截取了涉案剧集中的382幅画面,系涉案剧集中具有独创性表达的内容,构成提供作品的行为,且通过网络在线方式,使公众可以在其个人选定时间和地点获得涉案图片集,一审法院依据现有证据认定,深圳市某乙科技有限公司实施了对涉案剧集的信息网络传播行为,已侵犯某甲网络技术(北京)有限公司对涉案剧集享有的信息网络传播权,认定正确,本院对此予以确认。

另外,深圳市某乙科技有限公司主张涉案图片集核心在于文字对视频内容的诠释,本身构成新的具有独创性表达的作品。对此,本院认为,涉案图片集中是否构成新的作品与本案侵权是否成立无关,故本院对深圳市某乙科技有限公司的该项上诉意见不予采信。深圳市某乙科技有限公司还主张涉案图片集属于为介绍、评论某一作品或者说明某一问题,在作品中适当引用他人已经发表的作品之情形,侵权行为不成立。对此,本院认为,《著作权法实施条例》第 21 条规定了合理使用的构成要件,深圳市某乙科技有限公司提供涉案图片集的行为已超过适当引用的必要限度,亦非出于评论性引用的目的,公众可通过浏览图片集快捷地获悉涉案剧集的关键画面、主要情节,已经影响涉案剧集的正常使用,损害权利人的合法权益,不属于合理使用。一审法院对此认定正确,本院予以确认。

四、一审法院对侵权损害赔偿数额的判定是否合理

《著作权法》(2010 年修正)第 49 条规定:"侵犯著作权或者与著作权有关的权利的,侵权人应当按照权利人的实际损失给予赔偿;实际损失难以计算的,可以按照侵权人的违法所得给予赔偿。赔偿数额还应当包括权利人为制止侵权行为所支付的合理开支。权利人的实际损失或者侵权人的违法所得不能确定的,由人民法院根据侵权行为的情节,判决给予五十万元以下的赔偿。"

本案中,深圳市某乙科技有限公司的涉案行为已侵犯某甲网络技术(北京)有限公司对涉案剧集享有的信息网络传播权,其应当承担赔偿损失的法律责任。关于具体的赔偿数额,因根据现有证据不能确定涉案侵权行为造成的实际损失或侵权获利情况,应当依据法定赔偿标准确定赔偿数额。本院认为,一审法院综合考虑涉案剧集的独创性程度、知名度以及深圳市某乙科技有限公司的过错程度、侵权情节等因素酌情确定的经济损失数额并无不当,本院予以确认。

二审法院判决:驳回上诉,维持原判。

案例解析

此案是全国首例涉及将影视作品制作成网络图片集方式侵权的案件,对于明确影视市场商业化开发和合理使用的边界有重要意义。[1] 法院认为该案明确了影视市场商业化开发和合理使用的边界,通过对该案例的研习,可深入了解合理使用的认定标准,为影视剧评论的制作者提供行为指引。笔者将从合理使用制度的价值基础、立法模式、司法判断标准、判定方法等方面进行分析和讨论。

著作权法旨在激励创作与传播,实现文化科学的发展与繁荣。正如学者

---

[1] 参见颜君:《全国首例"图解电影"案一审宣判》,载《人民法院报》2019 年 8 月 7 日。

所言："著作权法中存在着重要的公共利益,如增进知识和学习、保障公众对作品的适当接近、增进民主文化等。"① 在著作权法中,合理使用制度就是平衡社会公共利益和个人利益的制度。

一、合理使用内涵

《著作权法》(2010年修正)并未直接使用"合理使用"的概念,第22条第1款明确列举了著作权合理使用的12种情形。《著作权法》2020年第三次修改之后,第24条规定了合理使用情形,明确列举了12种情形后增加了兜底条款"法律、行政法规规定的其他情形"。《著作权法实施条例》第21条也规定:"依照著作权法有关规定,使用可以不经著作权人许可的已经发表的作品的,不得影响该作品的正常使用,也不得不合理地损害著作权人的合法利益。"《著作权法实施条例》第21条提供了两个一般判定标准,但在适用《著作权法实施条例》(2013年修订)第21条时,要以"依照著作权法有关规定"为前提。因此,适用两项合理使用一般判定要件也只能局限于《著作权法》(2010年修正)中已经列举的法定合理使用类型,《著作权法》规定的特殊情况和《著作权法实施条例》规定的概括判断标准结合起来,共同构成了"三步检验法"。②

(一)合理使用的界限

根据《著作权法实施条例》(2013年修订)第21条的规定,依照著作权法有关规定,使用可以不经著作权人许可的已经发表的作品的,不得影响该作品的正常使用,也不得不合理地损害著作权人的合法利益。这是合理使用不能超越的边界。本案中,深圳市某乙科技有限公司的"图解电影"几乎已经覆盖了原有剧集的已有表达,即在剧情的理解和部分受众的需求上,已经可以替代原作品,这就损害了原作品著作权人的合法利益,属于侵权行为。

从涉案图片集提供的主要功能来看,本案法院指出:其并非向公众提供保留剧情悬念的推介、宣传信息,而是涵盖了涉案剧集的主要剧情和关键画面。在一般情况下,难以起到激发观众进一步观影兴趣的作用,不具备符合权利人利益需求的宣传效果,损害了权利人的合法权益。因此,深圳市某乙科技有限公司的行为已超过必要限度,影响了涉案剧集的正常使用,不属于合理使用。

(二)合理使用的判断

1. 就使用手段而言,引用比例是常用的衡量方式,包括引用部分占原作品的比例和占二次创作作品的比例。但引用比例的判断并非绝对,决定性因素

---

① 冯晓青:《著作权合理使用制度之正当性研究》,载《现代法学》2009年第4期。
② 参见熊琦:《著作权转换性使用的本土注释法释义》,载《法学家》2019年第2期。

为引用是否存在必要性。引用部分与二次创作作品的融合度也往往作为必要性的衡量因素。①

2. 使用目的。商业性目的不应成为直接否定合理引用条款的根本。有的法院在部分案例中认为公益性质不是决定是否为合理使用的根本要素，使用作品的目的既可以包含公益性质，也可以包含商业性质。从这个维度来看，如果引用目的仅为介绍、评论作品或者说明问题，引用适当没有超出必要性的话，无论是否用于商业营利目的，均不构成侵权。如果引用的目的超出必要限度的话，即使是非商业性用途，也有被认定为侵权的风险。公益性或商业营利性并非区分合理使用的要素，但商业营利性使用更易被认定为侵权。商业性目的不应当成为直接否定合理引用条款的根本。

3. 影响后果。判断使用他人作品是否构成合理使用，还要判断其是否对原作品构成了实质性替代。如果构成实质性替代，那么就影响了原作品的市场；如果对原作品的市场根本没有影响，那么其可能构成合理使用。对于本案而言，就是看其是仅仅起到宣传的作用——非替代作用，还是直接起到了替代原作品市场的作用。

4. 引用的质量。引用的内容不得构成新作品的实质性部分，否则构成剽窃。如果引用内容已构成新作品的实质性内容，那么其对于原作品而言可能并没有新的创作，不会提高公共利益并促进创新。

类电作品解说应当注意区分传播目的和竞争目的，二者的区分主要在于使用作品的内容是否作为新作品的实质性部分。宣传性质的图解电影一般仅包括剧情悬念的推介、宣传信息，通过提供无连接性的片段信息激发用户的观影兴趣；而竞争性目的涵盖了涉案剧集的主要剧情和关键画面，用户通过图解电影基本可以了解电影的实质性内容进而丧失对用户的吸引力。例如，本案中的"图解电影图片集"分别"包含图片387张、363张、436张、356张，截取自涉案剧集第一至四集，图片内容涵盖涉案剧集第一至四集视频内容的主要画面，下部文字为被控侵权图片集制作者另行添加。通过图解电影软件观看图片集可选择5秒每张、8秒每张等速度进行自动播放，也可以自行点击下一张的方式手动播放。涉案剧集正常播放时长约为45分钟"。②

（三）合理使用"三步检验法"

"三步检验法"是判断合理使用的重要方法。基于我国《著作权法》第三

---

① 《短视频：以发展眼光促维权 以共治思维促合作》，载《中国新闻出版广电报》2021年5月20日。

② 参见颜君：《全国首例"图解电影"案一审宣判》，载《人民法院报》2019年8月7日。

次修改前，合理使用行为在立法中是封闭式列举，在明确列举情形之外，法院的自由裁量权较小。在丛某辉诉北京某信息服务有限公司侵犯信息网络传播权一案中，北京市高级人民法院即指出，"在法律规定的具体情形之外认定合理使用，应当从严掌握认定标准"。

本案中，北京互联网法院在就是否构成合理使用进行分析论述时，实际上也采纳了"三步检验法"进行判断。首先，法院判断被诉行为是否可以纳入法律规定的合理使用情形内，即是否在特殊情形下作出；其次，法院对被诉行为是否影响原作品的正常使用进行判断，即是否与作品的正常利用相冲突；最后，法院判定是否损害了著作权人的合法权益，即是否不合理地损害权利人合法权益。同时，法院还重点考虑了以下两个关键因素。

第一，通过使用的目的和性质判断使用是否超过了必要限度。如果司法对于权利人利益保护过度，可能会抑制作品传播和新的创作。因此，法院在平衡权利人和公共利益的前提下，对必要限度内的使用给予一定的容纳度，但对以合理使用之名行侵权之实的行为不予支持。通常认为，如果引用比例大的，涉嫌构成侵权的可能性较大；如果引用比例小的，需要结合其他方面再作判断。引用比例小不意味着必然构成合理使用，其最终落脚点仍然是是否对作品的正常使用造成了实质不利影响，是否实质损害了该作品权利人的合法权益。内容比例大小仅为形式上的因素，法院在认定是否侵权时更注重实质性的影响，如是否引用了关键画面、主要情节。至于侵权的具体表现形式可能多样化，如原有作品的视频、截图、片段、素材、剧照，或者改变了表现形式（文字、漫画等），核心要看具体表达内容是否发生了实质性变化。

第二，涉案侵权行为在替代性方面是否表现得特别明显，虽然"图解电影"将45分钟的视频改为了播放仅需几分钟的图片集，但是根据对呈现效果的考察，它对原作品的替代性很高。这种呈现主要画面和关键剧情的使用方式，已经超出了介绍和宣传的限度，不符合权利人的利益需求。使用原作品不应对原作品造成实质性替代，不能影响原作品的正常使用。如本案中，虽名为图解，但通过图解的方式，公众已经完全知悉了该影视剧的主要情节、脉络及进展等，从而有部分或者大部分用户不需要再去观看该影视剧，此时将被认为系对享有著作权的作品构成实质性替代，令享有著作权的作品的用户大量流失，也必然会影响到享有著作权的作品的正常使用。

二、转换性使用

有学者认为，在判断介绍、评论类的合理使用行为时，可以引进转换性使用的判断标准，如果产生了转换性使用的效果，无论是否涉及商业性使用或对作品实质部分的使用，均可以认定为合理使用。① 所谓转换性使用，是指对原作品的使用并非限于单纯地再现原作品本身的文学、艺术价值，而是通过在新作品中的使用，使原作品在被使用过程中具有了新的价值、功能或性质，从而改变了其原先的功能或目的。② 在图解影视剧或者视频解说时，在新作品中有着明显的知识增量，转化了功能与价值，则更易被认定为合理性使用。我国司法实践中将"转换性"抽象规则嫁接到合理使用类型上，以转换性概念来替换"说明问题"这一具体列举，从而将我国封闭的合理使用体系打开一个缺口，扩大解释到涵盖数字技术时代层出不穷的"戏仿"和"用户创造内容"等未经许可使用作品的行为。③

在涉及合理使用他人享有著作权的作品的行为中，以"介绍、评论或者说明某一问题"为目的的引用行为与上述转化性使用更为相关。现行司法实践中相关典型案例为此提供了指导。例如，在一起涉及引用是否构成著作权侵权的再审案件中，上海市高级人民法院认为：判定被控侵权作品是否构成"适当引用"的合理使用，应当从享有著作权的作品是否已公开发表、被控侵权作品引用享有著作权的作品的主要目的、被控侵权作品引用享有著作权的作品的具体方式、被控侵权作品是否依法指明作者姓名及作品名称、被控侵权作品是否会对享有著作权的作品的正常使用和著作权人的合法利益造成负面影响等要件予以综合认定。④

三、结论

合理使用制度是著作权限制制度的重要内容，该制度要求使用行为不得损害著作权人的合法权益。司法实践中，应当结合"三步检验法"，明确涉案作品是否构成合理使用，把握好合理使用的边界，平衡好维护社会公共利益的需要与促进知识产权发展的需要。

---

① 熊琦：《著作权转换性使用的本土法释义》，载《法学家》2019年第2期。
② 参见刘佳欣：《新修〈著作权法〉让合理使用制度更加完善》，载《中国新闻出版广电报》2020年12月17日。
③ 熊琦：《著作权转换性使用的本土法释义》，载《法学家》2019年第2期。
④ 参见上海知识产权法院（2020）沪73民终154号民事判决书、上海市高级人民法院（2020）沪民申2416号民事裁定书。

微信文章合理使用的标准及文章独创性认定

——中山市某甲网络科技有限公司与中山市某乙科技有限公司侵害著作权纠纷案

/ 裴可心

⊃ 本案要旨

在无相反证据的情况下,微信文章将具体情况进行整合、创作,体现了创作者的个人判断和选择,具备独创性。不能因微信存在大量作品转载、改编、复制、拼凑的情形,而认为微信上发布的所有作品都不具有独创性。将客观事实进行整合的过程即体现了创作者的个性判断与选择,是个人智力创造的产物,应受到著作权法保护。同时,在本案中作品的行文结构与逻辑层次是创作惯用的模式,不能作为抗辩理由。假设删去相同部分的内容,涉案文章将无法独立存在或其本质性创作不复存在,则两文章构成实质性近似。当涉案文章的文字表述与结构安排等表现形式高度相似,即实质性地再现了原作品的内在表意,虽然题材、主题、客观事实、创作惯用模式及统计数字等可以自由利用,但不可照搬他人描述上述内容的文字和表达方式,否则将导致公众将二者混为一体,从而实质性损害原创作者的合法利益。此外,单纯的事实消息不表达思想感情,只表达客观事实,不受著作权法保护,对于介绍天气变化的微信文章,是对于客观事实的描述,且天气预测可以通过公知渠道获取,不具有独创性,从性质上来看此类文章实质上是时事新闻,不受著作权法保护。

⊃ 案件信息

上诉人(一审被告):中山市某乙科技有限公司

被上诉人(一审原告):中山市某甲网络科技有限公司

案号:广东省中山市第一人民法院(2014)中一法知民初字第339号、广东省中山市中级人民法院(2014)中中法知民终字第197号

上诉主张及理由

上诉人中山市某乙科技有限公司（以下简称某乙公司）诉称：（1）微信公众号"最潮中山"虽是某乙公司运营的微信平台，但其具体事务是某乙公司的员工吴某业负责，涉诉的三篇作品是吴某业私自创作和发布的，微信公众号"最潮中山"在设立时是以某乙公司的网管员吴某业的个人名义申请，并由其负责根据微博"最潮中山"的内容适时更新微信公众号"最潮中山"的内容，本案涉诉的三篇作品是吴某业个人私自发布的，属于个人行为，非公司行为。（2）吴某业离职后未将微信公众号"最潮中山"移交给某乙公司，而是私自在运营，其行为已侵犯了某乙公司的合法权益。（3）中山市某甲网络科技有限公司（以下简称某甲公司）的作品并非原创，其对涉案三篇作品不享有著作权。①某甲公司自称为原创作品的《莫笑老饼为您推介中山四大名饼（你都吃过了吗）》构成对刊登在《中山客》的《中山四大名饼》一文的抄袭；另《初八后大幅度降温阴雨天气（转告朋友们注意添衣保暖哦）》的文章属于一篇介绍天气情况的时事新闻，而不属于著作权法保护的作品的范围。某乙公司认为某甲公司为了达到胜诉目的不惜作虚假陈述，因此某乙公司认为某甲公司的《中山谁最高？利和高度将被刷新解密中山高楼全档案》是否为原创作品有待进一步考证。②从内容来看，《中山谁最高？利和高度将被刷新解密中山高楼全档案》不具有原创性：一是文中的图片并非其原创作品，而是直接采用了其他人的作品，其著作权存在瑕疵。二是以过去、现在、将来三个层次介绍事物并非某甲公司的原创，过去、现在、将来是作品创作惯用的模式。三是中山高楼的相关数据及背景资料属于客观存在的事实，未来规划拟建的项目也属于政府规划信息，不具有原创性。（4）在微信公众号"最潮中山"发布的《谁是中山第一高楼？中山高楼全档案！祝全体中山人更上一层楼！与你放眼中山！》与某甲公司的《中山谁最高？利和高度将被刷新解密中山高楼全档案》的主要内容并非一致，不构成实质性的相似：①"最潮中山"发布的《谁是中山第一高楼？中山高楼全档案！祝全体中山人更上一层楼！与你放眼中山！》一文主要是采用图文结合的方式，文章的开头就是一张图片，结尾也是图片，全文有15张图片，占全文50%以上的篇幅。文字内容中，该文主要内容在描述未来在建项目的情况，描述未来在建项目的文字占所有文字内容的50%以上，全文图文并茂，着眼于未来。②"中山某甲网"的《中山谁最高？利和高度将被刷新解密中山高楼全档案》主要内容为文字，全文只有3张图片。经比对：A.两篇文章的图片没有一张相同，单图片的不同率已占文章篇幅的50%以上；

微信文章合理使用的标准及文章独创性认定

B. 两篇文章的文字比不同率超过 50%，特别是对未来在建项目，《谁是中山第一高楼？中山高楼全档案！祝全体中山人更上一层楼！与你放眼中山！》一文中有详细的描述，《中山谁最高？利和高度将被刷新解密中山高楼全档案》一文只有简单几个字眼。经比对两篇文章的综合相似度不超过 20%，不构成抄袭。③《谁是中山第一高楼？中山高楼全档案！祝全体中山人更上一层楼！与你放眼中山！》一文借鉴了《中山谁最高？利和高度将被刷新解密中山高楼全档案》的部分行文结构，部分行文结构的借鉴不能认定为抄袭。（5）假设《谁是中山第一高楼？中山高楼全档案！祝全体中山人更上一层楼！与你放眼中山！》一文构成抄袭，也应由其作者及发布者吴某业承担侵权责任，与微信公众号"最潮中山"运营商某乙公司无关。（6）在某甲公司自身的作品存在著作权瑕疵情况下，在某乙公司已在发布平台将文章删除的情况下，某甲公司执意起诉，其目的无非是在炒作。根据一审法院审理查明，某乙公司运营的微信公众号"最潮中山"的粉丝数量为 48 362 人，而某甲公司的微信公众号"中山某甲网"的粉丝数量为 3800 多人，双方微信公众号的粉丝数量的差距是很明显的，因此某乙公司完全没有利用某甲公司的影响力进行推广宣传的必要。某乙公司认为吴某业借鉴某甲公司的文章创作《谁是中山第一高楼？中山高楼全档案！祝全体中山人更上一层楼！与你放眼中山！》的目的在于向老百姓普及中山的建筑物，让更多的人认识中山，了解中山，其本身并没有营利的目的。

被上诉人辩称：（1）某乙公司是侵权主体。"最潮中山"微信公众号是由某乙公司运营，某乙公司负有管理责任，应对"最潮中山"微信公众号的行为承担责任。某乙公司在上诉状中自认了"最潮中山"微信公众号是由其员工负责内容的发布，那么该员工职责范围内的行为后果，当然应由某乙公司来承担。某乙公司称是员工吴某业个人行为的辩解没有证据支持。（2）某乙公司抄袭"高楼"文章的行为侵犯了某甲公司的著作权。该文章是由某甲公司的员工创作，由某甲公司发布，且声明为某甲公司原创作品，未经同意不得转载或抄袭。该文章结合建筑的高度、建成时间、历史背景等素材，详细介绍了中山高楼的发展历程，并预测了未来的"楼王"，显示了中山发展的趋势，属于作品，某甲公司自然享有著作权。某乙公司发布的文章与某甲公司的基本相同，侵犯了某甲公司的著作权。（3）某乙公司关于某甲公司炒作的指责更是表明了其没有反思错误的态度。

一审法院查明的事实

微信公众号是开发者或商家在微信公众平台上申请的应用账号,该账号与QQ账号互通,通过公众号,商家可在微信平台上实现和特定群体的文字、图片、语音的全方位沟通、互动。微信公众号分为订阅号及服务号,订阅号可由企业及个人申请,服务号则限于企业申请。"中山某甲网"(微信号:zss××8)是经认证的腾讯微信平台的订阅号账号,该账号的功能信息栏里有某甲公司的详细信息,并载明该账号由某甲公司提供服务。2014年1月28日、2月6日、3月12日,"中山某甲网"先后向微信用户推送了标题为《中山谁最高?利和高度将被刷新解密中山高楼全档案》《初八后大幅度降温阴雨天气(转告朋友们注意添衣保暖哦)》《莫笑老饼为您推介中山四大名饼(你都吃过了吗)》的三篇文章。上述三篇文章的最后均载明"本文为某甲微信搜集资料和撰写的文章,欢迎读者分享或转发到朋友圈。任何公众号未经许可不得私自转载或抄袭"。

"最潮中山"(微信号:zcz××8)也是腾讯微信平台的订阅号账号,但未经认证,其功能介绍栏中的自我介绍为"中山最大的移动生活平台!中山,粤港澳最火热资讯。衣食住行,吃喝玩乐一站式生活资讯服务!"。2014年2月3日、2月6日、3月13日,"最潮中山"先后向微信用户推送了《谁是中山第一高楼?中山高楼全档案!祝全体中山人更上一层楼!与你放眼中山!》《中山下周大幅降温最低7度!你爸妈知道吗?扩散周知!》《中山四大名饼,你都吃过了吗?中山人转走》三篇文章。其中:(1)《谁是中山第一高楼?中山高楼全档案!祝全体中山人更上一层楼!与你放眼中山!》一文详细介绍了中山市往日及现在的高楼,其列举的高楼及相关资料与《中山谁最高?利和高度将被刷新解密中山高楼全档案》中相关内容基本相同,对高楼背景资料的介绍也是大同小异;该文对未来中山楼王的预测结果也与"中山某甲网"所推送的相关文章一致,只是介绍高楼时所使用的字句稍有不同,文章最后所介绍的值得关注的房地产项目也与"中山某甲网"所推送文章的相关内容一致。(2)《中山下周大幅降温最低7度!你爸妈知道吗?扩散周知!》一文主要介绍的也是2014年春节后一周的天气变化情况,并结合天气情况向微信用户作出生活提示,该文章对年初九后一周的天气变化情况的描述与《初八后大幅度降温阴雨天气(转告朋友们注意添衣保暖哦)》一文基本一致,只是给出提示的表达方式更为幽默、调皮。(3)《中山四大名饼,你都吃过了吗?中山人转走》一文与《莫笑老饼为您推介中山四大名饼(你都吃过了吗)》一致,基本上是原文转载，连原文开头部分"今天某甲小编要为大家介绍的不是老人……"也未作修改，该篇文章的末尾注明"以上部分资料来源于《中山客》，图片来源于网络，由某甲网采集"。后某甲公司认为某乙公司的上述行为侵害了其著作权，遂于2014年4月17日诉至法院，主张前述实体权利。

某甲公司述称"最潮中山"微信公众号是个人申请的，但实际上由某乙公司运营。某乙公司成立于2006年8月11日，核准的营业范围包括网络工程安装、软件、平面设计，销售数码产品、电子电器产品等，但不包含互联网上网和信息服务。

《中山客》是由刘廷玉、孙俊军主编，由广东人民出版社于2013年7月发行，主要介绍中山风土人情的书籍。该书第六卷的主要内容是介绍中山"食新鲜"民间史（名称为"够老饼"），该卷的第一篇文章是《中山四大名饼》，经比对，"中山某甲网"推送的《莫笑老饼为您推介中山四大名饼（你都吃过了吗）》介绍的饼食名称、生产店家与《中山客》的文章一致；二者行文结构上都是先介绍饼食，然后是饼食的特点、历史背景等，最后介绍生产饼食的店家；二者的具体内容上也有很大的相似性。

一审法院判决理由与裁判结果

本案争议的焦点在于：（1）某乙公司是否为本案适格主体；（2）某甲公司对涉案文章《中山谁最高？利和高度将被刷新解密中山高楼全档案》是否享有著作权；（3）某乙公司的行为是否构成了对某甲公司著作权的侵害。

本案中，涉案三篇文章《中山谁最高？利和高度将被刷新解密中山高楼全档案》《初八后大幅度降温阴雨天气（转告朋友们注意添衣保暖哦）》《莫笑老饼为您推介中山四大名饼（你都吃过了吗）》由某甲公司运营的"中山某甲网"推送，相关文章后有著作权声明，在无相反证据的情况下，可以确认某甲公司是涉案三篇文章的作者。

关于某乙公司是不是本案适格主体的问题。虽然"最潮中山"微信公众号是由个人申请注册，但从"ZS达人Eric"与某甲公司员工的聊天记录、所传送的文件的内容以及"ZS达人Eric"的微信与微博信息等综合分析，可以认定"ZS达人Eric"是某乙公司的员工，且"最潮中山"微信公众号实际由某乙公司运营，某乙公司以在该微信号上发布推广信息、收取推广费谋利，故某乙公司作为本案被告主体适格。

关于某甲公司对涉案三篇文章是否享有著作权的问题。《著作权法实施条例》(2013年修订)第2条规定:"著作权法所称作品,是指文学、艺术和科学领域内具有独创性并能以某种形式复制的智力成果。"《中山谁最高?利和高度将被刷新解密中山高楼全档案》一文分过去、现在、将来三个层次,详细介绍了中山高楼的相关数据及背景资料,并结合资料对未来中山的高楼进行了预测,该文集中体现了作者的创造性劳动,具有一定独创性,符合作品的条件,因此可以认定某甲公司对该篇作品享有著作权。《莫笑老饼为您推介中山四大名饼(你都吃过了吗)》与刊登在《中山客》中的《中山四大名饼》一文的行文结构一致,所介绍的内容也大体相同,中山某甲网的员工只是对原作品进行了删减,更换了某些词句的表述方式,该文章与原作品基本相同的内容已超过全文内容的三分之一,而《中山客》的发行时间明显早于某甲公司相关文章的推送时间,某甲公司也自认《莫笑老饼为您推介中山四大名饼(你都吃过了吗)》的资料源于《中山客》,可以认定该篇文章与《中山四大名饼》构成实质性近似。虽然某甲公司在该篇文章后注明材料源于《中山客》,但其引用《中山四大名饼》的内容已远超合理使用的标准,已构成对《中山四大名饼》的抄袭;而某甲公司自身加写的内容不多且该部分内容不具有独创性,不足以构成新的作品,故某甲公司对该篇作品的权利存在明显瑕疵,某甲公司以该篇文章系其原创作品并据此主张相关著作权缺乏法律依据。另外,《著作权法》(2010年修正)第5条规定:"本法不适用于:(一)法律、法规、国家机关的决议、决定、命令和其他具有立法、行政、司法性质的文件,及其官方正式译文;(二)时事新闻……"《著作权法实施条例》(2013年修订)第5条规定:"著作权法和本条例中下列用语的含义:(一)时事新闻,是指通过报纸、期刊、广播电台、电视台等媒体报道的单纯事实消息……"由此可知,单纯的事实消息仅仅表达了客观事实,不表达作者的思想和感情,通常不具备成为作品的条件,单纯的事实消息不受著作权法的保护。《初八后大幅度降温阴雨天气(转告朋友们注意添衣保暖哦)》一文的主要内容是介绍春节过后的天气变化情况,该天气变化情况是对客观事实的描述,且天气预测情况是可以通过其他公知渠道获知的,某甲公司对该部分内容并不具有独创性;而该文对生活出行的提示只是捎带几笔,并不构成文章的主要内容,且提示的内容也不具备独创性,因此从内容上来看,该文章实质上应为一篇介绍天气情况的时事新闻。根据《著作权法实施条例》(2013年修订)的规定,时事新闻不属于著作权法所保护的作品的范围,故某甲公司对该篇文章也不享有著作权。

经比对,"最潮中山"推送的《谁是中山第一高楼?中山高楼全档案!祝全体中山人更上一层楼!与你放眼中山!》一文的行文结构、主体内容(含对往日高楼的介绍、对未来高楼的预测）等与某甲公司的《中山谁最高？利和高度将被刷新解密中山高楼全档案》一文基本相同，只是对个别字句进行了修改，某乙公司并未举证证明其创作涉案文章的过程或合法来源，因此"最潮中山"的《谁是中山第一高楼？中山高楼全档案！祝全体中山人更上一层楼！与你放眼中山！》与某甲公司的《中山谁最高？利和高度将被刷新解密中山高楼全档案》已构成实质性相似。因"中山某甲网"与"最潮中山"所推送的信息都是有关中山市的生活资讯，二者微信用户的受众具有高度相似性，某乙公司作为微信公众号的运营主体，在未经某甲公司许可的情况下，擅自将某甲公司在微信上发表并载明不允许其他微信公众号转载的文章改头换面在微信上推送，因此"最潮中山"的行为足以导致相关公众将涉案作品误认为是某乙公司的作品，从某乙公司自身的行业性质及其行为的特点考虑，其行为已侵犯了某甲公司享有的署名权、修改权、信息网络传播权及获得报酬等著作人身权及财产权，应当承担赔礼道歉、赔偿损失等侵权责任。鉴于原被告的微信公众号均是以手机网络方式传送信息，侵权行为并非发生在传统纸质媒体，浏览该信息的用户也多为手机用户，故判令某乙公司在"最潮中山"上赔礼道歉已足以消除侵权行为所造成的影响，因此原审法院认为某乙公司应在微信公众号"最潮中山"上，以微信推送的方式刊登道歉声明，向某甲公司赔礼道歉。对某甲公司要求某乙公司在《中山日报》上刊登道歉声明的请求，原审法院予以驳回。此外，从查明的事实可知，某乙公司并未对原作品进行歪曲或篡改，某甲公司关于某乙公司的行为侵害了其享有的保护作品完整权的主张不具备法律依据，对其该项请求原审法院不予支持。同理，根据《著作权法》的规定，改编权是指改变作品，创作出具有独创性的新作品的权利，而"最潮中山"所推送的《谁是中山第一高楼？中山高楼全档案！祝全体中山人更上一层楼！与你放眼中山！》一文并不属于新的作品，故对某甲公司关于某乙公司的行为侵害了其享有的改编权的主张，原审法院亦不予采信。

虽然某甲公司未提供其实际损失及某乙公司侵权获利的相关证据，但某甲公司确实聘请了律师参与诉讼，也为此支出了相应的维权费用，故某甲公司要求某乙公司赔偿经济损失1元合理有据，原审法院予以支持。

➲ 二审法院判决理由与裁判结果

一、某乙公司是否为本案适格主体

某乙公司虽然辩称"最潮中山"微信公众号是由吴某业个人申请注册，

涉案文章也是吴某业私自发布，与某乙公司无关。但是，某乙公司已自认是"最潮中山"微信公众号的运营商，吴某业和某乙公司均确认"最潮中山"微信公众号为某乙公司所有。且某乙公司确认吴某业系其员工，任职网管。某乙公司的上诉状中还称吴某业的职责包括"负责根据微博'最潮中山'的内容适时更新微信公众号'最潮中山'的内容"，可见吴某业的工作职责包括微信公众号"最潮中山"的更新。吴某业通过"最潮中山"微信公众号向外发布文章的行为与其职务有关，属于履行职务行为，该行为是以某乙公司的名义实施的，应认定为法人行为。根据《民法通则》（已失效）第43条"企业法人对它的法定代表人和其他工作人员的经营活动，承担民事责任"、《侵权责任法》（已失效）第34条"用人单位的工作人员因执行工作任务造成他人损害的，由用人单位承担侵权责任"之规定，本院认为某乙公司为本案的适格主体。

二、某甲公司对涉案文章《中山谁最高？利和高度将被刷新解密中山高楼全档案》是否享有著作权

《著作权法实施条例》（2013年修订）第2条规定："著作权法所称作品，是指文学、艺术和科学领域内具有独创性并能以某种有形形式复制的智力成果。"可见著作权法意义上的作品须具有"独创性"，而"独创性"的意思是作者独立创作和体现最低限度的创造性。某乙公司没有证据证明某甲公司的文章《中山谁最高？利和高度将被刷新解密中山高楼全档案》为抄袭，而上述文章将中山相关高楼的情况进行整合、创作，体现了创作者富有个性的判断和选择，有十分鲜明的个性化烙印，是个人智力创造的产物，具备一定的独创性，应认定为受著作权法保护的作品。另外，《审理著作权民事案件适用法律解释》第7条第2款也规定："在作品或者制品上署名的自然人、法人或者其他组织视为著作权、与著作权有关权益的权利人，但有相反证明的除外。"本案中，某甲公司于2014年1月28日通过其微信公众号"中山某甲网"发布文章《中山谁最高？利和高度将被刷新解密中山高楼全档案》时，已在文后注明"本文为某甲微信原创文章，欢迎读者分享或转发到朋友圈。任何公众号未经中山某甲网许可不得私自转载或抄袭，否则中山某甲网保留追究责任的权利"，某乙公司虽质疑上述文章并非某甲公司的原创作品，但并未提供相反证据证明，故可以认定某甲公司享有涉案文章《中山谁最高？利和高度将被刷新解密中山高楼全档案》的著作权。

微信文章合理使用的标准及文章独创性认定

三、某乙公司的行为是否构成对某甲公司著作权的侵害

某乙公司称其发布的《谁是中山第一高楼？中山高楼全档案！祝全体中山人更上一层楼！与你放眼中山！》与某甲公司的《中山谁最高？利和高度将被刷新解密中山高楼全档案》的主要内容并不一致，不构成实质性的相似。但经比对，某乙公司发布的《谁是中山第一高楼？中山高楼全档案！祝全体中山人更上一层楼！与你放眼中山！》文章中存在大量与某甲公司的文章《中山谁最高？利和高度将被刷新解密中山高楼全档案》基本相同的语句，或只是变动了个别句子的顺序和更换了个别词语，倘若删去该部分基本相同的内容，某乙公司所发布的该涉案文章将难以独立存在或其本质性创作将不复存在，而且两文章的文字表述、结构安排等表现形式高度相似，已实质性地再现某甲公司《中山谁最高？利和高度将被刷新解密中山高楼全档案》文章的内在表意功能。对他人作品所表述的题材、主题、历史背景、客观事实、统计数字等固然可以自由利用，但却不能照搬他人描述相关题材、主题、客观事实、历史背景的文字和表达方式，而且某乙公司对涉案文章中雷同的内容也没有标明来源和出处，将会导致相关公众将两篇文章混为一体，从而实质性地损害某甲公司的合法利益，因此某乙公司的行为已构成了对某甲公司著作权的侵害。原审法院对该问题认定正确，本院予以维持。

◎ 案例解析

涉及此类的侵权案件具有以下特点：（1）同义词、近义词的替换。用同义词替换的方式来改写一篇文章，用的是他人作品的表述，而不是思想。（2）调整句子，即变换词语顺序、句子前后顺序，变化句式，如陈述句改成反问句、肯定句改成双重否定句等，不影响文章的表达内容，依然用的是他人的表述。（3）引用相同的材料（包括选择和编排）用于说明同一个问题或者表明同一个观点。①（4）演绎利用，即用自己的语言谈他人作品观点并加入自己的观点。但每个自然段的观点仍是他人作品的观点，再加入自己的一些看法，与原文章的中心观点变化不大。②整体来说，其行为结果是给读者相同或者类似的阅读感受，并通常在诉讼中使用惯用表达等抗辩。

---

① 许春明、潘娟娟：《"洗稿"的法律定性及其规制》，载《上海法学研究》（集刊）2019年第6卷。
② 《哪些"洗稿"方式侵犯他人著作权》，载光明日报网，http://news.gmw.cn/2018-01/30/content_27512519.htm，最后访问时间：2025年1月11日；汪玥（主持）：《侵犯著作权法理探析》，载《深圳特区报》2019年4月9日。

当前司法实践在认定这种行为时通常采用"接触+实质性相似"原则。在认定涉案作品相较于原作品是否构成实质性相似时运用整体观察法和抽象观察法。通过对司法实践进行分析,明确"接触+实质性相似-合理使用"是司法实践中认定侵权的标准。①

一、接触原则

"接触+实质性相似"是知识产权领域侵权行为认定的重要规则。若超出合理使用的范畴,则构成侵犯著作权。司法实践中构成"接触"的条件是被诉侵权人接触过享有著作权的作品。如果原作品已经通过公开发布使其可为公众所获得,也就是说,不特定的人能够通过正常渠道接触原作品,则无须以被诉方已实际知晓的事实发生为认定侵权的条件。

如果他人享有著作权的作品没有在先发表,那么被诉侵权人必须实际接触并知晓该作品。接触原则的具体适用范围较为广泛,被告只要存在合理触及涉案作品机会的行为,都可视为接触。同时,只要该"接触"行为具有正当性,即当著作权主体创造新的智力成果时,不以营利为目的进行了学习、研究等使用,属于合法行为,均被著作权法所允许。②在网络与技术发展的新时代,仅需证明原作品先于被诉侵权的作品发布,且被诉侵权作品亦发表在受众群体较为类似的相关公众平台,即可满足"接触"要件的证明标准。本案中,二者微信用户的受众具有高度相似性,则涉案侵权行为足以导致相关受众群体将涉案作品误认。

二、实质性相似原则

认定涉案作品是否构成"实质性相似"通常既是争议焦点,又是难点。司法实践中有两个主要标准:一是"整体观感法",是指以一般观察者对作品整体上的内在感觉来确定二者之间是否存在实质性相似之处;二是"抽象过滤法",先将原作品中属于公有领域的作品元素筛选出来,然后将其与被诉侵权作品进行比较,判断其是否属于实质性相似。③

(一)判断"实质性相似"应考虑的因素

在进行具体的实质性相似的比对过程中,有以下因素需要考虑和衡量:

---

① 官正艳:《论司法实践中洗稿侵犯著作权的认定标准》,载《电子知识产权》2018年第11期。
② 谢晶:《论微信公众号"洗稿"作品著作权侵权判定》,载《电子知识产权》2019年第3期。
③ 邵鹏、童禹婷:《呵护原创:基于互联网规治视域的网络洗稿现象研究》,载《新闻爱好者》2019年第12期。

1. 从著作权法的保护对象出发,实质性相似应当是作品中独创性表达的相似。

2. 保护表达而非思想。在进行实质性相似的判断时,首先要明确著作权法所保护的客体和对象,从而将思想排除在外。像题材主线、作品构思、语言风格这些抽象的元素,不属于受著作权法保护的表达。

3. 表达需具有独创性。著作权法所称作品,是指文学、艺术和科学领域内具有独创性并能以一定形式表现的智力成果。对于作品是否实质性相似的判断实质上是一种基于作品独创性的价值判断,即著作权法出于保护独创性表达的目的去限制抄袭和剽窃行为,所以只有作品中独创性表达的部分才能发生限制和控制他人行为的效力。

(二)"实质性相似"中"实质性"的判断

主要包括以下几种情况:(1)情节、语句表达明显相似。本案中,法院认为:"两文章的文字表述、结构安排等表现形式高度相似,已实质性地再现某甲公司《中山谁最高?利和高度将被刷新解密中山高楼全档案》文章的内在表意功能。"(2)作品情节创编串联构成作品的整体性相似。若被诉侵权作品中上述情节达到一定比例,或虽然所占比例不大,但足以使受众感知到来源于特定作品时,可以认定为构成实质性相似。(3)题材、主题、思想创意层面近似,而在情节的整体安排和细节设置上有较大差异的,不构成实质性相似。(4)被控相似情节比例低、所占比重过小,不构成实质性相似。比例高的更容易被认定为构成实质性相似。本案中,法院认为:"文章中存在大量与某甲公司的文章《中山谁最高?利和高度将被刷新解密中山高楼全档案》基本相同的语句,或只是变动了个别句子的顺序和更换了个别词语,倘若删去该部分基本相同的内容,某乙公司所发布的该涉案文章将难以独立存在或其本质性创作将不复存在。"这是对被控相似情节比例的评价。

(三)判定方法

1. 整体观感法。这种方法适用于构成要素简单的作品。整体观察法因缺乏具体性的比对标准,而存在扩大侵犯著作权的惩处范围和适用的不确定性的双重风险,因此,从保障公民自由与合法权益的视角来看,适用整体观察法来认定实质性相似的合理性存疑。[①]

2. 抽象分离法。抽象观察法看似更具有操作性与科学性,但此种判断的

[①] 余为青、桂林:《自媒体洗稿行为的司法认定规则及其治理》,载《科技与出版》2019年第3期。

结果终究只是从两种作品之间的外部进行相似判断,存在过于注重表达细节而对作品的整体性把握不足的缺憾。①

概括而言,实质性相似的认定,宜坚持先对作品运用抽象观察法进行外部细节性评判,再从整体上进行综合性判断的裁判法则。②司法实践中,通常也会将二者进行结合,对于构成要素复杂的作品往往先采取抽象观察法,即对作品独创性表达的相似性进行比较,然后以"整体观察法"考察作品整体的相似性。③

自媒体平台涉案文章通常较为短小,结构性不强,这增加了相似性认定的难度。无论采用"整体观察法"还是"抽象观察法",著作权侵权是否成立很大程度取决于读者的测试标准和法院的自由裁量。当人为测试判断占很重要的认定因素时,"洗稿"认定的主观性风险便会增加,因而具有一定的局限性。④

三、司法实践之反思

(一)思想与表达二分法的庇护

在思想与表达二分法诞生之初,受技术水平和其他条件的限制,侵权行为大多是僵化地照搬照抄,思想和表达之间的界限非常清晰。因此思想与表达二分法可以有效地保护权利人。如今技术的发展引起了思想与表达二分法内涵和外延的变化。不变通的照抄模式被更高级的手段所取代,思想与表达的边界变得模糊。"洗稿"行为恰恰建立在这一模糊焦点之上,属于一种对"思想"和"创意"的模仿,在具体的司法实践中,难以对"洗稿"文章中的文字性质属于思想还是表达进行认定。⑤

(二)结合行为人主观过错的"接触+实质性相似-合理使用"判定标准

我国民法视野下侵权责任的判定要件实际上涵盖了著作权法中的"接触+实质性相似"要件,只是司法实践中极少回归侵权责任体系中的一般侵权行为

---

① 余为青、桂林:《自媒体洗稿行为的司法认定规则及其治理》,载《科技与出版》2019年第3期。
② 余为青、桂林:《自媒体洗稿行为的司法认定规则及其治理》,载《科技与出版》2019年第3期。
③ 宋戈:《图书洗稿内容的相似性认定》,载《出版广角》2018年第6期。
④ 范海潮、顾理平:《自媒体平台"洗稿"行为的法律困境与版权保护》,载《出版发行研究》2018年第11期。
⑤ 范海潮、顾理平:《自媒体平台"洗稿"行为的法律困境与版权保护》,载《出版发行研究》2018年第11期。

认定要件，孤立地在著作权法内寻找法源。①

虽然侵权行为大多是故意为之，但并不能排除侵权者不具备过错情形的可能性，若未考虑这种可能性，则判定标准不完备且具有忽略侵权责任所要求的主体过错要件的风险。②在认定"洗稿"行为时，理应遵循侵权责任要件的相关规定，行为人侵犯他人著作权应当适用过错责任原则。③

四、结论

随着自媒体平台的兴起和互联网的普及，网络文学的创作与传播日益迅速，"洗稿"等新型著作权侵权行为频发，给著作权保护带来了前所未有的挑战。这些"洗稿"行为通过同义词替换、句子调整、相同材料引用等手法，使得读者获得相同或类似的阅读体验，模糊了思想与表达的界限，增加了著作权侵权认定的难度。在著作权司法实践中，通常采用"接触+实质性相似"的原则来认定侵权，结合整体观察法和抽象观察法来判断作品是否构成实质性相似。本案对于作品的独创性认定具有借鉴意义，法院指出对于将客观事实进行整合创作的作品，只要体现了创作者的个性判断和选择，就应受到著作权法的保护。

---

① 熊琦：《"接触+实质性相似"是版权侵权认定的"神器"吗?》，载《中国知识产权报》2017年7月21日。

② 余为青、桂林：《自媒体洗稿行为的司法认定规则及其治理》，载《科技与出版》2019年第3期。

③ 余为青、桂林：《自媒体洗稿行为的司法认定规则及其治理》，载《科技与出版》2019年第3期。

完善合理使用制度标准的路径探析

——东阳市某甲影视文化有限公司诉北京某乙科技有限公司侵害作品信息网络传播权纠纷案

/ 杨宇珺

⊃ 本案要旨

如果《著作权法》明确列明的 12 种合理使用情形无法涵盖涉案的情形，在判断涉案行为是否为合理使用时，应当从使用作品本身的状态（是否已经发表），是否影响该作品的正常使用，是否不合理损害著作权人合法权益三个方面进行综合判断。在网络平台上使用电视剧的海报和截图进行宣传，图本身没有对电视剧剧情进行描述，没有暴露电视剧想留给观众的悬念，对电视剧不存在市场替代作用。从电视剧方利益的角度出发，宣传本身会吸引更多观众去观看，没有不合理损害其合法利益。这种使用构成合理使用，不构成对原著作权人的著作权侵权。

⊃ 案件信息

原告：东阳市某甲影视文化有限公司
被告：北京某乙科技有限公司
案号：北京市朝阳区人民法院（2017）京 0105 民初 10028 号

⊃ 原被告主张及理由

原告东阳市某甲影视文化有限公司（以下简称某甲公司）诉称其系电视剧《产科医生》的著作权人，依法享有本剧包括但不限于剧集、截图、海报等的著作权。北京某乙科技有限公司（以下简称某乙公司）未经许可，在其主办的"豆瓣网"（douban.com）下的"豆瓣电影"（movie.douban.com）上使用涉案电视剧的截图、海报等进行营利性活动，侵害了原告著作权，请求法

完善合理使用制度标准的路径探析

院:(1)判令某乙公司立即删除"豆瓣电影"网页上涉案电视剧的截图和海报;(2)判令某乙公司在其网站连续三天刊登声明启事,消除影响;(3)判令某乙公司赔偿我公司经济损失6800元,维权合理支出1600元。

被告某乙公司辩称:(1)某甲公司不享有涉案内容的信息网络传播权,无权提起本案诉讼;(2)涉案内容均由网络用户上传,无论是用户使用涉案内容还是我公司允许用户上传涉案内容,均构成合理使用;(3)即使某甲公司享有涉案内容的著作权,由于涉案内容的宣传属性,他人使用涉案内容应当视为默示许可;(4)我公司作为信息网络存储空间服务提供者,不应承担侵权责任;(5)我公司未给某甲公司造成负面影响或经济损失,其主张消除影响和赔偿损失的诉讼请求没有依据;(6)我公司涉案行为是国内外通行做法,判决我公司承担责任将遏制行业积极发展,损害社会公共利益。

⇨ 法院查明的事实

2014年5月12日,浙江省新闻出版广电局颁发《国产电视剧发行许可证》,载明剧目《产科医生》申报机构为东阳市某影视文化有限公司。涉案电视剧正版光盘封底署名"本作品版权归东阳市某影视文化有限公司单独所有"。

涉案影视作品的推广宣传中使用了一张海报,该海报下方标注"出品单位:东阳市某影视文化有限公司",但某甲公司未就该海报作者署名、创作底稿等进行举证。

2015年11月2日,东阳市某影视文化有限公司经核准变更公司名称为某甲公司。

在域名为douban.com的"豆瓣网"首页,点击"电影"进入"豆瓣电影"页面,在该页面上方搜索框输入"产科医生",检索后在结果页面点击第1项结果条目"产科医生/情定妇产科/Obstetrician",进入新页面后,页面左侧上方为该影视作品的海报、导演、编剧、主演等信息,中部为分集短评列表、剧情简介、电视剧图片部分列表,下方为讨论区,右侧上方为商业广告。点击图片区的"全部",进入新页面,显示有"剧照(48)""海报(1)""壁纸(0)"三个栏目。分别点击前述标题,均能浏览相应标题下的图片,页面左侧为图片展示列表,右侧为网友点评列表,页面无广告。2016年7月7日,某甲公司委托北京市方正公证处对上述网页浏览情况进行了证据保全公证,并为此次保全支付公证费800元。

在庭审中,某甲公司主张前述公证过程所显示的全部49张图片中,有34

张系海报，15张系截图。某甲公司表示其所主张的34张海报中，一部分为传统意义上的海报，即在剧照、截图等内容上配以相关的文字、色彩、图形等要素所形成的美术作品；另一部分是体现影视作品人物形象、关键情节等内容的剧照。该34张海报中，有一张与前述涉案影视作品宣传推广中使用的海报相同。

某乙公司经营的涉案"豆瓣电影"网站有包括"影讯&购票""排行榜""分类""影评""2016年度榜单""2016观影报告"等栏目，在具体的影视作品条目下，显示有影片名称、海报等简介信息以及网络用户的观影交流与评论。某乙公司在涉案网站上发布的《使用协议》《免责声明》等网站声明均显示涉案网站具有供用户发布并分享影视作品评论的功能，仅为用户发布的内容提供存储空间，并对网友上传内容不得侵害他人知识产权进行了版权提示，公布了侵权投诉联系方式。在庭审中，某乙公司提交了一张涉案被控侵权图片的详情页面网页打印件，该页面左侧上方显示为某甲公司主张侵权的图片大图，左侧下方为网友评论，右侧下方为商业广告，右侧上方为图片信息，显示"来自：1296不只是69""上传于2014-07-29"等内容，某乙公司表示该图片系网友"1296不只是69"上传，其他图片信息系由网络用户上传图片时自行填写。此外，某乙公司还提供了其他涉案图片上传者的用户名称、链接及上传时间等信息。经当庭勘验，通过登录豆瓣网账号，确实能够在该网站具体影视条目下上传图片，上传过程中亦需对各类图片信息进行勾选编辑。

某乙公司收到本案诉讼材料后，某甲公司对某乙公司涉案行为进行了二次公证，显示某乙公司收到诉讼材料后未删除涉案内容，某甲公司为此支付公证费800元。双方确认，至迟截至庭审时，某乙公司已删除涉案图片。

⊃ 法院判决理由与裁判结果

本案的焦点问题为某甲公司是否享有著作权；某乙公司是否侵犯某甲公司的著作权。

法院认为，某甲公司主张权利的海报，实质内容包括不同于影视作品截图的剧照和海报两类。前者是在影视作品摄制之外，通过对演员外形、服装、道具的设计和调整，结合影视作品的背景和情节，概括表现影片主要情节或人物形象的摄影作品。而海报主要是通过剧照、绘画、图形、色彩、文字等要素创造性地有机整合，形成具有审美意义的平面造型艺术作品，属于著作权法所规定的美术作品。尽管剧照和海报系为影视作品的宣传、营销而制作，但仍是

完善合理使用制度标准的路径探析

独立于影视作品之外的作品,其著作权由作者享有。涉案剧照、海报均未显示某甲公司系作者的相应署名,某甲公司亦未提交相关作品的底稿、原件、取得权利的合同等任何著作权证明,不能仅凭其系影视作品著作权人,当然地推定其为涉案剧照、海报的著作权人。故在现有证据情况下,本院对于某甲公司就涉案剧照、海报提起的诉讼请求,不予支持。

就截图而言,影视作品作为一种前后连贯的视听作品,表现为有伴音或无伴音的连续动态画面,该连续的动态画面是由一帧一帧的静态画面所组成。本案所涉截图,即系从连续动态画面中截取出来的静态画面,从本质上来说,该静态画面是影视作品连贯画面的组成部分,而非与之相独立的摄影作品。某甲公司作为涉案影视作品的著作权人,有权对该作品的截图主张权利。

根据某乙公司提交的涉案网站声明、图片详情页面打印件、网友信息以及当庭勘验的情况,可以认定涉案截图系网络用户上传。某乙公司主张网络用户使用涉案截图构成合理使用。《著作权法》(2010年修正)第22条第1款规定了12种合理使用的情形,《著作权法实施条例》(2013年修订)第21条规定了合理使用的构成条件,合理使用制度作为对著作权专有权利的限制,其立法本意在于平衡保护著作权人合法权益与鼓励、促进作品的创作和传播的关系。但由于互联网新兴技术的发展,该12种情形无法完全解决现实需求。因此,在遵循《著作权法实施条例》(2013年修订)第21条规定的合理使用要件的基础上,适用合理使用制度衡量某一行为是否属于合理使用,是合乎著作权法立法原意与合理使用制度设计初衷的。因此,使用他人已经发表的作品,未影响该作品的正常使用,也未不合理损害著作权人合法权益,这种使用可以构成合理使用。就涉案行为而言,首先,涉案截图已经随影视作品的发行而先于涉案行为实施前发表。其次,网络用户使用涉案截图是为了在介绍评论涉案影视作品时,更加形象直观地抒发和交流对影视作品的预期与观感,这种使用方式有利于扩大涉案影视作品的宣传影响,符合著作权人利益需求。最后,涉案截图作为从四十余集电视剧的连续动态画面中截取的一帧帧静态画面,数量有限,亦无法通过截图的前后连续组合表达出完整的故事情节,公众难以通过浏览涉案截图获悉涉案影视作品的全部内容,因此涉案截图的使用行为并未实质性地再现涉案影视作品,客观上未对涉案影视作品起到替代作用,不足以对其市场价值造成实质性影响。进一步就海报、剧照而言,由于影视剧海报、剧照作为向公众推介作品的招贴,其主要功能在于广告宣传,因此扩大海报、剧照的张贴范围,让更多的公众获悉海报、剧照内容进而提高影视作品的宣传效果,符合海报、剧照本身宣传属性的要求,也符合影视作品著作权人的利益需求。故

著作权法中公共领域案例解析

网络用户实施的涉案信息网络传播行为虽然未经著作权人许可,但鉴于其并未与作品的正常利用相冲突,也没有不合理地损害著作权人的合法利益,本案中某甲公司也未举证证明涉案行为给其造成了经济损失。因此,该行为属于对某甲公司作品的合理使用,并未构成对某甲公司信息网络传播权的侵犯。

某乙公司经营的"豆瓣电影"网站,系网络用户围绕影视剧进行评论、交流的信息分享平台,该网站为网络用户所发布的内容提供信息存储空间,某乙公司系信息网络存储空间服务提供者。信息网络存储空间服务提供者构成侵权的前提是明知或者应知其平台上有侵权内容而未及时采取措施。网络用户上传截图的行为并不侵权,故某乙公司也不构成侵权。某乙公司允许网络用户在"豆瓣电影"网站上合理使用某甲公司涉案作品,既没有损害著作权人的合法利益,也不影响著作权人正常使用其作品,且有利于促进涉案作品的推广与传播。

法院支持被告合理使用的抗辩,原告指控被告侵犯其美术作品著作权的主张不成立。

➡ 案例解析

本案是针对网络用户上传截图的行为是否构成合理使用引发的诉讼。合理使用,是指在一定的条件下使用享有著作权的作品,可以不经著作权人的同意,也不必向其支付报酬,但应当尊重著作权人的精神权利。合理使用概念自美国 Folsom v. Marsh 案[1]首次提出,并于 1976 年《美国著作权法》中得以法典化。合理使用制度的初衷是解决后续的作者为了创作新作品如何利用先前作品的问题。[2] 合理使用在我国著作权法中缺乏抽象概括的定义,主要通过列举 12 种合理使用情形及设置兜底条款来确定合理使用范围。随着技术创新与文化市场的发展,出现了越来越多新型的使用行为。如何合理界定合理使用的范围,是司法实践中的难点。以下将结合案例,对著作权法中合理使用范围的确定加以探讨。

一、合理使用制度的基础

对于合理使用制度设计的探讨离不开对合理使用制度建立的基础的探讨。对于合理使用制度基础主要存在 4 种学说。

---

[1] Folsom v. Marsh.9 F.Cas.342(C.C.D.Mass.1841)(No.4901).
[2] 参见冯晓青:《著作权法》(第 2 版),法律出版社 2022 年版,第 177 页。

1. 默示同意说，即使用人使用作品对权利人有利则推定权利人同意使用人使用作品。但是这一学说存在以下问题：首先，推定作者同意后，作者能否就民事上的不同意对抗这种推定，如果可以任意对抗，则会给公众使用作品带来较强的不确定性，对公共利益带来较大伤害。其次，作者利益可能与市场利益不一致，推定对作者有利是以作者主观认为的利益来判断还是以市场客观利益来判断，仍存在分歧。最后，可能出现权利人不关心使用成本，坚持通过传统的许可模式允许他人使用的情况，这样有可能不合理地将使用成本转嫁给使用人，造成利益失衡。

2. 强制同意说，即认为著作权法的目的是促进社会公共利益与文化进步，在可推知存在阻碍公众正当使用时立法予以强制。这一学说的合理性是基于著作权的一种社会契约，通过智力劳动换取垄断性保护，同时其行使需要服从社会需求。这一学说体现了较强的功利主义色彩。

3. 惯例说，即认为行为合情合理，符合通常认知的，应当立法加以保护。这一学说认为规则源于实践，通过实践被法律确认之后就获得效力，相关的制度包括对图书馆的合理使用。但是这一学说存在一个问题，惯例含义模糊且缺乏说服力与实证力。

4. 公共利益说，这一学说可以从两个方面进行理解：首先是劳动财产论方面，合理使用是劳动财产论的禁止浪费原则的体现，作品被创造出来，如果在获得保护的同时，不能服务于公有领域，其使用价值被削弱，构成一定程度上的资源浪费。其次是经济学理论方面，合理使用具有防范市场失灵的作用，仅依赖许可模式允许他人使用作品不仅会带来较高的交易成本，而且已经远远无法满足目前市场对于作品传播效率的要求。合理使用推动创造式毁灭，消费者可以通过复制行为推动新的作品产生，这个过程符合社会公众对持续不断的作品产出的要求，符合公共利益。合理使用有助于平衡公地悲剧与反公地悲剧，没有产权的公共领域会打击作者创作作品的动力，使创作枯竭，但是过密的产权又会阻碍作品的传播，阻碍新作品的产出。二者的平衡才能使公共利益最大化。合理使用鼓励创作与创作自由，社会公众能够自由使用作品，也保障了作品的持续产出。

从合理使用制度的基础可以看出，合理使用制度的建立是基于对公共利益与私人利益的平衡，在合理使用制度的具体设计上也要把握好二者的平衡，以实现合理使用制度的创建目的。

二、国外合理使用制度的立法模式

世界范围内对于合理使用制度主要存在两种立法模式——开放式与封闭式。美国在合理使用制度上采取开放式的立法模式，其对使用方式与适用目的都进行了不完全列举并抽象了判断的一般要件：（1）原作品的性质及特征（创造性作品、纪实性作品、诗歌等）；（2）使用人的使用目的（用于教学、科研等）；（3）使用的原作品量与质，以及使用部分在新作品的占比与重要性（就是对原作品的使用程度进行考察）；（4）使用作品对著作权人市场的影响（该使用是否具有市场竞争性，产生了何种市场效果）。美国之所以能够采取这种开放式立法，有以下两个原因：第一，美国著作权法受美国宪法著作权条款的约束，著作权条款认为保护著作权人不是著作权法的目的，是著作权法的手段。维护公共利益、促进科学、文化市场的发展才是著作权法的最终目标。第二，美国法官有较大的自由裁量权。同时美国还区分了未发表作品与发表作品的保护水平，未发表作品也适用合理使用制度，但对已发表与未发表作品给予不同程度的保护。

英国在合理使用制度的设计上与美国类似，采取开放式的立法模式，以"非商业性目的"使用这一要件对合理使用范围进行限缩。而且由于英国在文学评论与批评市场的蓬勃发展，英国在评论方面的合理使用规定了更宽的范围，通过立法确定批评和评论不限于原作品，还包括作品的演绎或其他形式使用，如作品的表演。除此之外，还允许对作品的附随性使用，即一个家具公司在宣传其家具的时候，宣传背景中出现他人的美术作品，这种使用被认定为附随性使用，纳入合理使用范畴。虽然英国、美国在合理使用制度上是开放式立法体系，但依旧对一些合理使用进行了列举以保障法律的确定性与稳定性。

德国在合理使用的立法模式上一般被认为是封闭式，以"著作权法的限制"列举了合理使用条款，但在其列举的条款中有一项"独立创作的目的去使用别人的作品属于合理使用"使整个合理使用条款又呈现了一种开放的姿态。

在国际条约方面，《伯尔尼公约》首次提出合理使用——本联盟成员国有权允许在某些特殊情况下复制上述作品，只要这种复制不致损害作品的正常使用，也不致无故危害作者的合法权益。之后《与贸易有关的知识产权协议》（TRIPs协议）进行了完善——全体成员均应将专有权的限制或者例外局限于一定特例中，该特例不应与作品的正常利用冲突，也不应不合理地损害权利持有人的合法权利。同样是对合理使用的认定进行构成要件的抽象化，与美国著作权法的四要件不同，《伯尔尼公约》与TRIPs协议在合理使用的认定上采取

"三步检验法"进行概括：特定且特殊的情形、不得影响作品的正常使用、不得不合理地损害著作权人的合法利益。

三、我国合理使用制度的立法现状

2020年修正的《著作权法》改变了原有的穷尽式列举方式，增加了"不得影响该作品的正常使用，也不得不合理地损害著作权人的合法利益"的抽象标准。在原来通过穷尽式列举的方式上，设置了兜底条款，增加了合理使用规则的灵活性。

四、我国合理使用规则的适用规范

由于我国的合理使用制度主要借鉴了《伯尔尼公约》的"三步检验法"，因此确定合理使用规则的适用规范的基础就是解析"三步检验法"背后的解释规则。第一步"特定且特殊的情况下"，"特定"强调立法表述上的确定和稳定，即法条必须明确规定。"特殊"则是对适用范围的限制，并且同时包含质和量上的限定，即使用作品的质与量不得不合理地超过特殊的需求。第二步"不得影响作品的正常使用"，"使用"应当认为是著作权人使用或传播作品以实现作品价值最大化为目的的行为，这是对合理使用制度基础中"避免浪费原则"的回应。"正常"应当认为是使用人进行的特定使用行为不得与权利人行使权利所形成的著作权市场构成竞争关系，抢占权利人的既有市场和潜在市场，并因此给权利人造成重大经济损失。第三步"不得不合理地损害著作权人的合法利益"，"合法利益"指的是权利人基于法律的规定或授权应当获得的利益。"不合理的损害"不仅包括实际损害，还包括潜在损害。第三步确定体现了一种私人利益与公共利益的平衡，因为使用本身不可避免地会给权利人带来一定程度上的损害，但基于对作品使用、传播带来的社会经济利益与作品严格遵守许可模式保障权利人利益但带来额外交易成本的考量，通过权衡确定是否构成"不合理地损害著作权人的合法利益"。①

2020年修正的《著作权法》在合理使用规则上增加了"不得影响该作品的正常使用，也不得不合理地损害著作权人的合法利益"的抽象标准，体现了上述"三步检验法"背后蕴含的解释规则，因此我们需要结合"三步检验法"确定合理使用规则的适用规范。司法实践中，有两种适用思路：一种是法院使用"三步检验法"进行对照，确定其是否构成合理使用；另一种是让"三步检验法"作为判断合理使用的一般要件，替代《著作权法》对于合理使用类型

---

① 熊琦：《论著作权合理使用制度的适用范围》，载《法学家》2011年第1期。

的穷尽式列举。这两种方法在实际运用中出现的问题就是在法官通过"三步检验法"进行判断时,偏好通过"整体考虑"的方法进行,而不区分"三步检验法"各个要件之间的区别与要求。因此接下来的论述,将分开分析"三步检验法"的三个要件,分开分析其内涵及指向的范围,进而确定合理使用规则的适用规范。

首先是"特定且特殊的情况下"的范围确定,"特定且特殊情形下"在我国的正确适用,应当将合理使用情形限定在《著作权法》第24条中列举的情形,一般要件只能在对法定情形的解释中运用,这也意味着法定合理使用类型作为"三步检验法"的第一步,承担着通过立法界定合理使用范围的功能。其次是"不得影响作品的正常使用",权利人追求著作权的基础就是对权利的追求,作品的正常使用可以解释为作品正当法定权利的行使,即这一要件不得损害权利人基于其正当法定权利而获得的利益。界定"正当法定权利的利益"不能仅限于权利人实际授权获得利益,还应当考虑潜在市场利益。因为潜在市场源于作品的传播与使用,如果忽略这部分利益,有可能会破坏著作权法对于作品传播与使用的经济激励作用,这不仅不利于权利人,也不利于公有领域。因此权利人现有市场与潜在市场均应纳入利益的收取范围。如果使用行为在权利人的现有市场与潜在市场中产生竞争性,并有可能损害权利人的市场利益,不能认定其为合理使用。[1]"不得不合理地损害著作权人的合法利益"的重点在于"不合理"上,也就是表明著作权人的利益不是不可侵犯,而是不可以进行不合理的侵犯。对于"不合理"程度的判断表现为一种私人利益与公共利益的平衡,合理使用在某种程度上对权利人的利益必然有所损失,但基于对作品传播带来的社会经济利益与作品严格遵循许可保障权利人利益带来额外交易成本的考量,一味地保护著作权人的权利,一味地选择保护公共利益都会造成利益失衡,对于"不合理"程度的确定就是在公共利益与私人利益之间寻找一个平衡。

著作权法中的合理使用制度在应对网络信息时代带来的种种变化方面,美国和欧盟出现了不同观点,欧盟国家提出了改造"三步检验法"的观点,在法律解释方面借鉴美国版权法上合理使用一般判定要件的包容性,并选择更能平衡所有适用对象利益的"三步检验法"解释路径。[2] 笔者认为,司法实践中,在坚持"三步检验法"的前提下,在一些情形中可以适当借用"合理使用"四

---

[1] 熊琦:《"用户创造内容"与作品转换性使用认定》,载《法学评论》2017年第3期。
[2] 熊琦:《著作权合理使用司法认定标准释疑》,载《法学》2018年第1期。

要件,具体包括:(1)在法律规定的限制与例外条款可以适用,但缺乏更为细致的裁判标准时;(2)法定限制与例外条款因其构成要件狭窄、僵化而难以适用,阻碍必要的司法权衡和裁判说理时;(3)在现行法穷尽列举的所有权利限制条款均无法适用时。①

五、结论

技术创新与文化市场的发展带来越来越多新型的使用行为。司法实践中,合理使用范围的不确定性使公众产生困惑,对公共利益造成了一定损害。为了解决这一问题,本文通过分析合理使用制度的制度基础,探究制度的建立目的与制度价值。分析国外合理使用制度的立法模式,探究开放式立法与封闭式立法的利弊,为我国合理使用制度提供相应的适用规范。分析"三步检验法"的解释规则与"三步检验法"中每一步的内涵与所指向的要求,确定我国合理使用制度适用规范。最后参考欧盟对于改造"三步检验法"的思路,将美国的"四要件"与"三步检验法"结合,提高合理使用制度的包容性与灵活性,回应技术发展带来的越来越多、越来越复杂的使用行为对制度应对的需求,保障私人利益与公共利益的平衡。

---

① 参见张陈果:《解读"三步检验法"与"合理使用"——〈著作权法(修订送审稿)〉第43条研究》,载《环球法律评论》2016年第5期。

产品设计图的独创性标准

——福建某龙汽车公司诉陈某著作权权属、侵权纠纷案

/杜宇男

● 本案要旨

独创性是获得著作权法保护的基础和实质性要件。不同作品类型的独创性高度并不统一,对于产品设计图等技术性作品的独创性高度的要求,往往高于文学艺术作品通常适用的独立创作标准。根据"思想与表达二分法",产品设计图能够获得著作权保护是因为此类图形作品中包含着线条、形状、结构、布局等,著作权法并不保护功能性设计。如果产品的实用功能与艺术美感无法分离,则无法获得著作权法保护。此外,若一项产品已经申请了实用新型专利,则意味着已经公开,无法作为商业秘密进行保护。

● 案件信息

上诉人(一审原告):福建某龙汽车公司

被上诉人(一审被告):陈某

案号:福建省龙岩市中级人民法院(2014)岩民初字第268号、福建省高级人民法院(2015)闽民终字第990号

● 原被告主张及理由

原告福建某龙汽车公司(以下简称某龙公司)诉称:原告系经国家认定的具有汽车改装资质的专用汽车生产企业。2011年4月1日,被告与原告建立劳动关系,并签订《劳动合同》,根据工作需要,被告从事电工工作,主要负责企业新产品电气部分的设计提供技术方案及企业产品的电气线路生产制作等相关工作。合同中特别约定,被告应当遵守原告规定的保密制度,保守原告的商业秘密,在离职后仍应承担如同任职期间一样的保密义务。2011

年6月27日由于原告生产需要，成立质管部，主要负责对产品的质量全程控制，并聘用被告担任质管部主任，其间以其职务便利，可以接触原告企业的所有产品设计图纸，2013年11月30日被告以其能力有限，无法胜任工作为由离职。2010年9月30日，原告依法向国家知识产权局申请"垂直入井作业排水车"的实用新型专利（专利号ZL2010×××××××.×），并于2011年4月27日经授权公告，依法获得该实用新型专利及相关知识产权。2014年7月，原告发现，被告未经原告同意，利用其在职期间的职务之便，剽窃原告设计，将原告上述专利设计中的部分设计图纸非法复制，并于2013年1月28日及2013年12月23日将该剽窃来的设计图作为"附图"使用，分别用于申请名为"折叠式排水抢险车""平移式伸缩排水抢险车""双折叠排水车"的实用新型专利。根据双方签订的《劳动合同》的约定及《著作权法》的相关规定，被告利用职务之便，剽窃原告产品设计图纸的行为，不仅违反了双方约定的保密义务，侵犯了原告的商业秘密，同时侵犯原告作为著作权人的署名权、修改权、复制权等合法权益。为此，请求：（1）依法判决被告立即停止侵害，判由被告向国务院专利行政部门申请撤销其"平移式伸缩排水抢险车"（授权公告号CN2036××××U）、"折叠式排水抢险车"（授权公告号CN2030××××U）、"双折叠排水车"（授权公告号CN2037××××U）实用新型专利证中的附图，销毁其持有的上述专利证书中的附图；（2）依法判决被告赔礼道歉并在《闽西日报》《人民法院报》上刊登向原告公开赔礼道歉的声明；（3）依法判决被告赔偿原告为制止侵权和因诉讼所支出的调查取证费、律师费等共计21 030元；（4）依法判决被告赔偿原告侵权损失费12万元；（5）依法判决被告承担本案全部诉讼费用。

被告陈某辩称：（1）答辩人拥有的专利证书是合法的，是国家知识产权局审核后发的。（2）原告应拿出证据证明答辩人的图纸和原告的图纸一样，答辩人的图纸尺寸和原告的不一样，答辩人的图纸和原告的图纸有相似，但不是剽窃而来的。专利本来就是公开的，专利没有著作权也没有版权，原告起诉答辩人侵权没有依据。（3）专利权与著作权的概念、性质、保护时间等都是不一样的。（4）附图只有专利部门才有权撤销。（5）知识产权侵权是要进行营利才算侵权，答辩人没有利用专利证书中的附图进行营利。综上，请求驳回原告的诉讼请求。

➡ 法院查明的事实

原告某龙公司系经国家认定的具有汽车改装资质的专用汽车生产企业。

2011年4月1日,被告与原告建立劳动关系,并签订《劳动合同》,根据工作需要,被告从事电工工作,主要负责企业新产品电气部分的设计提供技术方案及企业产品的电气线路生产制作等相关工作。合同中特别约定,被告应当遵守原告规定的保密制度,保守原告的商业秘密,在离职后仍应承担如同任职期间一样的保密义务和不擅自使用有关原告秘密信息的义务。2011年6月27日,由于原告生产需要,成立质管部,主要负责对产品的质量全程控制,并聘用被告担任质管部主任。2013年11月30日,被告以其能力有限,无法胜任工作为由离职。

2010年9月30日,原告某龙公司依法向国家知识产权局申请"垂直入井作业排水车"的实用新型专利(专利号ZL2010×××××××.×)。2011年4月27日,原告某龙公司依法获得"垂直入井作业排水车"实用新型专利证书。被告陈某于2013年1月28日向国家知识产权局申请"折叠式排水抢险车"的实用新型专利,于2013年12月23日申请"平移式伸缩排水抢险车""双折叠排水车"的实用新型专利。原告认为被告利用职务之便,剽窃原告产品设计图纸的行为,不仅违反了双方约定的保密义务,侵犯了原告的商业秘密,同时侵犯了原告作为著作权人的署名权、修改权、复制权等合法权益。遂诉至本院,请求判如所请。

原告某龙公司的"垂直入井作业排水车"实用新型专利产品设计图包括:"1.伸缩管,2.滚轮,3.举升滑动作业装置,4.滑动架,5.滑轨,6.潜水泵,7.绞盘,8.汽车底盘,9.支撑。"被告陈某的"折叠式排水抢险车"实用新型专利产品设计图包括:"1.驾驶室,2.载物平台,3.载物平台,4.可折叠排水管,5.排水直管,6.折叠关节部,7.排水软管,8.连杆,9.液压缸,10.液压水泵,11.液压油箱,12.柱塞泵,13.调压阀,14.电磁换向阀,15.液压支撑脚,16.支柱,17.出水口,18.第一液压缸,19.第一节排水直管。"被告陈某的"平移式伸缩排水抢险车"实用新型专利产品设计图包括:"1.驾驶室,2.载物平台,3.轨道,4.水平旋转平台,5.支座,6.可伸缩排水管,7.内套管,8.外套管,9.伸缩油缸,10.回转水管,11.转动油缸,12.水泵,13.液压支撑脚,14.控制柜,15.油箱,16.调压阀,17.分配阀,18.柱塞泵,19.取力器,20.多路阀,21.输油管路,22.密封结构,23.限位结构,24.伸缩油管。"被告陈某的"双折叠排水车"实用新型专利产品设计图包括:"1.驾驶室,2.载物平台,3.第一转盘,4.第二转盘,5.可折叠排水管,6.排水直管,7.折叠关节部,8.排水软管,9.连杆,10.液压缸,11.水泵,12.液压支撑脚,13.支柱,14.控制柜,15.油箱,16.调压阀,17.柱塞泵,18.取力器,19.多

产品设计图的独创性标准

路阀，20.输油管路。"经比对原告某龙公司的"垂直入井作业排水车"实用新型专利产品设计图与被告陈某的"折叠式排水抢险车""平移式伸缩排水抢险车""双折叠排水车"实用新型专利产品设计图，除了图案中的汽车本体（原告设计图中的汽车底盘，被告陈某的设计图中的驾驶室和载物平台）基本相似外，双方图案显示的产品的造型和结构均有较大的差异。

➲ 法院判决理由与裁判结果

本案双方当事人争议的焦点在于：（1）原告对实用新型的附图的图纸是否享有著作权。（2）如果被告陈某申请专利中的附图侵害了原告的著作权，被告的赔偿责任该如何确定。对此，本院依据双方当事人陈述、举证、质证情况，作如下综合分析与认定。

本院认为，《著作权法实施条例》（2013年修订）第2条规定，著作权法所称作品，是指文学、艺术和科学领域内具有独创性并能以某种有形形式复制的智力成果。产品设计图是指用各种线条绘制的，用以说明将要生产的产品的造型及结构的平面图案。原告某龙公司的"垂直入井作业排水车"产品设计图符合著作权所称的作品的特征，依法享有著作权。"垂直入井作业排水车"产品设计图的署名为原告某龙公司，根据《著作权法》的规定，原告某龙公司为该产品设计图的著作权人。产品设计图为我国《著作权法》所保护，权利人依法享有著作权项下的复制的权利，权利人以外的任何人未经权利人许可，不得擅自复制权利人的作品。复制是指以印刷、复制、临摹、拓印、录音、录像、翻录、翻拍等方式将作品制作一份或多份的行为。根据著作权法只保护表达不保护思想的原理，作品所表达的思想不可能受到著作权法的保护。对产品设计图进行保护是因为此类图形作品中包含着线条形状、结构、布局等，但立体的产品如果只有功能性而无艺术美感，或者是其实用功能与艺术美感不能分开，就不能作为作品受到著作权法的保护。产品设计图的保护范围仅限于图纸，而未延及产品本身。产品设计图获得著作权法保护首先要以具备最低限度的独创高度为条件，综合考虑作品属性、所属领域的作品现状、创作空间、产业政策、公众需求等因素，对技术性作品独创性高度的要求应当高于文学艺术作品独创性通常适用的独立创作标准。经比对原告、被告双方的产品设计图，图中所显示的产品主要由汽车本体、水管、水泵等组成，除了图案中的汽车本体基本相似外，双方图案中水管、水泵等的排列组合各不相同，其他装置的种类和数量也都不同。原告、被告双方的产品设计图总体给人感觉并不构成相似。也就是说，被告的产品设计图是由被告自己的选择、取舍、安排、设计综合的结果，不是从原告的产品设计图简单复制而来，具有独创性，依法也享有著作权。因此原告主张被告侵犯其署名权、修改权、复制权，本院不予支持。同时原告已申请了"垂直入井作业排水车"的实用新型专利，"垂直入井作业排水车"的产品设计图已公开，不构成原告的商业秘密。原告主张被告侵犯其商业秘密，理由不成立。

在一审判决作出后，原告某龙公司不服原审裁判进行了上诉。二审法院判决原审判决认定事实清楚、适用法律正确，某龙公司的上诉请求不能成立。故驳回上诉，维持原判。

案例解析

本案是针对产品设计图而引发的著作权侵权纠纷。独创性作为作品的实质性要件，一方面有利于实现著作权法所追求的实现整个社会科学、文化、艺术发展与繁荣的目标，另一方面又可以排除同质化的表达，留存公共领域。产品设计图作为受著作权法保护的一类特殊作品，往往因其线条、设计中所体现的"科学之美"而受到著作权法的保护。但是"科学之美"是一个比较模糊的概念，司法实践中，对于产品设计图的独创性高度并没有统一的判断标准。产品设计图的另一特殊之处在于其中蕴含着技术因素。著作权法不保护实用性，因此如何区分产品设计图中的技术思想与表达亦为需要深究的问题。以下将结合本案对产品设计图的独创性判断问题进行探讨。

一、独创性

独创性，又称原创性、创造性，是作品能够受到著作权法保护的唯一实质性要件。虽然不同的立法例对作品的构成要件进行了不同的规定，但独创性是著作权领域的核心要件，也是理解著作权各项制度的基石，这一点是毋庸置疑的。司法实践中，判定被告是否侵犯原告著作权的前提就是要确定原告的作品有无独创性，是否可以受到著作权法的保护。不同国家遵循不同的理论学说，对独创性设定了不同的标准，但最基本的要求是受著作权法保护的对象必须能够与公共领域的元素相区分。然而，即使是在同一国家的立法框架下，对于不同类型的作品亦很难适用统一的独创性判断标准。因此应从利益平衡的视角审视具体案件中对于独创性的判断。

（一）对传统独创性标准的反思

独创性是作品取得著作权保护的首要条件和法律保护作品表现形式的客观依据，也是著作权意义上作品的一个重要特征。从根本上说，作品之所以要求具备独创性，是由著作权法鼓励创作和传播的立法目的所决定的。所谓独创性，是指作品必须是作者个人通过自己的独立构思，运用自己的技能技巧，发挥自己的聪明才智独立完成的智力劳动成果，而不是从他人那里剽窃、抄袭过来的。① 传统的独创性要件可以分为：第一，"独"，是指作品是作者独立完成的，源于本人的，而不是抄袭、剽窃的结果。② 第二，"创"，是指具有一定的创作高度，能够体现一定的个性。但是独创性并不以新颖性为前提，也不要求此种表达是绝无仅有的。从我国的立法体例来看，既然采取了作者权法系国家的立法模式，那就应对"独创性"采用较高的标准。传统独创性标准试图以一种程式化的体系去确定作品的范围和可版权性，然而，创作方式和表达形式的多样性及不确定性，使这一程式化的标准经常处于含混不清、模棱两可的状态。③ 科学技术的发展不仅丰富了人们利用作品的手段和方式，同时也拓宽了人们的认知视野，促进创新性的思想不断迸发，使作品的表达形式日趋多样化。由于"思想与表达二分法"的存在，法律鼓励人们对相同的思想以不同的形式进行竞争性的创作，这可以在真正意义上实现表达的自由、思想的解放。但是，拨开眼前文化繁荣的景象，应当看到建立在20世纪的刻板的独创性标准已经相对滞后，已经无法适应21世纪的文化盛况。例如，小说等文学作品的创作空间相对广阔，而以事实为素材的作品的创作空间就相对狭小，二者同为受著作权法保护的作品，亦都以文字的形式呈现，但却不能适用相同的独创性标准。再如，美术作品和实用艺术作品也不能适用统一的独创性标准。虽然德国针对不同的作品提出了不同的要求，如文学作品的创造性高度相对较高，而对于计算机程序则采取"小硬币"标准。可以看出，立法者已经有意识地对不同的作品进行不同的标准划分，但即使是"小硬币"，也仍然是一个空洞模糊的概念，是过于抽象、难以量化的。法官在审判时仍然会有较大的自由裁量权，是否具有独创性成为一种主观性的推断。这不仅会造成法律适用不统一的局面，也会降低法律的可预测性。

---

① 冯晓青：《著作权法》（第2版），法律出版社2022年版，第50页。
② 参见屠画：《人工智能生成内容独创性认定的国际版权法经验与中国本土镜鉴》，载《智慧法治集刊2024年第1卷——2024年世界人工智能大会法治论坛文集》2024年7月1日。
③ 赵锐：《作品独创性标准的反思与认知》，载《知识产权》2011年第9期。

(二)独创性标准的再认识

既然目前对于独创性的判断主要依靠法官个人的主观认知,那么为了避免主观性带来的不稳定性,应当尽可能采取一种较为客观的独创性标准。

首先,要遵循利益平衡原则。利益平衡作为整个知识产权制度的核心原则,在各个部分都得到了充分体现。具体到著作权法领域,著作权制度的设立和运用就是要平衡作品的创作者、传播者、使用者以及社会公共之间的利益关系。通过"激励—接近"的制度设计,实现著作权法的二元目标。因此,在认定作品是否具有独创性时,也需要考虑到不同主体之间的利益统一。独创性标准的高低会直接对社会公众产生影响。独创性标准越高,受到法律保护的作品就越少,公众自由利用的空间就越大。独创性标准越低,受到法律保护的作品就越多,公众就只能在权利丛林中步履维艰。因此,独创性标准的高低要考虑到对权利人的激励和对社会公众接近作品的保障。司法实践要从利益平衡的角度出发,通过正反论证的方式,比较分析当作品受到保护时以及不予保护时双方的利益关系。

其次,对于不同的作品类型,对其独创性判断应采取不同的标准。作品类型法定的优点在于,法院先将诉争客体归入法定种类中,再适用该类客体的独有规则即可。随意创作的作品和要受到技术制约的作品肯定无法适用统一的标准。法官要针对不同的作品类型,考虑作品的创作空间、社会的普遍认知以及国家政策导向等因素,对不同的作品适用不同的标准。

最后,独创性标准的客观化亦需从社会经济效益的角度来进行考量。[①] 英国剑桥大学法律系的莱昂内尔·本特利教授通过对英国知识产权制度历史演进的考察得出如下结论:"具有重要意义的并不是在一个作品中所体现的劳动或者创造,而是该作品所作出的贡献,法律不再评价在某一特定对象中所体现的劳动,而是开始集中于该对象的宏观经济价值;集中于它对于知识和进步,或者对于国内生产总值(GDP)或者生产力的贡献。"[②] 因此,在知识经济时代,为提高著作权制度的经济效益,推进文化产业的进一步发展,应当采取"结果回溯"的论证方法,从市场效益的角度进行考量。虽然文化价值大的作品不一定经济利益更高,但是经济利益高的作品必然是值得保护的,以此才能发挥激励机制的最大功效。

[①] 赵锐:《作品独创性标准的反思与认知》,载《知识产权》2011年第11期。
[②] [澳]布拉德·谢尔曼、[英]莱昂内尔·本特利:《现代知识产权法的演进:英国的历程1760—1911》,金海军译,北京大学出版社2006年版。

产品设计图的独创性标准

二、产品设计图的独创性标准

（一）图形作品与美术作品

产品设计图属于著作权法所保护的"科技类图形作品"，图形作品与美术作品在我国《著作权法》中并存，二者有一定相似之处。地图、设计图、示意图等图形作品与平面美术作品都由线条、色彩等元素构成。① 大多数的图形作品设计较为严肃、呆板，审美艺术感较差，此时两类作品的边界是清晰的，但也不乏表现生动、艺术化的图形作品，此种作品与美术作品的界限变得模糊。实践中往往从功能角度对二者进行区分。如果除了审美功能之外还有实用功能，那就被归入图形作品之列。设计图之所以能够成为作品，与其设计方案及相对应产品的技术实用性毫无关系，而是因为设计图是由点、线、面和各种几何结构组合而成的，包含着严谨、精确、简洁、和谐与对称的"科学之美"。只要这种组合源于设计者本人，就是一种具有"科学之美"的独创性表达。换言之，设计图之所以能够作为作品受到著作权法的保护，仅仅是因为图形本身"看上去美"，与图形对应的实物在技术上先进与否毫无关系。② 但是"科学之美"是一个比较模糊的概念，司法实践中对于如何认定其独创性高度并没有统一的标准。判断工程设计图的表达是否具有独创性，往往需要知悉相关行业或领域是否存在通常设计或标准设计、特定的设计是不是实现某种技术功能所必需的设计等技术背景知识，因而工程设计图的独创性判断不仅仅是法律问题，更多地表现为技术事实和法律判断的交织。③

（二）技术性作品的独创性标准

对作品的独创性要求通常表现为能够"体现作者的个性"，但产品设计图处于科学表达与美学表达二者之间，受制于技术条件因而创作空间相对有限，作者的个性表达也受到了较大限制。此类作品的独创性主要体现在以下几点：第一，体现在图形设计的整体排列组合与布局上。大多数产品设计图均包含大量不同部位、配件等细节图。如何更好地体现"科学之美"，离不开设计者的独特构思、选择和编排。第二，体现在对设计细节或要点的选择和取舍上。设计者在进行具体的工程设计或产品设计时，往往会根据自己对技术方案的理解、受众的知识水平、图纸用途等因素选取最能体现技术内容的设计要点进行

---

① 谢晴川：《论独创性判断标准"空洞化"问题的破解——以科技类图形作品为切入点》，载《学术论坛》2019年第5期。

② 王迁：《论著作权法保护工业设计图的界限——以英国〈版权法〉的变迁为视角》，载《知识产权》2013年第1期。

③ 凌宗亮：《工程设计图著作权保护的范围与边界》，载《人民法院报》2017年8月16日。

设计,上述选择和取舍的过程往往凝结了设计者独特的智力创造。第三,体现在具体设计的标注和绘制方式上。设计者在具体设计过程中对于不同的部件、方位可以选择用不同颜色、形状、比例的标识进行标注和区分,也可以通过不同的绘制方式进行设计。①因此,产品设计图因其设计者在选择、取舍、安排上付出了独创性的劳动,而能够获得著作权法的保护。本案中,法院认定产品设计图获得著作权保护的首要条件为具备最低限度的独创高度,进而再综合考虑作品属性、所属领域的作品现状、创作空间、产业政策、公众需求等不同因素。最终法院认定,原告的作品具有独创性。对于技术性作品的独创性高度的判断,应当高于文学艺术作品通常适用的独立创作标准。②原因在于技术性作品中往往包含了更多的技术特征、更强的事实性和更多的功能性,这一点决定了要将此类作品中的大部分留存在公共领域中。从另一角度考虑,著作权法与专利法有不同的立法目标,著作权法致力于促进社会的文化繁荣,因此只保护"精神领域"的作品而不保护功能性的设计。如果任何没有创造性的产品设计都能获得著作权的保护,考虑到著作权保护的期限更久以及著作权自动产生的优势,那么会在一定程度上架空实用新型和外观设计制度,这是与立法目标相悖的。

三、产品设计图的保护

(一)思想与表达二分法的适用

著作权法保护的是思想的表达,而不是思想本身。技术类图形作品中体现出来的技术与技巧本身不是著作权法保护的对象。著作权法对科学领域内智力成果的保护是存在界限的,这是因为著作权法与专利法存在天然分工,后者保护的是用于解决实际问题的技术方案,前者只保护文字、音乐和图形等形式的表达。③

在诉讼中,被告可能会提出"有限表达"的抗辩,主张因为要实现相同的技术功能,因此必须使用相同的表达。或者由于受制于技术的要求,可发挥的空间很小,因此表达形式必定是有限的。对于此种情形,法院应当明确技术的有限性不等同于表达的有限性。产品设计图的独创性不体现在其中包含的技术要素,也不体现在产品可以实现的独特功能,而只体现在设计者对设计图进行绘制时在选择、编排、布局、取舍、标注、设计上的独创性。即使对于同样

---

① 凌宗亮:《图形作品的著作权保护及其权利边界》,载《人民司法·案例》2016年第8期。
② 孙艳:《专科说明书附图的著作权保护及其限度》,载《人民司法·案例》2016年第23期。
③ 王迁:《论著作权法保护工业设计图的界限——以英国〈版权法〉的变迁为视角》,载《知识产权》2013年第1期。

产品设计图的独创性标准

的技术,也可以通过多种方式表达出来。

(二)产品设计图的保护范围

实践中,不明确的是产品设计图的保护范围止于何处,是否能延及产品本身。最直观的表现就是按照产品设计图生产产品,是否属于著作权法意义上的复制行为并侵犯了著作权人的"复制权"。在著作权法中存在"同质复制"和"异质复制"行为,如果单纯对产品设计图本身进行平面上的复制,没有改变设计图的存在形态,当然属于著作权法规定的复制行为,属于对作品实质性内容的重复再现。而当按照产品设计图生产产品时,改变了设计图的存在形态,使其从平面转变为了立体。判断此种行为是否构成侵权时,还要从侵犯复制权的本质去探寻——表达的实质性近似。著作权法保护产品设计图时,保护的是一种严密规整、富有逻辑的"科学之美",这种美感可以通过线条和色彩的排列组合体现出来。但是按照设计图实际生产出的工业产品,已经无法从直观上辨别出设计图中由点、线、面构成的几何图形,既然在产品中已经看不见原有作品的几何表达,就不能称为复制行为。因此,正如本案法院所作出的判决一样:产品设计图的保护范围仅限于图纸,而未延及产品本身。① 如果将产品设计图的保护范围扩张到产品的话,那么实用新型和外观设计就不再有用武之地。

四、结论

产品设计图作为一种技术性作品,因其在"点、线、面"的几何设计中体现出科学之美而成为著作权法所保护的对象。同为以线条、色彩等方式表现的作品,产品设计图与美术作品之间界限时而模糊。但应当看到,由于要实现一定的功能效果,产品设计图的表达空间有限。独创性作为作品的唯一实质要件,应根据作品类型的不同而适用不同的标准。在判定技术性图形作品的独创性时,应考虑所属领域的作品现状、创作空间、产业政策、公众需求等因素。为了不架空专利制度,对技术性作品独创性高度的要求应当高于文学艺术作品独创性通常适用的独立创作标准。② 此外,产品设计图保护的是线条的表达,而不是产品中所包含的设计思想,不考虑产品所能实现的技术效果。由于工业产品本身无法体现出设计图的几何之美,因此按照设计图制造产品的行为不属于著作权意义上的复制行为。

---

① 参见孙艳:《专利说明书附图的著作权保护及其限度》,载《人民司法·案例》2016年第23期。

② 参见孙艳:《专利说明书附图的著作权保护及其限度》,载《人民司法·案例》2016年第23期。

游戏直播中的著作权问题研究

——上海某宇文化传媒有限公司诉广州某鱼网络科技有限公司
著作权侵权及不正当竞争纠纷案

/ 高荣鑫

● 本案要旨

我国著作权法保护的对象是文学、艺术和科学领域内具有独创性并能以一定形式表现的智力成果。游戏赛事、体育赛事的直播,为客观随机发生的事实,而非剧本化的演绎,属于公共领域的范畴,不受著作权法的保护。但在直播过程中,当事人若以直播画面为素材,结合解说内容、自制动画等元素,创作出具有独创性表达的作品,则可成为著作权法保护的对象。因此,如果单纯地将赛事直播的客观画面进行转播,并不涉及著作权侵权问题,但若是将上文提到的由多元素结合的具有独创性的赛事节目进行转播,则可能构成对他人著作权的侵犯。除此之外,转播权虽未被法律直接规定,但在商业活动中承载着一定的经济利益,属于一种具有经济价值的财产性权益,受法律保护。

● 案件信息

上诉人(一审被告):广州某鱼网络科技有限公司

被上诉人(一审原告):上海某宇文化传媒有限公司

案号:上海市浦东新区人民法院(2015)浦民三(知)初字第191号、上海知识产权法院(2015)沪知民终字第641号

● 原被告主张及理由

原告上海某宇文化传媒有限公司(以下简称某宇公司)主张:"DXXX2"游戏是世界知名的电子竞技类网络游戏,经该游戏权利人的合法授权,原告承办了上述赛事。原告通过自己经营的电子竞技游戏直播网站即"火某TV"网

站对该赛事以上述音像视频为内容向网络用户进行了全程、实时的网络直播。广州某鱼网络科技有限公司（以下简称某鱼公司）未经授权，截取赛事画面实时直播涉案赛事，侵犯了某宇公司的合法权益。

被告某鱼公司抗辩：某宇公司主张的视频转播权不属于法定的著作权权利，比赛画面不属于著作权法规定的作品，某宇公司关于某鱼公司侵害其著作权的主张不能成立。被告只是通过客户端截取比赛画面，再配上自己独创性的评论在网上播放，本质上是对涉案赛事进行报道，不是直播或转播。而且游戏厂商也鼓励视频平台播报游戏比赛，任何一个游戏客户端的参与者或旁观者，都可以对游戏比赛情况进行评论报道。因此，不构成不正当竞争。

法院查明的事实

一、原告、被告网站以及涉案赛事等相关情况

原告某宇公司和被告某鱼公司两家网站均系网络游戏互联网在线视频直播类型的网站，页面中存在商业广告，直播模式主要为网站将正在进行的游戏比赛的画面内容、游戏主播（解说员）对比赛的解说内容以及相关音乐、字幕、主播及直播间的画面、观众评论文字等音像内容进行整合后，通过网站的视频播放器实时播出，供网络用户在线免费观看。

"DXXX2"游戏系世界知名的电子竞技类网络游戏，该游戏在中国的代理运营商为某美（北京）网络技术有限公司（以下简称某美公司）。2014年4月28日，原告、某美公司签订《电子竞技赛事战略合作框架协议》，约定了双方就DXXX2职业联赛、DXXX2亚洲杯冠军赛等电竞类赛事进行合作，合作赛事在中国的视频转播权独家授权给原告等事项，并明确相关事项由双方另行签订执行协议。

原告在2015年1月至2月期间举办了DXXX2亚洲邀请赛，在赛事进行期间，原告通过火某TV网站对比赛进行了全程、实时的视频直播，视频内容由计算机软件截取的游戏自带的比赛画面、原告的游戏主播对比赛的解说内容、原告对其游戏直播间及游戏主播拍摄的画面、原告对决赛现场情况拍摄的画面以及原告对比赛制作的音效、字幕、慢镜头回放、灯光照明等组成，观众可以在原告网站上免费观看预选赛和决赛的比赛直播，也可以购买门票到比赛现场观看决赛。

二、被控侵权行为等相关情况

2015年1月15日,原告向上海市黄浦公证处申请办理证据保全公证,公证书载明:

1. 12时3分左右,进入火某TV网站。该网站有游戏推荐、全部直播等栏目。游戏推荐栏目的首页共有33款游戏,排在第1位的为"DXXX2"。

2. 12时17分左右,进入某鱼网站。游戏推荐栏目的首页共有86款游戏,排在第3位的为"DXXX2"。点击上述热门游戏中的"DXXX2",显示共有43个播出内容,比赛画面的下方均有"DXXX2"字样,排在第1位的为"12点亚洲邀请赛:DK-TF",主播为"杰某哥",有观众7.8万名。点击上述"12点亚洲邀请赛:DK-TF"字样,进入某鱼网站的页面,播放框中有"DXXX2亚洲邀请赛"字样,播放框的画面内容为DK与TongFu两支队伍正在比赛。除此之外,在某鱼网站中还存在其他多名主播对DXXX2亚洲邀请赛进行直播。

2015年1月16日,原告向被告发出《公函》,称:原告是DXXX2亚洲邀请赛的独家授权直播平台,被告未经授权,在某鱼直播平台中全程同步盗播该赛事,并散播虚假消息,严重侵犯了原告的利益,要求被告立即停止侵权行为。被告于2015年1月19日收到《公函》,但未予回复。

三、其他相关情况

为举办涉案DXXX2亚洲邀请赛,原告与多个案外人就租赁比赛场所、租赁及购买设备、宣传推广、门票发送、礼仪模特、现场秩序维护、现场拍摄、赛事视频拍摄制作、网站建设、奖杯制作、酒店住宿等事项签订了相关合同,约定的应付款项(包括酒店住宿等预计费用在内)共计1205万余元,原告已实际付款1240万余元。

一审法院判决理由与裁判结果

根据本案案情以及原告、被告双方的诉辩意见,本案系著作权侵权和不正当竞争纠纷案件,争议焦点主要是:被告是否侵害原告的信息网络传播权或者其他著作权;被告是否构成对原告的不正当竞争;构成侵权前提下被告应当承担的民事责任。

一、关于被告是否侵害原告的著作权

首先,原告主张被告播出涉案赛事的行为侵害了原告的信息网络传播权。

游戏直播中的著作权问题研究

本院认为，我国著作权法规定的信息网络传播权是指以有线或者无线的方式向公众提供作品，使公众可以在其个人选定的时间、地点获得作品的权利。无论原告就涉案赛事的直播所形成的音像视频内容是否构成作品，也无论被告的直播内容是否与原告的直播内容相同或者实质性相同，被告的直播行为均与侵害信息网络传播权无关，原告关于被告侵害信息网络传播权的主张不能成立。

其次，本院认为，由于涉案赛事的比赛本身并无剧本之类的事先设计，比赛画面是由参加比赛的双方多位选手按照游戏规则、通过各自操作所形成的动态画面，系进行中的比赛情况的一种客观、直观的表现形式，比赛过程具有随机性和不可复制性，比赛结果具有不确定性，故比赛画面并不属于著作权法规定的作品，被告使用涉案赛事比赛画面的行为不构成侵害著作权。由于原告向网络用户提供的直播内容不仅仅为软件截取的单纯的比赛画面，还包括原告对比赛的解说内容、拍摄的直播间等相关画面以及字幕、音效等，故原告的涉案赛事直播内容属于由图像、声音等多种元素组成的一种比赛类型的音像视频节目。上述节目可以被复制在一定的载体上，根据其解说内容、拍摄的画面等组成元素及其组合等方面的独创性有无等情况，有可能构成作品，从而受到著作权法的保护。但根据查明的事实，由于原告确认被告并未使用有可能属于作品的涉案赛事节目中的解说内容、拍摄的画面，原告也无充分证据证明被告使用了有可能属于作品的涉案赛事节目的字幕、音效等组成元素及其组合，故无论原告制作、播出的涉案赛事节目是否构成作品，被告的行为均不构成侵害原告有可能享有的著作权。另外，即使涉案赛事节目属于原告的作品且被告进行了侵权性质的使用，由于涉案协议约定因涉案赛事活动产生资料的知识产权归成都某美公司所有，原告未举证证明成都某美公司作出了相应授权，故原告行使著作权的主体资格在本案中存在明显缺陷。因此，本院认定，原告关于被告侵害其著作权的主张不能成立。

二、关于被告是否构成不正当竞争

首先，本院认为，第一，原告与涉案 DXXX2 游戏在中国的代理运营商某美公司签有相关合作框架协议，又与该公司的关联公司成都某美公司签有协议，可以认定原告经有效授权而取得了涉案 DXXX2 赛事在中国的独家视频转播权。第二，电子竞技网络游戏进入市场领域后具有商品属性，各类主体由此还可以通过投放广告、扩大网站流量、进行转授权等途径获得一定的经济利益。鉴于游戏比赛的举办、转播等行为受游戏开发商、运营商、承办商、转播商等相关主体的控制，且这些主体为举办、转播比赛须付出一定的财力等成本，而转播游戏可以获得一定的商誉及经济利益，故未获相关授权的主体不得擅自转播相关比赛，对于擅自转播比赛的行为应当依法予以规制。第三，经营者在市场经营活动中，应当遵循自愿、平等、公平、诚信的原则和公认的商业道德，不得损害其他经营者的合法权益。根据查明的事实，原告、被告均系专业的网络游戏视频直播网站经营者，双方具有同业竞争关系，被告直播涉案赛事的行为直接损害了原告独家行使转播权能够为原告带来的市场竞争优势，侵害了该市场竞争优势能够为原告带来的商誉、经济利益等合法权益，也损害了网络游戏直播网站行业的正常经营秩序，严重违反了诚信原则和公认的商业道德，具有主观恶意，构成对原告的不正当竞争。

其次，原告主张被告构成虚假宣传的不正当竞争。本院认为，经营者在市场经营活动中，不得利用广告或者其他方法，对其提供的商品、服务作引人误解的虚假宣传。本案中，第一，被告在直播涉案赛事时，在网站页面显著位置即在视频播放框的上方，突出使用了涉案赛事举办方、独家视频转播方的品牌标识即原告的"火某TV""MxxxTV"标识。被告使用上述标识的行为与被告是否能够实施涉案直播行为之间没有关联，使用标识行为并非直播行为的不可分割的组成部分，故应当依法单独判定使用标识行为是否构成不正当竞争。第二，被告使用上述标识的行为属于对其直播行为的授权来源、直播内容的品牌来源方面的宣传。被告就涉案赛事并未获得任何授权许可，上述宣传内容无任何事实依据，易使网络用户产生被告与涉案赛事、与原告具有合作关系，被告有权进行直播，被告播出的是"正版"的比赛内容、被告的直播内容与原告的直播内容相同等方面的错误认识，误导网络用户在被告网站观看比赛直播，同时还易使原告的被授权许可人某多公司产生原告违反合同约定对被告进行了相关授权等误解。因此，本院认定，被告的上述行为损害了原告作为涉案赛事举办方、独家视频转播权人享有的合法权益，构成引人误解的虚假宣传的不正当竞争。

三、关于被告应当承担的民事责任

根据我国《侵权责任法》（已失效）、《反不正当竞争法》（1993年版）的规定，被告对原告实施不正当竞争行为，应当依法承担停止侵权、赔偿损失、消除影响等相应的民事责任。结合原告的诉讼请求，本院认为，第一，由于涉案赛事本身以及被告直播涉案赛事的行为均早已结束，被告虚假宣传的不正当竞争行为也非持续至今的行为，原告未举证证明被告至今仍在继续实施其所指控的侵权行为，也无证据证明被告网站存储了涉案赛事的视频资源并供网络用户观看，故原告要求判令被告立即停止侵权的第一项诉讼请求已经缺乏事实依据，本院不予支持。第二，由于涉案游戏具有较高知名度，涉案赛事系奖金高达 300 万美元的、具有较大影响力的国际性职业赛事，并考虑被告自认其网站在同行业中处于国内第一位置、原告就涉案赛事的直播对某多公司进行了授权许可、观看比赛的网络用户较多等因素，可以认为被告直播涉案赛事等不正当竞争行为对同行业的正常市场经营秩序具有较大的破坏性，负面影响较大，已对原告的商誉造成了一定的不良影响，同时也误导了网络用户、游戏主播，故被告应当承担消除影响的民事责任。因此，本院对原告要求判令被告刊登消除影响的声明的诉讼请求，予以支持。第三，由于被告的不正当竞争行为对原告造成了一定的经济损失，故被告应当承担赔偿原告经济损失的民事责任，并承担原告维权的合理开支。

➲ 二审法院判决理由与裁判结果

二审中当事人之间的主要争议焦点在于：一是被上诉人举办涉案赛事是否非法；二是被上诉人经授权获得的视频转播权是否应受法律保护，上诉人网络直播涉案赛事的行为是否构成不正当竞争；三是上诉人在其直播页面上使用"火某 TV""MxxxTV"标识是否构成虚假宣传；四是原审判决上诉人赔偿 100 万元经济损失是否合理。

关于争议焦点一，上诉人提出，中华全国体育总会于 2006 年 9 月 27 日颁布的《全国电子竞技竞赛管理办法（试行）》规定，举办电子竞技比赛实行审批制度，涉案赛事未经审批，是非法赛事。本院认为，中华全国体育总会是社团法人，其制定的管理办法是行业自律性文件，不属于法律规范性文件，不具有法律约束力。上诉人的该项上诉理由不能成立，本院不予采信。

关于争议焦点二，《反不正当竞争法》(1993 年版)第 2 条规定，经营者在市场经营活动中，应当遵循自愿、平等、公平、诚实信用的原则，遵守公认的商业道德。违反本法规定，损害其他经营者的合法权益，扰乱社会经济秩序的行为属于不正当竞争。网络游戏比赛的转播权对于网络直播平台来讲，是其创造商业机会、获得商业利益、提升网站流量和知名度的经营项目之一。这种商业经营方式并不违反反不正当竞争法的原则精神和禁止性规定，属于正当的市场竞争行为，被上诉人以此谋求商业利益的行为应受法律保护，他人不得以不正当的方式损害其正当权益。被上诉人投入了一系列的人力、物力和财力，其有权对此收取回报，通过视频转播赛事增加网站流量、扩大提高广告收入、提升知名度、加强网络用户黏性，使直播平台经济增值。因此，网络游戏比赛视频转播权需经比赛组织运营者的授权许可是网络游戏行业中长期以来形成的惯常做法，符合"谁投入、谁收益"的一般商业规则，亦是对比赛组织运营者正当权益的保护规则，符合市场竞争中遵循的诚信原则。本案中，上诉人直播涉案赛事画面，虽然上诉人在直播过程中自配主播点评，但是其所直播的还是被上诉人所组织运营的涉案赛事，上诉人自配的主播点评也是对涉案赛事的点评，该点评依附于涉案赛事。上诉人未对赛事的组织运营进行任何投入，也未取得视频转播权的许可，却免费坐享被上诉人投入巨资，花费大量人力、物力、精力组织运营的涉案赛事所产生的商业成果，为自己谋取商业利益和竞争优势，其实际上是一种"搭便车"行为，夺取了原本属于被上诉人的观众数量，导致被上诉人网站流量严重分流，影响了被上诉人的广告收益能力，损害了被上诉人的商业机会和竞争优势，弱化了被上诉人网络直播平台的增值力。因此，上诉人的行为违反了反不正当竞争法中的诚信原则，也违背了公认的商业道德，损害了被上诉人的合法权益，亦破坏了行业内业已形成的公认的市场竞争秩序，具有明显的不正当性。本院认为，即使存在游戏厂商鼓励视频平台播报游戏比赛亦属于其免费许可的情况，并不表明游戏客户端的参与者、旁观者可以未经许可即有权将客户端的比赛画面进行直播、转播并商业利用。

关于争议焦点三，上诉人认为其在直播画面上使用"火某TV""MxxxTV"标识，是对作为举办方的被上诉人的尊重，同时亦为被上诉人起到宣传作用，故不构成虚假宣传。本院认为，根据我国《反不正当竞争法》的规定，经营者不得利用广告或者其他方法，对其提供的商品、服务等作引人误解的虚假宣传；以歧义性语言或者其他引人误解的方式进行宣传的，足以造成相关公众误解的，可以认定为虚假宣传行为。本案基于涉案赛事知名度高、影响力大，公众知晓涉案赛事由火某TV举办并独家转播，上诉人未经授权许可直播涉案赛事，却在直播页面采用标明"火某TV""MxxxTV"标识之引人误解的方式，足以造成相关公众产生上诉人系涉案赛事合作方或者上诉人直播已获授权等误解，从而误认为上诉人的直播行为来源正当合法，以致会吸引更多的观众和流量，损害被上诉人的合法权益，构成虚假宣传。上诉人的上诉理由缺乏事实和法律依据，本院不予采信。

关于争议焦点四，本案被上诉人的实际损失以及上诉人的实际获利均难以确定，但是根据在案证据，上诉人的不正当竞争行为严重分流被上诉人的网站流量，对被上诉人的正当收益造成了损害，故原审法院判决赔偿损失并无不当。

游戏直播中的著作权问题研究

⊃ 案例解析

本案是由网络游戏赛事直播而引发的著作权侵权及反不正当竞争纠纷。作为信息网络时代的新兴产业，游戏直播行业在我国得到蓬勃发展，而电子游戏的著作权属性、网络游戏直播中的著作权问题也逐渐增多。我国著作权法对此并未作出明确的规定，即使2020年修正的《著作权法》将电影、类电影作品扩张为视听作品，学术界通说认为该项规定可以将电子游戏中的整体音像归入其中，但在实务中对该条款的适用和理解仍有待进一步明晰。本案作为我国游戏直播著作权领域及反不正当竞争领域的典型案例，对我们认定电子游戏直播中的法律问题具有启示与借鉴意义。接下来笔者将从以下几个方面结合本案对该法律问题进行分析。

一、网络游戏画面的作品属性

在分析游戏直播画面的属性之前，应当先明确我国著作权领域对于电子游戏画面性质的认定。2020年《著作权法》修正前，司法实务中一般采取"二分法"进行判定：一方面，将游戏中的音乐、美术作品、动画等元素依据其对应的作品形式进行保护；另一方面，对于集合所有游戏元素为一体的游戏画面，依据《著作权法实施条例》(2013年修订)第4条的规定，将该整体画面认定为类电作品进行保护。2020年《著作权法》修正后，采用"视听作品"取代了先前规定的"电影作品和以类似摄制电影的方法创作的作品"，扩大了我国著作权法的作品保护范围。在此情景下，将游戏画面解释为"视听作品"进行保护更为适当，同时笔者也希望我国出台关于电子游戏画面著作权的司法解释，对这一新兴客体的作品属性作出明确且适当的界定，更有利于保障我国电子游戏行业的创新发展。

二、游戏直播行为是否属于合理使用

在近年来发生的多起游戏直播著作权侵权纠纷案件中，被控侵权一方经常以其行为属于合理使用为由进行抗辩。在《著作权法》第24条规定的合理使用的情形中，最为接近游戏直播行为的为"为个人学习、研究或者欣赏，使用他人已经发表的作品"和"为介绍、评论某一作品或者说明某一问题，在作品中适当引用他人已经发表的作品"这两项内容，同时还规定了"应当指明作者姓名或者名称、作品名称，并且不得影响该作品的正常使用，也不得不合理地损害著作权人的合法权益"作为合理使用的一般构成要件。

笔者认为，合理使用作为游戏直播侵权行为的抗辩理由无法成立，原因

在于：(1) 从主观目的来看，游戏直播作为主播和直播平台吸引观众和流量、进行牟利的方式，其本质上是以营利为目的，而非出于个人学习、研究或者欣赏的目的。因而绝大多数游戏直播属于商业行为，从主观目的上并不符合合理使用的构成要件。(2) 从客观影响来看，未经游戏公司同意便进行直播、吸引流量进行营利的行为，影响规模较大，已超出合理的范围，不仅可能会损害游戏公司的市场收益和潜在价值，更可能影响原有作品的正常运作，从客观角度来看游戏直播行为也不属于合理使用。因此，游戏直播行为因其具有商业性，且影响规模和程度较大，已超出合理使用的范围，不应当将其认定为合理使用行为。

三、游戏直播画面的作品属性

与游戏画面不同的是，游戏直播画面接入了直播平台和主播，使原有的法律关系更加复杂，游戏直播画面的属性因不同的情形而发生变化。根据《著作权法》(2020 年修正) 第 3 条的规定，作品是指文学、艺术和科学领域内具有独创性并能以一定形式表现的智力成果，游戏直播画面是否属于著作权法所规定的作品范畴，以及其权利主体为何人，可以分以下两种情形进行判断：(1) 游戏直播内容未超出游戏制作者设置的范围，并未创设新的作品内容。在此种情形下，游戏直播内容不能认定为新的作品，其本质上仍属于对于原有游戏画面的传播。(2) 游戏直播内容超出了游戏制作者设置的范围，主播通过个性化的表达创设了新的作品，或者通过其解说、评论使直播内容较原本的游戏画面而言存在客观可识别的差异。例如，在沙盒类游戏《我的世界》中，游戏为玩家预留了巨大的创作空间，玩家或主播可以根据自己的想象创造出具有个性化的图案或立体造型，此时无论是形成的最终作品还是主播在直播过程中的画面，均注入了主播的个性化选择和判断，符合我国著作权法规定的演绎作品的构成要件，应当视为作品予以保护。同样地，在游戏直播过程中，主播个性化的解说、评论也赋予了人们与众不同的体验，主播的行为丰富了原有的游戏画面，可以将其认定为演绎作品进行保护。

然而，在本案中被告辩称游戏赛事直播作为客观发生的事实，属于公共领域的范畴而不应当受著作权法保护，这一理由也并非毫无道理。除了游戏本身可能涉及的著作权问题，游戏赛事直播同其他的赛事直播一样，均是客观发生的事实，如果当事人只是单纯使用该事实内容加以自己的独创性解说、剪辑画面等，则不应当将其认定为侵犯著作权的行为。但若是当事人有证据证明，被控侵权人使用了权利人具有独创性的剪辑画面、解说内容，则此时权利人制作、播出的赛事或节目便属于著作权法保护的范畴，应当对这一作品予以保护。本案中，由于原告无法举证证明被告使用了原告直播赛事中的解说、拍摄画面、字幕或音效等内容，因而无法证明被告的行为侵犯了原告的著作权。

四、游戏直播中主播和直播平台的行为定性

关于直播平台的责任，根据直播平台与主播的关系不同、直播平台发现侵权行为时的处理方式不同，可能存在不同的责任后果。

（一）共同侵权行为

我国《民法典》第1194条规定："网络用户、网络服务提供者利用网络侵害他人民事权益的，应当承担侵权责任。法律另有规定的，依照其规定。"即未经游戏作品著作权人同意，通过信息网络向公众播放其游戏画面作品的行为，构成侵害游戏作品著作权的行为，通过合同与游戏主播签约并且进行利润分成的网络直播平台服务提供者，与游戏主播具有共同侵权的故意，二者构成共同侵权行为。①

（二）通知删除义务

《民法典》第1195条第1款、第2款规定："网络用户利用网络服务实施侵权行为的，权利人有权通知网络服务提供者采取删除、屏蔽、断开链接等必要措施。通知应当包括构成侵权的初步证据及权利人的真实身份信息。网络服务提供者接到通知后，应当及时将该通知转送相关网络用户，并根据构成侵权的初步证据和服务类型采取必要措施；未及时采取必要措施的，对损害的扩大部分与该网络用户承担连带责任。"即当直播平台对主播存在的侵权行为不知情时，平台仍负有"通知—删除义务"。当权利人发现网络用户实施侵权行为并向网络平台发送通知时，平台若及时履行了转通知和采取相关措施等义务，则无须承担侵权责任。

（三）红旗原则

根据红旗原则，网络服务提供者不知道或者不应知自己所传播的信息属于侵权信息或者链接的作品、表演、录音录像制品是侵权作品时，免予承担法律责任。②即要求直播平台对主播的侵权行为承担相应责任，应当证明直播平台对主播的侵权行为知情，若直播平台不知情，则免予承担法律责任。

如上所述，当直播行为得到游戏公司的合法授权时，游戏主播便可能成为游戏直播画面的作者。当游戏中存在巨大的创作空间时，不仅是游戏主

---

① 李扬：《网络游戏直播中的著作权问题》，载《知识产权》2017年第1期。
② 杨立新：《电子商务交易领域的知识产权侵权责任规则》，载《现代法学》2019年第2期。

播,甚至是任何游戏玩家,只要对游戏内容注入了独创性表达,均可构成受著作权法保护的作品。与玩家不同的是,游戏主播在直播过程中进行操作和创作的画面,可将其认定为视听作品进行保护。除此之外,游戏主播在直播过程中的解说、评论甚至肢体动作,当这些行为构成个性化的表达且与单纯的游戏行为存在较大差异时,也应当将其整体认定为演绎作品加以保护。

对于作品的权属问题,应当依据直播平台和主播之间的协议进行判断。若双方没有对权属问题进行约定,应当分析直播平台和主播之间的关系:当二者属于雇佣关系时,直播形成的作品便属于职务作品,主播和其他工作人员对其享有署名权,著作权的其他权益由直播平台享有;当二者不属于雇佣关系时,主播获得该作品的所有著作权,但其著作权的实现仍需要得到游戏公司的授权。

五、游戏直播中的反不正当竞争问题

游戏直播作为直播平台、互联网公司参与市场经济、进行商业活动的重要渠道之一,其中进行的游戏直播、游戏赛事直播等活动不仅涉及我国著作权法中的相关权益,其作为一种商业行为更应当受到反不正当竞争法的规制。各个直播平台在直播活动中,应当遵循商业道德,遵守法律法规,维护市场竞争秩序,不得实施不正当竞争行为损害其他经营者和消费者的合法权益。

本案中,虽然法院驳回了原告关于被告侵犯其著作权的诉讼请求,但认定被告的行为违反了我国《反不正当竞争法》的相关规定,最终判定其应当承担相应的民事责任。在认定转播行为的性质时,法院首先对"转播权"这一未被法律明确规定的概念进行界定。民事法律中存在诸多未被法律明确规定的权益。虽然不能直接援引具体的特定规则,但法院仍可以依据民事法律的一般性原则和规定来保护此类合法权益。本案的"转播权"便属于此类权益。原告为获得涉案赛事的独家视频转播权,付出了巨大的成本,并在准备这一直播赛事的过程中承担了巨大的开销,目的是依此赛事获得更高的商业收益。然而,被告在未经任何授权的情况下,通过极低的商业成本和"搭便车"的方式攫取原告应有的商业收益。此外,由于独家"转播权"是游戏赛事直播行业中的商业惯例与默认规则,被告的行为实质上已经违反了我国《反不正当竞争法》(1993年版)第2条的规定。因而法院认为,无论被告的行为是否侵犯原告的著作权,其行为均损害了原告的合法权益,违背了商业道德和诚信原则,最终判定被告应当承担相应的民事责任。

综上所述,即使我国著作权法对于游戏画面、游戏直播画面等"作品"的规定仍存在一定的缺陷,在大部分情形下亦可通过《反不正当竞争法》来对违反商业道德的恶意行为加以规制，结合行业惯例和原则性规定，尽可能地保障权利人的合法权益。

六、结论

游戏直播作为互联网时代的诸多新兴产业之一，已经对我国的市场经济与社会生活产生了巨大的影响，对于游戏行业或游戏直播过程中涉及的著作权或其他合法权益，我国法律应当建立完善的规定对其加以保护。如前所述，即使我国 2020 年修正的《著作权法》扩充了视听作品的保护范围，但仍建议通过法规或司法解释对这一概念加以明确，以便在司法实务中更具有可操作性。同时，对于游戏直播中的商业行为通过《反不正当竞争法》加以规制，虽然有利于全面保障当事人的相关权益，但其规定的构成要件与赔偿数额计算具有广泛性和模糊性，若能通过著作权法体系对这些权益作出明确的规定，则更有利于促进我国游戏行业和信息网络的发展壮大。

新闻作品的侵权认定

——某报社与佛山市顺德区某文化广告传媒有限公司、
广州市越秀区某互联网服务中心侵害作品信息网络传播权纠纷案

/李念祖

⊃ 本案要旨

判断媒体之间的相互转载是否构成著作权侵权,大致思路是首先明确作品的著作权归属,其次比较涉案作品之间的相似性,最后考虑是否存在合理使用、法定许可的情形。特别需要注意的是,时事新闻是指报纸、期刊、广播电台、电视台等媒体报道的单纯事实消息,并非一切关于时事、新闻的信息均可构成时事新闻。本案中,由于原告主张权利的作品属于职务作品,原告享有涉案作品的著作财产权,并有权对侵犯上述作品著作权利的行为起诉。原告主张权利的文章由作者对事实消息进行加工而成,具有一定的独创性,故不属于时事新闻范畴,不存在著作权合理使用的情形。因此,被告未经原告许可转载了涉案作品,侵犯了原告对涉案作品享有的信息网络传播权。

⊃ 案件信息

原告:某报社(原名某报)

被告:佛山市顺德区某文化广告传媒有限公司、广州市越秀区某互联网服务中心

案号:广东省广州市越秀区人民法院(2014)穗越法知民初字第363号

⊃ 原被告主张及理由

原告主张:被告佛山市顺德区某文化广告传媒有限公司(以下简称顺德某广告公司)是顺德城市网的所有者和经营者。原告发现被告顺德某广告公司在未获得原告授权的情况下擅自转载使用原告享有著作权的作品,并于2012

年 8 月 10 日委托律师向被告发出了停止使用原告文章，要求支付使用费的律师函。原告因收集证据之需要，以及为保护自身合法权益不受侵犯，向广东省广州市南方公证处申请证据保全。

《顺德或再建经济飞地》一文是原告的记者欧某乙伟、高某于 2012 年 2 月 17 日在《某报》刊登的作品，文字采写为欧某乙伟，摄影为高某。根据原告与记者的约定，涉诉文章的著作权归属原告享有，原告于 2012 年 8 月 31 日在广东省广州市南方公证处公证保全了涉诉被告的网页。

原告委托代理人在被告广州市越秀区某互联网服务中心（以下简称某互联网服务中心）处调查取证，发现在未经得原告同意的情况下，被告某互联网服务中心私自传播并允许用户在其网吧随意查阅、下载被告顺德某广告公司的侵权网页。

鉴于二被告的行为已严重侵害原告的著作权利，故起诉请求人民法院判令：（1）二被告立即停止侵权行为；（2）被告顺德某广告公司向原告支付稿酬 7000 元（含文字及图片）；（3）被告顺德某广告公司支付原告为主张权利、制止侵权行为而支付的公证费 3000 元；（4）本案诉讼费用由二被告承担。

被告顺德某广告公司抗辩：第一，被告顺德某广告公司转载涉案作品的行为没有侵害原告的信息网络传播权，涉案作品原始刊登于《某报》要闻版，并登载于原告旗下网站，注明类别为"社会民生"，按照原告刊登的版次、注明类别，结合文章实质内容，涉案文章属于时事新闻，即使涉案文章非全部属于时事新闻，也属于关于政治、经济问题方面的时事性文章，根据相关法律及行政法规的规定，为报道时事新闻，在向公众提供的作品中不可避免地再现或者引用已经发表的作品，可以不经著作权人许可，不向其支付报酬。第二，原告没有提醒涉案文章不得转载，《某报》是华南地区的重要新闻媒体，其承担法定的新闻传播义务，原告声明包括时事新闻在内的全部文章未经许可不得转载，明显有悖于其办报宗旨，且当期《某报》总共 70 多个版面，原告仅仅在非涉案文章版面的一个版面注明前述不得转载的提示，却没有在首页或者每页骑缝或者报底位置提示，不但未尽合理、适当的提示义务，更彰显原告打着维权的名义向包括被告在内的地方性网站推销每年高达十几万元的文章合作费。第三，原告诉请支付文字稿费、公证费没有事实依据和法律依据，按照《出版文字作品报酬规定》，文字作品的报酬按照每千字 50 元的标准执行，即使按照原告提供的证据，其公示的版权合作页显示 300~1000 元/千字；单张普通图片使用 300~500 元/张，综合涉案文章的公益性，原告诉请的索赔金额明显过高，亦不合理。第四，被告顺德某广告公司系顺德区委宣传部扶持，并承担介绍顺德一方水土、宣扬政务人文，展示顺德改革开放良好形象的宣传义务，属于区域性公益网站，即使被告转载原告的文章、图片及其他信息，也是本着新闻传播的目的。综合上述意见，被告顺德某广告公司转载涉案文章没有侵害原告的信息网络传播权，无须向原告支付报酬和作出致歉声明，请求法院公正裁决。

被告某互联网服务中心未应诉答辩。

一审法院查明的事实

一、关于本案作品的权利来源事实

2012年2月17日，《某报》A02版顺德读本刊登了一篇大标题为《顺德或再建经济飞地》的文章，并载明由"南都记者欧某乙伟"采写。在该篇文章中有两幅配图，标注"南都记者高某摄"，配图的标题分别为"工信部授予顺德'装备工业两化融合暨智能制造试点'匾牌""顺德区召开转型升级大会，企业代表签约后手拉手合影"。

2009年7月10日和2010年1月1日，原告分别与高某、欧某乙伟签订一份《员工与单位新闻作品著作权合同》，约定高某、欧某乙伟分别于2007年11月16日、2010年1月1日入职原告单位，从事新闻采编岗位工作，职责为采写、编辑新闻作品，双方是劳动合同关系；高某、欧某乙伟在职期间创作的作品，根据不同情况，分为法人作品、职务作品和个人作品三类，其中对职务作品定义为在职期间为完成原告工作任务所创作的作品，凡是作品本身注明"本报讯""本报综合消息""本报综合报道"等字样的，均属于职务作品，凡是高某、欧某乙伟以职务身份在原告所办或所属媒体上发表的作品，如以"记者""本报记者""特约记者""通讯员""编辑""统筹"等形式署名发表的作品，均属于职务作品。职务作品的署名权由高某、欧某乙伟享有，署名权以外的著作权利由原告享有，原告按自身薪酬制度向高某、欧某乙伟付酬，高某、欧某乙伟同意其在职期间完成的职务作品均由原告以原告独立名义对该作品相关权益予以维护、管理、许可或禁止他人使用以及对侵害该作品著作权利的行为提出交涉、诉讼以追偿损失，本条的效力及于劳动合同关系存续期间及劳动合同关系终止之后，在双方劳动合同确立之日至本合同失效之前的期间内，本合同所涉作品的权利归属以及以原告名义维护法人作品、职务作品著作权利等有关问题按照本合同的约定处理，本合同生效后，双方变更劳动合同或者续签劳动合同的，本合同继续有效等。

新闻作品的侵权认定

二、关于侵权行为事实

在网页左上角标有"顺德城市网、www.shundecity.com",网页内容为一篇题为《南都:顺德或再建经济飞地》的文章,题目下方标注有"时间:2012年2月17日11时14分,来源:顺德城市网"等文字,文章中配有两幅图片,标题分别为"工信部授予顺德'装备工业两化融合暨智能制造试点'匾牌""顺德区召开转型升级大会,企业代表签约后手拉手合影",图片上有"某报 www.nddaily.com"的水印文字信息,网页下端还载明"2009http://www.shundecity.com 顺德城市网版权所有等文字信息"。

经当庭比对,被告顺德某广告公司建立和主办的网站"顺德城市网(www.shundecity.com)"上转载的文章《南都:顺德或再建经济飞地》与原告主张享有著作财产权的文章《顺德或再建经济飞地》在段落、篇幅、内容上基本一样;文章配图也完全一致。

三、关于查明其他事实

原告在2012年2月17日的《某报》A02版社论版订明本报刊登的所有作品未经本报书面许可不得转载、摘编或以其他任何形式使用,违者必究。此外,原告在其官方网站上亦声明该报刊载的所有内容,包括但不限于图片、文字、图表、广告、商标以及多媒体形式的新闻、信息等均受我国相关法律保护,未经著作权人明确书面授权,任何人不得变更、发行、播送、转载、复制、利用原告的局部或全部内容或在非《某报》所属的服务器上作镜像。违反上述声明者,原告将依法追究其相关法律责任。另在版权合作方面载明,单篇文章的转载使用费为300~1000元/千字(平均费用,具体另行商定),单张普通图片使用费为300~500元/张,航拍图片使用费为5000~10 000元/张。

○ 一审法院判决理由与裁判结果

本院认为:首先,根据《著作权法》(2010年修正)第11条以及《审理著作权民事案件适用法律解释》(法释〔2002〕31号)第7条之规定,如无相反证据,在作品或者制品上署名的自然人、法人或其他组织视为著作权或与著作权有关权益的权利人,当事人提供的涉及著作权的底稿、原件、合法出版物、著作权登记证书、取得权利的合同等,可以作为证据。原告在2012年2月17日的《某报》A02版顺德读本中刊登的文字作品《顺德或再建经济飞地》载有"南都记者欧某乙伟";所配两幅插图载明为"南都记者高某摄",可见涉案文字作品《顺德或再建经济飞地》的作者是原告职员欧某乙伟，所配插图的作者为原告职员高某。其次，根据原告与欧某乙伟、高某签订的《员工与单位新闻作品著作权合同》的约定，欧某乙伟、高某分别于2010年1月1日、2007年11月16日入职原告处工作，涉案文章、图片在《某报》上发表时两人均在原告处任职，均从事新闻采编岗位工作，职责为采写、编辑新闻作品，其在职期间以"记者"等形式署名发表的作品，均属于职务作品。最后，原告在其纸质报刊及网站上刊登版权声明，迄今为止，无证据证明有任何人向原告主张本案文字作品著作权的归属。因此，在被告未能提供相反证据的情况下，本院认定原告享有涉案《顺德或再建经济飞地》文字作品及两幅配图的著作财产权，原告据此有权对侵犯上述作品著作权利的行为寻求司法救济。

根据《民事诉讼法》（2012年修正）第69条和《最高人民法院关于民事诉讼证据的若干规定》（2008年修改）第77条第1项之规定，在无相反证据足以推翻之下，本院认定广东省广州市南方公证处出具的（2012）粤广南方第90890号《公证书》合法有效，并发生证明效力。经当庭比对，被告顺德某广告公司在其网站上转载文章《南都：顺德或再建经济飞地》与原告享有著作财产权的文章《顺德或再建经济飞地》为同一文字作品，所配两幅插图亦是相同摄影作品。至于被告顺德某广告公司抗辩认为涉案文字、摄影作品是时事新闻的意见，因涉案文字作品是原告记者根据顺德产业发展尤其是顺德传统产业的转型升级进行采访、编写，其中文章标题、篇幅布局、采访等内容，带有一定的独创性，并非单纯事实消息，故涉案文字作品不属于时事新闻的范畴，而文章所配插图亦是为了配合文章中心内容所拍摄，同样具有一定的独创性，故该文字作品、摄影作品依法受著作权法的保护，本院对被告顺德某广告公司的上述抗辩意见亦不予采纳。

被告顺德某广告公司未经原告许可和合法授权，擅自转载涉案文章及配图，并在其开办的网站上传播以供公众查阅，其行为已侵害了原告享有对涉案文字作品及摄影作品的信息网络传播权，依法应当承担停止侵权及赔偿损失的民事责任。

原告未举证证明被告某互联网服务中心私自传播并允许用户在其网吧内随意查阅、下载被告顺德某广告公司的侵权网页，故此，原告主张被告某互联网服务中心构成侵权的理据不足，本院对原告主张被告某互联网服务中心停止侵权的请求不予支持。

关于稿酬及维权合理费用的确定问题。原告的作品刊登在《某报》上，该篇文章的价值主要体现在原告报纸对读者的吸引程度以及该篇文章在读者中

新闻作品的侵权认定

所产生的反响以及影响力，特别是为相关社会公众了解顺德传统产业的转型升级提供了信息资源。鉴于原告因被侵权所受到的损失和被告顺德某广告公司因侵权所获得利润均无足够证据证实，本院在原告与被告顺德某广告公司确认涉案文字作品字数为1606字以及配有两幅插图的基础上，综合考虑被告顺德某广告公司侵权的主观过错程度、侵权的持续时间、被告顺德某广告公司网站的知名程度及影响力、作品报酬规定以及原告为制止侵权行为所付出的合理费用等因素，结合原告批量维权的特点，并对公证费进行合理分摊后，酌情认定被告顺德某广告公司承担的赔偿数额为2500元，该款含原告维权所产生的合理费用，原告诉请赔偿金额及维权费用超出上述数额的请求，本院不予支持。

综上所述，依照《著作权法》（2010年修正）第10条第12项、第47条第7项、第48条第1项、第49条以及《审理著作权民事案件适用法律解释》（法释〔2002〕31号）第25条、第26条之规定，判决如下：一、被告顺德某广告公司立即停止侵害原告某报社对涉案文字作品《顺德或再建经济飞地》及配图享有著作权的行为，即在其官网上立即删除涉案侵权文字作品《南都：顺德或再建经济飞地》及配图。二、被告顺德某广告公司应于本判决发生法律效力之日起十日内支付赔偿款2500元（该款含原告为制止侵权行为所产生的合理开支费用）给原告某报社。三、驳回原告某报社的其他诉讼请求。

⤵ 案例解析

本案的争议焦点在于被告是否侵害了原告对涉案文字作品及摄影作品所享有的信息网络传播权。对于该问题，首先需要确认原告是否为涉案文章的著作权人，以及原告主张权利的文字作品、摄影作品是否受著作权法的保护；其次，如果认为不存在著作权法规定的合理使用、法定许可等情形，判断被告构成著作权侵权，则需要确定赔偿数额。

一、职务作品

在著作权法上，有作者和著作权人两种主体，二者的主要区别在于作者侧重文学意义，而著作权人侧重法律意义。作者中心地位在资本的推动下被削弱了，法人作品、职务作品的出现都体现了这一趋势。

我国《著作权法》（2020年修正）关于法人作品的规定主要体现在第11条第3款，"由法人或者非法人组织主持，代表法人或者非法人组织意志创作，并由法人或者非法人组织承担责任的作品，法人或者非法人组织视为作者"。与法人作品相比，职务作品的资本投入程度较低，结果就是并非作品的一切权利都归出资者。我国《著作权法》规定法人作品与职务作品存在交叉,具体体现在如果创作人与相对人之间存在隶属关系,则创作人实际上是相对人的职工,而相对人则为创作人的单位,此时的法人作品与职务作品又出现了交叉、重叠,给司法实践带来了混乱。①

根据我国《著作权法》关于职务作品的规定,②职务作品的定义为"自然人为完成法人或者非法人组织工作任务所创作的作品"。第18条第2款针对的客体一般被称为特殊职务作品,即除了署名权之外的著作权由法人或者非法人组织享有的作品。在第三次《著作权法》修正之后,新增了一项属于特殊职务作品的情形,即"报社、期刊社、通讯社、广播电台、电视台的工作人员创作的职务作品",本案关于职务作品的约定属于此款规定的情形。本案中,原告为报社,且与涉案作品的作者分别签订了《员工与单位新闻作品著作权合同》,合同约定双方是劳动合同关系;高某、欧某乙伟在职期间创作的作品,根据不同情况,分为法人作品、职务作品和个人作品三类,其中职务作品是在职期间内为完成原告工作任务所创作的作品,凡是作品本身注明"本报讯""本报综合消息""本报综合报道"等字样的,以及高某、欧某乙伟以职务身份在原告所办或所属媒体上发表的作品,如以"记者""本报记者""特约记者""通讯员""编辑""统筹"等形式署名发表的作品,均属于职务作品。因此,本案所涉及的著作权归属问题是比较清晰的。

二、时事新闻

(一)单纯事实消息

单纯事实消息不属于《著作权法》保护的客体。在2020年《著作权法》修改之后,原先模糊的表述"时事新闻"被"单纯事实消息"替代,强调了只有对新闻的单纯事实描述,如天气数据、体育竞赛的比分等,才不受著作权法保护;而除此之外的对新闻的文学表述属于著作权法意义上的作品。这种立法修改一方面消除了"时事新闻"在表意上的模糊性,另一方面避免了"时事新

---

① 樊宇:《论视为作者原则——以中美两起著作权纠纷案为视角》,载《政法论坛》2020年第2期。

② 《著作权法》(2020年修正)第18条规定:"自然人为完成法人或者非法人组织工作任务所创作的作品是职务作品,除本条第二款的规定以外,著作权由作者享有,但法人或者非法人组织有权在其业务范围内优先使用。作品完成两年内,未经单位同意,作者不得许可第三人以与单位使用的相同方式使用该作品。有下列情形之一的职务作品,作者享有署名权,著作权的其他权利由法人或者非法人组织享有,法人或者非法人组织可以给予作者奖励:(一)主要是利用法人或者非法人组织的物质技术条件创作,并由法人或者非法人组织承担责任的工程设计图、产品设计图、地图、示意图、计算机软件等职务作品;(二)报社、期刊社、通讯社、广播电台、电视台的工作人员创作的职务作品;(三)法律、行政法规规定或者合同约定著作权由法人或者非法人组织享有的职务作品。"

闻"同"思想"混淆，明确了在著作权法中特别规定该客体不受保护的立法基础。①

本案中，原告主张权利的作品《顺德或再建经济飞地》由文字作品和摄影作品两部分组成。其中，涉案文字作品是原告记者根据顺德产业发展尤其是顺德传统产业的转型升级进行采访、编写，其中文章标题、篇幅布局、采访等内容，带有一定的独创性，并非单纯事实消息；而文章所配插图亦是为了配合文章中心内容所拍摄，同样具有一定的独创性，特别是相对于文字性表达来说，用可视的方式对特定客观事实进行表达，则受合并原则限制的可能性更小。因此，在通常情况下，照片报道、图片报道和音像报道等可视的表达方式不属于著作权法所排除保护的客体范畴。②故原告主张权利的报道属于著作权法意义上的作品，并非不受著作权法保护的"时事新闻"或"单纯事实消息"。

（二）新闻报道

对新闻报道的转载适用合理使用制度。现行《著作权法》第24条第1款列举了合理使用的具体情形，其中第3项、第4项、第5项属于新闻报道合理使用。③本案中，被告顺德某广告公司抗辩称，按照原告刊登的版次、注明类别，结合文章实质内容，涉案文章属于时事新闻，即使涉案文章非全部属于时事新闻，也属于关于政治、经济问题方面的时事性文章，根据相关行政法规的规定，为报道时事新闻，在向公众提供的作品中不可避免地再现或者引用已经发表的作品，可以不经著作权人许可，不向其支付报酬。④由此可见，被告还主张了时事性文章的合理使用抗辩，但是法院没有对为什么不属于合理使用进行论证，说理上有待进一步加强。

根据《著作权法》的规定，时事性文章是指关于政治、经济、宗教问题的文章。但是，在理论上和实践中都存在"时事性文章"概念不清的问题，导致了合理使用范围的不当扩张。为了解决此问题，可以回归到合理使用的立法宗旨上，将"时事性文章"界定成"为了宣传和报道国家关于政治、经

---

① 卢海君：《著作权法中不受保护的"时事新闻"》，载《政法论坛》2014年第6期。
② 卢海君：《著作权法中不受保护的"时事新闻"》，载《政法论坛》2014年第6期。
③ 《著作权法》（2020年修正）第24条第1款第3项、第4项、第5项规定分别为：为报道新闻，在报纸、期刊、广播电台、电视台等媒体中不可避免地再现或者引用已经发表的作品；报纸、期刊、广播电台、电视台等媒体刊登或者播放其他报纸、期刊、广播电台、电视台等媒体已经发表的关于政治、经济、宗教问题的时事性文章，但著作权人声明不许刊登、播放的除外；报纸、期刊、广播电台、电视台等媒体刊登或者播放在公众集会上发表的讲话，但作者声明不许刊登、播放的除外。
④ 《信息网络传播权保护条例》第6条。

济和宗教方面的方针、政策而创作的作品"。① 如此一来,本案的涉案作品《顺德或再建经济飞地》就被排除在时事性文章之外,故而被告的行为不能构成合理使用。

三、损害赔偿

对于知识产权侵权案件来说,需先判定是否构成侵权,后判定如何进行损害赔偿。对于判定是否侵权来说,仅需一要件,即被告行为落入了知识产权权利人权利控制范围,此时不要求有损害后果,无需判定过错,权利人即可主张停止侵权的救济。在侵权成立后,需侵权行为四要件均具备才可成立损害赔偿救济。

知识产权的侵权区别于有形财产侵权,更多的是损害了知识产权人的市场地位与市场优势,使知识产权人的市场销售受到较大的干扰与影响。知识产权的侵权行为对于知识产权的使用并未造成干扰与影响,知识产权人依然能够不受任何阻碍地使用其知识产权,并且利用其知识产权营利,只不过由于知识产权侵权行为的存在,知识产权人的营利受到较大的影响。

根据《著作权法》(2020年修正)第54条的规定,侵犯著作权或者与著作权有关的权利的,侵权人应当按照权利人因此受到的实际损失或者侵权人的违法所得给予赔偿;权利人的实际损失或者侵权人的违法所得难以计算的,可以参照该权利使用费给予赔偿。对故意侵犯著作权或者与著作权有关的权利,情节严重的,可以在按照上述方法确定数额的1倍以上5倍以下给予赔偿。因此,在确定知识产权侵权损害赔偿的数额时,应当以因果关系作为赔偿基础,以权利人的受损数额或者侵权人的违法所得数额作为赔偿标准。而无论是受损数额还是侵权数额,都需要扣除无因果关系的数额。当权利人损失远小于侵权人获利时,以权利人损失为赔偿标准显失公平,此时有必要合理分割侵权人获利,以实现震慑侵权人与避免抑制社会效率的平衡。②

本案中,原告的作品刊登在《某报》上,其价值主要体现在原告报纸对读者的吸引程度,以及该篇文章在读者中所产生的反响和影响力,特别是为相关社会公众了解顺德传统产业的转型升级提供了信息资源。鉴于原告因被侵权所受到的损失和被告顺德某广告公司因侵权所获得利润均无足够证据证实,法院参照该权利使用费(单篇文章的转载使用费为300~1000元/千字,单张

---

① 王迁:《著作权法》,中国人民大学出版社2015年版,第344页。
② 崔志刚、全红霞:《知识产权赔偿中"侵权人获利"标准的思考》,载《科技与法律》2007年第4期。

普通图片使用费为 300~500 元／张，航拍图片使用费为 5000~10 000 元／张)，在原告与被告顺德某广告公司确认涉案文字作品字数为 1606 字以及配有两幅插图的基础上，综合考虑被告的主观过错程度、侵权的持续时间、被告顺德某广告公司网站的知名程度及影响力、作品报酬规定以及原告为制止侵权行为所付出的合理费用等因素，结合原告批量维权的特点，并对公证费进行合理分摊后，酌情认定被告顺德某广告公司承担的赔偿数额为 2500 元。

四、结论

本案的作品相似性认定并无太大争议，争议焦点主要在于是否存在著作权法保护的例外情况。随着信息化的深入发展，各种新兴的媒体形式出现，不同种类的媒体之间的相互转载已经屡见不鲜。而在转载的同时需要警惕著作权侵权风险。具体到转载新闻作品而言，由于其公共利益属性，法律设置了不保护"单纯事实消息"以及合理使用、法定许可制度。在此类案件中，判断是否构成著作权侵权，大致思路是首先明确作品的著作权归属，其次比较涉案作品之间的相似性，最后考虑是否存在合理使用、法定许可的情形。在 2020 年《著作权法》修改之后，"时事新闻"的表述被"单纯事实消息"取代，使这一客体概念明晰化，有利于防止将具有独创性的新闻报道排除在著作权保护之外。本案中，法院综合考虑涉案文章的标题、篇幅布局、采访等内容，认为文字部分和摄影作品均具有独创性，受到著作权法的保护，故认定被告侵权。

通用数表的判别认定

——陈某与某县某印务有限公司著作权侵权纠纷案

/李辛

⇨ 本案要旨

答题卡系为载明试卷答案而设计，需根据试卷所含内容设置相应的题目作答区以及统计考生信息的个人信息区，同时这些区域的内容也是基本确定的，并不因设计者的思想不同而产生根本差异。另外，答题卡的图形排布受制于阅卷机器所识别的行列间距等参数，尽管可以通过设置机器参数来调整图形的间距，但这种单纯间距上的差异显然不具有著作权法意义上的独创性。因此，答题卡并不能体现某种思想，其表达方式也因受限于所对应试卷和阅卷机器而极为有限，故并不构成图形作品。答题卡在我国教学领域应用广泛，在其可设计样式有限的情况下，如果赋予答题卡设计者著作权，则容易造成有限主体对该领域的垄断，有害于社会公共利益。

⇨ 案件信息

上诉人（一审被告）：某县某印务有限公司
被上诉人（一审原告）：陈某
案号：四川省自贡市中级人民法院（2010）自民三初字第1号、四川省高级人民法院（2010）川民终字第334号

⇨ 上诉主张及理由

上诉人某县某印务有限公司（以下简称某公司）主张：

1.原审判决认定事实不清，适用法律错误。我国目前认定著作权侵权的标准是"接触加实质性相似"，原审判决未提及双方当事人制作的机读卡是否相同或实质性相似，被上诉人也未尽到证明上诉人接触过其产品的举证责任，

通用数表的判别认定

原审判决中采用的"版权登记——上诉人产品与之相似——构成侵权"的三段论推理不符合著作权侵权构成要件的判断标准和举证责任分配的基本规定,适用法律错误;此外,上诉人提供了充分的反证证明自己另有合法接触三个主观分机读卡的渠道,原审法院却认为这些证据与本案没有关联性而未予采信,导致案件主要事实不清。

2. 本案程序存在瑕疵,由于上诉人是按照客户样品进行生产,被上诉人也声称保留对样品提供者的诉讼权利,那么本案判决就取决于被上诉人与这些样品提供者之间侵权诉讼的审理结果,应当中止审理。再者,如果认定上诉人侵权,则本案也属于上诉人与样品提供者之间具有意思联络的共同侵权,为必要共同诉讼,需要在原审中追加样品提供者为被告才能查清事实。

3. 本案诉争的"三个主观分机读卡"不受著作权法保护,原因如下:首先,机读卡本身不单独表达思想,只是符合光标阅读机要求的统计工具,因此属于不受著作权法保护的通用数表而非图形作品。其次,"三个主观分机读卡"是在原有一卡一科式机读卡的基础上增加了主观分的机读卡形式,但这种增加是随着考试方式的改变而出现的几乎具有唯一性的表达方式。机读卡行业通行的技术标准中最关键的是信息卡的列距与边距,所有的机读卡均按照此标准生产,如果在机读卡中加入三个主观分内容,那么这种思想表达方式几乎就是唯一的——主观分1、2、3(因为文综、理综都是三门),下面是0~9的阿拉伯数字,而其间距、边距都是确定的,上诉人提供的证据展示了历年不同厂家生产的这类产品,均可证明这种唯一性,原审法院却认为其与本案无关联性而未予采信。再次,原审判决回避了被上诉人是否对本案诉争的"三个主观分机读卡"享有著作权的争议焦点,仅依据被上诉人在四川省版权局进行的登记认定其取得了"三个主观分机读卡"的著作权登记,然而版权登记与专利权登记是不同的,著作权自作品创作完成之日产生,根据《作品自愿登记试行办法》,登记的作品只是取得与著作权有关的初步证据,如登记时间等,并不能证明作品是其独立完成、是否属于《著作权法》保护的客体,也就是说,并不是自愿登记的作品就当然拥有著作权。最后,被上诉人对其作品完成时间提供了两组矛盾的证据,著作权登记证上记载完成时间是2001年,而其他相关证据又声称完成于1992年,原审法院对两组证据都加以采信造成前后矛盾。

被上诉人陈某抗辩:其对涉案三个主观分机读答题卡享有著作权,其作品属于著作权法保护的范围,三个主观分答题卡不具有通用性和唯一性。上诉人侵权事实成立。原审法院认定事实清楚、适用法律正确,为此,请求二审法院予以维持。

◐ 一审法院查明的事实

陈某长期从事机读卡阅卷和研究工作，逐渐形成了三个主观分答题卡的雏形，最终完成了具有三个主观分答题卡的设计。陈某于 2008 年 4 月 9 日在四川省版权局对设计的三个主观分答题卡进行了版权登记，取得三个主观答题卡著作权登记。某公司于 2008 年 8 月 11 日成立，经营范围为其他印刷品印刷，广告制作，销售，文化办公用品、体育器材。某公司自成立起均在生产、销售三个主观分答题卡。

另查明，某县某印刷厂系某公司法定代表人经营的另一企业，在陈某起诉前已停业，该厂与某公司没有法律上的承继关系。

◐ 一审法院判决理由与裁判结果

自贡市中级人民法院认为：陈某完成了三个主观答题卡的设计，于 2008 年 4 月 9 日又在四川省版权局对其设计的三个主观答题卡进行了版权登记，取得了三个主观答题卡的著作权登记。某公司复制、销售三个主观答题卡，其行为明显侵犯了陈某的合法权益，构成对陈某三个主观答题卡著作权的侵权，应当承担侵权责任。关于赔偿经济损失的数额问题，陈某所提出的赔偿请求为判令某公司承担本案诉讼费、调查取证、律师费等合理费用。但陈某仅能证明律师费的金额，至于诉讼费不属于经济损失，故仅对律师费予以支持。综上所述，依照《著作权法》（2020 年修正）第 46 条之规定，判决：一、某公司于判决生效之日起立即停止对陈某享有著作权的三个主观分答题卡的侵权，不得再复制、销售陈某享有著作权的答题卡；二、某公司于判决生效之日起十日内支付陈某律师费 3000 元；三、驳回陈某的其他诉讼请求。

◐ 二审法院查明的事实

在二审诉讼的举证期限内，上诉人某公司向法院提交了如下三组新的证据材料：

第一组：上诉人某公司就四川省版权局对陈某的"三个主观分答题卡"进行著作权登记的行为向成都市青羊区人民法院提交的撤销行政行为的起诉状、成都市青羊区人民法院对该案签发的传票等，该组证据用以证明上诉人某公司已向成都市青羊区人民法院提起行政诉讼，且该院已经受理，故本案应当中止审理。

第二组：陈某向四川省版权局申请著作权登记时填写的《作品登记表》和《创作说明书》，以及所附的一张标准机读答题卡，该组证据用以证明被上诉人的"三个主观分答题卡"的用途是分数统计，是一种统计工具、统计表格，是不受著作权法保护的通用表格。

第三组：四川省某第一中学的情况证明及所附机读卡、成绩统计表，四川省某第二中学校与上诉人某公司签订的印刷合同及其所附印刷样本，泸州市教育科学研究所提供的印刷样本，该组证据用以证明上诉人某公司是根据客户提供的样本印刷机读卡，在未认定客户对样本是否存在侵权的情况下，不能认定上诉人某公司的印刷行为是侵权行为。

2010年7月20日，上诉人某公司还向法院提交了申请证人成都市某科技有限公司经理赵某强出庭作证的申请书。在庭审中赵某强陈述，我国高考改革之后出现了主观分考题，而主观分答题卡的出现不能说是由谁创造，因为其只是0~9的组合，无论横排还是竖排，都必须按照一定标准定位，在阅读不同卡时，只需对阅读机的软件作出相应修改，机读卡标准在制定出来之后是全国通用的，但机读卡没有统一的样式。

被上诉人陈某认为，第一组证据具有真实性和合法性，但与本案没有关联性。对第二组证据的真实性、合法性和关联性均无异议，但对证明内容有异议，认为答题卡作用是为了学生答题，但表现形式依然是一种图表作品。对第三组证据，陈某认为，第三组证据时间上都在涉案作品的著作权登记之后才形成，因此，不能支持上诉人欲证明的观点。

法院经审理认为：首先，在我国，作品实行自愿登记制度，作品无论是否登记，作者或其他著作权人依法取得的著作权不受影响，这表明，即使经过版权登记，在发生争议时，人民法院也应当依据《著作权法》及相关法律、法规的规定来审查，而不是仅将版权登记作为著作权是否取得的依据。因此，本案并不依赖于对版权局登记行为的行政诉讼审理结果，故上诉人某公司提交的第一组证据与本案无直接的关联性。其次，上诉人某公司提交的第二组证据是陈某在申请版权登记时对涉案答题卡形式、内容、用途等所作的说明，虽然其中载明答题卡具有统计功能，但这并非认定通用数表的充分或必要条件，故法院对其证明力不予认可。最后，侵犯他人著作权的复制行为是否来自他人的协议并不能免除复制者的侵权责任，故第三组证据不具有证明力，法院不予采信。

◯ 二审法院判决理由与裁判结果

四川省高级人民法院认为:《著作权法实施条例》(2013年修订)第2条规定:"著作权法所称作品,是指文学、艺术和科学领域内具有独创性并能以某种有形形式复制的智力成果。"本案中,陈某认为本案三个主观分答题卡属于图形作品,而上诉人某公司则认为该三个主观分答题卡属于不受著作权法保护的通用数表。根据《著作权法实施条例》(2013年修订)第4条第12项之规定,图形作品,是指为施工、生产绘制的工程设计图、产品设计图,以及反映地理现象、说明事物原理或者结构的地图、示意图等作品。由此可见,在我国,受著作权法保护的图形作品是特指以工程或产品的设计图或者地图、示意图等图形形式承载作者思想或设计意图的表达形式,而单纯的通用数表、通用表格等由于只是某种公知公用思想的唯一表达,并不受著作权法的保护。本案中,三个主观分答题卡是为适应目前考试分数统计形式而在原先的答题卡基础上增加三个主观分分数框的答题卡形式,其上图形主要包括若干题号和代表选项的字母A、B、C、D或数字0~9,以及少量考试信息相关的文字,如姓名、准考证号、科目等。显然,这种图形和文字是针对考题的选项设置和统计信息需要而设的,且图形排布受制于光标阅读机所识别的行列间距等参数,因而答题卡自身并不能表达某种思想和设计,能够表达思想和设计的载体实质上来自光标阅读机的软件,该软件表达的是一种如何统计答案和分数的设计理念,为具体实现上述设计理念,软件设计者通过编程使光标阅读机软件能够光学识别一定格式(纸厚度、大小行距、间距等)的信息卡(答题卡)并转换成计算机可处理的电信号,以此实现分数和答案的自动统计。配合上述软件使用的答题卡必须按照软件要求配置,但在符合一定配置标准的前提下,每次运行时用户也可以自定义一些信息卡格式文件,如不同的题量、选项内容、横竖排列、文字内容、子方框内容(如考号选项、主观分选项)等,自定义完成之后,就对应形成该光标阅读机此次运行所识别的答题卡样式。因此,对光标阅读机软件进行不同的参数设置可以得到不同的答题卡样式,但并不能说每个用户进行自定义生成的答题卡样式的过程就是一幅图形作品的创作过程,因为用户自定义的动作是软件设计的一部分,在软件给定的框架下,自定义动作实质上只是为考试统计需要进行的机械选择过程,而不像产品设计过程那样表达某种思想或设计;此外,从保护著作权与平衡公众利益的角度来看,各种样式的答题卡在我国各大中小学和社会考试中广泛使用,尽管样式各异,但由于自定义内容的限制,在软件给定的框架下,答题卡的样式仍然是有限的,通常是子方框的设置位置、选项或文字内容、横竖排列等在二维平面上的有限排布效果,如果将这种自定义答题卡样式的过程视为对图形作品的创作过程,则由于著作权的限制会使答题卡样式为有限的主体所垄断,从而损害公众利益,因此给予答题卡样式著作权法保护不符合我国著作权保护制度的立法目的。据此,本案的三个主观分答题卡属于通用数表,依照《著作权法》(2020年修正)第5条第3项之规定,不受保护。由于本案三个主观分答题卡不属于著作权法保护的客体,故陈某对其不享有著作权,由此某公司的行为也不构成侵犯著作权,不应承担侵权责任。

综上所述,本院认为原审判决的部分事实认定不清,适用法律有误。依照《著作权法》(2020年修正)第5条第3项,《民事诉讼法》(2007年修正)第153条第1款第2项、第3项的规定判决如下:一、撤销四川省自贡市中级人民法院(2010)自民三初字第1号民事判决;二、驳回陈某在原审诉讼中的全部诉讼请求。

案例解析

本案的争议焦点在于涉案答题卡属于作品还是通用数表,对其性质的认定直接关涉行为人的复制行为是否构成侵权。尽管《著作权法》(2020年修正)第5条规定通用数表不能享有著作权,但该法并未对其进行基本的定义。司法实践中,对通用数表和作品的区分认定亦不如想象中泾渭分明。研究通用数表的判别认定不仅有助于在理论和立法上明确相关概念与定义,同时对厘定著作权的保护边界、平衡私人权利与公共利益也具有深远意义。本案即是关于通用数表判别认定的典型案例之一,下文将基于案件和相关理论对上述问题进行探究。

一、通用数表的定义

2001年修改后的《著作权法》将原《著作权法》第5条第3项中的"数表"修改为"通用数表"。全国人大常委会法制工作委员会在其编制的《中华人民共和国著作权法释义》中对此作出解释:数表中的通用数表,如元素周期表、函数表、对数表是不受著作权法保护的。但非通用数表,如作者创作的五代以内血亲表是受著作权法保护的。① 由此,《著作权法》第5条所规定的不受著作权法保护的客体范围从所有数表缩小至通用数表。但关于通用数表的定

---

① 胡康生主编:《中华人民共和国著作权法释义》,法律出版社2002年版,第12页。

义亦产生了两种对立的观点：第一种观点认为，对于通用数表，不能理解得太窄。某一个领域中的人员都知道、都在用的数表就是"通用数表"。第二种观点认为，"通用数表"只能理解为如元素周期表、函数表、通用的会计账册表格等。① 对此有法官认为，我国著作权法在具体客体的保护上设定了立法和司法两个层面的途径。立法途径是通过法律明确规定不受保护的客体；司法途径是通过司法实践判定某一客体是否构成可享有著作权保护的"作品"。法律明确规定不受保护的客体一般较为简单，基本属于各国通例。需经司法实践确定的客体则大多比较复杂，应由法院结合个案情况进行具体认定。因此，就复杂的数表问题而言，对其立法含义的理解不能过于宽泛，否则可能会导致部分符合作品要件的数表被归为通用数表，损害著作权人的合法权益。数表是否具有可著作权性应由司法部门在实践中进行具体判断。因此，绝不能将"通用数表"宽泛地理解为"常见的、通用的数表"。②

  结合上述观点，笔者认为，第一种观点对于通用数表的理解显然失之偏颇。既然修改后的著作权法将不受著作权法保护的客体范围进行了限缩，即证明某些数表具有可著作权性。明确通用数表的定义应从其法律内涵入手，而非紧扣词语的本义。因此，认定某一数表是否属于通用数表应主要取决于其是否符合作品的构成要件，而不是仅考虑其是否为同领域内人员所公知公用。换言之，如果某一文学、艺术、科学领域的数表因其简明实用的优点被行业内人员广泛使用，但该数表的创作者在设计时确实付出了独创性劳动，该数表亦具有一定表现形式，则其应属于作品而非通用数表。如此即可通过赋予著作权的方式激励广大数表设计者不断进行创作，从而产生更多高质量的数表，以此提高行业人员的工作效率，促进行业的发展。同时这也符合《著作权法》的立法目的与精神。第二种观点对通用数表的定义则过于狭窄。新类型的通用数表随着时代的发展必然会不断涌现，仅通过列举既存数表的方式显然无法对其进行准确定义。综上所述，笔者认为，通用数表应是一个著作权领域内的法律概念。《著作权法》将数表分为通用数表和非通用数表的目的实际在于协助判别某一数表是否应受著作权法保护。故其划分的依据应落点于数表的可著作权性，考虑到数表基本属于文学、艺术、科学领域内，且具有可复制性，因此区分关键在于其是否具有独创性。例如，北京市朝阳区人民法院在帅某制衣（北京）有

---

① 张鲁民、张冬梅：《论数表的著作权保护——中经网公司诉中华网公司侵犯著作权纠纷案的评析》，载《中国版权》2003 年第 5 期。

② 张鲁民、张冬梅：《论数表的著作权保护——中经网公司诉中华网公司侵犯著作权纠纷案的评析》，载《中国版权》2003 年第 5 期。

限公司与欧某罗制衣（北京）有限公司著作权侵权纠纷案中认为，不受我国著作权法保护的通用数表和表格，是指具有唯一表达而不具备独创性的数表和表格。①但立法者将通用数表单独列入《著作权法》第 5 条，主要是为了直观而明确地排除元素周期表、函数表、对数表等现有公知数表的保护。若仅以是否具有独创性作为判定是否构成通用数表的标准，显然无法达到该目的，因此在定义时还应结合其固有词义。既然名为"通用数表"，则其显然应为一般公众或至少是同领域内普通工作人员所普遍知晓并使用。综上，可对通用数表作出如下定义：通用数表，即被某一领域内普通工作人员普遍知晓使用且不具有独创性的数表。

二、通用数表的认定要素

在明确通用数表定义的前提下，可以将其与作品进行基本的区分。但仅依靠相对抽象的概念难以在司法实践中准确地区分二者，而研究通用数表的认定要素则显然有助于此。

（一）通用性

通用是指在一定范围内普遍适用，通用性应当是通用数表的基本属性。从法律解释的角度而言，《著作权法》（2020 年修正）第 5 条规定："本法不适用于：……（三）历法、通用数表、通用表格和公式。"根据体系解释，通用数表应当具备和历法、公式相同的特性，从而与二者并列。历法是指用年、月、日计算时间的方法。自古以来，在人类的总结完善下，历法已形成了通行、普遍的用法，即阴历、阳历、阴阳历。公式是指在数学、物理学、化学、生物学等自然科学中用数学符号表示几个量之间的关系的式子，②具有普遍性，适合同类关系的所有问题，其又泛指可以应用于同类事物的方式、方法。由此可见，通用性是历法与公式的共性，故通用数表亦应具备该要素。在具体案件中，认定诉争数表是否具有通用性时，首先需依据日常生活经验进行判断。对于元素周期表、九九乘法表等公知公用数表，可以直接进行判定。对于无法直接判断的某些专业领域的数表，应以本领域内普通工作人员对该数表的知晓使用情况作为判断标准。主张构成通用数表的一方当事人应当提交该数表在领域内被普遍知晓使用的相关证据，包括但不限于关于数表使用情况的调查结果、相关普通工作人员的证言、同行专家的论证结果。必要时还可申请司法鉴

---

① 北京市朝阳区人民法院（2003）朝民初字第 5692 号民事判决书。
② 参见百度百科，https://baike.baidu.com/item/%E5%85%AC%E5%BC%8F/9991，最后访问时间：2025 年 1 月 2 日。

定，通过鉴定意见对此予以证明。

（二）非独创性

通用性虽然是通用数表的基本属性，但其并不能构成通用数表不受著作权法保护的全部正当基础。尽管具有通用性意味着触及公共领域，可能关涉社会公共利益，但私权利与公共利益产生冲突时并非完全退让。如商标法领域的通用名称、通用标志，虽然商标权人的商标中含有通用名称、通用标志的无权禁止他人正当使用，但其仍对该商标享有相应的商标权，只是权利范围受到一定限制。因此，通用性并不能当然地成为通用数表排除在著作权法保护之外的依据。如前所述，通用数表区别于作品的核心在于其缺乏独创性。在作品的构成要件中，独创性是核心和灵魂。应当说，要给独创性下一个精确的定义在理论上是无法做到的，人们一般是从"独"与"创"两个方面来认识其含义。[①] 独创性中的"独"，指的是作者独立创作，作品体现作者个性。独创性中的"创"，一般要求智力成果需具备最低限度的创造性。[②] 我国著作权法所要求的创造性不仅程度不能太低，并且不同类型的作品"对于独创性的要求程度可能又是不同的"。[③] 具体到对数表独创性问题的判断上，由于具有通用性的数表在相关领域被普遍使用，关涉社会公共利益，所以对其应当秉持高标准的独创性要求，以防轻易赋予私权而损害公共利益。正如本案中二审法院认为："此外，从保护著作权与平衡公众利益的角度来看，各种样式的答题卡在我国各大中小学和社会考试中广泛使用，尽管样式各异，但由于自定义内容的限制，在软件给定的框架下，答题卡的样式仍然是有限的，通常是子方框的设置位置、选项或文字内容、横竖排列等在二维平面上的有限排布效果，如果将这种自定义答题卡样式的过程视为对图形作品的创作过程，则由于著作权的限制会使答题卡样式为有限的主体所垄断，从而损害公众利益，因此给予答题卡样式著作权法保护不符合我国著作权保护制度的立法目的。"[④]

对于具有通用性的数表，除以高标准的独创性要求核定其是否符合作品之要件外，司法实践中还会基于其表达形式是否具有唯一性或有限性来判别其独创性，从而认定其是否构成通用数表。当被用于某一用途的数表仅存在唯一或者极有限的表达方式时，则证明该表达方式是为实现该用途所必需，几乎不存在智力创造的余地，故其显然不具有独创性。例如，本案中，原告答题卡系

[①] 王迁：《知识产权法教程》，中国人民大学出版社2007年版，第33页。
[②] 李明德、许超：《著作权法》，法律出版社2009年版，第28页。
[③] 李明德：《知识产权法》，法律出版社2008年版，第3页。
[④] 四川省高级人民法院（2010）川民终字第334号民事判决书。

为载明试卷答案而设计，需根据试卷所含内容设置相应的题目作答区以及统计考生信息的个人信息区，同时这些区域的内容也是基本确定的。另外，答题卡的图形排布受制于阅卷机器所识别的行列间距等参数，尽管可以通过设置机器参数来调整图形的间距，但这种间距的调整并不会产生实质性差异。因此可以认为该答题卡仅存在有限的表达方式，故不具备独创性。反之亦然，在中经网公司与中华网公司侵犯著作权纠纷案中，二审法院认为，中经网网页上所载的"中经景气动向""中经先行合成指数"等图表虽然采用的是常见的曲线走势图的表达方式，但用以表明经济指标变化的图表可以是不特定的多种表达方式，曲线走势图并不是唯一的或有限的表达方式中的一种。中经网公司主张权利的曲线走势图并非抄袭于他人，中经网公司带有主观性的差值填补、季节调整、横纵坐标轴刻度的选择，颜色背景的选择等因素使涉案图表均具有独创性。[1]

三、结论

通用数表不受著作权法保护，不仅是由于其在某一领域被普遍知晓使用，还因为其不具有作品的核心要素——独创性。在对作品和通用数表进行区分认定时，一定要同时审查所涉数表的通用性和独创性，既不能仅因其被公知公用就直接否定其客体属性，也不能将没有被普遍使用的图表都笼统地归入通用数表的范畴内。唯有如此，才能准确认定通用数表，合理确定著作权的保护边界，实现私人权利与公共利益的平衡。

---

[1] 张鲁民、张冬梅：《论数表的著作权保护——中经网公司诉中华网公司侵犯著作权纠纷案的评析》，载《中国版权》2003年第5期。

计算机字库、字库单字的独创性认定及与公知领域字体的区分

——北京某信息技术有限公司与中国某日化有限公司、福建某日化有限公司、某超市有限公司侵害著作权纠纷案

/ 裴可心

● 本案要旨

美术字的创作属于以线条、色彩等方式构成的具有审美意义的造型艺术作品，其体现了设计人员的智力创造。数字化的存储方式并不会改变其美术作品的性质。这种创作离不开对前人作品的学习和借鉴，在字体设计中也不能因设计者参考借鉴了其他书体或字体的艺术特征而否定其独创性。美术字看似简单易于复制，但设计者需要根据其创意和追求的艺术风格或艺术效果，在基本笔画确定的基础上，安排结构和线条的搭配，协调笔画之间、单字之间的关系，这体现设计者创意思想的具体表达方式，这个过程凝聚了设计者的智慧和创造性劳动。当其与公知领域美术字相比具有不同特点时，即具有表达的创新性，其受保护要素为构成"表达"的符号和结构本身。汉字由于受到固有笔画结构的限制，在美术字创作时创作空间非常有限，对于字库中的单字是否具有独创性，应根据汉字的笔画特征、笔画数量、结构等进行考虑，并将单字所体现的艺术风格、特点与公知领域的其他美术字书体进行对比，看其是否有明显特点或一定的创作高度。因字库字体兼具审美与实用工具的双重特性，因此在对字库单字给予保护时应考虑其应当明显有别于已有的公知字体。字体单字被整合成字库工具，虽可能形成新的权利，但每个单字的可作品性并不因此丧失。此外，字库整体是字型结合汉字组合规律拼合而成，以相应的坐标数据和函数算法存在，应认定其是计算机执行的代码化指令序列，属于著作权法意义上的软件作品，而并非简单的单字字型的汇编作品。

计算机字库、字库单字的独创性认定及与公知领域字体的区分

⊃ 案件信息

上诉人（一审原告）：北京某信息技术有限公司

上诉人（一审被告）：中国某日化有限公司、福建某日化有限公司

一审被告：某超市有限公司

案号：江苏省南京市中级人民法院（2011）宁知民初字第59号、江苏省高级人民法院（2012）苏知民终字第0161号

⊃ 上诉主张及理由

上诉人北京某信息技术有限公司主张：北京某信息技术有限公司为开发具有独创性的秀英体字体投入了巨大的人力、物力、财力，理应得到法律更为有力的保护。中国某日化有限公司、福建某日化有限公司侵权情节严重，侵权行为持续时间较长，侵权产品销售量大，销售范围广，获利巨大，应当承担更多的侵权责任。北京某信息技术有限公司为维权花费巨大，原审判决确定的数额不足以弥补北京某信息技术有限公司的维权花费。

中国某日化有限公司、福建某日化有限公司共同的上诉及答辩意见为：涉案秀英体字库中的单字不构成著作权法保护的美术作品。（1）著作权法中的美术作品要求作品本身具有审美意义，其功能价值在于传递感受。而涉案字库中的字体具有工业产品的属性，其主要功能是传情达意，受到保护的是整体性的独特风格和数字化表现形式，其中的单字无法上升到美术作品的高度。（2）秀英体汉字的特征是整个字库的整体风格，而对具体的单个字而言，并不具有独创性。因此，一审法院认为字库中的每个字都确认具有独创性，享有美术作品的著作权，依据不足。（3）创作秀英体字体的作者许可他人制作字体工具，制作者创设了新的权利，即字体工具的权利，而字体的作者对字体工具产生的单字的权利由此而用尽。实用字体中的单字无著作权。实用字体通过字体工具保护，仅有整体著作权。（4）字体工具中的实用字体不能分拆成为单字受到保护。原因在于：第一，保护字体单字的著作权将保护对象延伸到人类社会最基本的工具文字，损害社会；第二，字体业者主张保护的实用字体单字仅有抽象存在，并没有可复制的载体，不构成作品；第三，字体工具的制作者没有发行抽象的实用字体单字，只是在发行字体软件；第四，使用字体工具中的单字没有复制全套字体，不侵犯字体的著作权。

一审法院查明的事实

北京某信息技术有限公司于 1997 年 6 月组织公司设计人员，开始进行汉仪秀英体字稿的设计，1998 年 6 月 4 日北京某信息技术有限公司制作审校批评单，最终确认秀英体各个汉字的字型，其表现的形态与公知领域的美术字的基本笔画相比具有鲜明特色。设计字稿中多处有主要设计人员邹某的签名确认，并标注日期。邹某于 1999 年 2 月 23 日签署了《著作权权利归属确认书》。1999 年 3 月 23 日在北京首次发表的美术作品《汉仪秀英体（简、繁）》。1999 年 4 月，北京某信息技术有限公司将汉仪秀英体（简、繁）制作成《汉仪浏览字宝》光盘。2009 年 9 月 9 日，国家版权局就北京某信息技术有限公司申请登记的《汉仪秀英体（简、繁）》，颁发 2009-F-020548 号《著作权登记证书》。福建某日化有限公司自 2003 年开始先后向国家商标局申请注册了三个含有"城市宝贝"文字的注册商标。

一审法院判决理由与裁判结果

一、涉案秀英体字库中具有独创性的单字构成受著作权法保护的美术作品

我国《著作权法实施条例》第 2 条对"作品"有明确的定义，即著作权法所称作品，是指文学、艺术和科学领域内具有独创性并能以某种有形形式复制的智力成果。第 4 条第 8 项规定，美术作品，是指绘画、书法、雕塑等以线条、色彩或者其他方式构成的有审美意义的平面或者立体的造型艺术作品。涉案字库中的单字若能成为受著作权法保护的美术作品，就应当符合上述法律规定的构成要件，即具有独创性，并能以某种有形形式复制，具有审美意义的平面造型艺术。

书法是中国传统文化的瑰宝。追溯三千年的中国书法发展轨迹，书法经历了甲骨文、金文、大篆、小篆、隶书、楷书、草书、行书等几个演变阶段。在书法语境下，其中的篆、隶、草、楷、行就是通说的字体。其中的一种或几种字体因书写者艺术成就和艺术风格影响力等原因，习惯上称某某体，如众所周知的唐代著名书法家欧阳询、颜真卿、柳公权书写的楷书、行书等书法作品，俗称为"欧体""颜体""柳体"。这里所指的欧体等不是字体而是书体。字体是固定的而书体却是无穷尽的。

书法是汉字的书写艺术，是把线条按一定规律组合起来塑造出具有审美

计算机字库、字库单字的独创性认定及与公知领域字体的区分

意义的平面造型艺术。其中的线条就是通说的点、横、撇、捺等基本笔画,平面造型就是由基本笔画构建的汉字间架结构。具有审美意义的书法作品是线条美和结构美相得益彰的产物,书法家的创意和情感通过汉字的线条和结构以特定形态为表达方式。因此,书法作品受著作权法保护的要素是直接体现为构成"表达"的汉字线条(笔画)和结构。由于书法艺术受其表达方式的限制,书法家能在前人的基础上形成有自己特色的艺术风格非常不易。书法的学习和传承方式离不开"临摹—创作—再临摹—再创作"的过程,这里所指的"创作"实际是一种书写水平提高的过程,成为书法家都是在此循环往复中锤炼出来。因此,书法创作也离不开对前人作品的学习与借鉴。

现行的各类字库中的单字以书写方式不同总体分为两大类:一类是由书法家用传统毛笔书写的单字(其中也包含集合古代书法家作品中的单字),如著名的"舒同体""启功体"。另一类是由书体设计人员使用铅笔等现代工具描绘的美术字。对于第一类单字具有独创性是受著作权法保护的作品,目前没有争议。本案中涉及汉仪秀英体就属于第二类美术字,对于此类字库中单字是否具有独创性,是否能单独构成美术作品,应当从美术字的艺术创作规律和著作权法理论的角度来审视这一问题。

美术字是经过加工、美化、装饰而形成的文字,是一种运用装饰手法美化文字的一种书写艺术。美术字看似简单且易于复制,但是设计一款具有创意并符合审美意义的美术字远非想象的那么容易。在现有上百种汉字美术字的基础上设计一款富有美感并被大众接受的美术字,就要求书体的设计人员要具备一定的书法、美学、平面设计及相关学科的文化、艺术方面的知识和修养。美术字与用毛笔书写的书法作品一样,都要有艺术特色并具备吸引大众的视觉效果。不仅要求每个单字赏心悦目,而且要求整篇文字的艺术风格都要达到整体美观、和谐统一的艺术效果。因此,美术字的设计者需对汉字的局部与整体进行全面的把握。设计者根据其创意和追求的艺术风格或艺术效果,在基本笔画形态确定的基础上,重点是在结构的安排和线条(笔画)的搭配上,协调笔画与笔画、单字与单字之间的关系。字库中美术字的设计者设计适宜字库使用的美术字,同样也要遵循此创作规律,首先要确定基本笔画形态,再根据单字的基本笔画的多少,对笔画进行长与短、横与竖、粗与细、曲与直等作适当的调整,直至达到设计者满意的艺术效果。其次是针对字库的特点和要求,对相应的与整体艺术风格不协调的单字再进行修正,最终实现字库中每个单字之间的笔画特征与艺术风格,从整体上均协调、统一的字库书体。由此可见,字库将每个单字集合后,其整体风格一致的基础是每个单字之间风格协调统一。

涉案争议的美术字汉仪秀英体，是在 5 厘米大小见方的方格内描绘出大小相同的美术字。其笔画特点是：横竖笔画粗细基本相同，除笔画两端为圆形外与现有的黑体字无明显差别，点为心形桃点，短撇为飘动的柳叶形，长撇为向左方上扬飞起，捺为向右方上扬飞起，折勾以柔美的圆弧线条处理，折笔画整体变方为圆，其表现的形态与公知领域的美术字的基本笔画相比具有鲜明特色。设计者邹某在此基础上就其确定的艺术风格，对字库收录的每个单字根据字的笔画多少，在既定的间架结构框架下，对每个单字的重心、空间划分、黑白对比进行合理的编排，然后根据字库中单字整体艺术风格须统一、协调的要求，对每个单字逐一进行适当的修正，使之从整体上体现设计者的艺术风格，实现设计者的创意和追求的完美艺术效果。由此可见，字库中的每个单字都是用经过设计者设计的线条和结构，体现设计者创意思想的具体表达方式，这个过程凝聚着设计者的智慧和创造性劳动。设计完成的秀英体其中的单字所表现出的起舞飞扬动感形象，意寓女性的柔和、优美曲线。与现有美术字书体相比，具有独特的艺术效果和审美意义，体现了设计者的独创性。

需要着重指出的是，美术字的创作与用毛笔进行书法创作一样，同样需要学习和借鉴前人的美术字作品。就如同现有字库中收录的著名书法作品"舒同体"。书法家舒同的书体受颜体影响颇深，笔画特征有明显的颜体痕迹，但人们并未因此质疑其书写的书法作品的独创性。涉案秀英体汉字的横和竖的笔画与黑体美术字的横、竖笔画相似，从中可以看出设计者借鉴了黑体字的艺术特征。虽然美术字的创作难度和高度均无法与书法家用毛笔书写的书法作品相比，但我们不能因此就否定美术字或涉案秀英体的独创性，关键是看美术字或涉案秀英体整体的线条（笔画）和间架结构是否具独创性。特别是其与公知领域美术字相比所具有的不同特点，即表达的新颖性或表达的创新性，其受保护的要素体现为构成"表达"的符号和结构本身。

汉字由于受自身固有笔画、结构等特征的限制，如笔画单一或较少的汉字如一、二、三、五、十等字，在进行美术字的创作设计时，笔画特征的创作空间非常有限。其笔画特征与现有公知的其他美术字书体相比，很难具有区别性特征的独创性。所以在判断字库中的单字是否能独立构成美术作品时，还需要具体问题具体分析，不能一概而论。因此，一审法院认为，对于字库中的单字是否具有独创性判断应当把握以下几点：第一，应遵循美术字艺术创作的规律，根据汉字的笔画特征、笔画数量、结构等特点进行考量。第二，将单字体现的艺术风格、特点与公知领域的其他美术字书体如宋体、仿宋体、黑体等进行对比，看北京某信息技术有限公司主张权利的单字是否具有明显的特点或一定的创作高度。第三,将一种书体字库中的单字与北京某信息技术有限公司发行的字库中其他相近书体中的相同单字进行对比,看北京某信息技术有限公司主张权利的单字是否具有明显的特点或一定的创作高度。就本案而言,在汉仪秀英体整体风格的框架内,并不是每一个汉字均能达到美术作品独创性的创作高度。虽然单字的风格如等字与秀英体字库整体风格一致,但其笔画特征与公有领域的如黑体一、二、三、五、十,包括北京某信息技术有限公司《汉仪浏览字宝》中的汉仪字库中汉仪粗圆体相同汉字一、二、三、五、十相比,上述一、二、三、五、十等字,笔画、结构特征基本没有变化,二者差别不大,极为相似,此类受表达限制的汉字难以构成具有独创性的美术作品。

根据上述论证,本案中涉及的"城市宝贝"四个汉字,基本体现了北京某信息技术有限公司创作该字体的笔画特征。其中点、撇、折笔等笔画体现秀英体的特色,与现有公知领域包括北京某信息技术有限公司《汉仪浏览字宝》中其他美术字书体相比,不相同也不相似,具有明显的个性特征,能够独立构成美术作品。

另外,字库中单字设计完成后,应用现代计算机技术制作成适宜计算机使用的字库软件的过程,只是因为技术进步而带来的复制的手段更先进而已,软件只是承载单字复制品的介质,是供计算机使用再现单字的一种工具,软件运行结果本身并不能产生字库以外与字库内艺术风格相同的单字。字库是单个书法作品的集合,一种书体的字库从整体上体现字库内所有单字的笔画、结构特征协调统一的艺术风格,从艺术风格整体协调统一的表达方式角度来看,一种书体的字库与其他书体的字库相比,具有明显的显著性和区别特征,因此,从艺术风格整体协调统一的表达方式意义上说,字库整体上也是一部作品。但是正如上所述,字库整体艺术风格一致的基础是每个单字之间的艺术风格一致,我们不能因字库整体艺术风格一致的独创性而否定单字的独创性。

二、福建某日化有限公司、中国某日化有限公司对汉仪字库中具有独创性单字的使用行为构成侵权

福建某日化有限公司虽陈述,涉案"城市宝贝"文字商标系委托他人设计,但因其提交的证据不能支持其此项主张,其所陈述的事实无证据证明。据此,福建某日化有限公司未经北京某信息技术有限公司许可,在其注册的商标标识中使用北京某信息技术有限公司享有著作权的秀英体,侵犯了北京某信息技术有限公司对此所享有的美术作品复制权、获得报酬权。福建某日化有限公司生产、销售使用侵犯北京某信息技术有限公司著作权的文字商标的产品,应

承担相应的侵权法律责任。

对于中国某日化有限公司抗辩认为，其只是授权福建某日化有限公司使用技术生产涉案产品，其不应当成为本案被告并与福建某日化有限公司共同承担侵权责任之理由。一审法院认为，中国某日化有限公司与福建某日化有限公司的法定代表人为同一人，产品外包装上均标注中国某日化有限公司授权，福建某日化有限公司生产的字样，标注的企业地址相同。由此可见，中国某日化有限公司在产品上署名并授权福建某日化有限公司生产涉案产品，以此方式向消费者宣示其是产品生产者之一。因此，涉案产品的生产、销售系中国某日化有限公司与福建某日化有限公司的共同行为，其应当与福建某日化有限公司共同对产品中侵犯北京某信息技术有限公司著作权的行为承担法律责任。另外，福建某日化有限公司、中国某日化有限公司还抗辩认为，北京某信息技术有限公司没有提供证据来证明除了利用软件其可以通过其他方式接触到汉仪秀英体，由此可以看出，北京某信息技术有限公司是通过软件对字库享有著作权，即北京某信息技术有限公司的权利主要在于软件著作权。一审法院认为，如上所述，字库的软件只是承载单字复制品的介质，是供计算机使用再现单字的一种工具，软件运行结果本身并不能产生字库以外与字库内艺术风格相同的单字，并且北京某信息技术有限公司的委托代理人当庭陈述，本案中，不对福建某日化有限公司、中国某日化有限公司的行为主张软件著作权。因此，福建某日化有限公司、中国某日化有限公司的此抗辩理由与本案无涉。

⇨ 二审法院判决理由与裁判结果

福建某日化有限公司、中国某日化有限公司未使用北京某信息技术有限公司秀英体原稿，不侵犯其字体原稿的著作权。北京某信息技术有限公司主张，福建某日化有限公司、中国某日化有限公司有可能利用其秀英体原稿进行了复制。对此，本院认为，根据现有证据应当认定福建某日化有限公司、中国某日化有限公司未使用北京某信息技术有限公司秀英体原稿，不侵犯其字体原稿的著作权。理由是：首先，福建某日化有限公司、中国某日化有限公司主张，其委托的设计人员朱某江从网络上下载了秀英体字库并使用字库中的字体制作了涉案"城市宝贝"，并且，目前仍然有网站提供秀英体字库的下载；其次，北京某信息技术有限公司并没有秀英体原稿公开发表的证据，其公开发表的是字库，而非字体原稿，二者是不同载体；最后，北京某信息技术有限公司并未提供其秀英体原稿，且其陈述，秀英体原稿中只有"市、宝、贝"三字，

计算机字库、字库单字的独创性认定及与公知领域字体的区分

且这三个字亦经过了电脑中的二次创作,与原稿存在区别;"城"字是通过拼字创作完成的,不存在所谓有字体原稿。因此,应当认定福建某日化有限公司、中国某日化有限公司所使用的涉案字体来自字库。字库中的单字与原稿系不同的载体,福建某日化有限公司、中国某日化有限公司未使用涉案"城市宝贝"四个单字的原稿,不侵犯原稿的著作权。

涉案秀英体字库中输出的"城市宝贝"四字具有独创性,属于美术作品。《著作权法实施条例》(2013年修订)第2条对"作品"有明确的定义,即著作权法所称作品,是指文学、艺术和科学领域内具有独创性并能以某种有形形式复制的智力成果。第4条第8项规定,美术作品,是指绘画、书法、雕塑等以线条、色彩或者其他方式构成的有审美意义的平面或者立体的造型艺术作品。汉字在中华文化的发展中发挥了非常重要的作用,其演变经历了几千年的漫长历程,经历了甲骨文、金文、大篆、小篆、隶书、楷书、草书、行书等阶段。汉字系由象形文字(表形文字)演变成兼表音义的意音文字,但总的体系仍属表意文字。所以,汉字具有集形象、声音和词义三者于一体的特征。这一特征在世界文字中是独一无二的,明显区别于目前在世界范围内广泛使用的西文等其他字体,在中华民族的历史上留下了十分丰富的书法作品,成为中华民族的独特的文化瑰宝。优秀的书法作品能够体现作者独特的个性和审美,引起人们美妙的联想,给人以美的享受。这说明汉字字型具有很大的创作空间。美术字体的创作虽然与书法字体有所不同,但同样存在较大的创作空间,亦属于以线条、色彩等方式构成的具有审美意义的造型艺术作品。字库中的单字设计,每个字的最终定型,都是设计人员根据自己的设计理念,选择、取舍、判断、综合的结果,体现了设计人员的智力创造。

涉案秀英体字库的单字经过字体创意、字形设计、扫描和曲线合成、扩展创作、创作符号、字形审定、二次创作、格式转换、测试校对等几个步骤。其中2000多个基本单字是经过字稿设计、扫描合成,再经过字形审定、修改,还有可能要进行二次创作,以及最终进行的测试校对等步骤。其余的单字是通过拼字创作完成的,但同样要经过字形审定、修改,也有可能要进行二次创作,以及最终进行的测试校对等步骤。需要注意的是,拼字完成的单字并不是简单的拼合,需要设计者根据其对字体风格的理解和对单字字形特点和结构特征的理解,逐一进行设计。比如,涉案的"城"字是通过单字"成"和"圩"中的土字旁所拼成,但二者的比例以及笔画之间相互的配合需要经过设计者不断地调整,以达到单字本身美观,并与字库其他单字在整体上协调统一的效果。所有字形的最终确定都是以显示为文字、符号的图像为载体,虽然该图像

是数字化的形式，但同样是创作者以美术作品为基础所完成的智力成果。这种方式利用电脑工具完成，与传统纸笔完成创作只是随着新技术发展而在使用工具上有进一步发展，其本质并无不同。

虽然字库中的字体字型是由字型原稿经数字化处理后和由人工或计算机根据字型原稿的风格结合汉字组合规律拼合而成，以相应的坐标数据和函数算法存在。但这种数字化的存储和复制方式，并不能改变其美术作品的性质。其在输出时经特定的指令调用、解释后，仍还原为相应的字型图像。这种数字化的形式更方便复制，但不能因此而否认字体单字可能成为美术作品的属性，计算机技术的运用并未改变其本质。如同游戏软件一样，虽然其是以数字化的程序形式存在，但其运行的某些画面在符合著作权法的独创性要求的情况下，仍可作为美术作品予以保护。因此，在满足独创性要求的前提下，字库中的单字属于著作权法规定的美术作品，应受法律保护。

但需要特别指出的是，鉴于字库字体本身同时兼具审美与实用工具的双重特性，字库字体创作的目的是满足计算机使用汉字的需要，因此，字库字体属于作品性和工具性紧密结合的智力成果，在将字库字体作为美术作品进行保护时，其独创性应当具备较高的独特审美的要求，亦即获得保护的字库单字，应当明显有别于已有的公知字体。一般的美术字如果系手工独立完成，即应认定为独创性美术作品，而字库字体的独创性要求则不能等同于一般美术字。且对运行字库软件输出的单字是否具有独创性应当逐一进行判断。如果字库单字的保护标准确定得较低，有可能很难将其与已有字体区分，造成混乱状况，妨碍公众对已有字体工具的正常使用，阻碍对文化的传播。故只有体现较高独特审美，并能够与已有字体明确区别开来的字库单字才有可能被认定为美术作品加以保护。

如前所述，秀英体字体具有鲜明的特征：横竖笔画粗细基本相同，笔画两端为圆形，点为心形桃点，短撇为飘动的柳叶形，长撇为向左方上扬飞起，捺为向右方上扬飞起，折勾以柔美的圆弧线条处理，折笔画整体变方为圆。涉案秀英体"城市宝贝"四字具备秀英体上述鲜明的特征，其表现的形态与公知领域的美术字的基本笔画相比具有鲜明特色，符合较高独特审美的独创性要求，应受法律保护。

需要注意的是，字库整体是字型原稿经数字化处理后由人工或计算机根据字型原稿的风格结合汉字组合规律拼合而成，以相应的坐标数据和函数算法存在。字库中字体文件的功能是支持相关字体字型的显示和输出，其内容是字型轮廓相关数据及构建指令与字型轮廓动态调整数据及指令代码的结合，其经特定软件调用后产生运行结果，因此，应当认定其是为了得到可在计算机及相关电子设备的输出装置中显示相关字体字型而制作的由计算机执行的代码化指令序列，属于《计算机软件保护条例》第3条第1项规定的计算机程序，系软件著作权法意义上的作品，并非简单的单字字型的汇编合集。因此，一审判决以字库艺术风格整体协调统一，一种书体的字库区别于其他书体的字库，进而认定字库整体也是一部美术作品，忽视了字库整体系计算机程序这一重要特性，同时也混淆了字库整体与字库经解释执行后显示的单字字体字型的关系，进而影响了对字库性质的认定，应予纠正，但这并不影响本案对涉案字体单字构成美术作品的认定。

福建某日化有限公司、中国某日化有限公司使用北京某信息技术有限公司秀英体未经许可，侵犯了北京某信息技术有限公司著作权。中国某日化有限公司构成共同侵权。

福建某日化有限公司、中国某日化有限公司关于字体原稿已制作成字库，形成新的权利，权利用尽的抗辩主张不成立。权利用尽原则是指专利权人、商标权人、著作权人等知识产权权利人制造或者许可他人制造的权利产品售出后，他人再使用或销售该产品的行为因属于对其财产权的行使而不构成侵权。这是对知识产权权利和他人财产权的一种界分。如前所述，字库中的字体要么是对字体原稿的复制或者数字化，要么是根据字体原稿中的单字进行演绎和制作形成新的单字，数字化的过程或者形式并不能改变其中具有较高独特审美的单字系美术作品的属性。字体单字被整合成字库工具或者软件，虽然有可能形成新的权利，如字库工具整体或者字库软件的权利，但每个单字的可作品性并不因此而丧失，即符合较高独特审美的独创性标准的单字仍应认定为美术作品。另外，福建某日化有限公司、中国某日化有限公司使用的涉案秀英体字库系未经北京某信息技术有限公司授权许可的行为，不属于从正常销售渠道获得的字库字体。因此，福建某日化有限公司、中国某日化有限公司关于权利用尽的主张于法无据，不予支持。综上所述，福建某日化有限公司、中国某日化有限公司未经北京某信息技术有限公司的许可，在其产品上擅自使用了北京某信息技术有限公司拥有著作权的秀英体单字，构成了著作权侵权，应当承担相应的民事责任。

▶ 案例解析

司法实践中，对具有独创性的计算机非字库单字和计算机字库受著作权保护没有异议；字库一般视为计算机软件加以保护，独创性的字体视为美术作品加以保护；字库中的单字是否受著作权保护尚未有定论，不过审判趋势是如果字库中的单字具有独创性则以美术作品予以保护，而是否具有独创性应根据个案具体分析。

一、与公共领域字体的区分

并非所有计算机字体均具有创作性，一些传统汉字字体经历了人们千百年的使用，其笔画、结构等特点早被先人们固定并流传下来，属于公有领域的范围，常见的宋体、楷体、黑体、仿宋四种字体即为典例。该四种字体是传统字体，实践中人们可以不受限制地免费使用。①

二、计算机字体的定性

涉及计算机字体的著作权案件中对于字库及单字的法律定性在历年判决中并未达成一致，各法院适用较为混乱。比如，在本案一审中，一审法院以字库艺术风格整体协调统一，一种书体的字库区别于其他书体的字库，进而认定字库整体也是一部美术作品。同案二审法院则否定了一审判决中关于字库整体构成美术作品的定性。其认为，字库整体是字型原稿经数字化处理后由人工或计算机根据字型原稿的风格结合汉字组合规律拼合而成，以相应的坐标数据和函数算法存在，应当认定其是计算机程序。其实同一创作成果是可以有不同的表现形式的，将其归入一类作品，并不等同于不再能归入另一类作品。因而，当单字具有独创性时，数字化的存储和复制方式并不会改变其美术作品的性质，计算机技术的运用并未改变其本质。笔者认为，对于计算机字体的法律性质，应当将"字库软件、字库、单字字体"拆解后进行个案分析。

三、字库本身和单字字体是否具备独创性，是否享有著作权

（一）字库的著作权保护

字体库作为一个整体享有著作权，已经得到司法实践确认。而作为字库组成部分的单字是否享有独立的著作权，法院倾向于就字库中单字进行具体分析，并将其中独创性达到较高独特审美要求的认定为美术作品加以保护。支持字库作为美术作品受到著作权法保护的观点通常是从字库整体具有独特统一风格、一定的审美价值和设计制作过程复杂进行分析，而单字字体亦是更多地从审美的角度和对创作者思想的体现程度出发进行分析，在方正诉宝洁案中，一

---

① 李玉香、邓昭君：《计算机字体版权的司法保护》，载《人民司法》2011年第8期。

审法院和二审法院均认为中文字库具有一定的审美高度且设计过程复杂,属于著作权法所保护的美术作品。

(二)单字著作权保护的边界

本案中,法院认为字体单字被整合成字库工具或者软件,虽然有可能形成新的权利,如字库工具整体或者字库软件的权利,但每个单字的可作品性并不因此丧失。即符合较高独特审美的独创性标准的单字仍应认定为美术作品。可见,如果单字的独创性达到了较高的审美要求,可以不依附于字库整体的著作权,而就单字本身产生独立的著作权。

此外,日常生活中个人非商业目的学习、研究或欣赏等不受限制,不会构成侵权。我国著作权法规定了合理使用的情形,如为了个人学习、研究或欣赏等非商业目的,在法律允许的范畴内合理使用字库中的单字不用经过著作权人许可,也不用支付相应费用,即对计算机字体单字的保护限度应限于"商业性"使用的禁止。

单字是否享有著作权视独创性而定,法院倾向于将单字与所属字库分开,主要从独创性的角度单独认定单字是否具有作品属性,若单字不具有独创性,则原告不享有单字的著作权,进而被告也就不构成侵权。在检索到的案例中,各法院对单字独创性有无的判断主要以能否与公有领域的表达相区分作为标准。

至此,问题又进一步演变成是否具备一定的审美高度且有脑力劳动的投入就可以认为计算机单字具有独创性,这就涉及独创性标准的问题,我国对可以成为作品的创作成果的独创性要求较高,对于字库和单字字体是否具有独创性还应当具体问题具体分析。笔者认为,字库和单字字体都是在已有的汉字基础上进行设计加工,对其独创性的要求不宜过低,否则就会出现大量经轻微改动笔画粗细角度或稍加设计的字体享有著作权的情况,为字库公司和个人创造极大的字体营利空间,造成维权泛滥甚至滥诉,这不仅不能起到鼓励创作的目的,甚至会妨害汉字作为文化交流和发展工具的功能性从而破坏社会公共利益。

如果对计算机字体单字的独创性要求过低,还将带来法官在字体侵权案件中"实质性近似"侵权判断的困难。同时,由于字体独创性要求较低,还将严重影响人们对字体使用的自由,使更多的使用者可能落入侵权的范围。①

---

① 黄汇、郑家红:《论计算机字体单字著作权保护中的公共领域保留——以方正诉宝洁侵犯计算机倩体字"飘柔"案为例展开》,载《法律适用》2013年第4期。

（三）政策性考量：字库的著作权保护还存在公共政策的障碍

若对计算机汉字字体、字库进行保护，将会缩减文字作为公共财产的公共领地。① 文字被视为公认的社会公有财产，当字体设计并未改变文字传播信息的主要功能的情况下，不应给予字体绝对排他的保护。虽然不能否认某种字体设计可能存在独创性成分，但字体的独创不会造成文字功能的变化。字体设计无法改变文字、传播信息的终极目的，而传播信息这一功能是在任何字体设计之前就已经存在的，因此对字体设计的保护不能阻碍文字功能的实现。②

四、结论

计算机字库受著作权保护在司法实践中已达成共识，字库可视为计算机软件作品加以保护，独创性的字体则视为美术作品加以保护。但字库中的单字是否受著作权保护，取决于独创性标准，其保护的边界在哪里，尚存在一定争议。司法实践中，要结合具体个案情况进行具体分析，对涉案字体的独创性进行充分考量，同时也需要将社会公共利益等政策性考量纳入考虑。

---

① 黄武双：《实用功能排除了计算机字体著作权保护的可能性》，载《法学》2011年第7期。
② 黄武双：《实用功能排除了计算机字体著作权保护的可能性》，载《法学》2011年第7期。

文字作品中故事情节等思想与表达划分

——上海华某文化艺术有限公司诉上海某剧院等侵害作品改编权纠纷案

/沈韵

➲ 本案要旨

小说、剧本类受著作权法保护的作品,都面临着思想与表达的划分问题。每部作品中思想与表达的分界,必须根据个案情况综合判断,而不能一概而论,将所有情节归于表达范畴。因为当作品的故事情节概括、抽象到一定程度时,其将脱离"表达"范畴,而进入作品的"思想"范畴。思想与表达二分法在判断"实质性相似"时具有重要意义:划分为"思想"范畴的内容并不受著作权法保护,不会成为侵权对比对象。只有两部作品的相似之处均属于具有独创性的"表达"范畴时,在后作品才构成对在先作品的著作权侵权。

➲ 案件信息

上诉人(一审原告):上海华某文化艺术有限公司

被上诉人(一审被告):上海某剧院、罗怀某、陈某宇

案号:上海市徐汇区人民法院(2012)徐民三(知)初字第4号、上海市第一中级人民法院(2012)沪一中民五(知)终字第112号

➲ 原被告主张及理由

原告上海华某文化艺术有限公司(以下简称华某公司)主张《胭脂扣》系香港著名作家李碧华创作于1984年的经典小说,2008年,李碧华通过协议转让的方式,将《胭脂扣》小说在大中华地区的著作权转让给了原告。2010年,原告发现被告罗怀某、陈某宇未经许可擅自将《胭脂扣》改编成了沪剧剧本《胭脂盒》并公开发表,并由被告上海某剧院多次公开进行演出。该剧本的改编显然基于原告的小说原著,甚至直接盗用主角的名字、小说的细节。被告

在对外宣传时亦对《胭脂扣》作了负面评论，称原著阴气太重，而其改编的剧本正面阳光，提升了作品的内涵。原告认为，三被告未经许可擅自改编原告作品，被告上海某剧院未经许可擅自使用原告原著的改编作品演出，均构成了著作权侵权，侵害了原告对涉案作品所享有的改编权。

被告上海某剧院辩称：原告提供的证据不足以证明其受让取得了涉案小说《胭脂扣》的著作权，不具有原告主体资格；《胭脂盒》是被告独立创作完成的新作品，并非《胭脂扣》的改编作品；沪剧演出系公益文化，入不敷出，不存在获利。

被告罗怀某、陈某宇辩称：同意被告上海某剧院的答辩意见。《胭脂盒》的创作的确受到小说《胭脂扣》、电影《胭脂扣》的触动，但同时亦是在参考其他作品基础上独立创作完成的新作品。另外，被告对《胭脂扣》的作者李碧华一直心怀敬意，《胭脂盒》与《胭脂扣》的比较属正常的文学评论，不涉及对原著的贬损，亦没有对原告产生不良影响。

一审法院判决理由与裁判结果

本案中，原告认可被控侵权作品《胭脂盒》在人物、故事情节、主题思想等方面较之原作《胭脂扣》具有较大程度的改变，符合独创性的要求，双方争议的实质在于被控侵权作品《胭脂盒》是否使用了《胭脂扣》的基本表达，二者是否具有表达上的实质性相似。

首先，针对原告主张的《胭脂盒》与《胭脂扣》主要情节的相似。原告认为，两个故事的主线一致，均为相遇、相爱、父母反对、殉情自杀、男主人公获救女主人公死亡、重逢。而在具体情节上，原作中的花牌与《胭脂盒》中的对联相似，两部作品的时代背景相似，父母反对的原因均涉及男女主人公社会地位悬殊，男主人公均另有家庭安排的婚约，在自杀环节均涉及吞鸦片自杀，男主人公均被家庭所救，之后男主人公均意志消沉。被告则认为该故事主线属于戏曲文学的母题，而非某小说的独创，且两部作品在具体情节上亦不相同。

根据庭审查证，在故事主线上，虽两部作品均涉及身份地位悬殊的两人相遇相爱，受家庭阻挠，为爱殉情，一方获救等，但在具体情节的开展、关键情节的设置、各个情节之间的逻辑关系等方面，二者存在显著区别。如在关键的殉情情节，原作中因男主人公无法承受落魄的生活决定重回家庭，接受家庭安排的婚约，女主人公因爱生恨，单方殉情，并以安眠药毒害男主人公，不存在两人的相约殉情,而《胭脂盒》中系因发现女主人公与男主人公的父亲曾有一段往事,两人的爱情不为时风所容,故相约殉情;男主人公获救后,原作中重回家庭,娶妻生子,后家道中落,遂抛妻弃子去做群众演员,而《胭脂盒》中,男主人公获救后与家庭决裂,一直化名隐身书场做杂役,默默忏悔20年。此外,两部作品存在个别细节的类似,主要涉及:(1)《胭脂扣》中陈振邦送了如花一个生花扎做的对联花牌"如梦如幻月,若即若离花";《胭脂盒》中陈振邦和如花首次以男女档登台唱评弹时,为讨个彩头,写了副对联贴于台柱上:"如梦如幻水底月,若即若离镜中花。"(2)《胭脂扣》中陈振邦有一个指腹为婚的未婚妻,《胭脂盒》中陈振邦亦有一个父母安排的未婚妻。(3)原作中女主人公吞鸦片自杀,《胭脂盒》中男女主人公喝鸦片酒自杀。

  本院认为,文学作品中的表达可以包含故事的结构,故事的情节,包括主要事件、事件的顺序、人物间的交互作用及发展等。固然对作品情节的描述可以有一个从具体到抽象的过程,然而并非所有的情节均属于表达,受著作权法保护,作为表达的情节本质上还是表现为具体事件和矛盾冲突,用以塑造人物性格、表现作品主题,有一定的具体性。当对作品的故事情节概括抽象到一定程度时,其已脱离表达范畴,属于作品的思想,不受著作权法保护。该种思想与表达的区分,仅能根据个案情况综合判断,越具体的情节,成为表达的可能性越大。同时,因故事情节与人物塑造、主题表达密不可分,往往越具体的情节越能体现人物的塑造、主题的表达,而越抽象的情节则越不涉及人物与主题,故在思想与表达区分的模糊区域,情节与人物塑造、主题表达的关系对于判断情节是否属于表达亦具有一定的作用。此外,著作权法保护的表达仅限于独创性表达,不涉及对作品中借鉴前人成果部分表达的保护。

  本案中,两部作品在相遇、相爱、父母反对、殉情自杀、获救、重逢各个情节的描述及展开方面均不类似,已构成两个完全不同的故事,二者相似之处仅能抽象到身份地位不同的两人相遇,冲破家庭阻挠相爱,爱情历经曲折,最终一方殉情一方独自存活。该相似之处过于抽象和普通,难以认定仍属受著作权法保护的表达。他人亦可基于相同的主线创作出不同的作品,塑造不同的人物形象,表达不同的作品主题。事实上,本案中,两部作品的人物塑造与主题表达截然相反。在人物塑造方面,原作中男主人公是一个优柔寡断、缺乏独立精神和谋生手段的人,与女主人公相恋后与家庭决裂,因缺乏谋生手段和经济来源,终向家庭屈服,决定与女主人公分手;女主人公则是坚贞、决绝,为爱不惜一切不择手段,当其知道男主人公准备放弃她重回家庭时,宁愿选择谋杀男主人公后一起死亡,也不愿放手。而《胭脂盒》中男主人公是一个酷爱评弹、勇敢果断的人，不屈服于家庭包办婚姻，毅然与女主人公相爱，并辞去家庭安排的工作，一心向女主人公学唱评弹，勇于破除旧风，鼓励女主人公以女子身份登台演出；女主人公亦酷爱评弹，既有阴柔的一面，又有决绝的一面，出身评弹世家，女扮男装登台弹唱评弹，亦梦想着以女子身份唱评弹，在男主人公的鼓励下以夫妻档登台表演，在爱情无望时，愿意为了评弹和爱情殉情。在主题表达方面，原作从一个妓女、女鬼对爱情的坚贞执着，让人体会到爱之深恨之切的刻骨铭心，对比现代人对爱情的摇摆不定，体现对传统古典爱情价值观的迷恋和渴望；《胭脂盒》则传达了一种积极的观念，爱不是绝望的死，而是希望的生，实现两个人共同的梦想亦是对爱情的诠释。综上，结合故事主线的抽象性以及作品主题、人物塑造的差异，本院难以认定两部作品在故事主线上的相似仍属作品表达的近似。事实上身份地位不同的两人相遇相爱，因家庭阻挠，为爱殉情的故事亦是众多爱情题材小说的流行主题，很难说该主线具有独创性。即使涉案故事主线的构思属于原告独创，但思想的独创并不受著作权法的保护，新颖性也非作品要件，他人亦可使用相同的主题创作出不同的作品。对于原告主张的男主人公均有家庭安排的未婚妻，以及吞鸦片抑或喝鸦片酒的自杀方式，在二十世纪二三十年代的特定时代背景下，这样的故事构思并不具有独创性，且上述情节亦是故事展开的背景情节，并非承载原作主要内容的基本表达。而花牌在原作中是男主人公追求女主人公的道具，并不足以构成原作的基本表达，即使《胭脂盒》中的对联使用了与原作字面意义近似的花牌，并不等同于使用了原作的基本表达。综上，本院难以根据二者故事主线及情节的相似认定胭脂盒侵犯了原作的改编权。

其次，关于原告主张的两部作品主人公姓名和人物关系的相同。男女主人公均为陈振邦和如花，两人均为恋人关系，身份地位亦均有一定的差异。本院认为，著作权法保护作品中的独创性表达，包括人物的特征性外貌、人物的性格、人物之间的关系等，然而区别于美术作品等以人物特征性外貌为主要保护对象的作品类型，文学作品中人物的塑造往往融于故事情节中，与故事情节的展开密切相关。当通过情节塑造的人物形象越鲜明，越具有独特性，其受著作权法保护的可能性越大。主人公姓名则仅是作为人物塑造中的一部分，与特定的人物性格相关联，具有特定化的意义时，才有可能成为著作权法保护的对象。本案中，如上所述，两部作品关于男女主人公的个性塑造存在较大差异，亦均未涉及人物外貌的特征性描写，而恋人关系又是小说作品的最普通的人物关系，如将《胭脂盒》中的男女主人公姓名加以替换，则一般读者阅读后均会认为讲述的是另一个全新的故事。在此情况下，脱离故事情节和人物塑造，仅就主人公姓名和恋人关系难以形成受著作权法保护的作品的独创性表达。

另外，关于原告主张的两部作品名称类似。经庭审查明，原作中胭脂扣系一个挂件，是陈振邦送给如花的信物，最终被如花丢弃。胭脂盒系装化妆品的盒子，如花遇到陈振邦前曾有一个胭脂盒，后陈振邦又送给她一个法国产胭脂盒，并将旗袍装于其中，揭开了如花女扮男装唱评弹的故事；后两人登台唱评弹，被陈母砸场时，房契从胭脂盒中掉出，又揭开了如花与陈振邦父亲的往事，导致两人之后的殉情；20年后，陈振邦亦从胭脂盒中取出长衫与美眷登台共唱评弹。本院认为，胭脂扣和胭脂盒分别对于两部作品而言，其意义是不同的，原作中胭脂扣仅是一个信物，而《胭脂盒》中，整个故事情节围绕胭脂盒展开。再则，作品名称仅是原作的组成，小说整体享有著作权并不意味着作品名称亦同时享有单独著作权。事实上，仅就作品名称而言，属于公有领域的词组，并不具有独创性，即使纳入作品考量，作品名称亦不属于承载原作主要内容的基本表达，故本院亦难以根据二者的近似而认定《胭脂盒》侵犯了原作的改编权。

➲ 上诉主张及理由

上诉人华某公司上诉主张：首先，《胭脂盒》对《胭脂扣》的改造只涉及作品名称、故事时间、故事地点、主要角色、剧情等五个方面，这些改变不能体现作品的个性，不能割断与原作品的关系，而且由于小说和戏剧剧本在形式和篇幅上的不同，一定会有一定程度的改变，这并不是独立创作，而是改编。其次，两部作品在主人公姓名、故事主线、吞鸦片殉情的情节、重逢情节等方面都存在相同或相似之处。这些元素单独分析可能不构成改编，但当它们结合在一起时，显然就是改编。原审判决将这些元素割裂开来，从而认定不属于改编，这一认定方式不正确。最后，上海某剧院委托创作某剧剧本《胭脂盒》的初衷就是改编小说《胭脂扣》，已经向上诉人致歉并草拟了授权改编合同。作为专业的文艺团体，原审法院否定上海某剧院的专业判断没有依据。而且，某剧《胭脂盒》从剧名、角色，再到演出宣传都在傍《胭脂扣》的名牌，但在诉讼中却说这不是改编，如果上海某剧院认为该某剧剧本是原创作品，就应当更换剧名、主人公姓名，不要误导观众。

被上诉人上海某剧院辩称：《胭脂盒》与《胭脂扣》在表达上并不存在实质性相似，二者在名称、人物性格、人物关系、情节设计、主题思想等方面存在明显区别，甚至截然相反，故《胭脂盒》不是改编作品。上海某剧院不否认其曾想将《胭脂扣》改编成《胭脂盒》，但在作者改编时，作者认为其主题不适合以某剧形式展示，故后来进行了创作，形成原创作品。

被上诉人罗怀某、陈某宇除了同意上海某剧院的辩解意见之外，还补充辩称：他们在创作时是受到《胭脂扣》的影响和启发，但实际创作时进行了大幅度的创作，从未说过是改编。

二审法院判决理由与裁判结果

本案中，双方当事人都认可某剧剧本《胭脂盒》脱胎于小说《胭脂扣》，关键是这里所谓的脱胎到底是二度创作还是重新创作，双方为此各执一词。本院认为，著作权法保护的是作品的表达，这种保护不延及思想，这一基本理念也是对著作权法立法目的的贯彻。因为思想是社会的共同财富，不能为个别人所垄断，只能由社会公众共有，而表达是思想的独特表现，形成了相对固定的外观，故可以为著作权人所专有，著作权法正是通过这一保护方案有效地实现了著作权人和社会公众的利益平衡。因此，在讨论一部文字作品是二度创作还是重新创作的问题时，将不可避免地涉及两部作品间的比较，如果二者有相似之处，就要确定这些相似之处属于作品的思想还是表达；如果属于表达部分，还要确定这些表达是在先作品独创的表达还是前人广泛采用的表达；如果属于在先作品独创性表达，还需进一步考虑两部作品的相似是否属于实质性相似。

首先，关于上诉人所主张的两部作品的相似之处是思想还是表达。文学作品在文字作品中有其特殊之处，除了文字组合之外，故事情节也属于表达。表达是相对于思想而言的，它是思想的外在表现，但却并不仅仅是表现形式。正因如此，将一部小说改成漫画才有可能为改编权所涵盖，因为二者的表现形式虽然不同，但其表现的内容相同。因此，著作权法意义上的表达既包括表现形式，也有可能包括作品所表现的内容。但是，作品的内容并不一定是作品的表达，它也有可能属于思想的范畴，二者的分界在于内容的抽象程度。一般而言，文学作品的作者在遣词造句、段落情节设计、章节情节设计、故事梗概设计上都可以体现独创性，而这每个部分也都分别能体现作者的思想与表达，当然在这个从具体到抽象的过程中，越抽象的部分，越有可能体现思想而不是表达。回到本案中，上诉人主张两部作品的名称相似、人物关系相同，即属于思想范畴。作品名称，无论是胭脂扣还是胭脂盒，都是一个物件，其文字组合本无所谓独创性，谈不上是表达。至于人物关系，这已经是相当抽象的作品内容

文字作品中故事情节等思想与表达划分

了,对于爱情题材的文学作品而言,男女主人公通常均为恋人关系,实属思想范畴。这些内容本就不属于著作权法所保护的客体,故上诉人指出的上述相似之处也就缺乏法律意义。

其次,关于两部作品的相似表达是小说作者的独创性表达还是前人广泛采用的表达。上诉人在本案中还主张两部作品在情节上也有雷同,其中包括陈振邦与如花的恋情遭到陈家反对,导致他们双双服毒殉情。本院认为,如果把情节概括、抽象到这一程度,就很难说是小说独创的情节了。因为富家子与风尘女相恋而遭家庭反对,恋人因爱情遇阻而殉情是爱情题材文学作品中惯常的表达。如果说上诉人所主张的是更为具体的表达,这当然是小说作者的独创。但是,从具体情节层面来比较的话,二者的区别就显得较为明显。小说对于陈家如何反对男女主人公的恋情并没有过多的描述,而是把笔墨花在陈振邦对此的反应和态度变化上,剧本中则展开描述了陈母找来警察砸书场并将两人送进班房的情节;小说中陈家反对两人恋情的原因是清白人家不容青楼女子入室,剧本中陈母反对的主要原因是如花曾与陈振邦的父亲有一段情缘;小说中两人殉情是因如花怕失去陈振邦而对其施毒并邀其吞服鸦片,剧本中则是两人心甘情愿共饮鸦片酒;小说中陈振邦并未与如花一起吞服鸦片,而如花对陈振邦所施安眠药之毒也被陈家所救,剧本中两人均已服下鸦片酒,陈振邦之毒为陈家所救。因此,两部作品在家庭阻挠恋情及恋人相约殉情等具有独创性的具体情节上难谓相似。

上诉人在本案中还主张,在两部作品中,胭脂扣和胭脂盒均为信物。本院认为,胭脂扣在小说中的确被如花视为信物,正因如此,当她50年后返回人间得知陈振邦未殉情时,才会有伤心丢弃之举。而胭脂盒和旗袍在剧本中虽也是陈振邦送予如花的礼物,但却未见其为信物。正如被上诉人上海某剧院所说,胭脂盒同时是一个贯穿全剧的物件,放置旗袍、房契、烟具、长衫,而其中的旗袍、房契和烟具等则是引发后来故事情节的线索和伏笔。二者在独创性表达层面的差异比较明显。此外,上诉人还主张故事发生地点从香港到上海、陈振邦落魄后身份从制片厂群众演员到书场杂役、如花把胭脂扣丢弃到陈振邦打开胭脂盒的结尾都是改编,但这些独创性情节的区别明显,并与不同的周边情节相配合,显然难以再用上诉人所主张的相似来概括。

最后,关于两部作品中在表达上的相似是否构成实质性相似。上诉人在本案中主张两部作品的相似之处还体现为男女主人公相同,小说中"如梦如幻月,若即若离花"的对联花牌与某剧剧本中"如梦如幻水底月,若即若离镜中花"的对联相似。被上诉人认为,某剧剧本中除了陈振邦和如花之外,还有美眷一角,故二者并不完全相同。本院认为,两部作品中均有陈振邦和如花,且均为主要角色,二者的相同是不争的事实,此外,对联上的相似也毋庸置疑。但是,仅凭这些能否断定两部作品在独创性表达上实质性相似,从而得出《胭脂盒》改编自《胭脂扣》的结论呢?本院持怀疑态度。就两部作品的篇幅来论,上述相同或相似点中所占的比重较小,尽管这不是确定在后作品是否改编作品的决定性因素,但在判断借鉴使用的合理性时也是考虑因素之一。更重要的是,两部作品在整体印象方面所表现出来的独创性出现了重大的差异。第一,在角色性格上,陈振邦在小说情节中多少体现了他优柔寡断、听命父母的个性;在某剧剧本中,他则是敢爱敢恨、为爱赴死的性格。女主角如花在小说情节中阴柔冷艳,由爱生恨,最终给陈振邦下毒说明她已经怀疑爱情;在某剧剧本中,她一扫冷艳气质,角色较为温和,且笃信爱情。第二,在人物关系上,小说中如花在阴阳两界分别为妓女与鬼魂,而在某剧中,她为女扮男装的评弹艺人,美眷则是她的外甥女和接班人。第三,在总体情节设计上,《胭脂扣》通过陈振邦与如花的往事以及报社记者想方设法帮助如花找寻陈振邦两条线索展开故事情节,某剧中则是通过陈振邦与如花的往事以及陈振邦与美眷的交往两条线索展开故事情节。第四,在具体情节设计上,两部作品在陈振邦与如花情路历程的每个环节及相关事件(如相遇地点、恋情开端、恋情发展、所遇坎坷、殉情过程等)上都体现出明显差异。上述种种不同使两部作品在独创性表达上体现出了整体性的差异。尽管从《胭脂盒》中隐约可以看到《胭脂扣》的影子,但这种印象更多地体现为借鉴而不是演绎。

案例解析

本案的争议焦点主要集中于文字作品的思想与表达二分法。在文字作品中,文字内容可以概括、抽象为一种"金字塔"形结构:金字塔底端代表最具体的表达,具体到作品每一句话的表达;而金字塔顶端则是最抽象的思想,例如作品的主题思想。根据思想与表达二分法,在这个"金字塔"结构中存在一条划分公共领域与著作权私权领域的分界线,在这条分界线之下,属于受著作权法保护的表达范畴,反之则属于可供任何人自由使用的公共领域范畴。[①] 这条代表思想与表达划分的分界线,必须根据个案情况综合判断。以下将结合本案,讨论文字作品中故事情节等思想与表达二分问题。

[①] 王迁:《著作权法》,中国人民大学出版社 2015 年版,第 47 页。

一、思想与表达二分法原则

思想与表达二分法原则的思想源头来自德国学者费希，费希将形式概念纳入著作权保护及判断之中，主张关注作品的内在与外在，在实践中区分作品内容的形而上（抽象思想）与形而下（具体表达）两个方面。受费希观点的启发，欧美学术界开始接纳著作权只保护作品内容而排除思想的重要原则；到19世纪，思想与表达二分法原则在美国立法和司法实践中初具雏形。[①]发展到现在，思想与表达二分法原则已经成为我国著作权制度中的重要原理之一。笔者认为，思想与表达二分法原则的正当性在于：第一，将作品中的思想部分纳入公共领域是对公共领域的合理扩充，可以避免著作权私权的过度扩张，防止权利人大规模圈占公地悲剧的发生。第二，基于利益平衡理论，著作权制度在实现对每个创作个体私权利保护的同时，还应当最大限度地维护公共利益。思想范畴的公共利益体现在，它是社会文化中信息共享、传播与交流必不可少的部分，必须由全体社会共同所有。第三，基于激励理论，将思想内容保留在公共领域，允许任何人在后续创作过程中自由使用与利用，可以激励更多基于前人思想的作品的诞生，促进整个文化及科学产业的蓬勃发展。

思想与表达二分法原则在著作权领域的重要性不言而喻。正如本案二审法院对思想与表达二分法原则所给予的高度认可："著作权法保护的是作品的表达，这种保护不延及思想，这一基本理念也是对著作权法立法目的的贯彻。因为思想是社会的共同财富，不能为个别人所垄断，只能由社会公众共有，而表达是思想的独特表现，形成了相对固定的外观，故可以为著作权人所专有，著作权法正是通过这一保护方案有效地实现了著作权人和社会公众的利益平衡。"

二、故事情节

故事情节是指主要事件、事件的顺序、人物间的交互作用及发展。故事情节是任何小说类文字作品的创作核心，不仅作者的每句表达都服务于情节的发展与推动，而且读者也可以透过一幕幕丰富生动的情节感受到作者思想的传递。对于故事情节的著作权保护，一方面需要落实对其中作者独创性劳动的肯定，另一方面也需要确保预留出足够的空间供后来人自由创作。因此，并非所有的情节都应当落入表达范畴，受到著作权法的保护。对于那些本质上表现为具体事件和矛盾冲突，用以塑造人物性格、表现作品主题，有一定的具体性的故事情节而言，可以被视为对情感的具体表达，作者在创作中投入了大量的

---

① 王凤娟、刘振：《著作权法中思想与表达二分法之合并原则及其适用》，载《知识产权》2017年第1期。

独创性智力劳动。然而,当相关情节概括抽象到一定程度时,其就会脱离表达范畴,属于作品的思想,不受著作权法保护。一是作者对这些情节的创作也主要源于对他人在先情节的参考与借鉴,未见大量智力劳动的付出;二是将这些概括性情节保留在公共领域也可以避免因私人垄断所造成的创作成本激增。例如,如果司法实践同意对"男女主人公相遇、相爱最后殉情"的抽象情节提供著作权保护,允许作者对这一故事展开方式形成私人垄断,带来的直接后果将会是其他作者不得不寻找其他情节进行创作,造成社会整体创作成本的激增。更何况在以爱情为主题的文字作品中,故事展开方式毕竟是有限的,最终容易导致全体社会成员"无书可写"的尴尬局面。

关于特定故事情节是属于表达还是思想范畴,必须结合个案情况予以综合判断。特别是在思想与表达区分的模糊区域,越具体的情节,越能体现人物的塑造、主题的表达,其成为表达的可能性越大。结合本案来看,两部涉案作品的相似之处仅可以抽象到"身份地位不同的两人相遇,冲破家庭阻挠相爱,爱情历经曲折,最终一方殉情一方独自存活"的情节。但这一情节似乎过于抽象和普通,难以认定仍属受著作权法保护的表达。他人亦可基于相同的情节创作出不同的作品,塑造不同的人物形象,表达不同的作品主题。① 事实上,本案两部作品的人物塑造与主题表达就恰恰截然相反,这也再次印证了上述情节应当属于思想与表达二分法中的思想范畴。这种身份地位不同的两人相遇相爱、因家庭阻挠、为爱殉情的故事在《罗密欧与朱丽叶》等爱情题材小说中十分常见,是众多爱情题材小说推动故事发展的方式,很难据此说明该情节具有独创性特征。② 在这一点上,二审法院与一审法院也已经达成了共识:"如果把情节概括、抽象到这一程度,就很难说是小说独创的情节了;富家子与风尘女相恋而遭家庭反对,恋人因爱情遇阻而殉情是爱情题材文学作品中的惯常表达。"

因此,分析故事情节是否可以受到著作权法的保护,关键在于判断该故事情节是否具体到了能够体现源于作者的个性化特点。对比本案与"《锦绣未央》案",可以对这一关键性标准有更深入的理解。本案相似"情节"为身份地位不同的两人相遇相爱,却因家庭阻挠,最终为爱殉情;《锦绣未央》案"的相似情节为"发现阁楼""出手相救""追击搏击",这三处情节都包含有独创

---

① 吴艳燕、刘建:《沪剧〈胭脂盒〉VS 小说〈胭脂扣〉》,载《法制日报》2012 年 4 月 18 日。
② 吴艳燕、刘建:《沪剧〈胭脂盒〉VS 小说〈胭脂扣〉》,载《法制日报》2012 年 4 月 18 日。

性的背景设置、出场安排、矛盾冲突和具体的情节设计。①最终,本案法院认定相关"情节"因过于抽象,无法体现作者个性化特点,因此不属于受著作权法保护的表达范畴,判决不成立著作权侵权;而《锦绣未央》案"的审理法院则认定三处情节中的具体人物、具体矛盾冲突及细节描写均属于作者个性化表达,判决涉案作品在上述三处情节上构成实质性相似。因此,过于抽象的故事情节属于作品"金字塔"结构分界线之上,依然保留在公共领域;而能够体现作者个性化特点的故事情节则获得了著作权意义上的独创性,脱离了思想范畴,属于具体的独创性表达内容。

三、人物姓名及人物关系

人物姓名可以是一部文学作品的灵魂。在文学历史长河中,无数文学角色给读者留下了深刻的印象。一个小小的人物姓名就可以勾起作者的情感共鸣与共同回忆。不可否认,作者在人物姓名的构思上花费了很多精力,一个人物姓名也被作者赋予了诸多寓意。关于人物姓名及人物关系的著作权保护问题,一直是司法实践中的难题。本案中,法院从人物形象整体角度出发,认为通过情节塑造的人物形象越鲜明、越具有独特性时,其受著作权法保护的可能性越大。当主人公姓名作为人物塑造中的一部分,与特定的人物性格相关联,具有特定化的意义时,可以成为著作权法保护的对象。同时,本案还提出了一个基于可替代性考虑的判断标准,以人物名称可否被替换作为是否构成作品表达的判断。具体而言,如果将涉案小说中的男女主人公姓名加以替换,一般读者阅读后均会认为讲述的是另一个全新的故事,人物名称就具有很强的可替代性,具有较低的独立存在价值。②在此情况下,人物名称脱离了故事情节和人物塑造,导致仅就主人公姓名和恋人关系难以形成受著作权法保护的作品的独创性表达。

四、作品名称

与人物姓名构成表达范畴相类似的问题是,作品名称是否可以构成文字作品中的表达?虽然作品名称可以被视为作品的组成部分,但文字作品整体享有著作权并不意味着作品名称亦同时享有单独著作权。③事实上,仅就作品名称而言,一方面,鉴于文字组合的短小精简,通常难以满足独创性要件中的

---

① 温某安与周某等著作权权属、侵权纠纷案,北京市朝阳区人民法院(2017)京0105民初62752号民事判决书。

② 参见余健晨:《改编作品与原创作品的法律界分》,载《人民法治》2018年4月20日。

③ 吴艳燕、刘建:《沪剧〈胭脂盒〉VS 小说〈胭脂扣〉》,载《法制日报》2012年4月18日。

最低创作高度要求，因此多属于公共领域的词组，并不具有独创性；另一方面，即使将作品名称纳入作品考量，鉴于其并没有承载作品的主要内容，也难以构成对作品内容的基本表达。司法实践中，"美在花城"四个字作为作品名称，就因为其难以独立表达作品的内容而被认为不能作为一个独立的作品来主张著作权。①

五、结论

作品的内容并不一定全都是作品的表达，其也有可能属于思想的范畴。思想与表达的分界标准关键在于内容的抽象程度，越抽象的部分越有可能体现思想而不是表达。②回到本案，文字作品的名称、人物姓名及关系都属于思想范畴，这些内容本就不属于著作权法所保护的客体，因此两部作品如果仅在上述思想范畴相同或相似，不会构成著作权侵权。相比名称与人物关系，故事情节则更多位于思想与表达二分的模糊地带。从本案一审、二审法院观点来看，故事情节的思想与表达二分必须结合个案情况进行综合判断，越具体的情节，成为表达的可能性越大，而情节越抽象、越具有概括性，就越容易脱离情节表达这一层面，落入故事主线、结构的层面，属于思想范畴，不受著作权法保护。

实践中，对文字作品中任何内容的思想与表达二分都需要结合个案特点谨慎判断，尤其在面对故事情节这类模糊地带时，不能受到既有固定思路的影响，而是应当结合表达的具体程度、独创性高低，综合判断某段故事情节在"金字塔"形结构的位置。唯有如此，才能准确落实著作权法中思想与表达二分法原则，防止著作权领域的不当扩张带来公共领域的限缩，实现著作权人利益和社会公共利益的平衡。

---

① 广东省高级人民法院（2007）粤高法民三终字第76号民事判决书。
② 参见故震远、朱秋晨：《改编作品的三步检验法》，载《人民司法》2013年第8期。

广告词的思想与表达划分

——北京某医药经营有限公司与北京某药业有限公司侵犯著作权纠纷案

/ 徐文韬

⊃ 本案要旨

两个广告词虽然具有相同的创意和构思,运用了同样的修辞手法,但是这些均属于思想、观念范畴。著作权法只保护具有独创性的表达,不保护被表达的思想。广告词中的通用词汇属于公有领域的范畴,不受著作权法保护。广告词作品中思想与表达的划分,有利于明晰公有领域与作者的私有领域之间的界限,对平衡著作权人的专有权利与社会公共利益具有重要意义。

⊃ 案件信息

上诉人(一审原告):北京某医药经营有限公司
上诉人(一审被告):北京某药业有限公司
案号:北京市朝阳区人民法院(2004)朝民初字第4329号、北京市第二中级人民法院(2004)二中民终字第4151号

⊃ 上诉主张及理由

北京某医药经营有限公司(以下简称某医药公司)上诉称:第一,北京某药业有限公司(以下简称某药业公司)的广告从主题词"表达激情"的运用,到广告词的结构都剽窃了某医药公司的创意,用新的文学或艺术表达方式,将"安婷"广告词拆散,在中间安插自己产品的信息,改变作品的内容,变换广告的形式,侵犯了某医药公司的著作权。第二,某药业公司的广告语贬低了某医药公司的产品,侵犯了某医药公司的名誉权和荣誉权,应当依据《民法通则》(已失效)第120条的规定,判令某药业公司停止侵害、消除影响、赔偿损失和赔礼道歉。请求二审法院撤销一审判决,并改判。

某药业公司辩称：某医药公司未经有关部门审批所作的避孕药品广告系违法广告，其不能就该违法广告主张权利；某医药公司的广告词是对药品功能性的描述，不具有创造性，且该广告的作者不详，不能确认某医药公司对广告词享有著作权。我公司委托案外的广告公司制作了"毓婷"牌紧急避孕药广告，不存在抄袭广告词、贬低"安婷"牌紧急避孕药的情况，因此不同意某医药公司的诉讼请求。

⊃ 一审法院查明的事实

某医药公司于1999年委托高某创作了"安婷"紧急避孕药的广告词，内容是"表达激情不再有后顾之忧！""发生了意外，她为您解除不安和焦虑"。其中"表达激情不再有后顾之忧！"为主题词。高某在一审庭审中称"表达激情不再有后顾之忧！"为其独创，但"表达激情"一词并非其独创。高某明确表示上述广告词的著作权归属于某医药公司。2000年8月，某医药公司在《目标广告》上刊登了含有"表达激情不再有后顾之忧！"文字的广告。2000年9月，某医药公司在《北京新婚生活指南》上刊登了含有"表达激情不再有后顾之忧！""发生了意外，她为您解除不安和焦虑"文字的广告。

2003年12月3日至31日，中国教育电视台第三套节目19时55分至20时播出了某药业公司"毓婷"紧急避孕药的声像广告，画外音内容为"生活中有各种各样的意外，这种意外可以这样补救，表达激情也会出现意外，这样的意外需要紧急避孕药毓婷来补救，紧急避孕请选毓婷，紫竹药业"。

某医药公司认为某药业公司剽窃其创意，侵犯了某医药公司的著作权、名誉权等权利，遂向法院提起诉讼。

⊃ 一审法院判决理由与裁判结果

本案的争议焦点包括：（1）某医药公司的广告词是否属于著作权法保护的作品；（2）某药业公司的广告词是否侵犯了某医药公司广告词的著作权；（3）某药业公司是否侵犯了某医药公司的其他民事权利。

1.某医药公司的广告词是否属于著作权法保护的作品。该广告词内容是"表达激情不再有后顾之忧！""发生了意外，她为您解除不安和焦虑"，具有独创性和一定的表现形式，属于著作权法保护的作品。某医药公司委托高某创作了"安婷"牌紧急避孕药广告词作品，系该广告词作品的著作权人。因此某医药公司对该作品享有的著作权依法受到保护。

广告词的思想与表达划分

2. 某药业公司的广告词是否侵犯了某医药公司广告词的著作权。法院认为，某医药公司和某药业公司的广告词均旨在宣传紧急避孕药的功效，但强调的重点不同，前者强调的是"解除"不安和焦虑，后者强调的是"补救"意外；具体写作手法亦不同，前者采用的是类比手法，后者采用的是举例手法；选用的具体语句、表达形式均存在明显差异，前者选用"不再有……"和"解除……"等语句，后者选用"发生……"和"需要……"等语句；对"表达激情"和"意外"两词组的使用方式和位置也明显不同。某医药公司的广告词和某药业公司的广告词系采用不同的写作手法，选取不同的词句，呈现给公众不同的表达，均属于受著作权法保护的作品。某药业公司的广告词不构成侵犯某医药公司广告词的著作权。

3. 某药业公司是否侵犯了某医药公司的其他民事权利。此外，某医药公司还认为，某药业公司的广告词贬低了其销售的商品，构成一般的民事侵权。但是某医药公司并未明确侵犯何种具体权利，且某药业公司的广告词中并未提及某医药公司及其销售的商品，不存在贬低某医药公司商品的行为，因此对某医药公司的主张不予支持。

综上，一审法院判决驳回某医药公司的诉讼请求。

➤ 二审法院判决理由与裁判结果

1. 某医药公司的广告词是否属于著作权法保护的作品。某医药公司的广告语是创作者独立构思完成的，体现了创作者的个性，具有著作权法所要求的独创性，是受著作权法保护的作品。某医药公司对该广告语作品享有的著作权依法应当受到保护。

2. 某药业公司的广告词是否侵犯了某医药公司广告词的著作权。著作权法不保护作品中的思想、观念，只保护这些思想、观念的独创性表达。在判断某药业公司的广告词是否剽窃了某医药公司的作品时，应当以前者的广告词是否与后者作品的独创性表达实质相似为判断标准。比较某药业公司的广告词和某医药公司的作品，二者虽然有相同的创意和构思，运用了同样的修辞手法，但是这些均属于思想、观念范畴，不是著作权法的保护对象。从文字上比较，某药业公司的广告词与某医药公司的作品中，仅"意外"和"表达激情"两词是相同的，但是"意外"属于通用词汇，"表达激情"并非某医药公司的作品所独创，因此在文字上不构成实质相似；从语句结构上比较，某药业公司的广告词使用"……有……意外，……需要……补救……"的结构，某医药公司的作品则使用"不再有……""发生了意外……解除……"的结构,因此在语句的结构上也不构成实质相似;某医药公司作品的主题词是"表达激情不再有后顾之忧!",某药业公司的广告词中则称"表达激情也会出现意外,这样的意外需要……补救",因此某医药公司作品的主题词与某药业公司广告词中的语句也不构成实质相似。综上,上诉人某医药公司关于被上诉人某药业公司的广告词剽窃其作品的主题词、结构和创意,侵犯其著作权的主张,不能成立,本院不予支持。

3.某药业公司是否侵犯了某医药公司的其他民事权利。此外,某医药公司上诉称某药业公司的广告词,贬低了其所销售的商品,侵犯了其所享有名誉权和荣誉权,但是并未提供证据证明其社会评价因某药业公司的广告而降低,或其所获得的各种荣誉称号因某药业公司的广告而被剥夺。因此某医药公司就此提出的主张,依据不足,本院不予支持。

综上,二审法院判决驳回上诉,维持原判。

案例解析

广告词,是指生产经营者以多种媒体或张贴形式,向消费者宣传商品、文化、娱乐等内容的一种传播用语。在市场经济不断发展的当代社会,广告词彰显产品特点,促进产品销售的功能越发凸显。广告词既要加深消费者对产品的记忆,又要表现出产品自身的特色,因此通常具有浅显易懂、清楚简短的特点。但是在这种情况下,为了满足上述特点,对于同一思想的表达就会变得更加有限,广告词的创作空间就会被极大压缩。因此,对于广告词是否具有独创性,涉嫌侵权的广告词与广告词作品之间是否构成实质性相似,如何排除广告词中属于公有领域和思想范畴的要素,成为广告词著作权保护中的重点和难点。在难以获得著作权保护的情况下,寻求反不正当竞争法的保护,或许不失为广告词法律救济可以采取的手段之一。

一、独创性

独创性,又被称为创造性、原创性,是指作品是作者本身选择、弃取、安排、计划的成果,既不是根据已有的模式复制而来的,也不是遵照既定的法式、程序进行推理和运算而来的,更不是抄袭、剽窃而来的。独创性是作品获得著作权保护的首要条件。是否构成作品以有无独创性为标准,不受行为人技艺水平高低的影响。[①] 例如,学龄前小孩的涂鸦和绘画,尽管艺术价值不高,

---

① 冯晓青:《知识产权法》(第4版),中国政法大学出版社2024年版,第130~131页。

广告词的思想与表达划分

创作手法简单，但其反映了小孩对生活、事物的理解，因其具有独创性而构成作品；相反，如果利用复制设备（如打印机、扫描仪等）对已有作品进行复制，或者对已有的书法、画作进行临摹，因这些作品不具有独创性，仅是对已有作品以有形形式进行的再现，因而不构成作品。

通过对上述概念的构造进行分析可知，界定作品的独创性必须与创作活动相联系。创作是一种反映和体现了作者个性的智力活动，是作者为了作品的产生而投入的，具有创造性的智力劳动，本质上是一种主观思想客观化的活动。根据法律规定①，我国著作权法中对独创性的界定，包含了两个必要的因素：一是作品必须由作者"独立创作完成"；二是作品必须体现作者的个性，是源于创造性智力劳动的结果。法律要求作品需要具有某种程度的创造性，但是至于创造性的高低，其自身价值的多少，在所不论。这是由于著作权法的主旨在于鼓励社会公众创造作品，鼓励优秀作品的传播，促进文学、艺术、科学等行业的创新，因此作品仅具有最低程度的创造性即可。需要注意的是，独创性不等于新颖性，是否构成著作权法保护的作品，是否具有最低程度的创造性，均不以新颖性为前提；同时，作品的创造性不具有排他性；再者，作品的创造性要求智力成果与已有作品相比，二者在形式上存在差异，而无论其是不是已有知识的再现。②

以本案为例，20世纪90年代，原告某医药公司委托高某创作了其生产的避孕药产品的广告词，包括"表达激情不再有后顾之忧！"等内容。高某在庭审中承认，"表达激情不再有后顾之忧！"是其独创，但"表达激情"并非独创。上述涉案广告词内容过于简短，体量较小，判断其是否具有独创性，是否具有最低程度的创造性具有一定的难度。但是作品创造性的有无并不以是否具有新颖性为前提，也不以作品内容的多少为决定要件。在信息技术高速发展、文化艺术领域不断创新的现代社会，越来越多的智力成果都是建立在已有成果的基础上产生的。仅以"表达激情"一词不是高某独创，并不能否认整个广告词的独创性。只要创作者在创造广告词时投入了自己的智力劳动，并且整个创作过程系其独立完成，即使智力成果内容较少，仍应当认可其独创性。高某在创作广告词时，有意结合产品的特征，使消费者看到该广告词就能联想起对应

---

① 我国《著作权法实施条例》第3条规定："著作权法所称创作，是指直接产生文学、艺术和科学作品的智力活动。为他人创作进行组织工作，提供咨询意见、物质条件，或者进行其他辅助工作，均不视为创作。"

② 冯晓青、冯晔：《试论著作权法中作品独创性的界定》，载《华东政法学院学报》1999年第5期。

的产品,足以说明广告词具有一定的创造性。因此,一审法院认可某医药公司广告词的独创性的观点具有合理性。

二、著作权法保护的客体

著作权的客体是作品,但并非所有的作品都被纳入著作权法的保护对象中。事实上,作品具有诸多形式,涉及的内容也极其广泛,部分不属于著作权法保护范围内的作品将不能成为著作权侵权行为的对象。此外,使用著作权保护期限届满的作品和不受我国著作权法保护的部分外国作品,均不视为著作权侵权。[1]

根据《著作权法》第 3 条规定,作品的构成要件主要包括以下几点:其一,是否属于文学、艺术、科学领域;其二,是否具有独创性;其三,是否属于能以一定形式表现的智力成果。广告词是否能构成著作权法意义上的作品,需要根据上述三个要件进行判断。本案中的涉案广告词虽然体量和内容较小,但不失为文字表达的一种,同时该广告词具有独创性,因此一审法院认定涉案广告词可以构成著作权法意义上的作品,并无不当。

三、思想与表达二分法

思想与表达二分法是著作权法上的一项基本制度,也是著作权法的根基理论之一。它的含义是作品的思想感情和表达形式分别属于主客观两个范畴,著作权法仅保护具有独创性的表达,而不保护作品中承载的思想,无论该思想本身是否具有"独创性"。TRIPs 协议也对著作权保护的范围作出了规定。[2] 这一方法实质上划分了著作权保护的对象与公有领域之间和著作权保护对象与专利权保护对象之间的界限。[3] 著作权法不保护思想,这意味着任何人都可以对相同的思想、题材进行再创作,只要该智力成果的表达具有独创性。[4] 这是为了防止属于公有领域的思想被私人垄断。知识产权是一项法律为私人人为地拟制的一种垄断权利,其目的在于通过维持私人对知识产品的垄断来激励智力成果的创造和投资。虽然这项权利具有私权属性,但是私权的范围不能超过一个合理的边界。一旦私权的垄断不合理地侵蚀了公有领域,将导致社会公众无法获得相应的知识产品,新的智力成果无法被创造出来。不过需要注意的是,并

---

[1] 韩成君:《著作权侵权行为的判定》,载《河南师范大学学报(哲学社会科学版)》2010 年第 1 期。
[2] TRIPs 协议规定:版权保护应当延及表达,而不延及思想、工艺、操作方法或数学概念之类。
[3] 参见陈娜、彭士华:《"创意"的知识产权保护之探析》,载《经济与管理》2008 年第 6 期。
[4] 牛静:《论出版自由与版权之冲突与平衡机制探讨》,载《浙江传媒学院学报》2010 年第 2 期。

广告词的思想与表达划分

非所有表达都能进入私人领域。就保护的对象而言，著作权有着自己的边界。如我国《著作权法》第4条规定，著作权人和与著作权有关的权利人行使权利，不得违反宪法和法律，不得损害公共利益。国家对作品的出版、传播依法进行监督管理。

本案中，一审法院和二审法院都通过二分法对涉案广告词是否构成实质性相似进行了判断。两审法院均认可某医药公司和某药业公司的广告词有相同的创意，即以"产品能有效避免意外"这一创意来宣传紧急避孕药的功效。但是，相同的创意属于思想领域，并非表达，不是著作权法保护的对象。既然思想已经被排除在著作权客体范围之外，不再受到著作权法保护，那么只能通过二分法进行区分涉案广告词的具体表达是否相同。思想与表达二分法区分著作权保护对象与公有领域的作用由此得到了充分的体现。

四、实质性相似分析

当通过思想与表达二分法对属于思想领域的部分予以排除后，就需要对余下的表达部分是否构成实质性相似进行判断。本案的二审法院在判决中写道，在判断涉嫌侵权的广告词是否构成对原广告词的剽窃时，应当以广告词是否与作品的独创性表达实质相似为标准。二审法院主要从文字、语句结构和主题词三个方面对表达进行比较。

第一，法院对文字层面进行了比较。将两份广告词作品进行对比，只有"表达激情"和"意外"两个词组是一样的。法院认为，"意外"是通用词汇，"表达激情"并非原告公司的委托人高某所独创，因此在文字上不构成实质相似。法院将"意外"这一通用词汇排除在著作权保护的客体之外的做法，实际上体现了判断实质性相似中约减主义的方法。约减主义是一种认定实质性相似的方法，其含义为首先将作品中不受著作权法保护的元素进行"过滤"，只对比受保护的元素。这些不受保护的元素通常是指属于公有领域的常用描述，惯用表达等。①约减主义起源于1930年尼科尔案中汉德法官采用的抽象测试法："尤其对于戏剧作品，随着剥离的具体情节越来越多，概括的层级越来越高，对它的各种概括形式就彼此趋同。而到最后的抽象层级时，就会酿成对这个戏剧作品最归纳的综合，有时仅仅只是一个剧名。但是，在这个逐级抽象归纳综合的过程中，存在一个临界的抽象层级。若是跨越它，文字财产权就不能覆盖。否则，戏剧作者将可以排除他人使用他'诸多的思想'。然而，除了表达，

---

① 卢海君：《论作品实质性相似和版权侵权判定的路径选择——约减主义与整体概念和感觉原则》，载《政法论丛》2015年第1期。

他的财产不得延及于此。"从抽象测试法的表述中，可以总结出约减主义的因子：在对两个作品进行比较时，应当进行抽象和剥离，形成不同的抽象部分，把构成思想的普遍性模式排除后，仅对比剩下的受著作权法保护的因素。通常情况下，需要采用约减主义的主要是文字作品，但也不乏视觉作品等。

同时，将"意外"一词作为通用词汇排除在著作权保护的范围之外，也体现了合并原则的适用。著作权法的基本主旨是不保护思想，并且，即使当思想与表达联系紧密，或当某种思想的表达只有一种或几种时，著作权法对这些有限的表达也不予以保护。因为如果对该思想的有限或唯一的表达进行了保护，事实上就相当于保护了该思想，这被称为思想与表达的合并。合并原则产生的原因在于人类创作的文字、语言符号是有限的，这就导致了在表达特定思想时，能够精准概括该思想的符号也是有限的。[①] 合并原则的目的在于防止私人对有限表达的垄断，这充分体现了著作权法对公共利益与私人利益之间的平衡作用。在某医药公司和某药业公司的广告词中，"意外"指代了需要使用避孕药的相关情况，在缺乏其他类似的词汇进行描述时，不应当认为"意外"这一表达具有独创性，而应视为不受著作权保护的通用表达或功能性表达，这里体现了思想与表达的合并。

关于"表达激情"一词，法院的裁判理由为"并非某医药公司的作品独创，因此在文字上不构成实质相似"。笔者认为，某医药公司和某药业公司的广告词中，对"表达激情"这一表达的运用是否构成实质性相似，其原因不应当是"表达激情"是否具有独创性。即使某医药公司的广告词中"表达激情"一词并非高某原创或独创，也不能将此作为某药业公司的广告词中使用"表达激情"与原广告词不构成实质性相似的理由。甚至只从直观意义上来看，在"表达激情"一词上，某医药公司与某药业公司均使用了完全一致的表达，在字面上不仅相似，更是相同。独创性是判断作品是否取得著作权保护的首要要件，高某声称"表达激情"并非其独创，只能证明"表达激情"一词属于著作权法不予保护的范围。因此，笔者认为，法院的正确做法应当是采用约减主义路径，这样才能使此处裁判法理形成逻辑自洽。由于"表达激情"一词不具有独创性，法院可以将其作为著作权法不保护的因素予以排除。这样一来，即使某药业公司的广告词中使用了"表达激情"一词，该使用行为也不构成著作权侵权行为，进而也无须对其进行实质性相似判断。值得指出的是，并不是使用相同表达的都构成著作权侵权。只有当表达具有独创性，属于著作权法保护的

---

① 卢海君：《著作权法中合并原则及其适用》，载《中国出版》2015年第21期。

范围时，未经权利人许可而使用该相同表达的行为才涉嫌侵权。如果某一表达不具有独创性，或该表达进入了公有领域的范围，又或是该表达属于有限表达，此时他人未经许可而使用相同或近似表达的行为是被著作权法所允许的。对著作权法不予保护的要素进行使用，并不构成著作权侵权，进而也不存在判断是否构成实质性相似的必要。对是否构成实质性相似之界定，重点不在于作品之间相似要素的占比，而在于相似要素是否构成具有独创性的表达。如果涉案作品的相似部分属于思想、公有领域或有限表达的范畴，那么即使相似要素所占比例较高，也不构成实质性相似。①

除了文字比较之外，二审法院还从语句结构和主题词上进行了比较。被告某药业公司的广告词使用"……有……意外……需要……补救……"的结构，原告某医药公司的广告词则使用了"不再有……""发生了意外……解除……"的结构。由此法院推出，在语句的结构上，两份广告词不构成实质相似。某医药公司广告词的主题词是"表达激情不再有后顾之忧！"，某药业公司的广告词中则称"表达激情也会出现意外，这样的意外需要……补救"。由此法院推出，在主题词的表达上，两份广告词也不构成实质相似。不难发现，无论是语句结构还是主题词，某医药公司和某药业公司的广告词想要表达的内在含义都是相近的，均采取了"产品能有效避免意外"这一创意来宣传紧急避孕药的功效。②但是，创意、观念都是属于思想领域的要素，且该创意的表达并不是有限的。某医药公司和某药业公司均采取了不同的语句结构和主题词来对同一创意进行了表达，说明此时合并原则不能适用。著作权法只保护有独创性的表达，不保护思想，即使思想相同或相似，任何人都能根据同一思想、主体、创意进行创作。二审法院基于表达方式的不同来认定两份广告词不构成实质性相似具有合理性。

五、反不正当竞争法保护

本案中，某医药公司一审、二审中均败诉，由此可见广告词因其自身内容少、体量小、表达相对有限等特点，很难通过著作权路径获得保护。但是在对智力成果、工商业标记等知识产权客体的保护方面，不只存在知识产权法一种方法。当事人还可以寻求反不正当竞争法进行救济。

反不正当竞争法是一个独立的部门法。但是从广义上讲，知识产权法与反不正当竞争法之间互为补充，联系紧密。反不正当竞争法领域里有相当一部

---

① 郑万青、丁媛：《作品"实质性相似"的判断与认定——从"琼瑶诉于正"谈起》，载《中国出版》2017年第21期。

② 参见黄清华：《利用版权保护药品说明书》，载《中国医药报》2014年8月4日。

分属于知识产权法的范畴,而对于一些知识产权法不能保护的智力成果,又可以寻求反不正当竞争法的保护。从立法角度来看,知识产权法是私法,通过对权利的保护来保护智力成果和工商业标记;而反不正当竞争法是公法,通过规制市场行为,从制止不正当竞争的角度来保护交易中涉及的智力成果和工商业标记。反不正当竞争法与知识产权法之间的紧密关联来自两个法律部门都有共同的目标和原则。二者的共同目标是保护权利主体的智力成果,以及与智力成果相关的人身、财产权益,保障市场经济关系的健康和公平。二者的共同原则包含了利益平衡原则和诚实信用原则。①

与知识产权有关的不正当竞争行为主要包括混淆、虚假宣传、侵犯商业秘密和诋毁商誉等。根据《反不正当竞争法》的规定可知②,混淆行为的构成要件包括"足以引人误认为是他人商品"或"与他人存在特定联系"。本案中,某药业公司创作的广告词,可能会造成消费者混淆。加之某医药公司与某药业公司都是同一行业的竞争者,其生产的产品面向同一相关市场。某医药公司的广告词使用在先,已经累积了一定的商誉,可以合理怀疑某药业公司创造与某医药公司相近似的广告词有不当利用他人商誉,引导消费者误认的嫌疑。如果某医药公司选择反不正当竞争法的路径,能够举证证明某药业公司存在不正当竞争行为,或许能够借此获得法律救济。

六、结论

广告词是一种近现代兴起的特殊作品,其目的在于宣传商品、吸引消费者、促进销售。在经济高速发展、市场日益饱和、企业竞争愈发激烈、商品日趋同质化、消费者文化不断普及的今天,诞生于商品之上的广告词与公共领域的边界变得日益模糊,越来越多的广告词产生于同一创意和构思,广告词内容的创作空间也在被不断压缩。但是,著作权法只保护具有独创性的表达,不保护被表达的思想。一旦广告词中使用了属于公共领域范畴内的元素,则该部分内容无法获得著作权法保护。创作者为了实现广告词短小精悍、吸引关注、迅速传播的功能,通常也会大量使用公共领域元素,故广告词被他人利用后很难获得著作权法的法律救济。在这种情形之下,当事人也可以通过反不正当竞争法寻求法律救济,避免他人通过不当利用在先广告词的商誉而牟利。

---

① 韦之:《论不正当竞争法与知识产权法的关系》,载《北京大学学报(哲学社会科学版)》1999年第6期。

② 我国《反不正当竞争法》(2019年修正)第6条规定:"经营者不得实施下列混淆行为,引人误认为是他人商品或者与他人存在特定联系:……(四)其他足以引人误认为是他人商品或者他人存在特定联系的混淆行为。"

演绎作品与原作品作者之间的利益平衡
——杭州某文化发展有限公司与某动画有限公司著作权侵权纠纷案

/ 张文芊

⇨ 本案要旨

独创性是作品受著作权法保护的实质要件，演绎作品的著作权只及于自己具有独创性的部分，而不及于原作。判断演绎作品是否侵权，要看其是否侵犯了被演绎作品的独创性表达部分，是否构成实质性相似。

⇨ 案件信息

申请人（一审被告、二审上诉人）：某动画有限公司
被申请人（一审原告、二审上诉人）：杭州某文化发展有限公司
案号：浙江省杭州市滨江区人民法院（2014）杭滨知初字第634-636号、浙江省杭州市中级人民法院（2015）浙杭知终字第356-358号、浙江省高级人民法院（2016）浙民申3072-3074号

⇨ 原被告主张及理由

原告杭州某文化发展有限公司（以下简称某文化公司）诉称：（1）"围裙妈妈"美术作品的原著作权人是刘某岱，原告经合同转让继受成为该美术作品的著作权人。（2）被告某动画有限公司（以下简称某动画公司）在未经著作权人许可且未支付报酬的情况下，利用"围裙妈妈"美术作品形象改编为新人物形象，并对改编后的新人物形象进行展览、宣传，制作成动画片，且发行、复制、销售、播放、网络传输该动画片，侵犯了原告的著作权，给原告造成了经济损失。原告诉至法院，请求判令：（1）被告立即停止侵权，包括停止《新大头儿子和小头爸爸》动画片的复制、销售、出租、播放、网络传输等行为，不再进行展览、宣传、贩卖、许可根据"围裙妈妈"美术作品改编后的形象及

其衍生的周边产品；（2）被告赔偿原告经济损失人民币50万元；（3）被告赔偿原告为制止侵权所支付的调查取证费3520元、律师费20 000元，合计人民币23 520元；（4）被告在央视网（www.cctv.com）和《中国电视报》上连续15天刊登致歉声明，以向原告赔礼道歉、消除影响；（5）被告承担本案的诉讼费用。

被告某动画公司答辩称：原告不享有涉案美术作品的著作权，其诉讼请求应予驳回。涉案美术作品是动画片三个主要人物造型，是刘某岱与央视共同创作，属于合作作品，刘某岱不是权利人，无权与洪某签署著作权转让合同。原告某文化公司恶意窃取他人著作权。原告为2013年6月新成立的公司，从未对涉案美术作品进行过创作，只是在知道央视与刘某岱未签订过涉案美术作品的协议后诱导刘某岱签订了著作权转让合同，并伪造合同倒签日期，其主观恶意明显。综上，原告某文化公司的主张缺乏事实和法律依据，请求驳回其全部诉讼请求。

⇒ 一审法院判决理由与裁判结果

一审法院审理认为本案的争议焦点是：（1）刘某岱创作的作品性质及其权利归属；（2）某文化公司受让的著作权权利归属及其保护范围；（3）某动画公司被控侵权作品的性质及其权利归属；（4）某动画公司是否构成侵权及责任承担。一审法院根据各方提供的证据、证人证言对上述争议事实作如下认定：

1. 1994年刘某岱是受崔某的委托，独立创作了"大头儿子""小头爸爸""围裙妈妈"三幅美术作品，因双方之间没有签订委托创作合同约定著作权归属，故刘某岱作为受托人对其所创作的三幅美术作品享有完整的著作权。

2. 刘某岱将其享有完整著作权的作品著作权转让给洪某，系双方真实意思表示，亦不违反法律规定，且双方对合同内容的真实性以及落款时间均明确表示认可，故刘某岱和洪某签订的《著作权（角色商品化权）转让合同》合法有效。洪某依据该合同合法取得了刘某岱创作的三幅美术作品除人身权以外的著作权。之后某文化公司依据其与洪某签订的著作权转让协议，亦取得了上述作品除人身权以外的著作权。在刘某岱与洪某签署转让合同、洪某已经取得涉案美术作品著作权的情况下，刘某岱再次将作品著作权转让给他人本已无权利基础，同时结合刘某岱的真实意思可以认定，某动画公司不能依据其与刘某岱签订的《大头儿子和小头爸爸》美术造型委托制作协议、《大头儿子和小头爸爸》美术造型委托制作协议补充协议及《说明》中关于涉案美术作品著作权归属的条款内容而取得该美术作品的著作权。

3. 本案中，某文化公司指控被控某动画公司构成侵权的被控侵权作品是2013年版《新大头儿子和小头爸爸》（以下简称2013版动画片）中的人物形象。央视1995年版《大头儿子和小头爸爸》动画片（以下简称95版动画片）美术创作团队根据动画片艺术表现的需要，在原初稿基础上进行了艺术加工，增添了新的艺术创作成分。由于这种加工并没有脱离原作品中三个人物形象的"基本形态"，系由原作品派生而成，故构成对原作品的演绎作品。由于该演绎作品是由央视支持，代表央视意志创作，并最终由央视承担责任的作品，故央视应视为该演绎作品的作者，对该演绎作品享有著作权。

4. 某动画公司未经某文化发展公司许可，在2013版动画片以及相关的展览、宣传中以改编的方式使用某文化公司的作品并据此获利的行为，侵犯了某文化公司的著作权，应承担相应的侵权责任。

综上所述，一审法院判决：一、某动画公司于判决生效之日起十日内赔偿某文化公司经济损失人民币400 000元；二、某动画公司于判决生效之日起十日内赔偿某文化公司为维权所支出的合理费用人民币22 040元；三、驳回某文化公司的其他诉讼请求。

⊃ 上诉主张及理由

上诉人某文化公司不服一审判决，提起上诉称：（1）原审判决对侵权责任承担的处理方式不符合法律规定，也不足以制止某动画公司的侵权行为，更无法解决某文化公司与某动画公司之间的争议。（2）原审判决认为"根据央视的授权，某动画公司有权行使95版动画片的全部著作权及动画片中包括但不限于文学剧本、造型设计、美术设计等作品除署名权之外的全部著作权，故某动画公司有权在2013版动画片中使用95版动画片中的人物形象"，该认定不符合法律的规定。综上，请求改判某动画公司立即停止侵权，包括停止《新大头儿子和小头爸爸》动画片的复制、销售、出租、播放、网络传输等行为，不再进行展览、宣传、贩卖以及许可根据某文化公司"围裙妈妈"美术作品改编后的形象及其衍生的周边产品。

被上诉人某动画公司答辩称：刘某岱所创作的三幅动画形象正面草图与95版动画片中的人物形象无任何关联，刘某岱与某文化公司签订的著作权转让合同没有法律依据，是一种无效的行为，某文化公司以此提起本案侵权诉讼，于法无据。请求依法驳回某文化公司的上诉请求。

上诉人某动画公司不服一审判决，提起上诉称：（1）原审法院没有在某文化公司陈述的事实和诉求基础上进行审理。（2）原审判决事实查明不清，导致认定错误。①某文化公司至今无法提供刘某岱画的1994年草图载体，导致1994年草图具体内容不明确。②某文化公司主张的被控侵权作品是某动画公司2013版动画片中的动画人物形象，原审法院未对2013版人物形象与1994年原作品草图进行比对就得出侵权的结论，没有事实依据。③95版动画形象不是演绎作品，而是集体创作的原创作品。④原审法院否认了刘某岱和央视存在委托创作关系，与事实不符。⑤原审法院认为由于央视与刘某岱没有签署书面委托协议，且刘某岱否认存在著作权的约定，从而认定刘某岱对创作的内容享有完整的著作权，不符合事实。央视与创作团队建立委托关系时就明确了著作权归属央视。崔某在委托之初就与刘某岱约定了所有著作权归央视，这一点与对创作团队的其他成员要求一致。综上所述，请求判令：（1）撤销原审判决，驳回某文化公司的全部诉讼请求；（2）一审、二审诉讼费用全部由某文化公司承担。

被上诉人某文化公司答辩称：（1）原审判决关于涉案作品的审查并无不当。原审中，某文化公司依据95版动画片标注的"人物设计：刘某岱"，主张刘某岱是95版动画片三个人物形象的作者并享有著作权具有事实和法律依据。（2）某动画公司认为原审判决事实查明不清导致结论错误无依据。综上所述，请求依法驳回某动画公司的上诉请求。

⊃ 二审法院判决理由与裁判结果

根据双方的上诉请求和理由以及对方的答辩意见，本案二审双方当事人争议的焦点是：（1）刘某岱创作的人物概念设计图能否作为独立作品进行保护，其与95版动画片及2013版动画片中人物形象的关系，以及各自的权利归属；（2）若侵权成立，某动画公司具体应承担何种民事责任，原审判决以提高赔偿额的方式作为某动画公司停止侵权行为的责任替代方式是否合理。

对于第一个争议焦点，二审法院认为刘某岱受崔某导演委托后，独立创作完成了"大头儿子""小头爸爸""围裙妈妈"三幅美术作品，通过绘画以线条、造型的方式勾勒了具有个性化特征的人物形象，体现了刘某岱自身对人物画面设计的选择和判断，属于其独立完成的智力创造成果。无论是崔某作为动画片导演，还是郑某华作为原小说的作者，均未对人物的平面造型进行过具体

演绎作品与原作品作者之间的利益平衡

的描述、指导和参与。故应当认定刘某岱对其所创作的三个人物概念设计图享有完整的著作权。同时,95版动画片以人物造型署名的方式,认可了刘某岱的创作对于动画片人物造型的最终完成作出了独创性贡献,央视创作团队为了制作动画片需要所进行的修改、加工以及多视图的创作,并不足以改变刘某岱已创作完成的人物形象的个性化特征。某动画公司亦未提交证据证明央视与刘某岱之间曾约定著作权的归属。因此,原审法院在查明事实的基础上,认定95版动画片中三个人物形象包含了刘某岱原作品的独创性表达元素,同时央视创作团队在原作品基础上进行了艺术加工,构成了对原作品的演绎作品并无不当。至于2013版动画片的人物形象,与95版动画片人物形象在整体人物造型、基本形态上构成实质性相似,2013版动画片的片头载明"原造型:刘某岱",亦说明其人物形象未脱离刘某岱创作的原作品,仍然属于对刘某岱创作的原作品的演绎作品。

对于第二个争议焦点,二审法院认为无论是动画片,还是木偶剧,均具有公共文化的属性,著作权法的立法宗旨在于鼓励作品的创作和传播,使作品能够尽可能地被公之于众和得以利用,不停止上述作品的传播符合著作权法的立法宗旨和公共利益的原则。虽然刘某岱为95版动画片创作了人物形象的草图,但该作品未进行单独发表,没有任何知名度的积累,而央视创作团队最终完成了动画角色造型的工作和整部动画片的创作,并随着动画片的播出,使大头儿子、小头爸爸、围裙妈妈成为家喻户晓的知名动画人物,其对动画片人物形象的知名度和影响力的贡献亦应当得到充分考量。原审法院在综合考虑当时的创作背景,本案实际情况,平衡原作者、后续作品及社会公众的利益以及公平原则的基础上,判令某动画公司不停止侵权,但以提高赔偿额的方式作为责任替代方式并无不妥,既符合本案客观实际,也在其合理的裁量范围之内。

综上所述,原审判决认定事实清楚,适用法律正确,实体处理得当,上诉人某文化公司、某动画公司的上诉主张均不成立,依照《民事诉讼法》(2012年修正)之规定,判决驳回上诉,维持原判。

⊃ 再审主张及理由

某动画公司申请再审称:(1)其公司能够提供新的证据证明,1994年刘某岱是受中央电视台、上海东方电视台的委托创作了"大头儿子""小头爸爸""围裙妈妈"三幅美术作品,且双方通过书面形式约定了著作权归属于中央电视台、上海东方电视台。刘某岱无权将涉案作品转让给案外人洪某，某文化公司也无权以其从洪某处受让涉案作品著作权来主张某动画公司侵权。（2）即便如一审、二审法院所认定刘某岱享有涉案作品著作权，但针对刘某岱"一权两卖"行为所涉及的合同履行问题，应当根据"先交付"的原则确认刘某岱履行与某动画公司的协议，而与洪某签订的合同则不能履行。据此，某动画公司请求本院撤销浙江省杭州市滨江区人民法院（2014）杭滨知初字第634号判决第一项、第二项；撤销浙江省杭州市中级人民法院（2015）浙杭知终字第356号民事判决；依法改判驳回某文化公司的诉讼请求或发回重审；判令某文化公司承担一审、二审全部诉讼费用。

某文化公司辩称：一审、二审判决认定事实清楚，适用法律正确，实体处理恰当，请求本院驳回某动画公司的再审申请。

某动画公司再审申请期间提交了"刘某岱签署的著作权归属确认书"书证。但是新证据真实性存疑，并不能由此认定中央电视台、上海东方电视台与刘某岱就涉案诉争"大头儿子""小头爸爸""围裙妈妈"三幅美术作品著作权的归属达成真实意思表示一致。

⇨ 再审法院裁判理由与裁判结果

关于某动画公司再审申请提出刘某岱"一权两卖"，应根据"先交付"的原则确认刘某岱履行与某动画公司的协议，而与洪某签订的合同则不能履行的主张，本院认为，本案中，刘某岱确于不同日期分别与洪某、某动画公司签订了《著作权（角色商品化权）转让合同》、《大头儿子和小头爸爸》美术造型委托制作协议和《大头儿子和小头爸爸》美术造型委托制作协议补充协议，还出具了一份《说明》。刘某岱将其享有完整著作权的作品著作权转让给洪某，且双方对合同内容的真实性以及落款时间均明确表示认可，该合同合法有效，洪某依据该合同合法取得了刘某岱创作的三幅诉争美术作品除人身权以外的著作权。某动画公司就此提出的再审申请异议不能成立。

综上所述，再审法院认为，某动画公司的再审申请不符合《民事诉讼法》（2012年修正）第200条第1项、第6项规定的情形。依照《民事诉讼法》（2012年修正）的规定，裁定驳回某动画公司的再审申请。

⇨ 案例解析

本案是涉及动画人物演绎作品与原作品作者之间权利归属与利益平衡的

诉讼。涉案的动画人物系国内知名卡通形象，在创作之初，投资拍摄的制片厂、电视台以及参与造型的创作人员等各方对其权利义务均没有清晰的认识和明确的约定。[①] 未经原作品著作权人许可对其作品进行改编，显然构成著作权侵权。这种"侵权演绎作品"是否还受著作权法保护，则是值得探讨的问题。本案中，法院判决侵权人"以提高赔偿额替代停止侵权"的做法，值得研究。下文将结合本案情况，予以详细讨论。

一、我国法律对演绎作品的相关规定

（一）演绎作品的认定标准

一般认为，演绎作品是依据已有作品创作但与已有作品相区别的作品，其具有独创性是受保护的必要条件。由此可知，演绎权是著作权人对已有作品予以独创性改编的排他权，是在原作基础上加入新的独创性表达、形成新作品并加以后续利用的行为。[②]

演绎权不是我国著作权法上的法定术语，它包括摄制权、改编权、翻译权、汇编权等四项权利。[③] 根据2020年修正的《著作权法》第13条之规定，"改编、翻译、注释、整理已有作品而产生的作品，其著作权由改编、翻译、注释、整理人享有，但行使著作权时不得侵犯原作品的著作权"。

演绎作品是在原有作品基础上经过加工后产生的。本案一审、二审法院均认定央视团队根据动画片艺术表现的需要，在原初稿基础上进行了艺术加工，增添了新的艺术创作成分。但由于这种加工并没有脱离原作品中三个人物形象的"基本形态"，系由原作品派生而成，故属于对原作品的演绎作品。

另外，创作演绎作品的行为不构成合理使用。合理使用是对著作权的一种限制，它是指自然人、法人和非法人组织为了个人学习、研究、欣赏、适当引用、新闻报道等目的，可以不经作者同意使用其已发表的作品并不需要向其支付报酬的行为。对于演绎者而言，其在创作时应当取得原作品权利人的许可或授权。

（二）未经权利人许可构成侵权

演绎者对其演绎作品依法享有著作权，但在行使该著作权时不得损害原作品著作权。在本案中，某文化公司依据其与洪某的转让合同取得了涉案作品的著作权，仅限于刘某岱1994年创作的三个人物形象概念设计图。所以，某

[①] 《2016年中国法院十大知识产权案件简介》，载《人民法院报》2017年4月25日。
[②] 北京市第二中级人民法院（2012）二中民终字第11682号民事判决书。
[③] 梁志文：《论演绎权的保护范围》，载《中国法学》2015年第5期。

动画公司在制作 2013 版动画时需要对 95 版动画进行再创作时，理应取得原作品权利人的许可，即取得某文化公司的许可。然而，某动画公司在 2013 版动画片以及相关的展览、宣传中以改编的方式使用权利人享有的作品并据此获利，未取得权利人许可，亦未向权利人支付报酬，侵犯了权利人的改编权，应当承担相应的侵权责任。①

二、本案特殊之处：以提高赔偿额替代停止使用的法律分析

（一）合理性

本案是著作权侵权案件判决中较为典型的一例，法院主要根据利益平衡原则，综合考虑各方当事人利益以及社会公共利益，判令某动画公司不停止使用，但以提高赔偿额的方式作为该侵权责任的替代方式。②这种做法突破了以往著作权侵权案件中对"停止侵权"的当然适用，从不同于以往的角度弥补了侵权行为给被侵权人造成的财产损失。

本案中一审、二审法院的此种做法也与 2009 年最高人民法院印发的《关于当前经济形势下知识产权审判服务大局若干问题的意见》第 15 条 "充分发挥停止侵害的救济作用，妥善适用停止侵害责任"规定的精神保持高度一致。无论是上述司法政策还是本案法院的裁决，都充分考虑了知识产权保护客体的特性，保护了社会公正利益。③

（二）司法实践中的适用

我国司法实务对"停止侵权"当然适用的突破最早发生在专利法领域。2001 年，福建省高级人民法院审理的"烟气脱硫专利权侵权案"④明确以公共利益为由限制停止侵害的适用。之后 2004 年"广州新白云机场幕墙专利侵权纠纷案"⑤中，法院判决以支付侵权赔偿费的方式代替停止侵权的适用。⑥正如《最高人民法院关于审理侵犯专利权纠纷案件应用法律若干问题的解释（二）》第 26 条中所规定："被告构成对专利权的侵犯，权利人请求判令其停止侵权行

---

① 《2016 年中国法院十大知识产权案件简介》，载《人民法院报》2017 年 4 月 25 日。
② 参见韩庆扬：《论著作权侵权诉讼中停止侵权的民事责任转化——以大头儿子案为例》，载《电子知识产权》2016 年第 9 期。
③ 王小君、高鹏友：《知识产权侵权诉讼中预防性措施强制执行的适用——以停止侵权判决、先行判决强制执行及行为保全之制度比较为视角》，载《中国律师》2019 年第 10 期。
④ 福建省高级人民法院（2001）闽知初字第 4 号民事判决书。
⑤ 广东省广州市中级人民法院（2004）穗中法民三初字第 581 号民事判决书、广东省高级人民法院（2006）粤高法民三终字第 391 号民事判决书。
⑥ 参见王亚丽：《民法典编纂视阈下知识产权禁令救济的制度安排》，载《内蒙古师范大学学报（哲学社会科学版）》2017 年第 4 期。

为的，人民法院应予支持，但基于国家利益、公共利益的考量，人民法院可以不判令被告停止被诉行为，而判令其支付相应的合理费用。"

在著作权法领域，除了本案，在"普通话教材侵权案"[①]中，由于涉案图书作为普通话水平测试的专业教材，使用涉案作品对于涉案图书而言具有不可或缺性。法院认为根据著作权法利益平衡之立法原则及相关司法政策规定，如果判令停止涉案图书出版发行，不仅会导致当事人之间利益失衡，更不利于相关领域教育事业的发展。因此判决以提高赔偿额作为著作权人权利未得以充分保护的替代性补偿，合理平衡各方利益。某文具公司著作权侵权案[②]中，由于某文具公司在涉案商品及包装装潢上使用的字体与张某锐谐体字库中的汉字在笔画、笔数及汉字部件的位置、字体关系、设计风格完全一致，法院判决构成著作权侵权。二审法院从多维度出发，考虑到若禁止某文具公司继续使用涉案字体，会给该公司涉案相关商品的营销造成一定程度的负面影响；且从赔偿范围看，赔偿数额中包含某文具公司经营性收益，超过了权利人张某销售一份字体字库的价格和收益，已足以弥补张某少销售一份字体字库产品的利益损失以及某文具公司涉案侵权行为可能给张某造成的损失，故判决某文具公司赔偿损失，驳回了权利人关于停止侵权的诉讼请求。

在商标法领域，"星河湾案"[③]的审理中由于被告建造的小区里居民已经入住多年，如果判令停止使用该小区名称，会导致商标权人与公共利益及小区居民利益的失衡，所以法院提出适用"侵权不停止"的原则，以在合法范围内实现商标权人利益与公共利益的平衡。该案入选了最高人民法院发布的2015年中国法院十大知识产权案件。后续此类房地产楼盘名称商标侵权案件也依照该案的裁判结果进行处理，可见该案起到了良好的裁判指引作用。

（三）实践中需要注意的问题

知识产权法调整的知识产品具有很强的公共性和社会性，这种公共性和社会性具体体现为其与公共利益的密切关联性。这就要求知识产权法不能仅仅停留在保护知识产权人的利益或仅仅调整个体间的利益关系，还需要确保公共利益。[④]在呼唤利益平衡的大背景下，该判决确实有诸多可取之处。但是，我们在一定程度上肯定此种做法的同时，也应注意以下问题。

---

① 杭州铁路运输法院（2017）浙8601民初2270号民事判决书。
② 江苏省南京市江宁区人民法院（2020）苏0115民初7981号民事判决书、江苏省南京市中级人民法院（2021）苏01民终11555号民事判决书。
③ 最高人民法院（2013）民提字第102号民事判决书。
④ 冯晓青：《知识产权法利益平衡理论》，中国政法大学出版社2006年版，第13页。

第一,法官要合理使用自由裁量权。为了防止司法权力的滥用,在当事人提出停止侵害的诉讼请求时,法官应对停止侵害的责任承担方式可能造成的社会效果进行考量,确实可能影响社会公共利益时,也不能轻易判决支付合理使用费,应及时通知权利人,告知权利人是否愿意变更诉讼请求,以期降低诉讼风险,节约司法成本。[①]

第二,2020年修正的《著作权法》规定了惩罚性赔偿,如何进一步做好惩罚性赔偿与以提高赔偿额替代停止侵权行为的衔接工作仍有诸多要努力的空间。根据惩罚性赔偿的规定,适用惩罚性赔偿原则需要具备"故意"和"情节严重"两个要件。最高人民法院于2021年3月发布了《关于审理侵害知识产权民事案件适用惩罚性赔偿的解释》(法释〔2021〕4号),对故意要件和情节严重要件进行了规定,但是在具体适用中如何操作仍然需要进一步观察。另外,惩罚性赔偿原则的出台是否可以在著作权法领域中起到对"以提高赔偿额替代停止侵权行为"的替代作用,仍需作进一步讨论。

综合分析,为了使法官在办理案件时更加有章可循,努力使人民群众在每一个司法案件中感受到公平正义,完善我国著作权法领域中停止侵害的适用制度势在必行。

三、结论

本案涉及国内知名动画人物形象权利归属及后续使用引发的纠纷。本案中,法院对演绎作品与原作品权属的处理对同类问题具有一定的指引作用。同时,本案在认定侵权成立的前提下,综合考虑了创作背景和本案实际情况,在平衡相关主体利益的基础上,将提高赔偿额作为被告停止侵权责任的替代方式,亦充分考虑了著作权法保护著作权人及激励作品的创作与传播的立法目的,对以后的判决具有重要参考意义。[②]

---

① 韩庆扬:《论著作权侵权诉讼中停止侵权的民事责任转化——以大头儿子案为例》,载《电子知识产权》2016年第9期。

② 参见《2016年中国法院十大知识产权案件简介》,载《人民法院报》2017年4月25日。

以史实为基础的合作作品的侵权认定
——林某某、姚某等著作权权属、侵权纠纷案

/ 杨博雅

⊃ 本案要旨

依据我国《著作权法》的规定,只有作品在表达形式上存在相同或实质性相似之处,且这种相同或实质性相似达到一定程度,才构成对权利人所享有著作权的侵犯。就文学作品而言,其故事背景、人物设置和描写、故事结构及情节是最重要的因素,也是体现作者独创性思维的主要方面。以历史题材进行创作的文学作品,其中既包含作者独创性表达的部分,还包含属于公共领域能够被公众自由使用的部分。其人物、事件、地点等均属于史实,属于公有领域,侵权认定应从作品的独创性来判断,包括人物的外貌描写、行为动作、心理活动、语言对话等方面。合作作品不可以分割使用的,其著作权由各合作作者共同享有,通过协商一致行使;不能协商一致,又无正当理由的,任何一方不得阻止他方行使除转让以外的其他权利,但是所得收益应当合理分配给所有合作作者。

⊃ 案件信息

上诉人(一审原告):林某某
被上诉人(一审被告):姚某、江西某文艺出版社有限责任公司、姚某某
案号:江西省九江市中级人民法院(2016)赣04民初213号、江西省高级人民法院(2017)赣民终358号

⊃ 原被告主张及理由

原告主张:1990年至1992年,由原告林某某执笔、被告姚某负责营销策划,共同创作了纪实文学作品《南京大审判》,两人是该部文学作品的共

同作者。后被告姚某侵犯原告的著作权利，以《南京大审判》为蓝本，创作了《世纪大审判——南京大屠杀日本战犯审判纪实》，署其一人之名，于2006年由北方某出版社出版发行。对姚某和北方某出版社的侵权行为，原告林某某在2008年提起了诉讼。九江市中级人民法院和江西省高级人民法院均认定姚某和北方某出版社的行为侵犯了原告林某某的著作权，两级法院均判决姚某向原告林某某道歉，并予赔偿。2014年，林某某发现江西某文艺出版社有限公司（以下简称江西某出版社）出版的《世纪大审判·1946》署名作者仅为姚某，林某某认为姚某只是将原侵犯其著作权的《世纪大审判——南京大屠杀日本战犯审判纪实》改名，并署其一人之名，再次侵犯其对于《南京大审判》的著作权，遂向法院提起诉讼，请求：（1）判令姚某、江西某出版社、姚某某（系江西某出版社法定代表人）侵犯原告的著作权、署名权和财产权；（2）判令三被告向原告书面赔礼道歉，并在《中国新闻出版社》《文艺报》《文学报》《江西法制报》《浔阳晚报》上刊登道歉声明；（3）判令被告江西某出版社停止发行《世纪大审判·1946》一书；（4）判决江西某出版社赔偿《世纪大审判·1946》侵权书籍8000册的收入270 400元（8000册×33.80元/本）；（5）姚某、姚某某连带赔偿原告稿酬143 646字×1000元/1000字=143 646元；（6）本案诉讼费用和上诉费由三被告承担。

三被告抗辩：我们没有侵权行为，对方请求无道理，请求法院判决驳回原告的全部诉讼请求。

➡ 一审法院查明的事实

林某某与姚某曾共同酝酿、创作以审判南京大屠杀日本战犯为题材的文学作品《南京大审判》，该书因故未能公开发表。1993年，林某某与姚某将《南京大审判》的部分内容在《海南法制报》《九江日报》上进行了连载刊登，署名作者为林某某与姚某。2006年，姚某在《南京大审判》的基础上新增了部分内容，完成作品《世纪大审判——南京大屠杀日本战犯审判纪实》，在北方某出版社公开发表，署名作者为姚某。2008年，林某某向江西省九江市中级人民法院提起诉讼，认为其与姚某系《南京大审判》的合作作者，姚某以《南京大审判》为基础，单独以自己名义出版《世纪大审判——南京大屠杀日本战犯审判纪实》一书，侵犯了其著作权。九江市中级人民法院作出（2008）九中民三初字第101号民事判决后，该案经江西省高级人民法院二审审理，作出（2009）赣民三终字第26号民事判决。该判决认定：《南京大审判》为林某某和姚某合作作品,双方共同对该作品享有著作权。……但姚某没有在新书《世纪大审判——南京大屠杀日本战犯审判纪实》中予以注释,侵犯了林某某的署名权……姚某正当行使合作作品使用权,依法也应当注明使用部分的出处。据此,根据著作权法的有关规定,姚某应当承担赔礼道歉的侵权民事责任,并赔偿林某某维权的合理开支。"2014年,林某某在九江市图书馆阅览图书时,发现江西某出版社出版的《世纪大审判·1946》署名作者仅为姚某,林某某认为姚某只是将原侵犯其著作权的《世纪大审判——南京大屠杀日本战犯审判纪实》改名,并署其一人之名,再次侵犯其对于《南京大审判》的著作权,遂向法院提起诉讼。

⇨ 一审法院判决理由与裁判结果

本案的争议焦点包括:《南京大审判》是否为林某某、姚某两人合作作品;姚某是否构成侵权,是否应当承担相应的侵权民事责任。

本院认为,本案所涉《南京大审判》一书未全部公开发表。1993年,林某某与姚某将《南京大审判》中的部分章节刊登在《九江日报》《海南法制报》上,并署有二人姓名。关于《南京大审判》是否为林某某、姚某两人合作作品,早在已发生法律效力的江西省高级人民法院(2009)赣民三终字第26号民事判决中予以认定。生效判决所认定的事实,除非当事人有相反证据足以推翻。本案审理中姚某提供一份手稿,不足以推翻上述民事生效判决所认定的事实。故本案应认定林某某、姚某为《南京大审判》的合作作者。

根据本院所查明的第一个焦点问题所涉的案件事实,姚某在《世纪大审判·1946》中引用《南京大审判》(包含报刊连载内容和未公开发表内容)不符合《著作权法》(2010年修正)第22条之规定。因《南京大审判》系林某某与姚某的合作作品,姚某将《南京大审判》的部分内容写入《世纪大审判·1946》中,未得到林某某的许可和同意,《世纪大审判·1946》引用的部分,并不是为了介绍、评价某一作品或者说明某一问题,其所引用的内容有部分属于史实资料,但也有大量内容属于对人物外貌、心理活动、语言对话的描述。根据《著作权法》(2010年修正)第47条第2项之规定,"未经合作作者许可,将与他人合作创作的作品当作自己单独创作的作品发表的"属于侵权行为,故姚某已构成对林某某对于《世纪大审判·1946》署名权的侵权。

根据《著作权法》(2010年修正)第47条的规定,侵犯著作权的,应当承担赔礼道歉的侵权民事责任,但考虑到姚某与林某某均系《南京大审判》

的合作作者，姚某对《南京大审判》亦付出了大量智力劳动，且姚某出生于1936年，年事已高，采取向林某某口头赔礼道歉为宜；本案中林某某未就稿酬提供任何有效证据材料。而根据姚某与江西某出版社的《图书出版合同》约定，"江西某出版社不向姚某支付稿酬，姚某也不向江西某出版社支付出版费用。"故姚某未从出版《世纪大审判·1946》这一行为获得利益，根据本案现有证据材料，林某某要求姚某赔偿稿酬143 646元，因其未提供相应有效的证据，本院酌情判定为3000元。

⇨ 上诉主张及理由

上诉人林某某诉称：（1）原判要求江西某出版社立即停止发行《世纪大审判·1946》，却未明确"侵权"二字，亦未依据《著作权法》第48条规定判决江西某出版社将非法销售8000册《世纪大审判·1946》而获得的27万余元非法收入给林某某。姚某某明知姚某的长篇纪实文学《世纪大审判——南京大屠杀日本战犯审判纪实》侵犯了林某某的原著《南京大审判》，却将此书改成长篇小说《世纪大审判·1946》在其主管的江西某出版社出版，其行为属于未经著作权人许可擅自出版，构成了对林某某所享有的作品发表权、改编权的侵害，故江西某出版社必须支付稿酬，赔偿林某某的经济损失。（2）以姚某年事已高为由，判决改书面道歉为口头道歉无法律依据，实属荒谬。姚某事先未经著作权人林某某同意，私自与某出版社签订《图书出版合同》，侵害了林某某的获酬权，他无权代表林某某签订自愿放弃稿酬的合同。

被上诉人姚某、某出版社辩称：原判事实不清，对关键概念理解错误，适用法律不当。（1）关于林某某提供的所谓《南京大屠杀》手稿真实性的认定和谁是真正的作者是本案判决的根本前提，林某某提供的手稿是拼凑的稿子，失去了原证原貌的基本要求。（2）原判事实认定不清。

被上诉人姚某某辩称：同意姚某、江西某出版社上述意见。

⇨ 二审法院判决理由与裁判结果

本案争议焦点为姚某所著的《世纪大审判·1946》是否构成对姚某、林某某合作作品《南京大审判》林某某所享有著作权的侵权；如果构成侵权，姚某、江西某出版社、姚某某如何承担民事责任。

关于是否构成侵权。本院认为，作为揭露战争年代日本南京大屠杀和对日本战犯进行军事审判历史题材的作品，其人物、事件、地点等均有所限制，两部作品难免有相似或雷同之处，况且姚某与林某某合著有《南京大审判》，姚某亦无须进行全新创作；但姚某还是在人物的外貌描写、行为举止、心理活动、语言对话等方面进行了大量的文学创作和演绎，并在著作体例、结构、篇幅、呈现方式、资料来源等方面进行了改编和补充，特别是精选了近百幅图片资料，以图文并茂的方式全新编排，使《世纪大审判·1946》作品变得更生动、真实、给人以深刻印象。姚某对《南京大审判》进行的上述创作、演绎、改编和补充，应当认定创作出了具有独创性的新作品，系在《南京大审判》的基础上改编而成，为改编作品。根据《著作权法》第12条的规定，姚某对《世纪大审判·1946》享有著作权。林某某认为《世纪大审判·1946》系抄袭《南京大审判》，侵害了其署名权的主张不能成立。林某某不得无正当理由阻止姚某行使改编权，但姚某行使著作权所得收益应当合理分配给林某某。姚某主张其未侵犯林某某著作权，亦未从江西某出版社获取收益，不应赔偿，但《世纪大审判·1946》系在合作作品基础上改编而成，林某某对合作作品付出了心血，根据条例规定，理应得到收益。根据查明的事实，姚某未从江西某出版社取得稿酬，但该事实不能成为拒付林某某收益的理由，姚某无权放弃合作作品著作权人林某某获得收益的权利，姚某应在放弃收益的范围内，承担林某某应得部分收益的损失。林某某主张姚某构成对其著作财产权侵权的理由成立，对其该项诉请予以支持。姚某认为不构成侵权，不应赔偿的理由不能成立，对其该项上诉请求不予支持。林某某所诉著作财产权侵权成立，但据此要求公开赔礼道歉无法律依据，对其该项请求不予支持。关于具体数额，根据《世纪大审判·1946》作品的分类、篇幅、受众和相关稿酬标准等，本院酌情确定。

⇒ 案例解析

本案是针对以历史题材进行创作的作品著作权权属纠纷、侵权认定以及后续责任承担问题而引发的诉讼。本案中产生争议的双方主体为先前作品的合作人，因其中一方对先前作品的再创作而引发了一系列与著作权相关的法律纠纷。以下将结合案件中的历史题材作品侵权认定问题进行研究和分析。

一、历史题材作品的保护范围

侵权主张的成立有赖于外延确定的权利基础的客观存在。[①] 在著作权侵权

---

① 许波：《著作权保护范围的确定及实质性相似的判断——以历史剧本类文字作品为视角》，载《知识产权》2012年第2期。

案件中，确定作品的保护范围是侵权认定的前提。历史题材作品一般通过考察文献资料、历史史实，并以特定人物生平或者经历为素材进行创作，部分内容不可避免会出现相同。因此，在确定历史题材作品的保护范围时，既应排除不受著作权法保护的思想范畴部分，还应排除使用公有领域素材的部分。

（一）思想与表达二分法

思想与表达二分法，是指在受著作权保护的作品中，只有作品中思想的表达受著作权保护，单纯的思想不受著作权保护。著作权法所保护的"独创性"仅针对"表达"，并不要求"思想"必须具有独创性。对于抽象的构思、观点、事实题材等，应划归到"思想"的范畴，不属于著作权法保护的对象。而由"思想"外化而来的具体、可感知的表现形式，才是独创性条件的判断基础。在著作权侵权诉讼中，只有两部作品中的表达部分相同或实质性相似，才有可能被法院认定为构成侵权。因此，必须在思想与表达之间划定出清晰的界限。[①] 根据文艺创作的一般理论，作品是内容与表现形式的有机统一体，其创作要素有涉及思想领域的创作要素和涉及特殊表达领域的创作要素之分。其中，涉及思想领域的创作要素包括：题材，即表现作品主题思想的具体社会现象，如社会题材、军事题材、爱情题材等；体裁，即表现创作思想内容的作品类型，如电影作品或戏剧作品、喜剧作品或悲剧作品；主题，即反映社会生活或客观现象所显示出来并贯穿于作品的中心思想，如揭示问题、表达见解所表现的总括性思想意义；事实，即关于某一事物的发生、发展过程和规律，如未经整理的有关社会事件、历史事件的信息材料等。涉及特殊表达领域的创作要素包括：结构，即作品关于组织材料、安排人物、处理情节等总体性的组织安排和基本框架；情节，即展示事物、人物性格、表现人物相互关系的一系列事件发展过程；角色，即作品塑造的具有个性特征的艺术形象，通常包括名称、外形、经典动作、个性语言等艺术要素；名称，即蕴含特定信息或思想情感且具有独创性的作品标题。从思想内容到特殊表达，创造要素表现了抽象与具体的区分。具言之，抽象创造要素如题材、体裁、主题、事实等不宜由某一特定主体所独占，人们可以采用不同创作手法进行个性化表述；而具体创作要素如结构、情节、角色、名称等，如果具备独创性以及法律规定的要件则应受著作权法的保护。[②] 引入思想与表达二分法原则，明确著作权不保护作品中承载的思想，仅保护思想的表达，有利于明确著作权保护边界，协调不同主体之间

[①] 杨利华、沈韵：《公共领域保留视野下历史题材文字作品著作权保护研究》，载《邵阳学院学报（社会科学版）》2020年第4期。

[②] 吴汉东：《试论"实质性相似＋接触"的侵权认定规则》，载《法学》2015年第8期。

的利益关系，促进知识、思想和信息的自由传播。正是基于二分法原则在著作权保护中的正当性和合理性，其在著作权司法实践中也被广泛运用。例如，在一百年以前的著名 Baker v. Selden 案中，法院即明确区分了该案中不受保护的思想，为区分著作权保护和专利权保护奠定了重要的判例法基础。在后来国外的很多著作权案件中，该原则也被反复适用。如有的判例指出：适用该原则是出于公众利益考虑而明确后续作者创作作品时能够自由利用的领域。①

（二）公有领域

历史事实是业已发生并客观存在于公知领域的属于全人类均可以自由利用的社会资源。之所以不对历史事实提供著作权保护，乃考虑到史实的社会公共属性，不能将人类文明的组成部分不恰当地划归任何人所垄断，且任何人在任何作品中对史实的记载或还原也无法体现作者的独创性成分，因此作品中对史实的真实利用不能进入著作权的保护范围。除历史事实外，历史剧本类文字作品中通常还会涉及文学创作中经常会利用到的基本元素，这些创作元素在大量作品中广泛存在，也属于公共资源的范畴。显然，若赋予上述创作要素著作权保护，必然会阻止他人利用该公共资源进行创作，或使著作权人不适当地将某些公共要素据为己有，致使著作权范围扩大到超越立法本意的程度，打破著作权人与社会公共利益之间的平衡。②

二、历史题材的合作作品与侵权认定

结合案例，我们发现在历史题材的作品中，难免有不少人物、事件、地点等史实再现于创作作品中。本案中，一审法院将争议作品进行章节拆分，逐一与先前作品进行比对。针对引用部分的目的，包括介绍、评论某一作品或者说明某一问题进行分析。对比发现，虽然所引用的内容有部分属于史实资料，但争议作品也有大部分属于对人物外貌、心理活动、语言对话的描述。尽管如此，一审法院还是认定争议作品每一章节的部分内容都能在先前作品中找到雷同或者相似之处，其所引用的内容已经构成了创作作品的实质组成部分。而二审的审理态度明显从消极态度向积极态度发生转变。二审的审判思路从著作权的客体出发，溯及本源，摒弃先入为主的观念，从作者在创作作品所倾注的时间、内涵、思想出发，审理发现争议作品中包含了大量的文学创作与演绎，并

---

① 参见冯晓青主编：《知识产权法》（第 4 版），中国政法大学出版社 2024 年版，第 121 页；101 U.S.99（1879）；Harper & Row, Publishers, Inc. v. Nation Enterprises, 471 U.S.539, 560.

② 许波：《著作权保护范围的确定及实质性相似的判断——以历史剧本类文字作品为视角》，载《知识产权》2012 年第 2 期。

在著作体例、结构、篇幅、呈现方式、资料来源等方面进行了改编和补充，特别是精选了近百幅图片资料，以图文并茂的方式全新编排，使作品变得更生动、真实，给人以深刻印象，故二审法院认定该作品为具有独创性的新作品。

相比一审法院，二审法院的审判思路更加富有合理性，既维护了先前作品的著作财产权，又对创新作品的独创性进行了认可。

现行《著作权法》第10条第1款第14项规定："改编权，即改变作品，创作出具有独创性的新作品的权利。"第13条规定："改编……已有作品而产生的作品，其著作权由改编……人享有，但行使著作权时不得侵犯原作品的著作权。"根据上述规定可知，某一作品要构成改编作品，首先要保持原作品的基本表达，其次要在原作品基础上体现出改编者的独创性表达，这种独创性应当符合著作权法规定的最低限度，若不符合则称不上是"改编作品"。如果新作品独创性很高，未利用原作品独创性表达部分，与原作品在表达上已无相似之处，或虽有相似之处但达不到实质性相似的程度，则新作品并非原作品的改编作品，而是独立的新作品。① 本案中，二审法院认为，被上诉人在人物的外貌描写、行为举止、心理活动、语言对话等方面进行了大量的文学创作和演绎，并在著作体例、结构、篇幅、呈现方式、资料来源等方面进行了改编和补充，使《世纪大审判·1946》作品变得更生动、真实，给人以深刻印象。对《南京大审判》进行的上述创作、演绎、改编和补充，应当认定创作出了具有独创性的新作品，系在《南京大审判》的基础上改编而成，为改编作品。

关于合作作品，我国现行《著作权法》所规定的主要原则包括合作作品的认定、作者资格确认、可以分割使用作品著作权的行使。实践中，除了合作作者的资格确认之外，如何行使合作作品权利，尤其是维权权利，是实务中最容易产生纠纷的问题。我国《著作权法》第14条规定，合作作品的著作权由合作作者通过协商一致行使；不能协商一致，又无正当理由的，任何一方不得阻止他方行使除转让、许可他人专有使用、出质以外的其他权利，但是所得收益应当合理分配给所有合作作者。《世纪大审判·1946》是在合作作品基础上改编而成，合作作者中任意一方不得无正当理由阻止其他作者行使改编权，但行使著作权所得收益应当合理分配给其他作者。

---

① 巢玉龙：《纯艺术品侵犯改编权认定之困境及其突破》，载《科技与法律》2016年第3期。

三、结论

以历史题材进行创作的文学作品,司法实践中判断是否构成实质性相似时,应以思想与表达二分法为基础,排除其中属于思想的部分,进一步通过抽象分离法将思想范畴之外的属于历史事实等公共领域素材的部分过滤掉,[①] 确定历史作品的保护范围,以保证对独创性表达的著作权保护。对于改编作品来说,需要在原作品基础上体现出改编者的独创性表达,这种独创性应当符合著作权法规定的最低限度。

---

① 杨利华、沈韵:《公共领域保留视野下历史题材文字作品著作权保护研究》,载《邵阳学院学报(社会科学版)》2020年第4期。

民间文学艺术与其衍生作品的著作权地位研究

——黄某某与南宁市某剧院侵害著作权纠纷案

/ 张潇

● 本案要旨

民间文学艺术衍生作品是指其主题与民间文学艺术或民间传说有关，或以民间文学艺术或民间传说为背景，或对碎片化的民间文学艺术或民间传说进行收集，经过作者个人的独立思考，表达作者的思想感情，体现作者个性的智力成果，具有独创性，可以受著作权保护。影响民间文学艺术衍生作品的独创性的因素有语言风格的个人色彩、添加具体的情节或细节描写等。民间文学艺术衍生作品中，只有独创性的情节与表达才受到著作权法保护，而其他非独创性的情节则由于属于民间文学艺术而进入属于公共领域，可由他人自由、无偿使用。

● 案件信息

上诉人（一审原告）：黄某某

被上诉人（一审被告）：南宁市某剧院

案号：广西壮族自治区南宁市中级人民法院（2007）南市民三初字第62号、广西壮族自治区高级人民法院（2008）桂民三终字第15号

● 原被告主张及理由

原告黄某某诉称：1958年其将收集到的民间传说予以整理，独立创作完成《妈勒带子访太阳》，以笔名"布某"发表在1958年2月总第35期的《民间文学》上。1999年南宁市某剧院未征得其同意，将其作品改编为《妈勒访天边》并进行演出，未给其报酬，侵犯其著作权。请求法院确认南宁市某剧院的《妈勒访天边》系其《妈勒带子访太阳》的改编作品，黄某某享有原著署名

权,南宁市某剧院停止侵犯其原著署名权,即再版、使用、演出《妈勒访天边》及销售其复制品时,在剧本及宣传海报、门票、光盘等载体上注明"根据黄某某作品《妈勒带子访太阳》改编"。

被告南宁市某剧院辩称:黄某某不享有《妈勒带子访太阳》的著作权,《妈勒带子访太阳》反映的民间传说广泛流传、历史久远,不是布某创作,只能说是其整理编辑成文字作品而已。南宁市某剧院的《妈勒访天边》是新创作的作品,不构成侵权,表演作品是公益性的,没有获利,请求法院驳回黄某某的诉讼请求。

一审法院查明的事实

1958年2月总第35期的《民间文学》上刊登了"布某收集整理"的"壮族民间传说"《妈勒带子访太阳》。"布某"是黄某某的笔名。

1961年《广西僮族文学》(初稿)第二章《远古神话》中收录了《妈勒访天边》一文,该文未标明著者或收集整理人。该书的《后记》中记载了该书的形成经过:僮族文学史编辑室"1958年9月接到中国科学院文学研究所关于编写僮族文学史的通知后,由自治区科学分院进行筹备,经区党委宣传部批准,由区直属文化单位和广西师范学院中文系五十多个教师与学生组成僮族文学史调查队……深入到广西僮族地区卅二个县、市进行调查、收集材料,历时两个多月。在大体了解僮族文学概况,并占有相当材料的基础上,由编辑室着手分析和研究材料,开始编写工作……在材料的收集整理和编写过程中,得到了区民族事务委员会、区僮文学校、区民族出版社"等的大力帮助。

1981年的《广西民间文学丛刊》第4期刊登了"农冠品整理"的"壮族古代传说"《妈勒访天边》。农冠品在文后的"附记"中写道:这篇壮族古代传说系根据1958年壮族文学调查组搜集的资料整理的。过去曾有人整理发表过,题为《妈勒带子访太阳》(见《民间文学》1958年第2期)。该整理者的材料来源,我无法知道,很可能在壮族民间确实有一位古代的妇女"妈勒"带着她的儿子去访问太阳。但依我的看法,过去的整理者从现实的观点出发,把原来是寻找"天边"的传说改为访"太阳"……假若真的是这样更改,就与民间传说完全异样……过去整理时为访"太阳",内容上并没有错误,但为了使一个远古的传说适应当今时代的政治倾向而自作更改,那是对古代传说的歪曲、篡改,是从事民间文学工作所力戒的。

1999年,南宁市某剧院创编了《妈勒访天边》,该剧注明"根据壮族民间传说改编"。

2003年7月，南宁市某剧院与农冠品达成协议：其一，南宁市某剧院创作的舞剧《妈勒访天边》与农冠品收集整理的民间故事《妈勒访天边》同是对同一壮族民间传说的传承，农冠品认为南宁市某剧院未构成侵权；其二，因农冠品参与了舞剧《妈勒访天边》的论证工作，南宁市某剧院向农冠品一次性支付稿酬2000元。

"布某收集整理"的"壮族民间传说"《妈勒带子访太阳》的主要内容是古时的壮乡黑暗、寒冷、野兽出没，人们决定去找太阳。老人、中年男子、小孩各摆条件争着要去。一名叫妈勒的年轻孕妇所说的理由获得认同，大家决定让她去找太阳。孕妇在途中生下儿子，母子一路上经历了很多困难，母亲因年老走不动，儿子一人继续向前走，终于在第一百年找到太阳。文尾注明"收集于来宾县"。

1961年《广西僮族文学》（初稿）第二章《远古神话》中收录了《妈勒访天边》一文，该文未标明著者或收集整理人，其故事梗概是：古时候的人看见天像锅头一样盖着大地，就想象天一定是有边际的。于是大家都想去找天边。老人、青年人、小孩子都摆出自己能去找天边的理由，但一个年轻的孕妇说服了大家，大家同意她去找天边。孕妇在途中生下一个男孩，走了几十年，妈妈走不动了，儿子继续往东走，要走完妈妈没有走完的路。

"农冠品整理"的"壮族古代传说"《妈勒访天边》的主要内容是古时的人们想看看天边是什么样，因此决定派人寻找。老人、青年、小孩各摆条件争着要去。一名年轻的孕妇所提出的理由获得认同，大家决定由她去寻找。孕妇在途中生下儿子（勒）。母子俩在路上经历了很多困难，母亲年老走不动了，儿子一人继续寻找。

1999年，南宁市某剧院创编的《妈勒访天边》的主要内容是很久以前，阴暗和寒冷封锁壮乡。人们决定去寻访太阳。老人、青年、孩子各摆条件争着要去。一位美丽年轻的孕妇所说的理由获得认同，大家决定由她到天边去寻访太阳。孕妇在途中生下了勒（壮语儿子的意思）。母子（妈勒）在路上经历了很多困难，母亲因年老去世，儿子继续前行。儿子遇到藤妹，两人相爱，难分难舍。儿子想起母亲临终前的嘱咐，毅然离去。藤妹也追随而去，两人继续寻访太阳。

⇒ 一审法院判决理由与裁判结果

一审法院认为，《妈勒带子访太阳》的作者是黄某某，其主张文中的人物及八处情节为其独创,但该文注明是根据"壮族民间传说""收集整理"而成,因此其内容应源于民间传说。结合农冠品的文章及附记来看,即便该文有独创部分,也仅为黄某某将故事背景由"寻访天边"改为"寻访太阳"。对比黄某某的《妈勒带子访太阳》与南宁市某剧院的《妈勒访天边》,二者均讲述了壮族人民为追求美好生活不畏艰险、前仆后继的故事,题材相同,但题材不是《著作权法》所保护的客体;二者均是根据壮族民间传说改编,都是对民间传说的传承,是两部不同的作品;二者的主要人物也不完全相同;虽然二者中有部分情节相同,但不构成实质性相同。黄某某主张南宁市某剧院的作品系改编自其作品,侵犯其著作权的证据和理由不充分,不予支持。

上诉主张及理由

黄某某上诉称:(1)一审判决认定其作品中的人物及故事情节完全来自民间传说、不具有独创性,没有事实依据。《妈勒带子访太阳》系其独立创作的作品,原有的民间传说仅是其创作灵感的来源,为了能在《民间文学》上发表,其才以民间故事的形式投稿,杂志社注明"布某整理"而不是"布某著"是基于该刊物自身的需要,不是作者的本意。(2)一审判决认定两作品之间没有实质性相同,不具有改编关系,与事实不符。被控侵权作品与其作品中的人物形象及基本故事情节几乎完全一致,构成实质性相同。请求撤销一审判决,改判支持其一审全部诉讼请求,案件诉讼费由南宁市某剧院负担。

被上诉人南宁市某剧院辩称:(1)《妈勒带子访太阳》是布某收集整理的民间传说,黄某某称是其创作的证据不足,不能享有著作权。民间文学艺术作品的作者是创作民间文学艺术作品的社会群体,《妈勒访天边》属于民间传说,因此著作权应归远古的壮族人民集体所有,由创作、保存该民间文学艺术作品的社会群体享有有关权利。(2)根据《著作权法》(2001年修正)第6条的规定,民间文学艺术作品不属于《著作权法》的调整范围,故黄某某对《妈勒带子访太阳》无著作权,南宁市某剧院创编的舞剧《妈勒访天边》未侵犯其著作权。请求二审法院驳回上诉,维持原判。

二审法院判决理由与裁判结果

二审法院认为,妈勒访天边的故事原型在民间早已存在,但黄某某的《妈勒带子访太阳》一文在民间传说的基础上,融合了其个人的理解和想象,运用具有其鲜明个性特色的语言文字及表述风格进行整理、改动和加工,把壮语中具有母、子含义的"妈勒",独创性地改变成母亲独有的称谓,把在第一百年终于找到太阳独创性地作为故事的结局,已不是简单地把口头传说用文字的形式固定下来,不是一般意义的单纯的收集整理,是投入了个人创造性思维和劳动的再创作,属于《著作权法》保护的创作活动,因此黄某某对《妈勒带子访太阳》应享有著作权。一审法院认为《妈勒带子访太阳》内容应源于民间传说,即便该文有独创部分,也仅为黄某某将故事背景由"寻访天边"改为"寻访太阳"的认定不当,二审法院予以纠正。

但在本案中黄某某既没有证据证明南宁市某剧院接触过其作品,也未能举出充分证据证明南宁市某剧院的《妈勒访天边》与其作品中相似的部分是其原创,南宁市某剧院称其创作的作品是源于同一民间传说并举出了相应的证据。因此,二审法院认为黄某某主张南宁市某剧院的作品《妈勒访天边》构成对其作品《妈勒带子访太阳》的改编,侵犯其著作权的理由缺乏事实和法律依据,不予支持。

虽然黄某某的作品与南宁市某剧院的作品之间不构成改编法律关系,但在审理中,双方提供的证据表明南宁市某剧院的作品从黄某某的作品中间接受益。南宁市某剧院在审理中也一直本着实事求是、协商解决的态度处理本案的纠纷,在法院主持的调解中也同意给黄某某作适当补偿,故根据案件的实际情况,法院酌情确定由南宁市某剧院给黄某某适当补偿。

⊃ 案例解析

本案主要涉及民间文学艺术衍生作品的著作权问题。近年来,随着人们对民间传说或民间文学艺术的兴趣只增不减,民间文学艺术衍生作品的著作权纠纷日益增多,厘清民间文化艺术与衍生作品之间的关系问题显得尤为重要。

一、民间文学艺术衍生作品的著作权法地位

民间文学艺术衍生作品指的是其主题与民间文学艺术或民间传说有关,或以民间文学艺术或民间传说为背景,或对碎片化的民间文学艺术或民间传说进行收集,经过作者个人的独立思考,表达作者的思想感情,体现作者个性的智力成果。民间文学艺术的著作权地位在世界各国目前尚未完全统一,存在一定的分歧,并且多数国家认为民间文学艺术属于公共领域,任何人可以自由且无偿使用。在我国,与民间文学艺术相关的法律法规有待出台,民间文学艺术的著作权法地位有待进一步明确。

纵观世界各国的著作权法,可以发现各国对作品构成要件的要求大同小异，一般包括以下三个构成要件：第一，属于文学、艺术、科学领域；第二，是具有独创性的智力成果，虽然各国对独创性标准的规定并不统一，甚至对不同类型的作品要求的独创性也不一致，但均有独创性要求，不具有独创性则不构成作品；第三，能以一定形式表现，其与固定在有形载体上仍有一定区别，不应同一而论。

民间文学艺术衍生作品满足第一个与第三个构成要件，因此决定其是否构成著作权法意义上的作品的重要因素在于是否满足第二个构成要件，即独创性要求。

本案中，涉及的民间传说为壮族民间一位古代妇女"妈勒"带着他的儿子去访问太阳（天边）的故事，原告完成的《妈勒带子访太阳》一文中注明是根据"壮族民间传说""收集整理"而成，一审法院就此认为该民间文学艺术衍生作品不具有独创性，但二审法院经审理后认为，该文虽注明"收集整理"，但"不是简单地把口头传说用文字的形式固定下来，不是一般意义的单纯的收集整理，是投入了个人创造性思维和劳动的再创作，属于《著作权法》保护的创作活动，因此黄某某对《妈勒带子访太阳》应享有著作权。"由法院的态度可以看出，影响民间文学艺术衍生作品的独创性的因素有：第一，语言风格的个人色彩。以文学为例，若其语言风格具有鲜明的个性，体现出作者的思想水平与感情倾向，则该文学更易被认为满足独创性要求，若该文学语言平白，以该领域或该主题的一般语言风格进行撰写，则其更可能由于无法体现作者的个人色彩，而不被认为满足独创性要求。第二，添加具体的情节或细节描写。民间传说大多为笼统的故事梗概，并不会对其中的情节或细节加以注重描写，若争议文章存在多处细节描写，或添加了许多丰富的情节使文章内容更加充实，则该文章更易被认为满足独创性要求。如在本文中，原告"把壮语中具有母、子含义的'妈勒'独创性地改为母亲独有的称谓"等。

值得说明的是，民间文学艺术衍生作品受到著作权法保护，取得著作权法上的作品地位，并不意味着其全文或全部情节均受到著作权法保护，只有其中独创性的情节与表达才受到著作权法保护，而其他非独创性的情节则由于属于民间文学艺术，因此属于公共领域，可由他人自由且无偿使用，衍生作品的著作权人无法就此主张他人侵犯其著作权，寻求法律救济。

二、司法实务中的民间文学艺术衍生作品案例

我国作为有着悠久历史文化的文明古国，地大物博，在这片土地上流传着许多诞生已久的民间传说，并且不同地域的民族或族群有着与自己民族独特

文化相关的古老传说。随着人们对民间传说或民间素材的兴趣只增不减，民间文学艺术衍生作品的著作权纠纷日益增多，我们也得以从法院的审判中窥探司法的态度。

（一）陈某挺与陈某贵著作权权属、侵权纠纷案 ①

原告陈某挺以民间草医董奉与侯官县令何良之间的矛盾冲突、化解为主线完成剧本《董奉传奇》创作，并发表在中国戏剧文学学会主办的《中国剧本》2008年第2期上。2016年8月，被告陈某贵接受长乐市某某闽剧团委托，创作了《杏林始祖》剧本，该剧本亦以名医董奉治病救人、治病不收钱等民间传说故事为题材创作而成。《杏林始祖》由长乐市某某闽剧团进行了演出。原告陈某挺认为，被告陈某贵所创作的《杏林始祖》整个戏剧核心情节与故事脉络完全套用《董奉传奇》，仅在角色及姓名处稍作改动，其剧本与《董奉传奇》相同或相似。

法院经审理认为，由于受制于历史因素，民间故事发生的时间、地点和场景的表达是有限或唯一的，而且民间传说故事本身属于社会公众共享的资源，这些表现特定主题唯一或不可或缺的戏剧场面、地点设置以及民间流传的故事内容并不受著作权法保护，任何人均可以采用并加以发挥。但是本案利用民间故事进行再创作的剧本作品中，包含有具体的人物设置与人物关系、整体逻辑结构和具体故事情节，以及语言表达和细节设计等，这些内容均是民间故事本身并未包含的元素，是经过作者的编排设计组成的剧本故事，属于作者的独创性表达，应受著作权法保护。本案在甄别出民间故事素材的基础上将两个剧本进行比对，部分内容与《董奉传奇》构成实质性相似。虽然不同作者在对同类型题材进行创作的过程中，可能会出现雷同或相似的巧合，但涉案剧目在有限的篇幅内存在如此多处创作的巧合，已经超出了合理的界限，被告陈某贵构成侵权，而被告长乐市某某闽剧团未经原告许可进行表演，亦构成侵权。

（二）叶某某与浙江某某食品有限公司著作权侵权纠纷案 ②

2003年年初，原告叶某某受托为筹建中的普陀山公司开发素食品取名并创作主题故事。后叶某某创作完成《观音饼来历》，并建议定名"观音饼"，经原普陀山全山方丈戒忍审阅后，交给普陀山公司在"普陀山"牌观音饼外包装盒上印制使用。2003年10月，普陀山公司就观音饼包装盒申报外观设计专利，并在该观音饼包装盒上印制了《观音饼的由来》。叶某某主张其系《观音

---

① 福建省高级人民法院（2019）闽民终778号民事判决书。
② 浙江省高级人民法院（2016）浙民终118号民事判决书。

饼来历》的作者，"观音饼"三字源于《观音饼来历》，对此享有完整的著作权。被告浙江某某食品有限公司（以下简称某某公司）未经许可，在生产销售的"某某"牌观音饼包装盒、手提袋上改编使用其作品，且未注明作者，侵害了其对涉案作品的改编权、复制权、发行权等权利。

法院经审理认为，涉案作品虽是源自民间观音传说的公有素材，但加入了作者想象的多个情节，并用古文体形式加以表达，具有一定的独创性，属于我国著作权法所保护的文字作品。但其中"观音饼"一词作为单个汉语词汇，具有表达思想、传递信息的功能，任何人均不能禁止他人正当使用，只有在该汉语词汇具有著作权法意义上的独创性时，才能认定为作品。从审理查明的事实来看，叶某某的《观音饼来历》与某某公司的《观音饼的由来》题材相同，但两部作品语言风格不同，叶某某作品采用古文体，文字精练，某某公司作品语言偏白话，用语略显粗糙，两部作品所含情节基本相同。本案中，某某公司可从公开销售渠道获取叶某某作品内容。某某公司作品的人物安排、情节排布在很大程度上源于叶某某作品，包含叶某某作品的主要创作表达，用语也存在一定相似度，但某某公司将叶某某古文体的《观音饼来历》改编为白话体的《观音饼的由来》的行为，并不是对叶某某作品的原样再现，而是在叶某某作品基础上进行的再创作，具有一定的独创性，因此，某某公司的行为并未侵害叶某某所享有的作品发行权、复制权，而是侵害了叶某某的改编权。

三、结论

对于民间文学艺术作品的著作权地位，目前司法实践的态度为，如果行为人在民间传说的基础上融合了其个人风格，运用具有鲜明个性特色的语言文字及表述风格进行整理、改动和加工，则为具有独创性的作品，受著作权法保护。

著作权侵权判定中的实质性相似判定标准

——霍某诉杭州某科技有限公司著作权纠纷案

/ 杨宇珺

➲ 本案要旨

著作权法保护的对象是作者基于思想而产生的独创性表达,而不是思想本身。文字作品若要受著作权法保护,通常是以故事情节与人物的交互作用来呈现个性化的、具体的人物关系,并基于特定情节的发展产生独创性的表达效果。作品情节选择及结构上的巧妙安排和情节展开的推演设计,反映作者个性化的判断和取舍,是作者的独创性成果。写实类作品往往会使用已经进入公有领域的客观事实与公知素材,他人可自由使用这一部分素材,权利人不可将这部分纳入自己的权利保护范围,否则会阻碍文字作品的自由创作。

➲ 案件信息

原告:霍某

被告:杭州某科技有限公司

案号:浙江省杭州市余杭区人民法院(2016)浙0110民初315号

➲ 原被告主张及理由

原告霍某诉称:原告拥有文章作品《Telegram传奇:俄罗斯富豪、黑客高手、极权和阴谋》(以下简称《传》文)的著作权。2015年9月29日,原告在其运营的微信公众号"歪理邪说"通过信息网络传播,向公众发表了《传》文。被告未经授权改编涉案作品,于2015年10月5日发表《把扎克伯格秒成渣的社交网络真巨头,就是这么帅!》(以下简称《把》文),在其运营的微信公众号"差评"通过信息网络传播。

被告杭州某科技有限公司答辩称:关于杜罗夫这个人物的故事、信息以及所创立的 VK 和 Telegram 的相关报道,在原告创作《传》文之前,国内外网站均有大量报道,原告的作品也源于该些报道、资料,并非原告本人对杜罗夫这个人物采访所得,不是其对该些事件的独立创作,原告对此不享有著作权。两篇文章的内容有些相似,不构成侵权;否则,原告的作品也系侵权作品。

⇨ 法院查明的事实

2015 年 9 月 29 日,原告在微信公众号"歪理邪说"上发表《传》文,该文章注明为原创。2015 年 10 月 5 日,被告在微信公众号"差评"上发表《把》文。两文经比对存在多处相似。

⇨ 法院判决理由与裁判结果

本案争议焦点包括:第一,原告是否享有《传》文的著作权;第二,被告的行为是否侵权。

一审法院认为,《著作权法》规定,如无相反证明,在作品上署名的公民即为作者,作者可以选择在作品上署以真名、笔名或者不予署名。微信公众号通常为个人持续性的日记或评论,因这些日记或评论已通过互联网向不特定的人公开,故个人将自己持续性的日记或评论发布于微信公众号上的行为构成著作权法意义上的发表。本案中,原告通过输入用户名和密码可以登录微信公众号"歪理邪说";并在已发表文章中查找到《传》文,《传》文署名为霍某,而被告未提出相反证据,故本院确认原告系《传》文作者,其对《传》文享有著作权。被告认为原告不是《传》文作者,但未提供相反证据证明,本院不予采信。

著作权法所称作品是指文学、艺术和科学领域内具有独创性并能以某种有形形式复制的智力成果;该法保护的是作者思想的表达方式,而不是思想本身。一部具有独创性的作品通常以故事情节与人物的交互作用来呈现个性化的、具体的人物关系,并基于特定情节的发展产生独创性的表现效果。作品情节选择及结构上的巧妙安排和情节展开的推演设计,反映作者个性化的判断和取舍,体现出作者的独创性思想。对于已进入公有领域的作品、素材或客观事实属公知素材,不再受著作权法保护。审理著作权侵权案件时,应当对原告、被告作品的表达方式进行对比,就是看被控侵权作品与原告的作品在表达方式上是否相同。如果是相同的或近似的,再加之被告存在接触原告作品的可能性,则可以认定被控侵权作品抄袭了原告的作品;反之则不成立。

本案中，原告主张被告的《把》文选取了与《传》文相同的18个主人公情节以及运用《传》文特有的行文顺序、使用相同的语句，侵犯了原告的著作权。

经比对，《传》文叙述了帕维尔·杜罗夫开发的VK和Telegram，并穿插帕维尔·杜罗夫的人生经历、事件以及作者的评论，采用倒叙的方式，论点、论据、论证过程较完整，属夹叙夹议的评论文章。《把》文系以第三人称"他"讲述帕维尔·杜罗夫的人生经历及事件，文章以排比句点出帕维尔·杜罗夫及其开发的VK和Telegram，后以倒叙的方式围绕该人物叙述发生的事件，并穿插作者简单的评论，事件的堆砌多于评论；主要情节为主人公创办VK和开发软件Telegram、逃离俄罗斯、主人公童年、与扎克伯格比较、政治观点、警察突袭、交通事故、拒绝配合执法、出卖股份、离开俄罗斯、创办Telegram、办公场所、介绍其兄、查找漏洞、Telegram特点（不收费、速度快、程序占内存小）、叠纸飞机。前述除主人公童年的情节外，其他18个情节在《传》文中均有叙述。

对此，本院认为，（1）原告主张的《传》文、《把》文中的18个主人公情节的事件均出自媒体报道，属于公知素材，原告在《传》文中并未对此类情节进行显著的独创性设计和安排，故不受著作权的保护。（2）纯粹的叙述方式并不受著作权法保护，叙述方式与人物、情节相结合，具有独创性才受保护。原告主张《把》文运用《传》文特有的行文顺序，即以倒叙、顺叙、插叙的方式行文叙述，但这是中文的主要叙述方式，且该行文与人物、情节的结合并未体现出独创性，故不受著作权的保护。（3）单纯的语句，原告无权限制他人使用。原告主张《把》文中使用了其独创的语句"兼具数学和工程之美""最底层的简单API实现"，但《把》文1800余字，该两个语句仅17个文字、3个字母，所占比例极小，也并非作品的核心内容，且"简单API"在此前搜狐平台有关涉案主人公报道中已使用，基于有利于文化传播和传承的考虑，原告无权限制他人单纯使用该些语句。

综上所述，本案的《传》文、《把》文系由不同作者就同一题材创作的不同作品，虽然两篇文章存在18处情节相似，但该18处情节本就是主人公的真实经历，属于公知素材，且两篇文章就该18个情节所采用的表达方式也不同，原告就18个情节也未进行独创性的编排，况且被告文章的叙述方式与原告文章也不完全相同，至于个别语句相同也达不到实质相似程度，因此，原告主张被告侵害其著作权依据不足，其主张不成立，本院对其诉请均不予支持。

著作权侵权判定中的实质性相似判定标准

> 案例解析

本案是针对原作品与侵权作品是否构成实质性相似的诉讼。我国在作品侵权判定中采取"接触+实质性相似"的判定标准，实质性相似认定是判断作品是否侵权的难点。实质性相似认定有两个理论前提，分别是思想与表达二分法与独创性理论。思想与表达二分法确定了实质性相似的判断范围，因为著作权法保护不延及思想，实质性相似判定仅限于一篇文章的表达部分。而判断是否构成表达需要借助独创性理论，看其是否满足"独"和"创"的要求。涉案作品与原作品比对时，依据独创性高低的不同，对作品相似判定的标准也不同。本案的审判重点也是基于独创性和思想与表达二分法对作品中属于表达的部分进行认定，将原作品表达与涉案作品表达进行比对，进而判断是否侵权。以下将结合案例，从思想与表达二分法和独创性两个方面讨论司法实践中的实质性相似判定。

一、实质性相似判定的一般思路及问题

实质性相似判定是版权理论与司法实践中的重要挑战，作为作品侵权判定的最核心部分，在司法实践中讨论度很高，也存在一些争议。我国司法实践中判断实质性相似的两个主要标准是"整体感官法"与"抽象分离法"。[①]

抽象分离法主张对两部作品进行对比之前，必须分离掉原告作品中不受保护的内容。尽管它在形式上适用了思想表达二分原则，但可能不适当地降低了版权保护力度。[②] 文章由内容、情节、框架等各方面组成，各个元素相互关联，是一个整体。这种割裂式的判断方法忽略了文章的整体性，一篇文章中的构思与表达相互关联，环环相扣，一旦经过分离过滤之后，很可能会导致其关联性降低，甚至消失。随着构思与表达的关联消失，这就使得实质性判定处于不确定状态。另外，这种割裂的判断可能缩小著作权的保护范围，损害权利人的利益。在一些高级的复制行为中，复制者保留原作品的整体框架并通过完全不同的语句进行重新书写，经过分离过滤切断框架与内容之间的关联性后，原作品就无法获得保护了。

整体感官法，是指以普通观察者对作品整体上的内在感受来确定两部作品之间是否构成实质性相似。[③] 其面临的最大质疑是被认定侵权的作品，很可能"原告"作品的独创性元素并没有被复制，而被复制的部分却不具有独创

---

① 参见梁志文：《版权法上实质性相似的判断》，载《法学家》2015年第6期。
② 梁志文：《版权法上实质性相似的判断》，载《法学家》2015年第6期。
③ 崔国斌：《著作权法：原理与案例》，北京大学出版社2014年版，第655~672页。

性；或原告作品中的独创性部分不受保护，却已经被复制。① 一般通过整体感官法判断文章是否构成实质性相似的思路是，找出影响文章整体感官的部分，首先根据独创性理论判断其是否构成著作权法保护的表达的部分，再进行比对，判断是否构成实质性相似。但是司法实践对文章整体感官的判断需要考虑哪些因素并不确定，对于文章哪些部分属于整体性表达这一问题十分模糊。仍然停留于对作品整体上的内在感受进行判断，这个内在感受因人而异，所以该判断方法是非常主观化的，使实质性判定处于一个不稳定状态。

以上两种方法，前者过于割裂表达与思想的关系，后者过于模糊表达与思想的关系，忽略了思想与表达相互交融又相互区分的中间地带，使实质性标准的判定处于不确定状态，无法实现私人利益与公共利益的平衡。因此下文结合思想与表达二分法等原则，依据作品独创性的不同，选择不同的实质性判定标准，探索优化实质性判定标准的路径。

二、实质性相似判定应当考虑的因素

（一）实质性相似判定考虑作品属性

不同的作品类型具有不同的属性，面向的读者群体也不同，不同读者群体对作品的使用目的与感知方式的差异造成了著作权法对不同作品的内容范围保护的差异。② 由于实质性相似的判定限于著作权法保护的作品内容，因此实质性相似判定需要考虑作品属性。

著作权法保护的作品类型多样，主要包括传统的文学、艺术作品，还包括诸如地图作品、工程设计图等实用艺术作品。对于传统的文学、艺术作品，我们一般基于思想与表达二分法将著作权法的保护范围局限在表达的部分。而实用艺术作品兼具实用性与艺术性，其实用部分与艺术部分结合形成完整的作品表达。在某种程度上，所有版权作品都体现了作者对真实性的理解；但部分作品以真实为其基本目标，相对而言，审美判断能力和技术不甚重要。③ 例如，计算机软件和建筑作品等功能作品"所具有的表达和审美吸引力，对于其是否胜任特定功能与主要目的而言，仅仅是其附带的效果"。④ 实用艺术作品产生的主要目的并不在于让公众欣赏其美感，而是让公众使用其功能。然而，功能部分恰好是不受著作权法保护的思想范畴，而艺术部分作为实用部分的附随，

---

① 梁志文：《版权法上实质性相似的判断》，载《法学家》2015年第6期。
② 参见梁志文：《版权法上实质性相似的判断》，载《法学家》2015年第6期。
③ 参见梁志文：《版权法上实质性相似的判断》，载《法学家》2015年第6期。
④ Cinar Corporation v. Robinson. 2013 SCC 73.

并不是权利人产出该实用艺术作品的主要目的。可以说，即使不给予实用艺术作品的艺术部分著作权法的保护，权利人创作实用艺术品的积极性也不会受到太大的打击。从著作权法的经济激励作用出发，只有权利人在艺术部分投入较多的智力劳动时，其才渴望收回更多的回报，才应获得更大的保护范围。

（二）实质性相似判定考虑作品独创性高低

著作权法上的作品，是指在文学、艺术和科学领域中，具有独创性、能以一定形式表现的智力成果。其中独创性这一要件对判断作品的表达起着决定性作用，一般认为，可以将独创性的"独""创"拆分开来进行解释，并提炼出独创性的认定标准。"独"即要求独立创作，作品既不是源于抄袭也不是剽窃而来；"创"则要求作品要区别于依照既定的程序、程式、手法推理运算而来的结果，体现作者的个性或者说有一定的个性。不同作品在独创性上的差异也对实质性判定有所影响。

德国司法实践中对于独创性判定适用"创作高度"的判断标准，虽然德国对于"创作高度"仅要求达到"一枚小硬币"的高度即可，但同时也规定了对于美术作品等具有较高艺术性的作品较高的保护标准。对于这类作品，著作权人往往需要进行较长且较多思想构思，最后在其头脑内将这种抽象的思想通过技巧、手法等表达出来，这个过程相较其他作品需要花费更多的智力劳动。而诸如汇编作品这类仅在作品的编排、选择上呈现独创性的保护，期间投入的智力劳动远不如前述作品，如果将二者在保护标准方面一视同仁，显然是不公平的。虽然依照"审美无歧视"原则，作品的艺术性本不应有高低之分，但是基于著作权法的经济激励理论，作者获得与其投入的智力劳动成本相匹配的收益会激励其进行下一次创作。若不同的智力劳动获得的收益是相同的，付出更多智力劳动一方的创作积极性就必然会受到打击。因此，在实质性判定中，考虑作品中作者投入的智力劳动多少，即考虑作品的独创性，有其必然性。

三、实质性相似的判定方法

通过上述分析可以看到，实质性相似判定考虑作品属性与作品独创性高低，本质是思想与表达二分法和独创性理论在实质性相似判定中的运用。具体表现为，通过思想与表达二分法确定作品的保护范围，再根据保护范围的独创性高低来确定什么程度的相似才构成抄袭。

首先是保护范围的确定。毫无疑问，版权法并不保护作品所体现的思想、功能或来自公共领域的素材，这与版权法促进和鼓励知识传播的重要目标相契合。① 思想与表达二分法确定实质性相似的判定范围，但思想与表达之间的模糊界限使思想与表达的分离变得困难。思想与表达二分的问题本质上是一个权衡私人利益与公共利益的问题。著作权法上的"思想"并不等同于我们传统文学意义上的"思想"，这部分内容如果通过著作权这种独占性权利保护，可能会影响社会公众的创作自由，不利于文学创作的持续发展。

在传统文学艺术作品中，针对其保护范围的界定，英国有法官指出：对艺术作品中复制思想的抽象或者简单创作，难以构成实质性相似。作者独创性贡献需要借助其技术和劳动加以体现，而这又强调从具体的细节上展示思想的表达。② 文学、艺术作品在人物关系、情节表达、作品结构方面常常相互关联，在通过思想与表达二分法确定作品保护范围时常常通过初步抽象的办法，从具体的人物设置、具体人物关系、事件、情节、桥段、场景抽象至故事主线、支线，再抽象至基本人物设置与故事架构，再抽象至风格、主题、体裁。在层层抽象的过程中寻找思想与表达的界限，确定保护范围。但由于文学、艺术作品存在思想与表达结合的情况，合并原则认为如果一个场景的表达十分有限，甚至只有唯一表达方法时，思想与表达密切关联以至于混合在一起，为了避免思想受到著作权法保护，所以思想的表达也不应当受到著作权保护。情景原则认为对主体或者中心思想相同的故事必然会发生的情节场景，不应予以保护。因此在划分思想表达时，还应当考虑思想与表达之间的关联性。关联性较强的情况下，随意地纳入或者舍去都会影响著作权人与社会公众之间的利益平衡。本案客体作为供人欣赏的文学作品，其功能性并不强，作者创作这篇文章的目的是期望其获得著作权法保护，但并不是文章的所有内容都自然地受到著作权法保护，因此需要确定受著作权法保护的内容范围，而确定保护内容的范围时应当依据上文所述，结合作品类型进行层层抽象来确定。

其次是相似性的确定。对于独创性较高的作品，其保护的范围相对较宽，基于其思想而产生的创作空间较宽，也就意味着不同的人基于该思想有多种表达方式，能够体现较多的个人情感、个性特色。因此在这种情况下，发生相同表达的可能性是较小的，只需要较少程度的相似，就可以认定构成实质性相似；对于独创性较低的作品，著作权法给予其较小的保护范围，基于其思想而产生的创作空间较窄，也就意味着该思想的表达有限，作者在有限的创作空间中表达个人情感、思想的空间也有限，出现相似表达的概率更大，如果将这部

---

① 梁志文：《版权法上实质性相似的判断》，载《法学家》2015年第6期。
② Copyright and Piracy: An Interdisciplinary Critique. Isabella Alexander. Cambridge University Press, 2010, p.6.

分表达纳入著作权保护范围，必然会影响创作自由。因此在这种情况下，只有出现较大程度的相似才能认定为实质性相似。

因此，涉案作品在进行实质性相似判定时，需要先通过作品属性确定保护范围，再依据其本身的独创性高低判断，确定其保留的创作空间大小，然后将范围内构成实质性相似的部分选出，若数量达到该创作空间内不能认定为巧合的程度，则构成抄袭。

四、结论

实质性相似判定作为作品侵权判定过程中的重要部分，其在司法实践中常常采用"整体感官法"与"抽象分离法"两种标准进行判断。这两个标准，前者过于模糊思想与表达之间的关联性，后者过于割裂思想与表达之间的关联性，使实质性相似的判定显得片面。为了解决这些问题，第一步：先通过思想与表达二分法确定实质性相似的大概判断范围，再借助独创性理论进一步筛选出作品中属于思想与表达二分法中的表达部分。第二步：将涉案作品与原作品比对时，依据独创性高低的不同，对作品相似判定采用不同的相似性判断标准。基于上述思路，判断过程中结合思想与表达二分法和独创性理论，在实质性相似判定上考虑作品属性以及独创性高低以优化作品的实质性判定标准，实现实质性判定标准的科学性与合理性，实现私人利益与公共利益的利益平衡。

思想与表达二分法在判断实质性相似中的作用及其缺陷

——张某诉北京某公司等侵犯著作权纠纷案

/ 袁瑞婷

● 本案要旨

在作品的创作过程中，作者不可避免地会使用前人作品中蕴含的思想，或是受到他人思想的启发。著作权法仅保护作品的表达，不保护表达之中蕴含的思想、主题和情感。要判断作品中的构成要素属于思想还是表达，应当明确二者的特征，思想具有抽象性，表达具有独创性。单纯的文学作品的主题、常见的人物关系、场景等，具有较大的抽象性，属于公共领域思想的范畴，不受著作权法的保护。但二分法也有其固有缺陷，即难以给出客观精确的区分界限。

● 案件信息

申请人（一审原告、二审上诉人）：张某

被申请人（一审被告、二审被上诉人）：北京某公司、孙某

案号：北京市朝阳区人民法院（2014）朝民初字第05838号、北京市第三中级人民法院（2014）三中民终字第13101号、北京市高级人民法院（2015）高民（知）申字第02864号

● 原被告主张及理由

原告张某在一审中主张：2008年，其在北京电影学院文学系学习期间，独立创作了《博弈图》剧本，并将该剧本作为结业作品由北京电影学院文学系存档。2010年，被告北京某公司拍摄了电影《天机·富春山居图》（以下简称

《富春山居图》），被告孙某为该电影的署名编剧，该电影于2013年6月9日公开上映。之后，原告发现该电影的故事基本框架与其创作的电影《博弈图》剧本存在相似，但并没有获得原告的授权，原告据此主张二被告在电影《富春山居图》中使用原告享有著作权的剧本的行为构成抄袭，侵害了原告依法享有的署名权、摄制权和改编权，应承担停止侵害、赔礼道歉、赔偿损失等民事责任。原告主张《富春山居图》剧本与其《博弈图》剧本的相同之处体现在两大方面：一是故事相同，包括主题、题材、故事线、人物设计；二是场景设计相同，共有44处。

被告北京某公司在一审中提出抗辩：（1）其系根据孙某授权使用其创作的《富春山居图》剧本拍摄的涉案电影《富春山居图》，其并没有创作剧本；（2）孙某独立创作完成了《富春山居图》剧本并依法进行了著作权登记，享有完整著作权；（3）原告没有证据证明其《博弈图》剧本与孙某的《富春山居图》剧本存在相似之处，其所诉无事实依据。

被告孙某在一审中提出抗辩：（1）《富春山居图》剧本是其自己独立创作完成的。（2）其在电影《富春山居图》公开上映之前不认识原告，也未听说有《博弈图》剧本，且该剧本至今未公开发表过，没有机会接触到该剧本，不可能构成抄袭。（3）电影《富春山居图》及其剧本与原告的《博弈图》剧本在表达的主题思想、人物关系塑造、情节设计、故事架构、故事结局等各方面均无任何雷同，更不存在实质性相似，原告亦未举证证明二者存在实质性相似，应承担举证不能的后果。（4）公有领域的思想、信息本身不受著作权保护。《博弈图》剧本所提供的一些相同的公知信息或文字描述或看似有些相似的人物关系，不但不具有独创性和语言表达的深度，不是著作权法所保护的内容，反而恰恰证明了电影《富春山居图》在这些情节上的独创性。

一审法院查明的事实

原告系自由编剧，曾参加北京电影学院文学系2008年春季班（总第1期）编剧进修班，其在学习期间创作完成了《博弈图》剧本，并将该剧本作为结业作品交由北京电影学院文学系存档留存。该剧本以争夺与收藏一幅中国古代名画为主线，讲述了历史名画《博弈图》在清末连绵不断的战乱和国民革命、中华人民共和国成立后至"文化大革命"时期社会背景下数次易主、失而复得的曲折历程，以及陈文青、马伯伯等文物收藏世家后代为了寻回祖上遗失的此件充满传奇色彩的藏品，赴香港佳士得拍卖行，在与各方参与竞拍的藏家几番竞价后，通过各种拍卖技巧及智慧的较量最后以高价购得该历史名画的故事。

2011年1月4日，国家版权局颁发著作权登记证书，该证书载明如下内容：申请者孙某提交的文件符合规定要求，对其于2010年10月18日创作完成的文字作品《〈富春山居图〉（暂定名）电影文学剧本》，申请者以作者身份依法享有著作权。该剧本故事梗概如下："中国元代画家黄公望的名画《富春山居图》历史上被烧成两段：一段名为《无用师卷》，现藏于台北故宫；另一段为《剩山卷》，藏于浙江省博物馆。在各方的共同努力下，该画将在台北故宫合璧展出。消息一出，日本、英国和国内的各路文物盗贼团伙闻风而动，盗走了台北故宫的《无用师卷》，杭州的《剩山卷》也同时失窃。为此，英勇有谋、武艺高强的国际特工肖锦汉和保险公司高管林雨嫣放弃前嫌、团结一致，通过与黑恶势力小山本、丽莎等艰苦较量斗争，夺回被盗走的名画，成功阻止其流落他乡，并得以在台北故宫如期展出。在描写正反双方夺宝护宝过程的同时，还描写了肖锦汉、林雨嫣以及丽莎、小山本之间的爱情、婚姻和家庭纠葛，最终肖锦汉和林雨嫣有情人终成眷属。"

2011年1月5日，孙某出具授权书，授权北京某公司使用《富春山居图》剧本进行创作、改编并以摄制电影的方式拍摄成电影。孙某和北京某公司均表示电影《富春山居图》系根据孙某提供的剧本拍摄完成，只是在拍摄过程中存在个别修改。

2013年6月，原告委托代理人陈某向孙某发出了一份律师函，称其发现电影《富春山居图》故事基本框架与《博弈图》剧本存在一定程度相似，涉嫌侵犯著作权，要求其3日内与代理律师取得联系，并就此事作出积极回应。孙某认可收到了该函件，但未予回复。

一审法院判决理由与裁判结果

本案一审法院北京市朝阳区人民法院认为：在文学、艺术领域，任何作品的创作都不可能凭空产生，均不可避免地建立在前人的思想之上，每一个作者在创作过程中都会自觉或不自觉地受到他人思想的启发。因此，法律允许人们自由地使用他人作品中所蕴含的思想，著作权法对作品的保护仅限于对作品表达的保护，不延及作品中传递的思想、主题和情感。在著作权法意义上确定作品是否构成抄袭，应以作品的表达是否构成实质性相似作为判断标准。

作品的表达是使作品可借以感知的方式。文学作品的表达不仅指作品的文字等最终表现形式,当作品的内容成为作品思想、主题或情感的表现形式时,也构成受著作权法保护的表达。就本案所涉的电影剧本来讲,其由主题、题材、故事脉络、情节设计、人物塑造、场景描述等要素组成。上述要素由创作者根据表现的主题结合一系列人物和事件以不同的轻重主次合理进行组织安排。对于上述构成要素属于思想还是表达的划分,应以相应要素更接近于抽象的"思想"还是更接近于富有独创性的"表达"为标准。本案中,根据对原告主张的《富春山居图》剧本与其《博弈图》剧本存在的相同之处的比对情况,首先,二者的相同或近似之处仅体现为,双方描写的均是一个关于正、反两派人物出于各自目的争夺一幅中国古代名画的故事,其中均涉及了书画收藏行业,正方主要人物系男女搭档关系,此外,还涉及部分类似的场景。其中,故事的主题、题材,显然属于思想的范畴,不受著作权法保护;而书画收藏行业、男女搭档关系、场景等均属于取材于生活的元素,这些元素本身属于公有领域,而不属于某个人的专有权所控制,在没有与具体的表达结合的情况下,这些元素本身极具抽象性,不同作者进行创作和发挥的空间巨大,故同样应归于思想的范畴。其次,二者在对上述故事主题和公有元素的表达上并不相同,包括故事脉络的展开、具体的情节设计以及对人物、场景的具体描述均存在明显区别。对此,《审理著作权民事案件适用法律解释》第15条亦有明确规定,即不同作者就同一题材创作的作品,作品的表达系独立完成且有独创性的,各自享有独立的著作权。由于涉案电影《富春山居图》的剧本与原告主张权利的《博弈图》剧本在具体表达上存在明显差异,不存在著作权法意义上的实质性相似,在双方当事人同意将剧本比对结果作为判断涉案电影《富春山居图》是否构成抄袭的情况下,本案无法认定电影《富春山居图》构成对《博弈图》剧本的抄袭。

综上,一审法院认为原告的诉讼请求缺乏事实和法律依据,无法认定电影《富春山居图》构成对《博弈图》剧本的抄袭。

⊃ 上诉主张及理由

原告在二审上诉中提出:被告孙某没有写过电影剧本,也无写剧本的生活经历,其剧本《〈富春山居图〉(暂定名)电影文学剧本》是对原告剧本《博弈图》的高级剽窃,原审法院错误地将电影剧本作品思想与电影剧本创作表达相混淆,无视两剧本存在的四十多处相同镜头而认定不构成侵权,属于认定事实错误。

二审法院查明的事实

二审法院对原审法院查明的事实予以确认。

二审法院判决理由与裁判结果

本案二审法院北京市第三中级人民法院认为：关于原告主张《富春山居图》故事梗概部分存在"博弈"和"临危受命"词汇与其剧本中相同的问题，二审法院认为该词汇属于通用词汇，不能被任何个人所独享，因此，在表达相同情景时使用该词汇并不必然导致侵权。关于人物设计中都存在一个中性人物的问题，在存在正反人物的角色设计时出现中性人物的设计亦属于惯常的思路，并不能因为存在中性人物就认定侵权，还应当具体比对该人物的设计、由于该人物存在引发的具体情节以及人物性格等因素。但经比对，《富春山居图》剧本与《博弈图》剧本关于中性人物的设计、情节和性格均不同。此外，原告还主张《富春山居图》剧本与《博弈图》剧本存在44处相同场景，并且故事展开的节奏相同。根据原告整理的两剧本场景相同之处可以看出，其主张的两剧本相同场景均非具体的语言表述相同，而是指均为场景介绍、人物与动作的描写、人物形象的描写等内容。由此原告主张《富春山居图》剧本并非对其剧本进行简单文字抄袭，而是进行了高级剽窃。二审法院认为，《著作权法》保护的是作者对主题、思想和情感的表达或表现，而不是作品所体现的主题、思想和情感。同时，在比较两作品在表达上是否存在实质性相似时并非简单地进行文字对比，还应比对其表达方式和表现形式。本案中，《富春山居图》剧本并非对《博弈图》剧本的简单文字替换，经比对可知，原告比对的相同处均同为场景介绍、人物与动作的描写、人物形象描写等内容，其在具体场景的表达和设置中均存在明显的不同，不构成实质性相似。

同时，根据《著作权法》的规定可知，判断作品是否构成抄袭，应当从"接触"和"实质相似"两个方面考虑。凡是依据社会通常情况，具有合理的机会或者合理的可能性阅读或听闻作品的，即构成"接触"。本案中，原告创作的剧本《博弈图》并未公开发表，其在创作完成后于2008年6月底由北京电影学院文学系存档。原告在原审时提交了一份发给案外人侯某的电子邮件，称将剧本发给了侯某，而侯某和孙某熟悉，因此孙某有接触到其剧本的可能。但是，在该份邮件中无法确认其所发送的邮件附件中的剧本与其主张权利的剧本是一致的，也无法证明侯某与孙某存在何种关系。同时，原告在二审期间提交的邮件亦不能证明是全国剧本征集，不能证明该附件内容与原告主张权利的

《博弈图》一致,更不能证明孙某已经接触过该剧本或有接触该剧本的可能。现无证据证明孙某和北京某公司接触过《博弈图》剧本,因此,二审法院认为原告主张孙某和北京某公司接触过其剧本的主张不能成立。

综上,二审法院认为原告的诉讼请求缺乏事实和法律依据,无法认定电影《富春山居图》构成对《博弈图》剧本的抄袭。

再审主张及理由

原告申请再审称:一审和二审错误认定事实,导致适用法律错误,请求法院查明事实,依法撤销原审判决。被告则服从一审、二审判决。

再审法院查明的事实

再审法院对原审法院查明的事实予以确认。

再审法院裁判理由与裁判结果

本案再审法院北京市高级人民法院认为:原审法院根据查明的事实及相关法律,所作判决并无不当,应予以支持。申请人提供的证据尚不能推翻原审判决。申请人提出的申诉理由,二审判决书中已详加阐述,不再赘述。原审法院在认定事实和法律适用方面是正确的,原告的再审申请不符合《民事诉讼法》第200条规定的情形。

再审法院认为原审法院判决并无不当,裁定驳回原告的再审申请。

案例解析

本案的判决中主要运用了"实质性相似+接触"的判定方法对案涉作品是否构成侵权加以认定,在实质性相似的审查环节,法院又主要运用了思想与表达二分法加以判断。下文将对以上两种方法加以介绍与分析,同时结合相关理论对本案的判决进行评析。

一、"实质性相似+接触"

"实质性相似+接触"是司法实践中常用的认定作品是否构成著作权侵权的方法。其步骤包括两部分,即先确定两部作品是否构成实质性相似,再确定被控侵权人是否有接触在先作品的可能性。司法实践中,实质性相似在该方法中占有更重要的地位。一般认为，只有当涉案作品构成实质性相似的情况下，才有讨论是否存在接触事实之必要性。① 在实质性相似审查环节，原告对于存在实质性相似需要负举证责任，而被告则需要提出相应的抗辩，如本案中的公共领域抗辩。法院需要通过思想与表达二分法等方法去判断涉案作品是否构成实质性相似。

（一）判断实质性相似的常用方法

一是"整体对比法"，通过普通读者的视角，根据对作品的整体内在感受判断是否构成实质性相似。该方法的程序较为简单，无须专业人士辅助，能够降低裁决难度，且从读者的视角能够直观准确地反映涉嫌侵占权利人市场的情况，符合立法目的。②

二是"抽象分离法"，即通过抽象的手段将思想等不受保护部分进行分离，再对受保护部分进行对比进而判断是否构成实质性相似。③ 实际上这是一种严格遵守思想与表达二分原则的方法，其内涵和目的与思想/表达二分法相同。而该方法也有一定的局限性，甚至在极端情况下可能出现一个原创作品能够分解成诸多不受保护的元素，以致无法受到版权保护，这是因为很多元素是不能脱离整体而存在的。

（二）本案判决分析

一审法院认为作品具体表达上存在明显差异，不构成著作权法意义上的实质性相似，实际上是采用了抽象分离法，将不受保护的思想部分排除之后，对涉嫌侵权的"表达"部分进行比较，得出不存在实质性相似的结论。既然不构成实质性相似，则没有进一步论证不存在接触事实的必要，因而一审法院对此没有加以论证。

二审法院在实质性相似部分也采用了抽象分离法，认为二者的表达存在显著的不同。但与一审法院不同的是，二审法院对于接触事实也加以了论证，指出上诉人的作品并未公开发表，其所举证据亦无法证明被控侵权人接触过其作品，因而对于接触事实不予认定。从学理角度来看，既然已经认定不构成实质性相似，对于接触事实的论证似乎并无必要，但二审法院依旧进行论证，这样更加强了说理的充分性——即使构成实质性相似，被告也并无接触在先作品之可能性，也回应了上诉人提出的存在接触事实的主张。

---

① 吴汉东：《试论"实质性相似＋接触"的侵权认定规则》，载《法学》2015年第8期。
② 冯颢宁：《论版权法中实质性相似认定标准的选择》，载《中国版权》2016年第6期。
③ 许波：《著作权保护范围的确定及实质性相似的判断——以历史剧本类文学作品为视角》，载《知识产权》2012年第2期。

二、思想与表达二分法

"思想"是"无形的内在",而"表达"是"有形的外在"。任何受著作权法所保护的作品,都由"思想"和"表达"共同构成。[①] 思想与表达二分法作为各国著作权法普遍采用的规则,旨在对具有独创性的表达进行保护而对思想不加以保护。思想与表达二分法体现了公平正义的理念,同时兼顾作者的著作权和公共利益,更好地在二者之间达成利益平衡,在全社会范围内促进创作的发展。[②] 二分法的运用使著作权法一方面保护表达从而保护作者的劳动成果,另一方面不保护思想,进而避免思想的垄断而阻碍其他人的创作,甚至阻碍文化的传承和发展。[③]

(一)对思想与表达二分法的简要评述

作为在司法实践和学理上都有一席之地的重要原则,思想与表达二分法依然有一些缺陷。笔者认为,其最显著的缺点在于难以确立较为精确的标准去区分"思想"与"表达"。二者语义含糊、界限不清。由于其过于抽象,必须参照大量具体事例去确定界限。然而不可能穷尽所有法律实践中遇到的情况,且随着科技发展、社会进步,会有新的问题不断涌现。因此,二分法实则很难给出一个客观通用的区分标准,实践中的相关案例大都有赖于法院行使自由裁量权。如果对该方法把握不准,可能会对裁判文书的说理带来负面影响。换言之,法官认为其属于应当受到著作权保护的内容,便通过说理为其贴上"表达"的标签,反之则为其贴上"思想"的标签将其排除在保护范围之外。

瑕不掩瑜,虽然二分法存在一些缺陷,但其内在蕴含的原理和目的的合理性,其在司法实践中的实用性,依然使其构成著作权保护的重要原则。

(二)针对思想与表达二分法可能的修正

首先是适用合并原则。合并原则,是指当思想和表达难以划清界限时,将其一并归入不受保护的思想范围。这显然是一种缩小对作品保护范围的方式,但也确实在一定程度上有效地解决了思想与表达二分法的边界模糊性。[④] 该原则基于经济学原理,适当放宽对著作权的保护,从而在事实上促进作品出版的数量,在一定程度上弥补了作者的收益。因此虽然缩小保护范围,但也能

---

① 马润艺等:《浅析思想表达二分法在文学作品侵权纠纷中的运用——以琼瑶诉于正案为视角》,载《甘肃政法学院学报》2017年第5期。
② 吴汉东:《著作权合理使用制度研究》,中国政法大学出版社1997年版,第43页。
③ 熊文聪:《被误读的"思想/表达二分法"——以法律修辞学为视角的考察》,载《现代法学》2012年第6期。
④ 冯晓青:《著作权法中思想与表达二分法之合并原则及其实证分析》,载《法学论坛》2009年第2期。

够满足公私利益平衡的立法目的。①

其次,法官自身的素质也是重要的一环,如前所述,二分法的运用在一定程度上依赖于法官的自由裁量,尤其是面对争议较大的部分,需要法官合理合法地作出判断。这就对法官自身的素质提出了较高的要求,需要法官对思想与表达二分法有较深的理解,从而对案件作出公正的判决。换言之,法官的素质可以对思想与表达二分法的不足作出有效弥补。②

最后,需要关注对思想与表达二分法的创新使用与理解。之所以具有缺陷的思想与表达二分法的地位依然重要,很大程度上是因为目前还没有比其更合理有效的方法来替代该方法划分著作权保护的界限,而对思想与表达二分法的创新使用和理解,有利于为未来更为合理有效的新方法奠基。③

(三)司法实践中适用思想与表达二分法的具体方法

本文通过资料的收集与研究,概括整理了司法实践中可能会使用的区分思想与表达的方法,往往实践中会采用不止一种方法,从不同角度判断是否存在表达方面的实质性相似。④

其一,抽象测试法,是指分析作品的体系,将其分解为不同的层次,包括主题、剧情梗概、情节设计到角色场景等具体符号,从而根据不同的层次区分思想与表达。该方法可以体现二分法的要求,但是设定的标准不够明确,实践中也有很多作品将其上述内容杂糅从而难以精确分割。⑤

其二,整体比较法,是指从整体看待作品,具体来说,包括整体逻辑、情节和整体的联系、内容衔接,将上述内容作为判断实质性相似的考虑方向,从整体上判断是否构成独创性的表达。但是实践中难以避免掺杂主观感情色彩,难以做到客观精准。⑥

其三,与整体比较法互补的情节比较法,是指从关键性或主要情节的细

---

① 王凤娟:《著作权法中思想与表达二分法之合并原则及其适用》,载《知识产权》2017年第1期。
② 王凤娟:《著作权法中思想与表达二分法之合并原则及其适用》,载《知识产权》2017年第1期。
③ 王凤娟:《著作权法中思想与表达二分法之合并原则及其适用》,载《知识产权》2017年第1期。
④ 马润艺等:《浅析思想表达二分法在文学作品侵权纠纷中的运用——以琼瑶诉于正案为视角》,载《甘肃政法学院学报》2017年第5期。
⑤ 马润艺等:《浅析思想表达二分法在文学作品侵权纠纷中的运用——以琼瑶诉于正案为视角》,载《甘肃政法学院学报》2017年第5期。
⑥ 马润艺等:《浅析思想表达二分法在文学作品侵权纠纷中的运用——以琼瑶诉于正案为视角》,载《甘肃政法学院学报》2017年第5期。

节处分析作品,如通过人物关系、场景安排、设定的矛盾冲突等细节分析作品之间的相似之处。在某种程度上,该方法割裂了作品的逻辑和内在联系,孤立看待各个情节,也会影响最后判定的准确性。①

其四,比例法,是指通过看待疑似侵权的部分占作品中的比重,从而判断疑似侵权部分在整部作品中的实质性作用。但该方法过于理想化,没有考虑情节的主次之分对比重的影响,也难以精确计算比重。②

其五,情景原则,是指如果在表达某一作品的主题思想时,作者必须通过一些特定的表达或者运用众所周知的表述来描述出相应的历史事实、故事情节,以顺应人们的朴素价值观和符合作品的逻辑,应当对此种特定的表达加以剔除后再判断剩余内容是否构成实质性相似。③

(四)本案判决分析

本案中,被告在一审中就提出了公共领域抗辩。法院在判断涉案作品是否构成实质性相似时,也主要使用了思想与表达二分法。一审法院适用了抽象测试法,将作品划分出主题、题材、故事脉络、情节设计、人物塑造、场景描述等要素,并分别对各元素属于思想还是表达进行认定。其认定的标准是相应要素更抽象还是更富有独创性,接近抽象的要素认定为思想,接近富有独创性的要素则认定为表达。首先,法院概括出两部作品的主题和题材,指出两部作品的主题均是"正、反两派人物出于各自目的争夺一幅中国古代名画"。④法院认为,这样的主题"显然属于思想的范畴,不受著作权法的保护"。⑤同时,法院指出两部作品的人物塑造、场景描述等元素都取材于生活,这些素材属于公共领域,具有极大的抽象性,也应属于思想的范畴。在认定这些元素都属于思想的基础之上,法院进一步指出两部作品对于这些元素的表达存在明显的不同,并不构成实质性相似。

二审法院则主要采用了情景原则和情节比较法。法院根据情景原则指出上诉人指控构成抄袭的"博弈""临危受命"等词汇属于通用词汇,即众所周知的表达。据此,法院认定"在表达相同情景时使用该词汇并不必然导致侵

---

① 马润艺等:《浅析思想表达二分法在文学作品侵权纠纷中的运用——以琼瑶诉于正案为视角》,载《甘肃政法学院学报》2017年第5期。
② 马润艺等:《浅析思想表达二分法在文学作品侵权纠纷中的运用——以琼瑶诉于正案为视角》,载《甘肃政法学院学报》2017年第5期。
③ 马润艺等:《浅析思想表达二分法在文学作品侵权纠纷中的运用——以琼瑶诉于正案为视角》,载《甘肃政法学院学报》2017年第5期。
④ 北京市朝阳区人民法院(2014)朝民初字第05838号民事判决书。
⑤ 北京市朝阳区人民法院(2014)朝民初字第05838号民事判决书。

权"。① 法院又根据情节比较法对上诉人指控构成抄袭的细节之处逐一进行比对，认为上诉人指出的中性人物的设计、场景的介绍等部分内容都属于惯常思路，不能仅因为其存在就认定构成侵权。基于此，法院进一步指出两部涉案作品在人物设计、场景描写等部分的表达存在明显差异，不能认为构成实质性相似。相较于一审法院，二审法院的判决说理更为充分。法院对于上诉人指控逐一进行了分析，首先，运用情景原则将不受保护的通用词汇排除在外；其次，对于可能构成思想也可能构成表达的人物、场景等部分先加以整体定性，指出不能因为这些相同元素的存在就认定其构成侵权；最后，法院对其进行实质分析，指出涉案作品的人物、场景的表达存在显著的不同，不构成实质性相似。

再审法院则认为原审法院在认定事实和法律适用方面是正确的，因而驳回了申请人的再审申请。

三、结论

在著作权侵权问题的司法实践中，"实质性相似 + 接触"是常用的重要方法。其中，思想与表达二分法也是判断是否构成实质性相似的重要方法。二分法有其固有缺陷，即难以在思想和表达之间加以明确客观的区分，这也成为司法实践中的重要难题。对于二分法的良好使用有赖于大量的裁判经验积累以及法官优秀的素质和充分的说理，若说理不充分，则难免会有对二分法的滥用之嫌。虽然如此，二分法在司法实践和学理中仍然具有重要地位，其思想不受保护的原理具有理论正当性，也提供了一套有效的方法将公有领域排除在著作权的保护范围之外，在对作者利益给予保护的同时兼顾社会利益，符合著作权法的精神。

---

① 北京市第三中级人民法院（2014）三中民终字第 13101 号民事判决书。